新常态下黄土丘陵区
土地整治规划探索与实践

刘春芳 谢国林 李 锋 著

科学出版社
北 京

图书在版编目(CIP)数据

新常态下黄土丘陵区土地整治规划探索与实践/刘春芳，谢国林，李锋著.—北京：科学出版社，2017.3
ISBN 978-7-03-052293-1

Ⅰ.①新… Ⅱ.①刘… ②谢… ③李… Ⅲ.①黄土高原—丘陵地—土地整理—研究 ②黄土高原—丘陵地—土地规划—研究 Ⅳ.①F321.1

中国版本图书馆 CIP 数据核字（2017）第053009号

责任编辑：杨婵娟　姜德君／责任校对：张小霞
责任印制：张　伟／封面设计：楠竹文化
电话：010-64035853
Email：houjunlin@mail.sciencep.com

科 学 出 版 社 出版
北京东黄城根北街16号
邮政编码：100717
http://www.sciencep.com

北京东华虎彩印刷有限公司 印刷
科学出版社发行　各地新华书店经销

*

2017年 3 月第　一　版　开本：B5(720×1000)
2017年 3 月第一次印刷　印张：19 3/4 插页：8
字数：376 000

定价：118.00元
（如有印装质量问题，我社负责调换）

前言 Preface

作为一个土地开发历史悠久、农耕文明灿烂的国家，早在3000多年前的殷周时期，我国就已开始了土地整治技术方面的探索。进入封建社会之后，伴随着生产技术的进步，更是开展了各种形式的土地整治活动，为华夏农耕文明谱写了辉煌的篇章。现代意义上的土地整治始于改革开放后，1986年颁布的《中华人民共和国土地管理法》掀开了我国现代土地整治的序幕。虽然只有短短几十年，但我国土地整治工作已呈现出"规模扩展、内涵延伸、品质提升"的发展态势。作为一项重要的国家战略，土地整治在保障国家粮食安全、加快城乡统筹发展、促进生态文明建设中承担了重要作用。

作为土地整治工作的龙头，土地整治规划是规范有序开展各类土地整治活动、统筹安排各类土地整治资金的基本依据。近年来，我国土地整治规划发展历程曲折却循序渐进，在不断的探索中已初步形成了各级规划定位准确、目标清晰、相互衔接的"国家—省—市—县"四级规划体系。然而，由于我国正处于全面深化改革、加快转变发展方式的攻坚时期，资源环境压力对土地资源开发与利用的约束性矛盾不断加剧并日益凸显，这使得土地整治规划面临着新的制度环境与市场需求，肩负着更多的使命和任务。因此，面临着经济发展的新常态，土地整治规划需要转变理念与导向，以生态文明理念为引领，落实国家区域发展战略、主体功能区战略和精准扶贫战略，探索不同空间层面差别化的土地整治方略，通过对"山水林田湖"生命共同体进行保护和修复，推动传统的土地整治向国土综合整治转型发展。

我国黄土丘陵区分布广，涉及7省（区），面积达21.18万km^2，地形破碎，千沟万壑，15°以上的坡面面积占50%～70%，水土流失严重，是中国乃至全球水土流失最严重的地域类型之一。同时，这里经济发展水平较低，人口素质不高，城乡二元结构明显，全面建成小康社会的战略实施面临着严峻挑战。兰州市位于黄河上游、甘肃省中部，是丝绸之路经济带的核心节点城市、黄河上游经济区的核心、西陇海兰新线经济带的重要支撑点，也是典型的带状河谷型城市。它地处我国最典型的黄土丘陵区，属于黄土丘陵沟壑区第五副区，以梁状丘陵为主，山峦起伏、沟壑纵横、干旱少雨。兰州是黄土丘陵区40个建制市中水土流失较严重的城市之一，也是我国土壤侵蚀模数最大的特大城市。而且，兰州市域整体经济发展水平较低且严重不均衡。城乡一体化发展的互动机制较弱、城乡一体化联系通道有限、城乡公共设施配置不均衡，农村扶贫工作任重而道远。在新常态的发展态势下，兰州的社会经济发展、土地资源开发与整治和环境可持续发展之间的矛盾巨大。因此，本书重点以兰州这一独特的地域类型为例，探索经济发展新常态下富有地域特色的土地整治模式，明确土地整治规划的目标、任务与建设重点，统筹协调好高标准基本农田的建设、农村居民点整治，以及低丘缓坡土地的开发与生态修复，从而促进兰州市域土地资源可持续利用和经济社会可持续发展。

本书分为理论篇和实践篇。理论篇，旨在深入解读特殊区情，在回顾与审视土地整治规划历程的基础上，探明新常态下黄土丘陵区土地整治愿景及重大问题，主要包括：①区情解读；②土地整治规划回顾与审视；③新常态下土地整治规划愿景；④新常态下高标准农田建设研究；⑤新常态下农村居民点整治研究；⑥新常态下低丘缓坡未利用地开发利用与生态修复。下篇为实践篇，旨在为新常态下黄土丘陵区开展市级与县级土地整治规划提供典范，包括：①黄土丘陵区市域土地整治规划；②黄土丘陵区县域土地整治规划。

本书的出版得到了国家自然科学基金项目"河西走廊经济带绿洲型城镇簇群空间成长过程、机理及管治研究"（No.41271133）、"兰州市'十三五'土地整治规划"、"榆中县'十三五'土地整治规划"、"七里河区'十三五'土地整治规划"等项目的资助。撰写过程中，甘肃省国土资源厅、兰州市国土资源局，以及兰州市三县五区国土、农业、水利、林业相关部门在资料提供和调研方面给予了大力支持；西北师范大学石培基教授、赵雪雁教授等专家提供了宝贵的学术指导和研究建议；西北师范大学地理与环境科学学院提供了优良的科研环境和软硬件支持，在此一并致以诚挚的感谢！

由于研究内容涉及面广，虽力求完整准确，但限于作者的理论认识和知识水平，挂一漏万之处在所难免。不足之处，敬请各界同仁批评指正！

作　者
2016年11月30日

目录 contents

前言

理论篇

第一章　区情解读 ········· 003

　　第一节　生态环境基底 ········· 003
　　第二节　社会经济基底 ········· 039
　　第三节　土地利用基底 ········· 050

第二章　土地整治回顾与审视 ········· 077

　　第一节　土地整治回顾 ········· 077
　　第二节　上轮土地整治规划审视 ········· 083

第三章　新常态下黄土丘陵区土地整治愿景 ········· 112

　　第一节　新常态下黄土丘陵区土地整治机遇与挑战 ········· 112
　　第二节　新常态下黄土丘陵区土地整治规划理念与导向 ········· 116

第四章　新常态下黄土丘陵区高标准农田建设研究 ········· 132

　　第一节　高标准农田建设潜力评价 ········· 132
　　第二节　高标准基本农田建设分区 ········· 146

第五章　新常态下黄土丘陵区农村居民点整治研究 …… 156

　　第一节　农村居民点空间分布及格局演变 …………… 156
　　第二节　农村居民点整治潜力评价 …………………… 172
　　第三节　农村居民点整治分区及模式 ………………… 187

第六章　新常态下黄土丘陵区低丘缓坡未利用地开发利用与生态修复 …… 195

　　第一节　低丘缓坡未利用地开发资源识别 …………… 195
　　第二节　低丘缓坡未利用地开发建设模式 …………… 206
　　第三节　低丘缓坡未利用地开发区生态修复 ………… 214

实践篇

第七章　黄土丘陵区市域土地整治规划 ……………………… 233

　　第一节　土地整治分区 ………………………………… 233
　　第二节　土地整治目标与任务 ………………………… 242
　　第三节　土地整治重点区域 …………………………… 246
　　第四节　资金供需分析与效益评价 …………………… 258
　　第五节　规划实施保障措施 …………………………… 261

第八章　黄土丘陵区县域土地整治规划 ……………………… 263

　　第一节　土地整治分区 ………………………………… 263
　　第二节　土地整治目标与任务 ………………………… 268
　　第三节　土地整治重点项目 …………………………… 273
　　第四节　资金供需分析与效益评价 …………………… 284
　　第五节　规划实施保障措施 …………………………… 286

参考文献 ……………………………………………………………… 288

彩图

理论篇

第一章
区情解读

系统剖析区域发展基底是科学实施土地整治的基础和前提。我国黄土丘陵区地形破碎，起伏度大，水土流失严重，生态环境脆弱，经济发展水平较低，生态文明建设面临严重障碍，当前急需以土地整治为重要抓手，加快推进城乡一体化发展、促进生态文明建设。尤其是地处我国陇西黄土丘陵区的兰州市，沟壑纵横、山川相间、植被稀疏、土壤疏松，耕地破碎分散，建设用地紧缺，城市空间拓展受限，城乡二元结构明显，农村扶贫压力大，选择富有地域特色的土地整治模式与整治策略、促进"山水林田湖"生命共同体可持续发展迫在眉睫。鉴于此，深入、全面地解读特殊区情，寻求土地整治突破口至关重要。

第一节 生态环境基底

一、自然地理条件

兰州市地处黄河上游、甘肃省中部，是丝绸之路经济带的重要节点城市，黄河上游经济区的核心，也是西陇海兰新线经济带的重要支撑点。东邻白银市，南接定西市，西与青海省相连，北与武威市接壤，具有"座中四连"的独特位置，辐射甘肃、青海、宁夏、新疆等省（自治区）。土地总面积为 13 192km^2，约占甘肃省土地总面积的 2.88%。其中，市区面积为 1631.6km^2，东西长约 45km，南北宽 2～8km，属于带状河谷型城市。

（一）地形地貌

兰州市位于我国陇西黄土高原西部边缘与青藏高原的交接地带，地势西北高、东南低，可分为构造-剥蚀山地、山麓斜坡堆积盆地及河流侵蚀堆积平原等地貌类型，形成石质中山、黄土梁峁丘陵、山间盆地和河谷平原四种地貌单元（表1-1，图1-1，图1-2）。其中，石质中山分布于市域北部、西部和南部边界海拔2700～3000m的陡峻地区，相对高差为200m左右，山坡坡度为23°～33°，谷底狭窄，多呈V形；构造侵蚀黄土梁峁丘陵主要分布于大通河与庄浪河之间、黄河以北、榆中北山、兴隆山—七道梁山前等区域，由黄土梁峁、黄土残塬及黄土丘陵组成，海拔一般为1700～2000m，地形遭到强烈切割，呈孤立的黄土峁或窄而短的梁状；山麓斜坡堆积山间盆地包括秦王川盆地和榆中盆地，秦王川盆地地势平坦、呈倒三角形，海拔在1850～1900m，相对高差为50～100m，纵坡比为10‰左右。榆中盆地位于兴隆山以北，宛川河以南，呈东西延伸的长方形，由南向北倾斜，海拔在1500～2200m，地表坡度为20‰～40‰（图1-3）；侵蚀堆积河谷平原主要沿黄河、湟水、庄浪河、大通河及宛川河谷地展开分布，海拔在1400～1620m。

表1-1　兰州市地貌单元及其分布

地貌单元	成因	主要分布地
石质中山	构造剥蚀	主要分布在北部、西部和南部边界地带，如南部的关山、七道梁、马衔山、兴隆山等；皋兰县魏家大山、雷公山、乌鞘岭；永登县奖俊埠岭、宝泉山
黄土梁峁丘陵	构造侵蚀	大通河与庄浪河之间、黄河以北、榆中北山、兴隆山—七道梁山前等
山间盆地	山麓斜坡堆积	秦王川和榆中盆地
河谷平原	河流侵蚀堆积	兰州盆地、湟水谷地、庄浪河谷地、宛川河谷地、大通河谷地

（二）气候

兰州市属于典型的温带半干旱大陆季风性气候，年均降水量为324mm，降水年际、年内变率大，总体上由西南向东北逐渐递减（图1-4）。年均蒸发量为1676mm，是降水量的5.2倍，干旱威胁严重。年均气温为9.3℃，绝对最高温度达39.9℃，绝对最低温度为-23.1℃，0℃以上的持续天数为230～370d，10℃以上的持续天数为140～180d。年均日照时数为2446.6h，无霜期为180d。最大冻土层深度为125.0cm，为季节性冻土，冻结时间为11月至翌年3月。多年平均相对湿度为57%，最大风速为17.0m/s，主导风向为北东向，次风向为南西向。

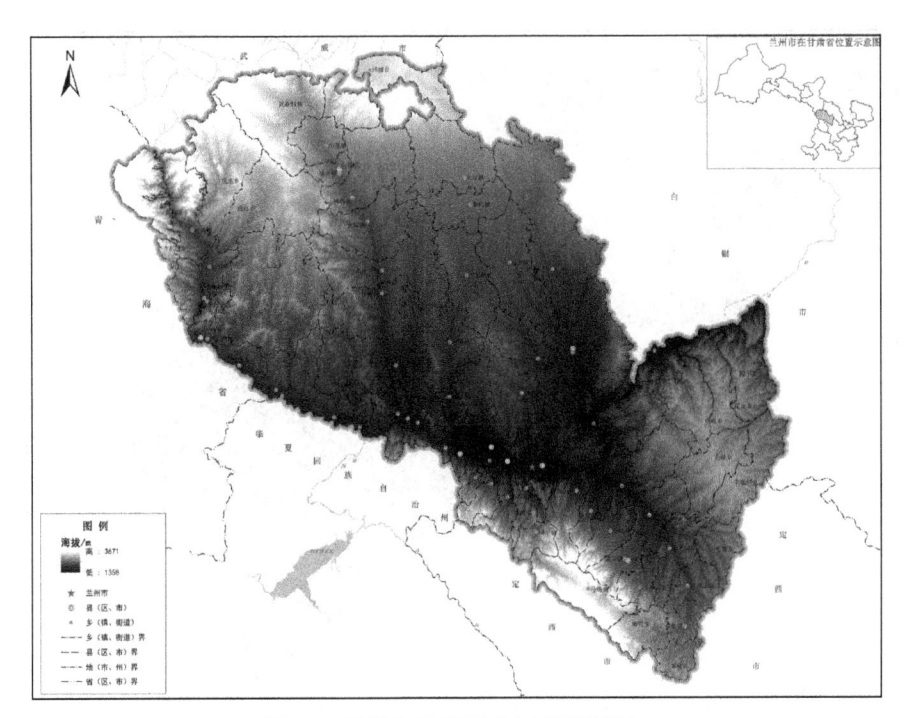

图1-1　兰州市地形图（文后附彩图）

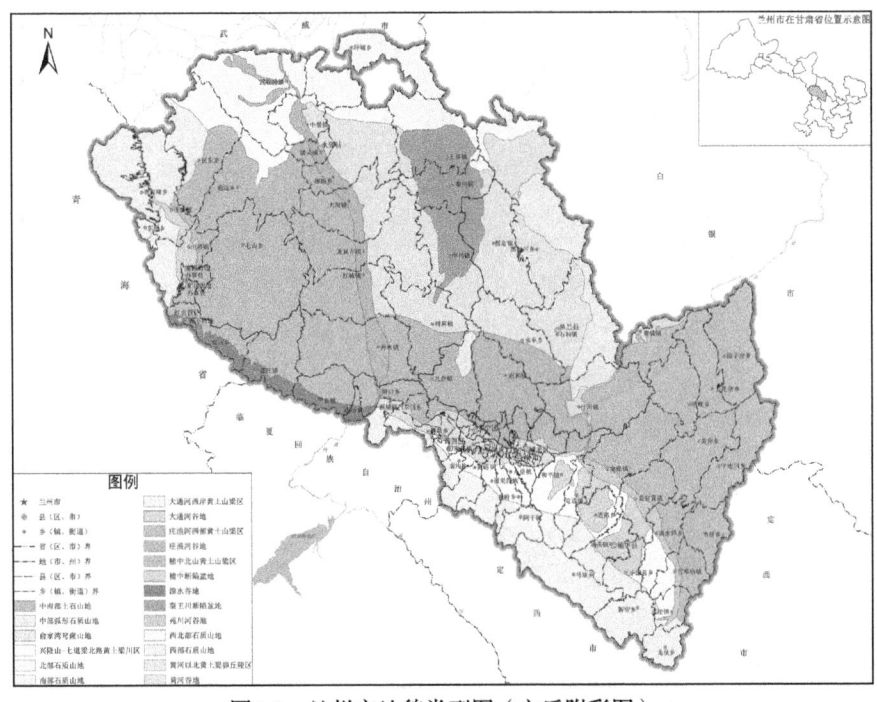

图1-2　兰州市地貌类型图（文后附彩图）

图1-3　兰州市坡度图（文后附彩图）

图1-4　兰州市降水量分布图（文后附彩图）

（三）水文

兰州市水资源总量约 $326.79 \times 10^8 m^3$。因位于黄河上游水资源富集区，过境水资源丰富，境内有黄河干流、湟水河、大通河、庄浪河、宛川河等河流，过境水资源量合计约 $323.25 \times 10^8 m^3$。自产水约 $3.54 \times 10^8 m^3$，其中，多年平均自产地表水资源量为 $2.39 \times 10^8 m^3$，且大部分属于暴雨洪水，含沙量大；地下水主要为河谷潜水、山前盆地潜水，地下水储藏量较小，地下水总资源量为 $2.75 \times 10^8 m^3$，净地下水资源量为 $1.15 \times 10^8 m^3$，集中分布于西部和东南部的湿润山区和河谷川区，广大黄土丘陵地区地下水贫乏，矿化度高，难以利用。

（四）土壤

兰州市共有10个土类，21个亚类，43个土属，70个土种。市域土壤以灰钙土为主，占67.15%，其次为栗钙土、灰褐土、黑垆土、黄绵土和灌淤土，其余土类所占比例极小。受地质环境的影响，兰州市土壤分布具有明显的垂直带谱特点。西北部从奖俊埠山最高处向下依次是亚高山灌丛草甸土（2900～3630m）、淋溶灰褐土（2500～2900m）、栗钙土、灰钙土（2500～2800m）、黄绵土（1600～2500m），1600m以下是灌淤土、潮化灌淤土。南部从马衔山顶峰向下依次是高山草甸土（3550～3670m）、亚高山灌丛草甸土（2900～3600m）、灰褐土（2300～3000m），2300m以下有黑垆土、灰钙土、黄绵土交错分布。黄河及其支流的冲积、冲洪积平原一级、二级阶地为灌淤土、潮化灌淤土、盐化灌淤土，三级和四级以上阶地、台地、丘陵为黄绵土。从水平分布来看，永登县西南、西北的中低山主要为暗栗钙土、淡栗钙土。永登县南部、兰州市区及皋兰县和榆中县东部山区是灰钙土的集中分布区。灰褐土主要分布在马衔山前中低山山间盆地和沟洼地上。红土分布面积最少，主要在北部低山黄土严重剥露区。

（五）植被

兰州市自然植被以荒漠草原为主，由多年旱生丛生禾草、旱生灌木和小灌木组成，因生态环境恶劣，植被草群低矮、稀疏、生长迟缓，总覆盖率在15%～20%。北部基岩山区海拔为1000～2300m的阴坡和海拔超过2000m的阳坡上，植被茂密；南部基岩山区海拔超过2300m的阴坡，生长森林草原植被，其种类除草本植物和灌木外，还有杉、栎、杨等树种。西部的吐鲁沟一带，沟谷深切，相对高差大，植被垂直带谱特征明显，由下部的森林向上逐渐变为灌木丛和高山草甸。位于南部的兴隆山一带，山地垂直带谱明显，海拔2200～2750m 为山地落叶阔叶、常青针叶林，2750m 以上为山顶灌木丛草甸带。黄土丘陵地带自然植被大多不佳，多为荒山秃岭（图1-5）。

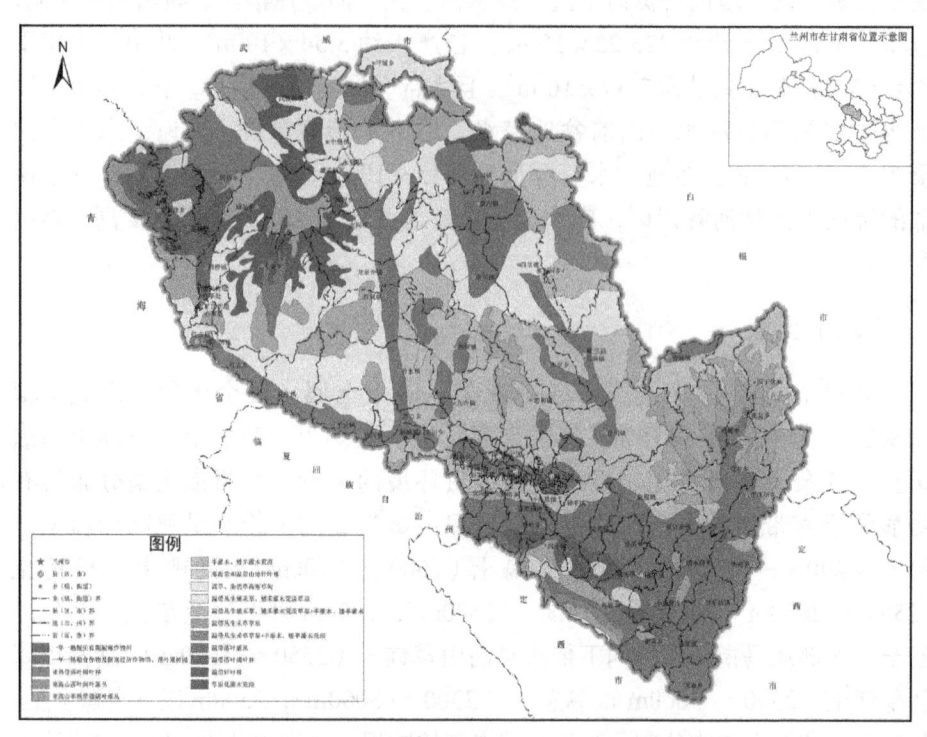

图1-5　兰州市植被类型图（文后附彩图）

二、生态系统分类

生态系统指在一定的空间内生物成分和非生物成分通过物质循环和能量流动相互作用、相互依存而构成的一个生态学功能单位。基于各种典型生态系统的特点及兰州市的自然基底，可将兰州市的生态系统分为三级（表1-2）。其中，一级分类包括6种典型陆地生态系统，即农业生态系统、林地生态系统、草原生态系统、湿地生态系统、城乡生态系统和荒漠生态系统；二级分类按照一定的植被、地貌、地形和人类活动特点将一级生态系统分为14个二级生态系统；三级分类则按照景观特点将二级生态系统具体分为18个三级生态系统（图1-6）。

表 1-2 兰州市生态系统分类

一级	二级	三级	基本描述
农业生态系统	灌溉农田生态系统	水浇地	主要分布在黄河及其支流的河谷平原和盆地区,田埂明显
		坡旱地	主要分布在丘陵的缓坡,以及梁峁之上,无灌溉条件,靠自然降水
	旱地农田生态系统	沟谷地	主要分布在黄土丘陵的沟谷间
		梯田	一般状况下分布在黄土丘陵的缓坡及中坡坡面之上
林地生态系统	原始森林生态系统	乔木林、灌木林	主要分布在南部兴隆山自然保护区和西北部连城自然保护区
	人工林地生态系统	经济林	主要分布在田间、农村居民点周围,主要林种包括苹果、杏树、桃树等
		四旁林、人工乔木林、人工灌木林	主要分布在田埂、河边、路边、南北两山绿化带、城市林地等区域,主要林种包括柳树、杨树等
草原生态系统	天然草地生态系统	高覆盖度草地、中覆盖度草地、低覆盖度草地	主要分布在山区(缓坡)、丘陵(陡坡)及河间滩地等,主要草种包括针茅、冰草及杂类草等
	人工绿地生态系统	人工草地	主要分布在居民用地、园区、街心公园周围等,主要草种包括禾本科的黑麦草、早熟禾等
湿地生态系统	自然水域生态系统	河流、沟渠	河流水系及灌溉渠系
		滩涂	主要包括河流水系的边滩和河心滩地
	人工湿地生态系统	水库、坑塘	分布在平原或山地中的大型水库、中小型塘坝和居民地及耕地附近的池塘
城乡生态系统	城市生态系统	城市、工矿地	人口集中的城镇和城镇周围的工矿
	交通系统	交通用地等	道路及收费站等
	村落生态系统	农村居民地	农村居民点
荒漠生态系统	沙地生态系统	沙地	表层为沙覆盖,基本无植被的土地,包括沙漠,但不包括水系中的沙滩
	盐碱地生态系统	盐碱地	表层盐碱聚集,只生长天然的耐盐植物的土地
	裸土地生态系统	裸土地	表层为土质,基本无植被覆盖的土地

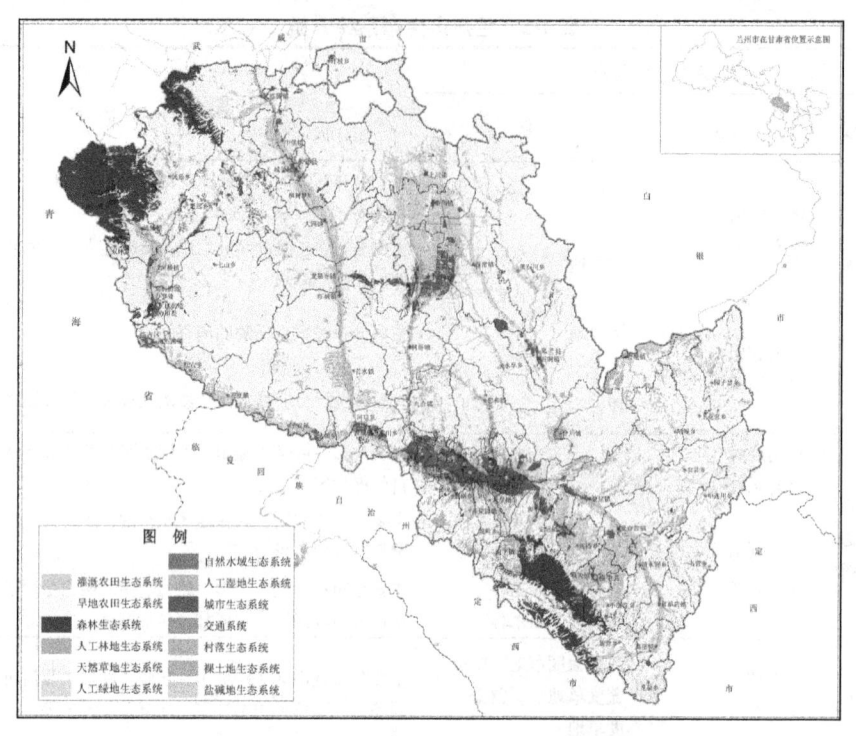

图1-6　兰州市生态系统分布图（文后附彩图）

（一）农业生态系统

农业生态系统是一种人工干预下的"驯化"生态系统，其结构和运行既服从一般生态系统的某些普遍规律，又受到社会、经济、技术因素不断变化的影响，因而显著区别于主要受内部调控和平衡机制制约的自然生态系统。根据农业生态系统中人类水分调控机制，可将其分为灌溉农田生态系统和旱地农田生态系统，按照其景观成分的不同又可进一步分为河谷平原水浇地、坡旱地、沟谷地、梯田等。其中，灌溉农田生态系统主要分布在台地、塬地、山前倾斜平地、河流阶地等，基本特征为地表广阔平坦，坡度较缓，土壤较为肥沃，有灌溉水利工程作为有效的水源保证，是黄土高原重要的农业生产基地；旱地农田生态系统包括山坡地、坡旱地、沟谷地、梯田和条田等，农业活动无有效的灌溉水源保证，基本靠自然降水，由于有一定坡度且自然植被缺乏，坡面侵蚀强烈，斜坡下部侵蚀尤为严重，且常被冲沟、切沟所分割，因此水土流失严重，土壤肥力降低。兰州市的灌溉农田生态系统主要分布在河谷川台地、黄河灌溉条件好的地区，而旱地农田生态系统主要分布在黄土梁峁丘陵等坡谷中，无有效灌溉，易引发水土流失。

（二）林地生态系统

林地生态系统指以乔木、灌木等植物为主体的生物群落与其外界环境构成的一个生态功能单位，也包括未成林造林地、迹地、园地等。林地（特别是森林）是经过一系列演替过程而形成的顶级群落，其系统结构复杂且稳定，生物种类和数量比其他系统都多且复杂。良好的林地生态系统具有调节气候、涵养水源、保持水土、防风固沙、净化空气、保护与美化环境和保护生物多样性等功能，根据其生长状态可分为原始森林生态系统和人工林地生态系统。其中，原始森林生态系统是以原始森林群落为主形成的自然生态系统，主要分布在兰州市兴隆山、马衔山和连城；人工林地生态系统是在荒山绿化工程、防护林工程等建设中形成的人工林地，主要集中在南北两山绿化带、城市林地等。

（三）草原生态系统

草原生态系统是以生长各种草本植物（有时以旱生小灌木、半灌木为主）为生物群落的生态系统。草原生态系统介于森林生态系统和荒漠生态系统，可分为天然草原生态系统和人工草原生态系统。其中，天然草原生态系统是以草原植被及其生态环境所形成的自然生态系统，兰州市天然草原类型多样，但因生态环境严酷，主要分布在该市北部的黄土低山丘陵带；人工草原生态系统主要指城市绿地，包括园林绿地、廊道绿地、单位附属绿地与居住区绿地等，是一个功能强大的生态调节系统，在改善环境质量、维护城市生态平衡和美化景观等方面起着重要作用。

（四）湿地生态系统

湿地指地表过湿或常年积水、生长着湿地生物的地区。湿地生态系统是开放水域与陆地之间的过渡性生态系统，位于水陆交界面，既有一般水生生物所不能适应的周期性干旱，也有一般陆地植物所不能忍受的长期淹水，其生态系统结构复杂，生物多样性丰富。湿地生态系统除了水资源丰富外，还具有调蓄洪水、野生动物栖息、环境净化和美化景观等功能。然而，近年来由于围湖造田、滩地开发和水资源过度利用等原因，湿地面积大幅减少。根据国家林业局对湿地的分类，湿地通常包括河流湿地（永久河流、季节性河流、洪泛平原等）、湖泊湿地（永久性湖泊、季节性湖泊等）、沼泽及沼泽化湿地（沼泽、沼泽化草甸、内陆盐沼等）和库塘。兰州市湿地生态系统包括河流、沟渠、滩涂、水库和坑塘等，主要由黄河及其一级支流、沟渠、河流滩地、水库塘坝组成，盐化沼泽和高山草甸处也有分布，但数量极少。

（五）城乡生态系统

城乡生态系统是人类在改造和适应自然环境的基础上建立起来的特殊人工生态系统。从时空观来看，城市是人类生产和生活活动集中的较大场所和中心；从本质和功能来说，城市是经济实体、社会实体、科学文化实体和自然实体的有机结合，是自然－经济－社会的复合生态系统。城市是人口集中居住的地方，是当地自然环境的一部分，其本身并非一个完整的、自我稳定的生态系统。城市生态系统受城市周围自然环境条件的影响深刻，同时随着城市的发展，它对自然环境和生态系统的影响也在加剧。

兰州市是甘肃省的经济文化中心，其城乡生态系统主要由兰州市区及各乡镇、农村居民地、道路、工矿组成，经过多年的开发建设，市区已成为人口密集，经济发达，交通体系齐全的城市功能核心区。总体上，该区城乡生态系统的人工化程度极高，人口密度大，城市建设用地面积占全区大部分，导致生境单调、生物多样性降低。如此单一的生态系统结构使其自我适应和稳定性异常脆弱，其表现为物质能量循环严重依赖外部生态环境的支持，在消纳其他生态系统提供的氧气、淡水资源、食物、燃料、原料的同时，不断向外部排放废弃物和能量。

（六）荒漠生态系统

荒漠生态系统是干旱和半干旱区形成的以荒漠植物为主的生态系统。荒漠生态系统中水热因子极度不平衡，水分收入少而消耗多，夏季高温而冬季严寒，以干旱、风沙、盐碱、粗瘠、风沙剧烈和降水稀少为显著特征。兰州市荒漠生态系统面积不大，主要包括裸土地、沙地和盐碱地三类，沙地和盐碱地主要分布在秦王川。

三、生态状况评价

（一）主要生态问题

1. 水土流失严重

兰州市属于黄土高原丘陵沟壑区第五副区，山峦起伏、沟壑纵横、山川相间、干旱少雨、植被稀疏、土壤疏松、水土流失严重。它是黄土高原区40个建制市中水土流失较严重的城市之一，侵蚀模数为同属黄土高原区的西安、太原、大同、洛阳、西宁等城市之最，也是我国侵蚀模数最大的特大城市。截至2015年，全市水土流失面积达 $829.28 \times 10^3 hm^2$，由水力、风力、重力和冻融等侵蚀作用造成，以水力侵蚀为主，局部地区有重力侵蚀、风力侵蚀，年均土壤侵蚀模数为 500～5000t/km^2。从侵蚀程度来看，以轻度侵蚀为主，中度侵蚀次之，2015 年全市轻度侵蚀面积达 294.39×10^{3}hm^2，占水土流失总面积的 35.5%；中度侵蚀面积达 283.44×10^{3}hm^2，占水土流失总面积的 34.18%；强度侵蚀面积达 75.76×10^{3}hm^2，占水土流失总面积的 9.13%；微度侵蚀面积达 175.7×10^{3}hm^2，占水土流失总面积的 21.19%（图 1-7）。

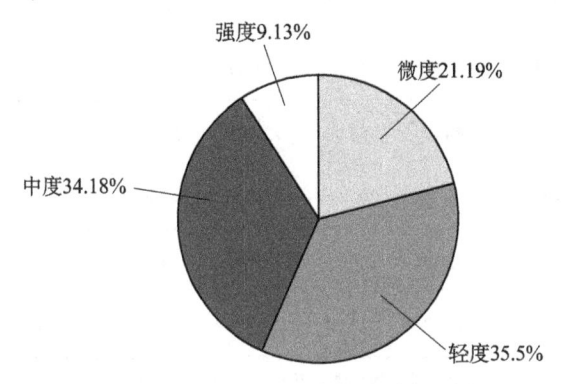

图1-7　兰州市2015年土壤侵蚀强度比例图

从县域分布来看，兰州市（辖区）、皋兰县、永登县的土壤侵蚀均以轻度侵蚀为主，轻度侵蚀面积分别占各县水土流失总面积的 32.78%、51.9%、46.53%；而榆中县土壤侵蚀以中度侵蚀为主，中度侵蚀面积占该县水土流失总面积 43%。近年来，兰州市加大了水土流失治理力度，截至 2015 年，全市累计完成水土流失综合治理面积达 404.82×10^{3}hm^2，其中小流域综合治理面积为 123.88×10^{3}hm^2，使水土流失状况得到有效改善，与 2011 年相比，2015 年兰州市水土流失面积减少了 417.82×10^{3}hm^2（图 1-8，表 1-3）。

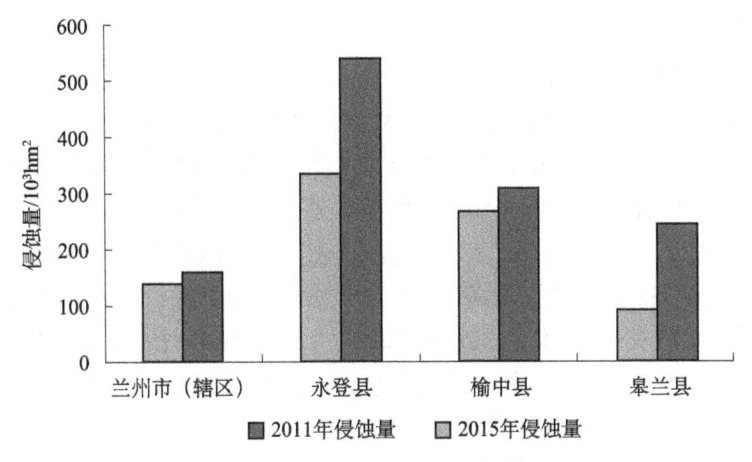

图1-8　兰州市2011年与2015年土壤侵蚀量对比图

表 1-3　兰州市土壤侵蚀强度分级及背景值　　（单位：10^3hm^2）

行政区	年份	微度	轻度	中度	强度	极强度	剧烈	合计
兰州市（辖区）	2011	46.31	52.02	50.47	9.9	0	0	158.7
	2015	40.53	45.53	44.17	8.67	0	0	138.9
永登县	2011	135.58	250.33	150.96	1.13	0	0	538
	2015	83.96	155.03	93.49	0.7			333.18
榆中县	2011	44.67	53.69	131.84	75.94	0.46	0	306.6
	2015	38.79	46.62	114.48	66.35	0.0015		266.24
皋兰县	2011	33.28	126.53	83.89	0.1	0	0	243.8
	2015	12.42	47.21	31.3	0.04	0	0	90.97

数据来源：《兰州市水土保持统计资料汇编（2011～2015年）》
注：侵蚀强度用面积表示

受地形、植被、降雨、坡地开垦等因素的影响，兰州市水土流失形式和流失程度存在空间差异（图1-9）。其中，榆中县北山地区水土流失最严重，土壤侵蚀模数达 $5000t/km^2$；皋兰县和永登县东半部、西固区大部分、七里河区及红古区的部分地区，土壤侵蚀模数为 $1000\sim3000t/km^2$；二阴地区，虽然土壤湿度大，植被覆盖较好，但土层薄，重力侵蚀比较严重，侵蚀模数为 $1500t/km^2$；永登县秦王川一带，坡度平缓，植被稀少，主要是风力侵蚀，水力侵蚀常发生在沟道，侵蚀模数一般为 $500t/km^2$。

2. 地质灾害加剧

1）地质灾害类型与数量

兰州市地形复杂多样，地质构造复杂，新构造运动强烈，断裂、褶皱发育，岩土体破碎，降水集中，加之近年来人类工程活动对区内地质环境的影响日益增强，使得境内泥石流、崩塌、滑坡、地面塌陷等地质灾害加剧。全市现有地质灾害隐患点达754处，其中滑坡181处、崩塌102处、不稳定斜坡236处、泥石流沟218处、地面塌陷17处。永登县、城关区、七里河区位居前三位，分别占地质灾害隐患点总数的31.3%、18.6%和13%。按威胁程度划分，属于特大型的有76处、大型的有170处、中型的有358处、小型的有150处（表1-4）。

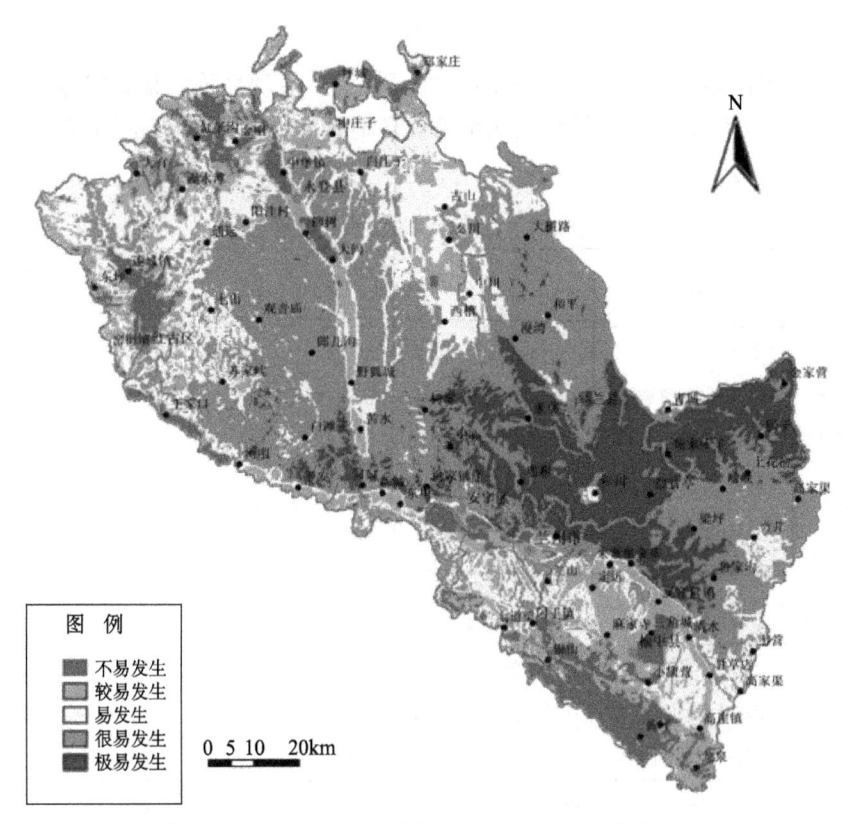

图1-9 兰州市土壤侵蚀危险度等级图（文后附彩图）

表1-4 兰州市地质灾害类型与数量　　　　　　　　（单位：处）

行政区	滑坡	崩塌	不稳定斜坡	泥石流	地面塌陷	合计
城关区	32	8	67	30	3	140
七里河区	31	4	31	27	5	98
安宁区	3	2	10	22	0	37
西固区	12	6	12	24	0	54
红古区	17	8	14	23	3	65
皋兰县	7	0	26	14	0	47
榆中县	25	22	0	24	6	77
永登县	54	52	76	54	0	236
合计	181	102	236	218	17	754

兰州市突发性地质灾害类型主要有滑坡、崩塌、泥石流和地面塌陷四种类型，且以斜坡变形破坏为主，即以崩塌、滑坡灾害占主导地位，其次是泥石

流灾害。

兰州市滑坡分布面广、密度高、规模较大、活动性强。根据甘肃省地质环境监测院的调查成果，结合兰州市地质环境条件，按照物质组成可将滑坡分为以下四种类型（表 1-5）。

表 1-5　兰州市滑坡类型及数量

分类依据	类型	分类标准及特征	数量/处	占总数的比例/%
物质组成	黄土滑坡	滑体主要由各类成因的黄土组成	101	64
	黄土-红层滑坡	滑体由黄土和白垩系、新近系砂泥岩组成	19	12
	堆积层滑坡	滑体由残积、坡积物组成	24	15
	基岩滑坡	滑体由岩石组成	14	9
滑体构造特征	无层滑坡	滑体由似均质岩体或均质土体组成	107	68
	顺层滑坡	滑坡体沿岩层层面滑动	27	17
	切层滑坡	滑体滑动面切过岩层层面	24	15
力学性质	牵引式滑坡	滑坡体前部牵引后部依次下滑	54	34
	推动式滑坡	滑坡体后部推动前部滑动	44	28
	混合式滑坡	同时具备牵引式和推动式滑坡	60	38
滑面埋深	浅层滑坡	<10m	47	30
	中层滑坡	10～30m	96	61
	深层滑坡	>30m	14	9
滑坡体积	小型滑坡	$<10\times10^4 m^3$	92	58
	中型滑坡	$10\times10^4～100\times10^4 m^3$	43	27
	大型滑坡	$100\times10^4～1000\times10^4 m^3$	19	12
	巨型滑坡	$>1000\times10^4 m^3$	4	3

（1）黄土滑坡：滑坡体主要由各类成因的黄土及次生黄土组成，主要分布于兰州市南、北部河谷Ⅳ级阶地前缘及各沟谷台地前缘和黄土丘陵区。该类滑坡平面形态多呈半椭圆形或簸箕状，规模一般较小，滑坡体滑动面较陡，多呈规则的圆弧形。滑动面往往位于黄土层内或位于黄土与下伏基岩的接触面，其中部、后部由黄土的垂直节理演化而成。滑坡后壁高差较大，小者仅数米，大者超过 15m，滑坡规模以小型为主，多以浅层滑坡居多。

（2）黄土-红层滑坡：滑坡体由各种成因的黄土和古近系、新近系砂砾岩、砂岩、泥岩共同组成。主要分布于兰州市城关区皋兰山、西固南山和西柳沟以西地带，多为切层滑坡，主要发育在具有高陡临空面的斜坡地段，平面上呈蛇形或者半圆形，其形态较为完整，具有"圈椅状"地形和双沟同源现象，并保留有滑坡平台，滑动面多为较陡的弧形。滑坡规模以巨型、大型为主，并以深层滑坡居多。

（3）堆积层滑坡：滑坡体由各种成因的残积、坡积物组成。主要形成于基岩出露地带。该区域山体坡度较陡，残坡积物厚度较小，一般为 2～5m，若遇大雨或暴雨，堆积层即可突然发生滑动，滑坡前兆特征不明显。该类滑坡规模较小，多为浅层滑坡，如发育于老狼沟老滑坡体上的三号滑坡系滑坡堆积体的再次滑动。

（4）基岩滑坡：滑坡体由较坚硬的层状、层块状岩石组成。主要分布于兰州市基岩分布地带，大多发生在古近系砂砾岩、砂岩和新近纪地层。滑坡往往分布在斜坡临空条件好、冲沟发育、地形陡峻的地段。滑坡规模较大，主要分布于皋兰山南部、八盘峡西南侧、阿干镇、窑街一带。

兰州市崩塌共有 78 处，按物质组成可分为黄土崩塌和基岩崩塌，分别有 66 处和 12 处，区内崩塌类型及数量见表 1-6。

表 1-6　兰州市崩塌类型及数量

分类依据	类型	数量/处
物质组成	黄土崩塌	66
	基岩崩塌	12
动力成因	自然崩塌	21
	人为崩塌	57
运动形式	倾倒式崩塌	58
	滑移式崩塌	20

（1）黄土崩塌：主要发生于河谷阶地前缘及黄土丘陵区的高陡斜坡地带，黄土崩塌的起始运动形式为倾倒式或滑移式。兰州市高陡斜坡坡脚往往有人居住，一旦发生崩塌，便造成严重的人员伤亡和财产损失，如八里镇陆家台潜在崩塌。

（2）基岩崩塌：主要分布于兰州市基岩出露的南北两山红层出露地带和基岩出露的青白石东部、白塔山至沙井驿、七里河区、西固区南部山区、红古区窑街一带，如阿郎公路崩塌、红古崖崩塌及享堂峡潜在崩塌等。

区内基岩构造节理和卸荷裂隙非常发育，在外力作用和不合理工程活动的影响下，岩体在中下部被剪断，发生倾倒式崩塌，其最初的运动形式多为滑移式，如享堂峡崩塌。部分崩塌发育在人烟稀少的基岩山区，成灾概率较低，但大量的崩塌体堆放于沟道及山坡，为泥石流的形成提供了丰富的松散固体物质，威胁沟道下游人口及沟口城镇、村庄、厂矿、重要交通干线及市政工程设施。

泥石流是兰州市最为发育的地质灾害类型。按照泥石流物质组成可将区内泥石流分为以下两种类型（表1-7）。

表1-7 兰州市泥石流类型及特征

分类依据	类型	分类指标及特征	数量/条	占总数比例/%
物质组成	泥流	颗粒均匀，由粒径小于0.005mm的黏粒和小于0.05mm的粉粒组成，偶夹砂和圆砾，有稀性和黏性	79	36
	泥石流	颗粒差异性大，由黏粒、粉粒、砂粒、圆砾、碎块石等大小不同的粒径混杂组成，有黏性和稀性	139	64
流域形态	沟谷型	流域呈扇状或树冠状，支沟发育，多呈V形，主沟纵坡降一般为40‰～250‰，流域面积为1～50km²，可划分出形成区、流通区及堆积区，通常上段为清水补给区，下段为固体物质供给区。危害区为沟口扇形地和沟道两岸以冲蚀、淤埋为主	168	77
	山坡型	流域呈斗状或簸箕状，主沟纵坡一般大于40‰，流域面积一般为1km²，无明显流通区，形成区直接与堆积区相连，危害区为泥石流堆积区，暴发迅速，并以淤埋为主	50	23
易发程度	高易发	固体物质丰富，植被破坏，水土流失严重，沟口堆积扇发育和河沟沿程堵塞现象严重，塌方面积率大于10%，松散物储量大于1×10⁴m³/km²，泥沙补给长度大于60%，泥石流沟综合评判总分≥114分	6	3
	中易发	松散固体物质较丰富，植被部分遭到破坏，水土流失较严重，在河床局部地段形成较严重的坍塌堆积，塌方面积率为5%～10%，松散物总量为0.5×10⁴～1.0×10⁴m³/km²，泥沙沿程补给长度比为30%～60%，泥石流综合评判总分为84～118分	128	58
	低易发	流域内侵蚀性明显减弱，河槽堆积物质甚少，植被良好，塌方面积率小于5%，松散物质储量小于0.5×10⁴m³/km²，泥沙沿程补给长度比为10%～30%，泥石流沟综合评判总分为40～90分	84	39
规模	巨型	一次最大冲出量大于50×10⁴m³	14	6
	大型	一次最大冲出量为20×10⁴～50×10⁴m³	10	5
	中型	一次最大冲出量为2×10⁴～20×10⁴m³	86	39
	小型	一次最大冲出量小于2×10⁴m³	108	50

（1）泥流：泥流是一种含有大量泥沙的洪流，其固体物质主要由0.05mm以下的黏粒和粉粒组成，偶夹石块和圆砾，其含量一般不超过固体物质总量的10%。兰州市位于陇西黄土高原，黄土分布广泛，重力侵蚀及面蚀作用较强，地形切割较强，泥流较为发育，主要分布于兰州市中北部及东南部的黄土丘陵区，这些区域植被稀疏，泥流灾害较为发育。各泥流沟横断面多呈V形，沟谷平面形态多呈扇状或长条状，泥流规模为中型和小型。从泥石流易发程度来看，以中、低易发型居多，沟口洪积扇相对不发育，以下切为主，危害方式主要为冲蚀和淤埋。

（2）泥石流：主要分布于兰州市中部的南北两山基岩出露地带，如雷坛河、城关区的青白石东部、白塔山至沙井驿、西固区、红古区的大部分地段，各沟谷横断面多呈V形，流域平面形态多呈长条状或树冠状。泥石流规模以中型和小型为主，巨型、大型次之。泥石流暴发频率为每年2～3次至几十年1次。泥石流以冲毁危害为主，淤埋危害次之。泥石流固体物质主要来源于沟岸崩塌、滑坡、沟道松散堆积物及开矿、采石等人类工程活动形成的弃土废渣。泥石流搬运巨石的能力较强，巨石粒径一般为1～4m，最大粒径可达6m。区内泥石流以沟谷型为主，易发程度以中易发为主。

2）地质灾害的空间分布

在地域分布上，兰州市所辖的8个县区中，永登县的地质灾害数量位居首位，以小规模的崩塌、滑坡为主，主要由大面积的黄土丘陵区沟谷分布所致；城关区、七里河区的地质灾害数量也较大，这与脆弱的地质环境及强烈的人类工程活动密切相关；相对于地质环境条件简单、人类工程活动一般的皋兰县而言，地质灾害发育程度较低。

滑坡主要分布在伏龙坪、皋兰山北侧山坡、靖远路的王保保城、五一山、徐家坪、阿干镇、徐家湾、扎马台、达家台、八盘峡两岸、享堂峡和七山地区；泥石流主要分布在黄河及其支流湟水河、雷坛河流域，沿河呈线状分布，南部有阳洼沟、黄峪沟、大金沟、元托冒沟等30多条泥石流，以泥流为主；北部有大砂沟、咸水沟和西峡口沟等50多条泥石流沟，以泥流为主。而雷坛河上游两岸泥石流呈带状分布，尤其在阿干镇一带，其发育密度达到3条／km，以泥石流为主。另外，在湟水河北岸和大通河两侧也分布有泥石流沟道（图1-10，图1-11）。

图1-10 兰州市滑坡分布图

图1-11 兰州市崩塌分布图

（二）生态环境质量评价方法

依据《生态环境状况评价技术规范（发布稿）》（HJ 192—2015），利用生态环境状况指数（EI）可评价区域生态环境状况。具体评价指标包括生物丰度指数、植被覆盖指数、水网密度指数、土地胁迫指数、污染负荷指数及环境限制指数。其中，前五个指数分别反映评价区域内生物丰贫、植被覆盖高低、水资源丰富程度、遭受的胁迫程度、承载的污染物压力；环境限制指数是约束性指标，根据区域内出现的严重影响人居生产生活安全的生态破坏和环境污染事项对生态环境状况进行限制和调节。由于兰州市污染负荷指数核算数据难以获取，故采取前五项指数评估兰州市生态环境质量，各指数计算方法如下，其权重（参考值）均按规范确定。

1. 生物丰度指数

生物丰度指数表征区域内生物的丰贫程度，利用生物栖息地质量和生物多样性来表示，计算方法如下：

$$生物丰度指数 = (BI + HQ)/2 \quad (1-1)$$

式中，BI 为生物多样性指数，按照《区域生物多样性评价标准》（HJ 623—2011）进行评价；HQ 为生境质量指数。当生物多样性指数没有动态更新数据时，生物丰度指数等于生境质量指数。各生境类型分权重见表 1-8。

表 1-8　各生境类型及权重

生境类型	林地			草地			水域湿地					耕地		建设用地			未利用地				
权重	0.35			0.21			0.28					0.11		0.04			0.01				
结构类型	有林地	灌木林地	疏林地和其他林地	高覆盖度草地	中覆盖度草地	低覆盖度草地	河流（渠）	湖泊（库）	滩涂湿地	永久性冰川雪地	水田	旱地	城镇建设用地	农村居民点	其他建设用地	沙地	盐碱地	裸土地	裸岩石砾	其他未利用地
权重	0.6	0.25	0.15	0.6	0.3	0.1	0.1	0.3	0.5	0.1	0.6	0.4	0.3	0.4	0.3	0.2	0.3	0.2	0.2	0.1

生境质量指数计算方法如下：

生境质量指数 = A_{bio} × （0.35 × 林地面积 + 0.21 × 草地面积 + 0.28 × 水域湿地面积 + 0.11 × 耕地面积 + 0.04 × 建设用地面积 + 0.01 ×

未利用地面积）/ 区域面积 （1-2）

式中，A_{bio} 为生境质量指数的归一化系数，参考值为 511.26。

2. 植被覆盖指数

植被覆盖指数表征区域植被覆盖的程度，利用评价区域单位面积归一化植被指数（NDVI）表示，计算方法如下：

$$植被覆盖指数 = NDVI_{区域均值} = A_{veg} \times \frac{\sum_{i=1}^{n} P_i}{n} \quad (1-3)$$

式中，P_i 为5～9月像元NDVI月最大值的均值，采用MOD13的NDVI数据，空间分辨率为250m；n 为区域像元数；A_{veg} 为植被覆盖指数的归一化系数，参考值为0.0121。

3. 水网密度指数

水网密度指数表征区域内水的丰富程度，利用评价区域内单位面积河流总长度、水域面积和水资源量表示。计算公式如下：

水网密度指数 = （A_{riv}× 河流长度 / 区域面积 + A_{lak}× 水域面积（湖泊、水库、河渠和近海）/ 区域面积 + A_{res}× 水资源量*/ 区域面积）/3 （1-4）

式中，A_{riv} 为河流长度的归一化指数，参考值为 84.37；A_{lak} 为水域面积的归一化指数，参考值为 591.79；A_{res} 为水资源量的归一化指数，参考值为 86.39。

水资源量计算方法如下：

$$水资源量^* = \begin{cases} 水资源量, & \frac{水资源量}{水资源量_{年平均值}} \leq 1.4 \\ 水资源量_{年平均值} \times \left(2.4 - \frac{水资源量}{水资源量_{年平均值}}\right), & 1.4 < \frac{水资源量}{水资源量_{年平均值}} \leq 2.4 \\ 0, & \frac{水资源量}{水资源量_{年平均值}} > 2.4 \end{cases} \quad (1-5)$$

4. 土地胁迫指数

土地胁迫指数表征区域内土地质量遭受胁迫的程度，利用评价区域内单位面积上水土流失、土地沙化、土地开发等胁迫类型面积表示。土地胁迫指数分权重见表1-9。

表1-9 土地胁迫指数分权重

类型	重度侵蚀	中度侵蚀	建设用地	其他土地胁迫
权重	0.4	0.2	0.2	0.2

土地胁迫指数计算方法如下：

土地胁迫指数 =A_{ero}×(0.4× 重度侵蚀面积 +0.2× 中度分包面积

+0.2× 建设用地面积 +0.2× 其他土地胁迫)/ 区域面积

（1-6）

式中，A_{ero} 为土地胁迫指数的归一化系数，参考值为 236.04。

5. 生态环境状况指数

生态状况指数表征区域生态环境质量状况，数值在 0 ～ 100，各项指标权重见表 1-10。

表 1-10　各项评价指标权重

指标	生物丰度指数	植被覆盖指数	水网密度指数	土地胁迫指数	污染负荷指数	环境限制指数
权重	0.35	0.25	0.15	0.15	0.10	约束性指标

生态状况指数计算方法如下：

生态环境状况指数（EI）=0.35× 生物丰度指数 +0.25× 植被覆盖指数

+0.20× 水网密度指数

+0.20×（100－土地胁迫指数）　　　（1-7）

（三）生态环境质量评价结果

1. 生物丰度指数

研究时段内兰州市生物多样性指数没有动态更新数据，因此，生物丰度指数等于生境质量指数。"退耕还林还草"政策的实施，以及兰州市"南北两山绿化工程"的落地改善了区域生态环境，使兰州市生物丰度指数达到 92.60，呈较高水平。从兰州市八县（区）的生境质量指数排名来看（表 1-11），永登、榆中和皋兰分别位列前三，五区的生境质量排名依次为西固、红古、七里河、城关和安宁。究其原因，在于三县的人类活动对生态环境的干扰较小，土地利用类型多样，植被覆盖度高，生物多样性丰富，加之退耕还林还草政策的实施，有效地提高了该区的生境质量；而五区由于近年来城市化和工业化进程加快，多数土地利用类型转变为建筑用地，用地性质发生根本性变化，破坏了原有的动植物生境，改变了原有的生态系统，从而导致生境质量降低。

表 1-11　兰州市生境质量指数

县区	林地 / hm²	草地 / hm²	水域湿地 / hm²	耕地 / hm²	建设用地 / hm²	未利用地 / hm²	区域面积 / hm²	生境质量指数
榆中县	36 068.38	134 238.18	3 049.77	111 926.29	18 299.45	25 887.59	329 469.66	94.71
永登县	58 087.66	364 493.91	4 814.69	108 769.73	26 601.07	21 906.00	584 673.06	97.47
皋兰县	5 663.91	184 462.6	1 626.96	36 922.85	13 223.42	5 778.75	247 678.49	94.59
红古区	1 034.89	39 925.37	656.65	6 605.97	4 444.08	447.49	53 114.45	85.30
西固区	2 933.93	19 748.02	893.10	4 492.86	6 812.87	951.13	35 831.91	88.47
七里河区	7 263.40	8 682.55	368.42	13 892.33	6 939.97	2 300.23	39 446.90	81.62
城关区	2 993.32	7 012.57	442.89	1 401.25	8 411.86	522.09	20 783.98	77.24
安宁区	1 053.20	2 680.23	378.61	160.14	3 711.87	248.76	8 232.81	74.90
兰州市	115 098.69	761 243.43	12 231.09	284 171.42	88 444.59	58 042.04	1 319 231.26	92.60

2. 植被覆盖指数

兰州市植被类型主要为典型草原向荒漠草原过渡型，植被覆盖指数为 39.55，植被覆盖度由南部和西部山区向北、向东逐步递减，且以低植被覆盖和中等植被覆盖为主（表 1-12）。

表 1-12　兰州市植被覆盖指数

县区	区域NDVI	区域像元数 / 个	NDVI
榆中县	193 562 577	52 725	44.48
永登县	303 331 336	93 539	39.29
皋兰县	108 913 149	39 604	33.32
红古区	25 349 890	8 494	36.16
西固区	18 737 956	5 740	39.55
七里河区	26 177 221	6 313	50.24
城关区	9 180 592	3 281	33.90
安宁区	3 401 023	1 301	31.67
兰州市	689 067 545	211 121	39.55

具体而言，榆中、永登、皋兰三县的植被覆盖度较高，越接近主城区，

植被越稀疏，植被覆盖度越低。究其原因，与其地理位置、气候、降水、土地利用，以及人类活动等因素密切相关。首先，兰州市域西部和南部山地受青藏高原山脉东延的影响，呈高寒阴湿的特征；北部地区则受蒙新高原干旱气候的制约，呈干旱半干旱荒漠化植被景观；而其余大部分属黄土高原丘陵区，呈半干旱荒漠草原景观。其次，兰州市地势相对高亢，大陆性较强，受东亚季风影响，具有较显著的山地或高原气候特征，降水量少，降水变率大，且由南部和西部山地向北、向东逐渐递减。再次，兰州市的天然林地集中分布于西部和南部湿润山区，土地利用方向与结构对植被覆盖产生重要影响。最后，人类活动对植被覆盖也产生重要影响。人口数量越多、人口密度越大的地区，植被覆盖越差；相反，人口密度小的地区，植被覆盖越好，如主城区的植被覆盖度远低于人口稀少的周边山区。

3. 水网密度指数

兰州市水资源匮乏，水网密度指数偏小，仅为33.62。具体来看，兰州市八县（区）水网密度指数均较低且相差不大，由大到小依次为：西固区、城关区、七里河区、永登县、安宁区、皋兰县、榆中县、红古区。究其原因，主要在于兰州地处西北干旱半干旱地区，年降水量少且蒸发量大、降水时间分布不均匀，主要集中在7~9月，汛期连续4个月的来水量占全年径流量的62.2%，且多为暴雨洪水，绝大部分水量难以利用。区内的庄浪河和宛川河均为季节性河流，河流年径流量少。地下自给水量很少，导致区域水资源短缺，人均占有水资源量低（表1-13）。

表1-13　兰州市水网密度指数

县区	河流长度/m	水域面积/hm²	水资源量/万m³	区域面积/hm²	水网密度指数
榆中县	457.59	337.83	6 917.62	329 469.66	34.78
永登县	730.80	3 190.12	8 300	584 673.06	35.43
皋兰县	513.14	1 035.47	690	247 678.49	34.88
红古区	343.97	121.83	2 861.63	53 114.45	31.95
西固区	423.92	397.07	1 515.8	35 831.91	37.54
七里河区	147.19	20.00	4 270	39 446.90	36.44
城关区	338.39	3.07	733.96	20 783.98	37.17
安宁区	259.78	14.02	2 137.21	8 232.81	34.99
兰州市	3 214.78	449.44	27 426.16	1 319 231.26	33.62

4. 土地胁迫指数

兰州市土地胁迫指数为 53.87，土地质量遭受胁迫的程度较高（表 1-14）。特殊的地形和气候因素导致兰州市植被覆盖度低，生态环境原生较为脆弱，加之不合理的开发利用等人为活动加剧了对植被的破坏，改变了土地利用类型，尤其加大了汛期土壤侵蚀强度，造成严重的水土流失。从兰州市八县（区）土地胁迫指数来看，榆中县的土地胁迫最严重；其次是皋兰、永登县，西固、七里河和红古区；城关区因社会经济发展水平较高、城市化进程较快，其建设用地占区域面积的比例较高，故土地胁迫指数也较高。

表 1-14　兰州市土地胁迫指数

县区	重度侵蚀面积 / hm²	中度侵蚀面积 / hm²	建设用地面积 / hm²	其他土地胁迫 / hm²	区域面积 / hm²	土地胁迫指数
榆中县	2 167	14 078.05	18 299.45	294 925.16	329 469.66	51.78
永登县	1 219	163 716	26 601.07	423 590	584 673.06	49.76
皋兰县	89	85 940	13 223.42	163 633	247 678.49	50.12
红古区	851.09	2 667.42	4 444.08	45 151.86	53 114.45	45.14
西固区	1 078.38	3 680.89	6 812.87	24 259.76	35 831.91	47.59
七里河区	1 049.27	10 523.35	6 939.97	21 034.31	39 446.90	46.98
城关区	662.14	5 266.37	8 411.86	6 443.61	20 783.98	41.05
安宁区	67	2 368	3 711.87	4 759	8 232.81	22.73
兰州市	931.24	4 426.18	88 444.59	695 044.67	1 319 231.26	53.87

5. 生态环境状况指数

兰州市生态环境状况指数排序为：永登县、红古区、七里河区、西固区、皋兰县、榆中县、安宁区、城关区（表 1-15）。

表 1-15　兰州市生态环境状况指数

县区	生物丰度指数	植被覆盖指数	水网密度指数	土地胁迫指数	生态状况指数
榆中县	94.71	44.48	34.78	51.78	57.57
永登县	97.47	39.29	35.43	49.76	61.07
皋兰县	94.59	33.32	34.88	50.12	58.38
红古区	85.30	36.16	31.95	45.14	59.55
西固区	88.47	39.55	37.54	47.59	58.84
七里河区	81.62	50.24	36.44	46.98	59.01
城关区	77.24	33.90	37.17	41.05	54.73
安宁区	74.90	31.67	34.99	22.73	56.58
兰州市	92.60	39.55	33.62	53.87	58.24

根据生态状况分级标准（表1-16），其EI值（54.73～61.07）处于一般和良好之间。具体而言，城关区作为兰州市中心区，建设用地面积大且分布紧密、植被覆盖较差、人类活动频繁、物种存量较少、生态环境状况处于一般等级。永登县生态环境总体状况居兰州市第一，因境内有吐鲁沟国家森林公园和连城国家级自然保护区，使其生物丰度指数及植被覆盖状况良好。其余县区的生态状况指数相当，生态状况等级为良，植被覆盖度较高，生物多样性较丰富，适合人类生活。

表1-16 生态状况分级

级别	优	良	一般	较差	差
指数	EI≥75	55≤EI<75	35≤EI<55	20≤EI<35	EI<20
生态状况	植被覆盖度高，生物多样性丰富，生态系统稳定	植被覆盖度较高，生物多样性较丰富，适合人类生活	植被覆盖度中等，生物多样性一般水平，较适合人类生存，但有不适人类生活的制约性因子存在	植被覆盖度较差，严重干旱少雨，物种较少，存在着明显限制人类生活的因素	条件较恶劣，人类生活受到限制

四、环境质量评价

（一）大气环境

1. 大气环境评价

从2003年国家正式公布重点监控城市大气污染指数至2010年，兰州市优良天数排名多年位于全国后三位，特别是2009年，处于全国省会城市最后一位。2011年，兰州市开展了一系列全市行动、全民参与的治污活动，经过多年的探索和实践，兰州市大气环境质量改善、空气优良天数增多、污染减排效果明显、城市发展环境优化，大气污染治理取得了显著成效。2015年，按照《环境空气质量标准》（GB 3095—2012），兰州市提前完成全年250天优良天数的目标任务，环境空气质量由全国末位上升至中游。

1）主要监测指标大幅下降

大气环境治理实施以来，兰州市成为全国空气质量改善最快的城市，三大污染物年平均浓度下降。2010年兰州市空气质量综合评价为劣Ⅲ级，此后发展为Ⅲ级且保持稳定。各年份二氧化硫与二氧化氮浓度均达到国家环境空气质量Ⅱ级标准，且平稳下降，自2012年以来，二氧化氮年均浓度达到Ⅰ级标准。2011～2014年，二氧化硫浓度下降了0.019mg/m³，2011～2013年二氧化氮浓度下降了 0.007mg/m³，但 2014 年又增加了 0.013mg/m³。可吸入颗粒物浓度的波动性较大，空气质量级别仍未达标，其中 2011～2014 年甚至超过了国家 II 级标准（表 1-17）。

表 1-17 2011～2014 年兰州市空气质量状况

年份	二氧化硫 年均值/(mg/m³)	二氧化硫 同比增长率/%	二氧化硫 空气质量级别	二氧化氮 年均值/(mg/m³)	二氧化氮 同比增长率/%	二氧化氮 空气质量级别	可吸入颗粒物 年均值/(mg/m³)	可吸入颗粒物 同比增长率/%	可吸入颗粒物 空气质量级别	城市空气质量
2011	0.048	-15.79	达标	0.042	-12.50	达标	0.138	-12.10	超 II 级	III 级
2012	0.041	-14.58	达标	0.039	-7.14	达标	0.136	-1.45	超 II 级	III 级
2013	0.033	-19.51	达标	0.035	-10.26	达标	0.153	12.50	超 II 级	III 级
2014	0.029	-12.12	达标	0.048	41.18	超标	0.126	17.65	超 II 级	III 级

数据来源：《甘肃省环境质量公报》（2011～2014 年）

2）空气优良天数大幅增加

近年来，兰州市空气质量明显好转，空气优良天数显著增加。2010 年兰州市污染综合指数较上年同期增长 5.41%，老标准优良天数 223 天，优良率达 61.1%，比上年减少 13 天，且 IV、V 级天数比上年增加 13 天，空气质量有所恶化。2011 年，全市空气质量有所好转，污染综合指数同比下降 13.13%，老标准优良天数共 242 天，占总天数的 66.3%，比 2010 年增加 19 天，同时 IV、V 级天数比上年减少 15 天。2012 年和 2013 年连续两年优良天数增加近一个月，分别达到 270 天和 299 天（图 1-12），比上年分别增加 28 天和 29 天，优良率分别达到 73.8% 和 81.9%，污染综合指数分别下降 6.64% 和 0.04%。总体来看，兰州大气环境治理取得了阶段性胜利，即使受到 2004 年来最大外来沙尘天气的影响，治污成果仍得到巩固与提升。2014 年 6～9 月，按老标准评价，月优良天数为 30 天，优良率为 99.2%；按新标评价，月均达标天数为 28 天，达标率为 91.8%（表 1-18）。截至 9 月底，全市老标准优良天数为 241 天，同比增加 12 天，优良率达 88.3%；新标达标天数为 196 天，同比增加 43 天，达标率为 71.8%。

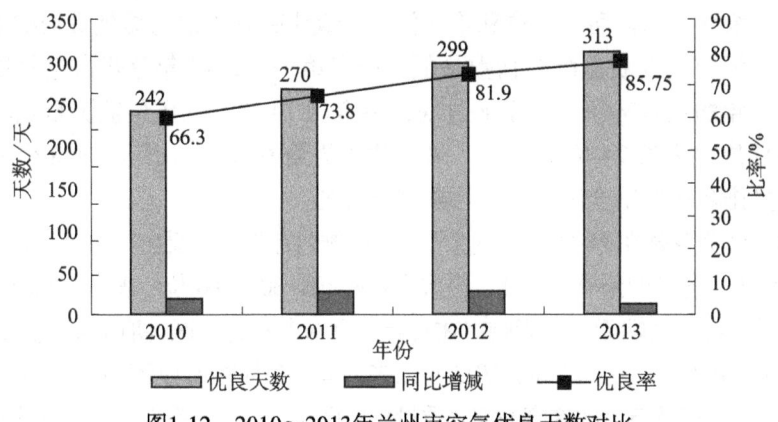

图1-12　2010~2013年兰州市空气优良天数对比

表1-18　2014年6~9月兰州市空气质量状况

月份	当月 老标 优良天数/天	当月 老标 优良率/%	当月 新标 达标天数/天	当月 新标 达标率/%	累计 老标 优良天数/天	累计 老标 同比增减天数/天	累计 老标 优良率/%	累计 新标 达标天数/天	累计 新标 同比增减天数/天	累计 新标 达标率/%
6	29	96.7	27	90.0	149	11	82.3	111	33	61.3
7	31	100.0	29	93.6	180	12	84.1	140	44	65.4
8	31	100.0	29	93.6	211	12	86.9	169	44	69.5
9	30	100.0	27	90.0	241	12	88.3	196	43	71.8

数据来源：兰州市环保局2014年6~9月市区空气质量简况

3）重点城市排名大幅提升

根据民间环保组织"自然之友"发布的年度环境绿皮书《中国环境发展报告》显示，2010~2012年兰州空气质量在我国31个省会、直辖市及自治区首府（不含港、澳、台地区）中排名倒数第一，垫底境况已连续保持3年。2013年兰州市步入空气质量改善的转折期与加速期，1月迎来良好开局，当月其在全国74个空气质量检测重点城市排名中位列第36位，其中最佳位次是7月排名第8位，仅9月与12月分别排名第69位和65位，跌至后十位。

从各项污染物浓度空气质量综合指数的排位来看，二氧化硫和二氧化氮年均浓度分别排名第39位和第16位，可吸入颗粒物、细颗粒物年均浓度分别排名第62位和第31位，一氧化碳日均值排名第47位，臭氧日均浓度排名第3位，全市空气质量综合指数排名第39位。就西北地区省会城市而言，兰州市二氧化硫和二氧化氮平均浓度分别排名第2位和第1位，细颗粒物与可吸入颗粒物年浓度分别排名第 2 位和第 3 位，一氧化碳日均值与臭氧日均浓度均排名第一，城市空气质量综合指数最低，排名第一。2014 年兰州市空气质量延续了上一年的良好势头，截至 8 月底，在全国 74 个空气质量监测重点城市排名中最佳位次为第 24 位（1 月），最差位次为第 63 位（5 月），前 8 个月全市空气质量排名均退出全国十大重污染城市行列。

图 1-13 为兰州在 74 个城市中空气质量的排名走势，可看出其综合指数排名的波动性较强，各月的差异性显著，位次主要处于第 30～60 位，表明空气质量的稳定性不足，易受极端天气的影响；在省会、直辖市及自治区首府的空气质量排名中，位次主要在第 10～25 位，2013 年以来，有 3 个月进入前十位；就西北地区省会城市、直辖市及自治区首府的空气质量排名而言，兰州市有 3 个月空气质量排名第一，有 8 个月排名末位，整体来看兰州市空气质量排名靠前（图 1-13、图 1-14）。

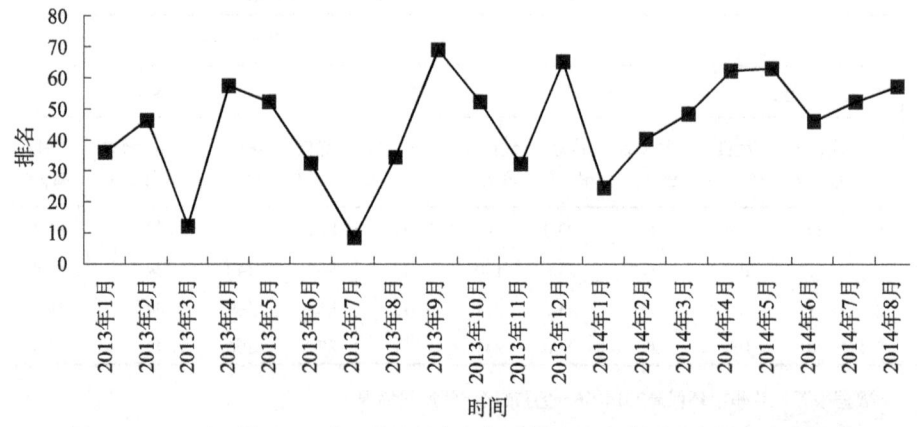

图1-13　2013年1月至2014年8月兰州市空气质量在74个监测重点城市中的排名

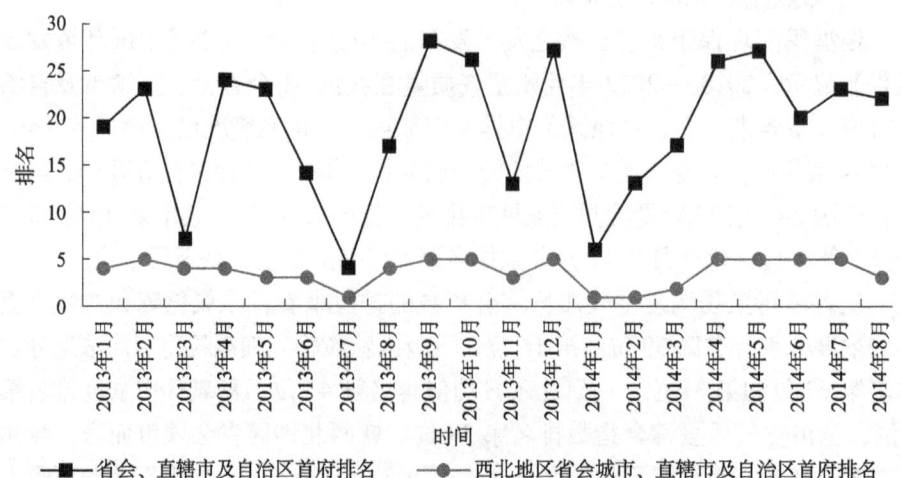

图1-14　2013年1月至2014年8月兰州市空气质量排名

2. 大气污染成因

兰州市治理大气污染取得突破性进展的同时，仍存在一些问题，如总悬浮颗粒物（total suspended particulate，TSP）含量居高不下、冬季大气污染严重等。究其原因，主要与兰州市独特的河谷型地形条件、气象气候条件及污染源等有关。

1）河谷型地形条件

兰州市位于黄土高原、内蒙古高原和青藏高原三大自然区的交汇处，是西北地区最大的综合性工业城市之一，也是西北干旱地区典型的河谷盆地型城市，河谷盆地内气流闭塞，不易流通，致使市区风速小、逆温现象严重，污染物不易扩散。可以说，河谷型地形条件是影响兰州市大气质量的关键因素。

2）风速小、静风现象显著

兰州市的大气污染与风速有着密切联系，从近地面到300m的高空，风速对污染都有着明显影响。兰州市区风速比较小，平均风速为0.7m/s，地面风春季平均风速为1.0m/s，夏季平均风速为1.0m/s，秋季平均风速为0.4m/s。全年静风和小风日数占60%以上，以静风居多，夏季的静风率为46.8%，秋季的静风率为78.2%，春季的静风率为49.2%，而冬季的静风率则为74.2%，静风率年平均值为55%。频繁发生的静风，会大大阻挡污染物的扩散，不利于兰州市区的污染物向城区外围扩散稀释，同时容易使城区内积累过多的高浓度污染物。尤其在冬季，大气边界层内的静风率高，各种工业、生活污染源排放的大量污染物因缺乏大气流动而不易向外围扩散，在盆地中形成昼夜不消散的烟雾，严重影响大气质量。

3）逆温现象严重

在正常天气条件下，污染物从气温较高的近地面向气温较低的高空扩散，而在逆温现象下，相对静止的空气将使污染物停留在近空，无法排放。尤其在强逆温天气，城市上空温度比近地面更高，逆温现象严重阻挡了污染物的稀释与扩散。兰州市全年约有80%的天数出现逆温现象，致使兰州市大气污染严重。

4）干旱少雨

兰州市位于黄土高原、内蒙古高原和青藏高原的交汇处，是典型的半干旱地区，干燥少雨，降水稀少且季节分配不均，冬季更是极少出现降雨天气；同时，干旱气候导致地表植被覆盖率低，这些因素均不利于污染物净化；加之，这种干旱少雨的气候条件不利于污染物扩散，也造成兰州市空气质量下降。

5）污染源

（1）工业与交通污染源。兰州市以石油化工、金属冶炼、机械制造及毛纺织等工业为主，工业污染源主要集中在西固，主要污染物为工业烟尘、粉尘，以及一氧化碳和二氧化硫；汽车尾气污染是造成交通污染的主要元凶，私家车的拥有量逐年快速上升，加之汽车的总体环保水平不高，大部分车辆排污量大，公交车、大货车尾气污染尤为严重；汽车的修理保养差、旧车报废年限过长，也是导致污染物超标的原因之一。

（2）自然降尘及地面扬尘。自然降尘、地面扬尘是造成兰州市总悬浮颗粒物污染严重的主要原因。位于兰州市北边的皋兰县九州台，是全国乃至是全世界风成黄土层最厚的区域，黄土总厚度达到321m，受兰州市附近常年盛行下沉气流的影响，自然降尘严重；此外，兰州市区位于河西走廊的下风向，来自河西走廊的沙尘暴途经兰州，也加剧了自然降尘量。可以说，气候条件已成为影响兰州市区自然降尘量的主要因素。同时，随着城市建设规模的扩大，兰州市区施工点此起彼伏，也加剧地面扬尘。

（3）冬季采暖及其他污染源。兰州市采暖依旧为煤烟型能源消耗，冬季烟尘污染非常严重，空气中的TSP含量大大超过国家标准，排放的各种有害气体严重污染了大气环境；随着经济发展，各类机动车数量快速增加，交通拥堵现象时有发生，汽车尾气污染也非常严重。总之，静风现象严重的兰州市区，尤其需要大风来稀释和扩散盘旋在上空的污染物，但兰州又是一个"怕风"的城市，尤其在春季，风速增大的日子里，地面的尘土、污染颗粒被风吹起，又会造成二次污染。

（二）水环境

1. 水资源现状

1）地表水资源量

根据《水资源评价导则》的规定，采用1956~2014年同步系列资料，以县和流域县区为单元分别计算1956~2014年自产水资源量、入境水资源量、出境水资源量和地表水资源总量。

一是自产水资源量。兰州市多年平均自产水资源量为$2.39 \times 10^8 m^3$，其中黄河干流区为$1.13 \times 10^8 m^3$，占全市自产水资源量的47%，湟水、大通河区为$0.653 \times 10^8 m^3$，占全市自产水资源量的27%，庄浪河区为$0.215 \times 10^8 m^3$，占全市自产水资源量的9%，宛川河区为$0.422 \times 10^8 m^3$，占全市自产水资源量的18%（表1-19、表1-20）。

表 1-19　不同流域自产水资源量　　　　　（单位：$10^8 m^3$）

区域	多年平均	C_v	C_v/C_s	不同保证率自产水资源量		
				50%	75%	95%
全市	2.39	0.3	2.5	2.3	1.86	1.38
黄河干流区	1.13	0.35	25	1.07	0.85	0.591
湟水大通河区	0.653	0.5	2.0	0.599	0.418	0.223
庄浪河区	0.215	0.28	2.5	0.208	0.172	0.129
宛川河区	0.422	0.36	2.5	0.399	0.312	0.216

注：C_v 表示变差系数；C_s 表示偏态系数

表 1-20　不同县区自产水资源量　　　　　（单位：$10^8 m^3$）

区域	多年平均	C_v	C_v/C_s	不同保证率自产水资源量		
				50%	75%	95%
全市	2.39	0.28	2.5	2.31	1.89	1.44
城关区	0.068	0.28	2.5	0.066	0.054	0.04
七里河区	0.417	0.36	2.0	0.399	0.309	0.204
安宁区	0.004	0.28	2.5	0.0038	0.0032	0.0024
西固区	0.153	0.36	2.0	0.146	0.113	0.075
红古区	0.151	0.48	2.0	0.140	0.098	0.054
永登县	0.780	0.39	2.5	0.731	0.562	0.377
皋兰县	0.024	0.28	2.5	0.023	0.019	0.014
榆中县	0.791	0.35	2.5	0.751	0.593	0.414

二是入境水资源量。兰州市入境河流包括黄河干流、湟水、大通河、庄浪河，其控制站分别为上诠站、民和站、连城站和武胜驿站。全市多年平均入境水资源量为 $323.25 \times 10^8 m^3$，其中黄河干流为 $278.0 \times 10^8 m^3$，湟水为 $16.4 \times 10^8 m^3$，大通河为 $27.04 \times 10^8 m^3$，庄浪河为 $1.81 \times 10^8 m^3$（表 1-21）。

表 1-21　兰州市入境水资源量表　　　　　（单位：$10^8 m^3$）

兰州市入区	多年平均	C_v	C_v/C_s	不同保证率自产水资源量		
				50%	75%	95%
全市	323.25	0.24	3.5	312.0	266.0	216.0
黄河干流	278	0.25	3.0	268.0	224.0	177.0
湟水	16.4	0.34	3.0	15.45	12.41	9.09
大通河	27.04	0.22	2.5	26.99	22.69	17.3
庄浪河	1.81	0.34	3.5	1.69	1.36	1.05

三是出境水资源量。兰州市出境河流仅有黄河干流,根据1956～2014年同步系列资料计算,其多年平均出境水量为$317.12\times10^8m^3$,p=50%时为$310.70\times10^8m^3$,p=75%时为$264.20\times10^8m^3$,p=95%时为$206.14\times10^8m^3$。

四是地表水资源总量。根据1956～2014年同步系列资料计算,兰州市多年平均地表水资源总量为$325.64\times10^8m^3$。其中黄河干流区为$279.13\times10^8m^3$,占全市地表水资源总量的85.7%;湟水、大通河区为$44.09\times10^8m^3$,占全市地表水资源总量的13.5%;庄浪河区为$2.03\times10^8m^3$,占全市地表水资源总量的0.6%;宛川河区为$0.42\times10^8m^3$,占全市地表水资源总量的0.2%。

2)地下水资源量

兰州市地下水总资源量为$2.75\times10^8m^3$。其中,城关区为$0.08\times10^8m^3$、七里河区为$0.43\times10^8m^3$、安宁区为$0.21\times10^8m^3$、西固区为$0.15\times10^8m^3$、红古区为$0.29\times10^8m^3$、永登县为$0.83\times10^8m^3$、皋兰县为$0.07\times10^8m^3$、榆中县为$0.69\times10^8m^3$。

3)总水资源量

兰州市多年平均地表水资源量为$2.39\times10^8m^3$,与地表水不重复的地下水量为$1.15\times10^8m^3$,总水资源量为$3.54\times10^8m^3$。

2. 水资源特点

1)地区分布不均

兰州市永登县西北边缘一带和马衔山区,因山体耸立,岩石裸露,地形坡度大,加之降水量较多,是兰州市的产流区。秦王川以北和皋兰北部广大地区年降水量在250mm以下,同时由于黄土覆盖层厚,地势平坦,几乎不产流。全市只有几条发源于半湿润山区的较大沟谷有长流水,发源于半干旱区和干旱区的山沟均为间歇性河沟。

2)径流年际变化小、年内变化大

兰州市径流总体年际变化不大,其中黄河干流、大通河C_v值在0.22～0.24,属于年际变化低值区;湟水C_v值为0.34,属于年际变化次大地区;庄浪河C_v值为0.50,属于年际变化较大地区。

兰州市径流年内分配不均,汛期水量集中,冬春水量少,春末夏初干旱,连续最大4个月径流量占年径流的百分数在46%～68%。其中,兰州站连续最大4个月(5～8月)径流占年径流的46.74%,3～4月径流量占年径流量的12.91%,11～2月径流量占年径流量的25.81%;民和站连续最大4个月(6～9月)径流量占年径流量的62.43%,3～5月径流量占年径流量的12.34%,11～2月径流量占年径流量的17.1%;连城站连续最大4个月(6～9

月）径流量占年径流量的 67.47%，3～5 月径流量占年径流量的 13.89%，11～2 月径流量占年径流量的 10.04%；武胜驿站连续最大 4 个月（5～8 月）径流量占年径流量的 43.56%，3～4 月径流量占年径流量的 16.36%，11～2 月径流量占年径流量的 21.08%。

3. 水资源存在的问题

1）自产水资源匮乏，人均占有量低

兰州市多年平均自产地表水资源量为 $2.39 \times 10^8 m^3$，占甘肃省自产地表水资源量的 0.84%；兰州市多年平均可利用水资源量为 $23.3 \times 10^8 m^3$，人均水资源占有量为 $756 m^3$，仅占全国人均占有量 $2230 m^3$ 的 33.9%，仅为国际公认的缺水紧张警戒线 $1700 m^3$ 的 44.47%。降雨季节分配不均，多以暴雨形成洪水流走，绝大部分水量难以利用；由于兰州市域高差大，以黄土丘陵为主的地形起伏大且破碎，造成水资源空间分布不均衡，围绕黄河兴建的水利设施难以遍及各个地区，海拔较高及地下水较深的边远地区成为水资源极度紧缺地区。

2）时空分布不均，工程型缺水严重

因水资源时空分布不均匀，兰州市必须通过水利工程来缓解水资源短缺问题。然而，目前该区水利工程设备普遍老化、工艺落后、效能衰减，水利工程尚不能有效保障水资源需求。灌区续建配套与节水改造工程虽取得一定成绩，但因灌区缺乏投资，基本农田水利化程度低。加之水利工程老化失修，技术落后，水资源循环利用率低，一方面造成工程实际供水能力达不到设计标准，效益不能充分发挥；另一方面导致全市农业灌溉技术比较落后，平均灌溉定额仅 $420 m^3$。

3）水质污染严重，水资源短缺加剧

随着城市化进程的加快，兰州市城市规模迅速扩张，沿河城镇人口急剧增加，生活废水排放量逐年增大，由于普遍缺乏全局意识和环境保护意识，污水处理措施不完善，大量未经处理的工业废水和城市生活污水直接排入黄河，严重污染了黄河水质。同时，湟水等主要支流沿途接纳了大量污水，加剧了黄河水质的污染程度，使得水体环境容量和自净能力降低，污染负荷加大，黄河水污染问题日益突出。

（三）土壤环境

1. 土壤类型

兰州市共有 10 个土类，分属 7 个土纲。全市土壤总面积为 1975.91 万亩^①，其中灰钙土类占 67.15%，居绝对首位；其次为栗钙土、灰褐土、黑垆土三类，所占面积比例依次为 8.73%、7.34%、6.91%；再次为黄绵土和灌淤土，所占比例为 4.01% 和 3.65%。其余土类所占比例极小（表 1-22）。

表 1-22　兰州市土壤类型

土纲	亚纲	土类名称	面积/万亩	所占比例/%
半淋溶土	半湿温半淋溶土	灰褐土	145.03	7.34
钙层土	半干旱温钙层土	栗钙土	172.45	8.73
		黑垆土	136.53	6.91
干旱土	干旱温钙层土	灰钙土	1326.85	67.15
初育土	土质初育土	黄绵土	79.18	4.01
		红黏土	11.95	0.61
盐碱土	盐土	盐土	1.87	0.09
人为土	灌耕土	灌淤土	72.19	3.65
高山土	湿寒高山土	高山草甸土	0.75	0.04
		亚高山草甸土	29.12	1.47

2. 土壤分布规律

兰州市土壤分布受地形、地貌格局的控制，南、北、西呈现出明显的空间异质性（图 1-15）。

1）南部地区土壤分布规律

南部地区主要是指黄河以南的辖区。该区从黄河谷地向南上升为南部山地，土壤分布呈现垂直带谱特点。其中，雁滩主要土类为沼泽土，另有潮土和盐碱化土壤受地形起伏和地下水位的影响，呈斑块状镶嵌分布；向上到海拔 2400m 的"坪""台"，农业土壤为灌淤土、黄绵土、黑垆土，自然土壤主要为黑垆土。其中，灌淤土和黄绵土主要分布在水地，农业黑垆土主要分布在耕灌时间较短的水浇地和旱地，而大面积的荒坡草地则为黑垆土；海拔 2400~3004m 的双嘴山，由于海拔升高，降水增加，植被类型由干草原向森林草原逐渐过渡，土壤类型也随之依次分布有栗钙土、灰褐土、亚高山草甸土和高山草甸土。

---

① 1亩 ≈ 666.7m²。

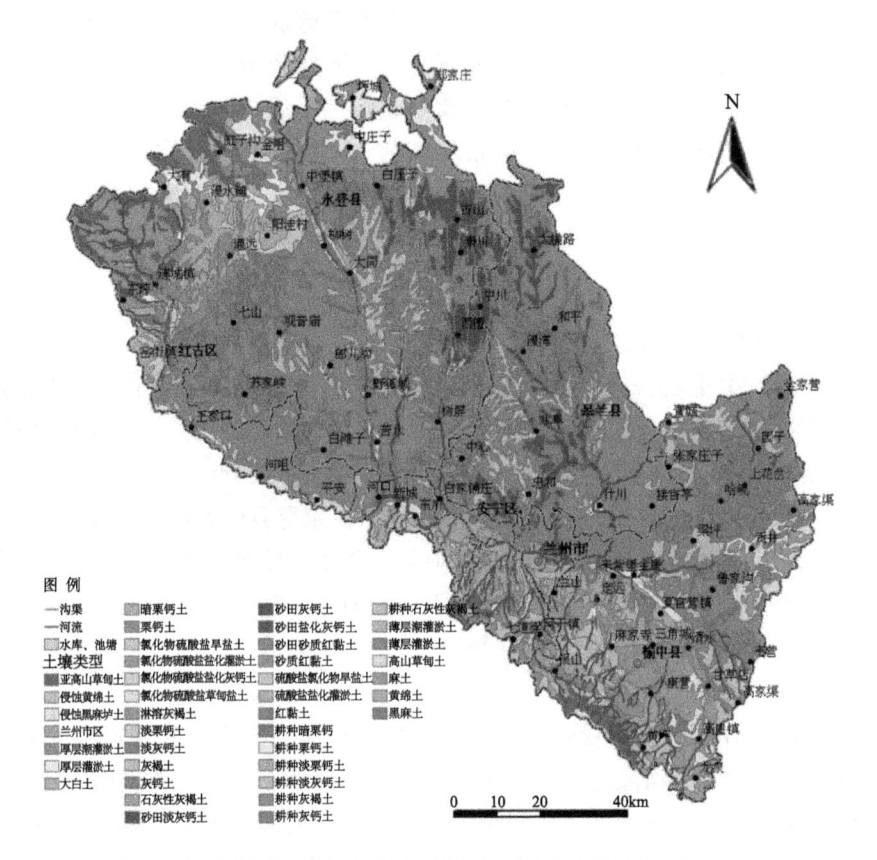

图1-15　兰州市土壤分布图（文后附彩图）

2）北部地区土壤分布规律

北部地区是指黄河以北、庄浪河以东的辖区，包括安宁区、西固区和城关区北部，永登县庄浪河以东，皋兰县全部，以及榆中县北部。兰州盆地黄河北岸（如青白石、盐场堡、安宁等地Ⅱ级阶地）的土壤成土母质为冲积洪积物，目前经长期耕灌已发育形成灌淤土；黄河北岸Ⅲ、Ⅳ级阶地不明显，其与黄土丘陵相连，主要土类为灰钙土。该类土壤一直延伸到榆中北山，皋兰县西北部，以及永登县庄浪河东部丘陵浅山区和秦王川绝大部分地区；北道坪上部的低丘坪台，皋兰县东南部及永登县庄浪河东部丘陵的下部与坪台上的水平梯田，广布着黄绵土。

3）西部地区土壤分布规律

该区大体处于庄浪河以西、湟水以北，以及大通河谷地以东。该区从奖俊埠岭到连城一线的西北部，达川、河口至苦水，向西到红古的河谷川坝地，广泛分布着由裸露的新近纪红层风化物为母质、土壤质地较黏重的红黏土，部分地段出现灌淤土；在沿河沟地有少量呈斑块分布的潮土及盐渍化土壤。湟水河谷北侧的坪台也有少部分灌淤土；河谷两侧的丘陵山地，以及顺庄浪河至永登水泥厂一带再向西至金嘴乡北侧，然后折向西南部的大有、民乐、七山各乡及河桥镇的山区，广布着灰钙土；坪城、缸子沟、奖俊埠、黑林子一线以北，在坡积残积母质上发育着栗钙土；森林植被覆盖的地段分布着灰褐土。

3. 土壤环境问题

1）土壤次生盐渍化

根据第二次土壤普查，兰州市土壤盐渍化面积达 15 827hm²，占全市耕作土壤面积的 5.17%，其中，危害程度较轻（粮食减产 2 成左右）的面积达 14 073hm²，危害程度中等（减产 3～4 成）面积为 507hm²，危害程度严重（减产 7 成以上）的面积达 1247hm²。主要分布在永登县的红城、苦水、树屏、坪城、上川、西槽，皋兰县的石洞、榆中县来紫堡、城关区雁滩、安宁区孔家崖、西固区达川等地势比较低洼、排水不畅的地方。其中，永登县盐渍化土壤面积达 15 260hm²，占全市盐渍化土壤面积的 96.42%。

2）土壤污染严重

兰州市部分地区土壤受到工业废弃物中的重金属或农药残留有毒物的污染。城关区雁滩乡南河灌区一带汞污染严重，属市区汞污染最严重的一段，该段铅污染也很严重。西固区主要污染物是铅，其次是氟、砷等。氟污染主要集中在西固区石岗至虎头崖一带，以及永登县的连城、河桥地区。永登、皋兰、榆中三县除局部地方有重度或中度污染外，大部分地方污染轻微。此外，川塬地区农药残留污染也比较普遍。

3）土壤资源退化

土壤侵蚀、水土流失是土壤资源遭到破坏并逐渐退化的直接反应，是兰州市土壤贫瘠化的最主要原因。兰州市地处黄土高原的西北部，水土流失严重。侵蚀区主要分布在榆中县南北两山，永登县的西部和市郊南北低山丘陵区。区内土壤侵蚀模数为 1000～5000t/km²，局部地方土壤侵蚀速度远超过成土速度，造成表土层侵蚀殆尽，母质裸露地表，良田严重退化。

4）工业废渣危害

兰州市约有 7.1 万亩耕地是在堆放灰渣、有机垃圾的地面上开垦出来的，其成土母质为灰渣与有机垃圾，由于成土母质通气性与分解性不良，严重影响了土壤的耕性和肥力。此类耕地主要分布在城关、七里河、西固、安宁、红古近郊的老菜田地区，导致菜田产量降低。

第二节 社会经济基底

一、经济发展水平

(一)经济总量

2005～2014年,兰州市GDP呈现波动上升的趋势,由2005年的567.04亿元增加到2014年的2000.94亿元,年均增长率为15.04%。其中,2005～2008年,GDP处于缓慢上升的趋势,年均增加率为14.28%;2009～2011年GDP处于迅速增长的趋势,年均增长率为21.19%;2008～2009年和2011～2012年,GDP处于急速下降的趋势,年均增长率分别为9.41%、15.03%(图1-16)。至2014年年底,该区GDP为1913.5亿元,占甘肃省比例为28%,增速高于甘肃省1.5个百分点,全省排名第2位,在西部10省会城市、直辖市及自治区首府中排名第4位;固定资产投资达1610.7亿元,增速高于甘肃省1.2个百分点,全省排名第2位,在西部10省会城市、直辖市及自治区首府中排名第2位;社会消费品零售总额为944.9亿元,增速高于甘肃省0.1个百分点,全省排名第2位,在西部10省会城市、直辖市及自治区首府中排名第4位。

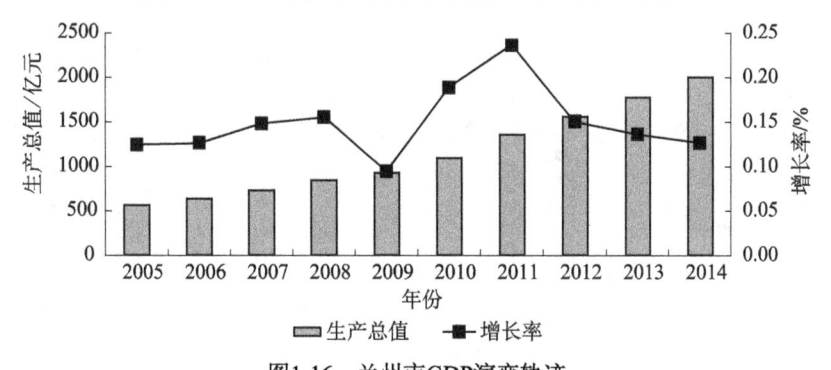

图1-16 兰州市GDP演变轨迹

数据来源:《兰州统计年鉴2015》

2005～2014年,兰州市人均GDP呈持续增长的趋势,从18 296元增加到54 771元,其增长率为12.96%。其发展水平和增长速度均远高于甘肃省平均水平(图1-17),且与甘肃省的差距逐渐扩大;而与全国平均水平的差距呈现先减小后增大的趋势。其中,2005～2010年,兰州市人均GDP呈缓慢增长趋势,增长率为10.88%;2010～2014年,兰州市人均GDP呈迅速增长趋势,增长率达15.60%。

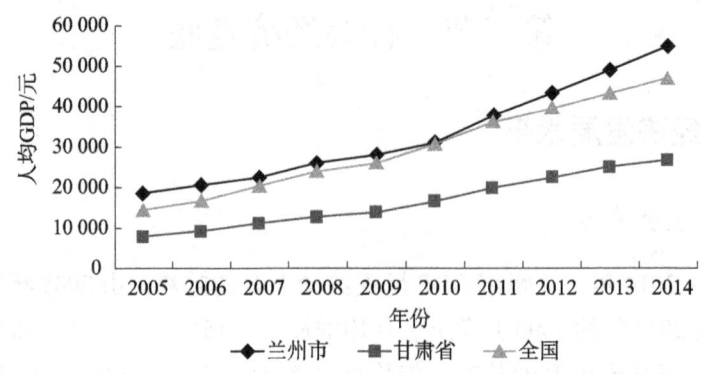

图1-17 兰州市、甘肃省、全国人均GDP变化趋势

（二）居民生活水平

2005～2014年，兰州市城乡居民收入水平持续上升。其中，2014年年末兰州市城镇居民人均可支配收入达到23 030元，增速高于甘肃省1.2个百分点，全省排名第1位，在西部十省会城市、直辖市及自治区首府中排名第2位；农民人均纯收入达到8067元，增速高于甘肃省1.1个百分点，全省排名第3位，在西部十省会城市、直辖市及自治区首府中排名第2位。2005～2014年，兰州市城镇居民人均可支配收入与农村人均纯收入年均增长率分别为11.67%、12.87%（图1-18）。

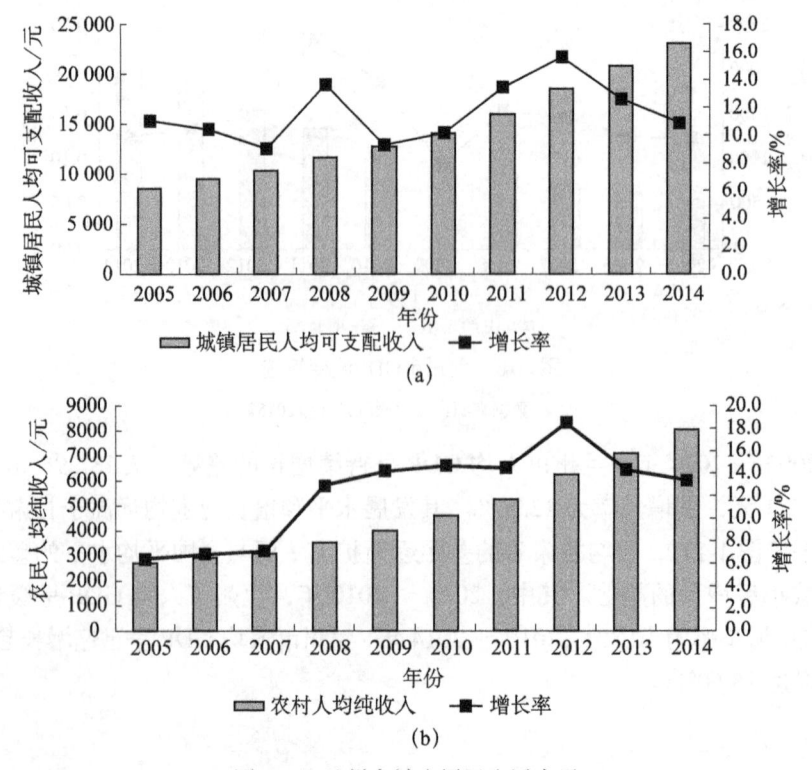

(a)

(b)

图1-18 兰州市城乡居民生活水平

二、公共服务发展水平

（一）教育服务水平

教育状况反映着不同区域的人口整体素质，而师资力量作为教育的"软设施"，又直接影响着教育水平和教育质量。2014年兰州市研究生教育招生0.99万人，比上年增长2.39%，在校研究生2.91万人，增长3.52%；普通高等教育招生8.94万人，增长6.91%，在校学生31.63万人，增长1.51%；中等职业教育招生2.08万人，下降13.47%；普通高中招生2.31万人，下降1.65%；初中学校招生3.46万人，下降1.77%；普通小学招生3.54万人，下降0.29%；特殊教育招生0.0036万人，下降33.33%；幼儿园在园幼儿7.34万人，增长9.31%。

近年来，兰州市基础教育得到了较快发展。2014年，兰州市有各级各类学校1332所，比2005年增加134所；各类学校在校学生人数为1 007 260人，比2005年增加243 315人；中小学师生比为1：13，幼儿园师生比为1：9，相较2005年，中小学师生比例下降3.96个百分点；学龄儿童入学率为100%，比2005年提高1.78个百分点。2005～2014年兰州市每位教师负担的小学生数总体呈下降趋势，且低于全国平均水平，但2008年高于全国水平（图1-19）。

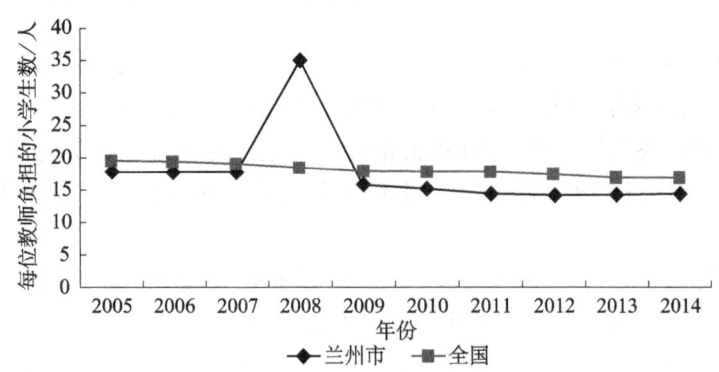

图1-19 兰州市与全国每位教师负担小学生数变化趋势

（二）医疗服务水平

2014年年末，兰州市共有卫生机构2394个，其中医院、卫生院167个，妇幼保健院（所、站）10个，专科疾病防治院（所、站）2个，社区卫生服务中心（站）228个。医院、卫生院拥有床位2.27万张，比上年增长5.72%。卫生技术人员3.09万人，增长7.68%。其中，执业医师和执业助理医师1.23万人，增长7.37%；注册护士1.3万人，增长10.58%。

近年来，兰州市医疗卫生服务水平不断提升，服务规模不断扩大，医疗水平不断提高，卫生服务机构条件不断改善，疾病防治能力显著增强，为保证人民健康发挥了重要作用。2005～2014年，兰州市每万人拥有的病床数由47.9张增加到58.9张，年均增加1.22张。而此期间，全国每万人拥有的病床数由25.8张增加到48.3张，年均增加2.5张，兰州市与全国每万人拥有的病床数的差距由2005年的22.1张减少到2014年的10.6张（图1-20）。

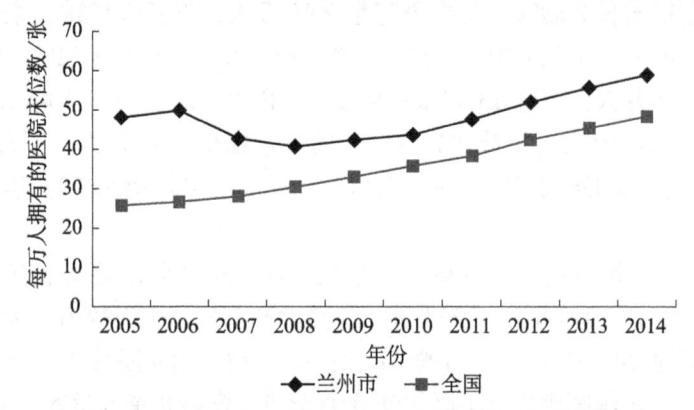

图1-20 兰州市与全国每万人拥有的病床数变化趋势

（三）通信服务水平

通信作为国民经济的先导，是联系社会生产、分配、交换和消费环节的重要行业，其发达程度直接影响着区域国民经济的发展。近年来，兰州市通信服务水平得到较快发展。按2010年价格计算，全年完成邮电业务总量为69.34亿元，比上年增长29.9%。其中，电信业务总量为64.5亿元；邮政业务总量为4.84亿元。

与2005年相比，2014年该区每万人邮电业务量增长147.6%，年均增长10.6%；而此期间，全国每万人邮电业务量仅增长了73.5%，年均仅增长5.0%，兰州市与全国的差距由2005年的0.016亿元缩小到2014年的0.03亿元（图1-21）。

电视已成为了解国内外信息的重要媒介，其综合人口覆盖率直接反映了区域了解外界社会的程度。2014年年末兰州市电视综合人口覆盖率为99.70%，比上年提高0.3个百分点。其中，有线电视用户69.7万户，增长5%；有线数字电视用户64万户，增长9%。近年来，兰州市电视覆盖率提高较慢，由2005年的98.23%增加到2014年的98.55%，增幅仅达0.32%。而此期间，全国的电视覆盖率增幅为2.76%，至2014年全国电视覆盖率已与兰州市相当（图1-22）。

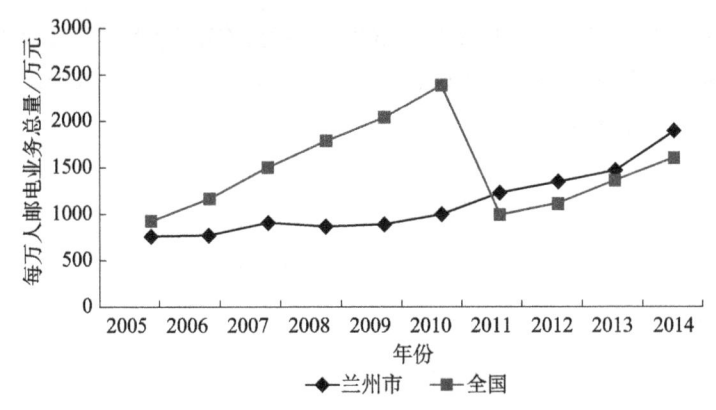

图1-21　兰州市与全国每万人邮电业务总量变化趋势

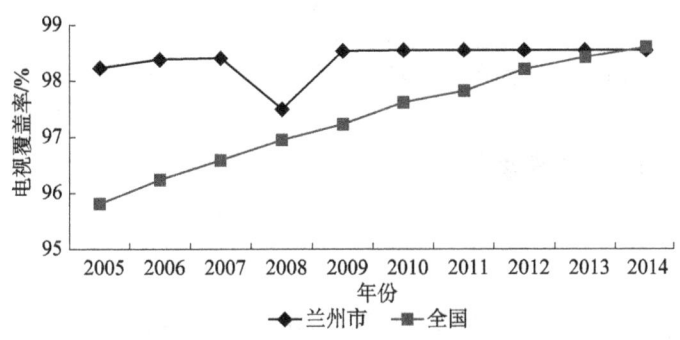

图1-22　兰州市与全国电视覆盖率变化趋势

（四）社会保障水平

兰州市2014年参加城镇职工基本养老保险人数为66.16万人，比上年增长10.41%；参加城镇职工基本医疗保险人数为84.45万人，增长2.69%；参加城镇居民医疗保险人数为106.84万人，增长3.11%；参加失业保险人数为57.27万人，下降0.16%；参加工伤保险人数为46.18万人，下降0.22%；参加生育保险人数为45.52万人，下降0.2%；城乡居民社会养老保险参保续保人数为74.05万人。2014年年末参加新型农村合作农民人数为113.98万人，参合率为97.99%。2014年全年新型农村合作医疗基金支出总额为4.67亿元，比上年增长了11.99%；累计收益128.74万人次。

如图1-23所示，2005～2014年，全国参加基本养老保险的人数占总人口的比例逐年升高，其中，2005～2009年参加养老保险的人口比例上升速率仅为1.08%/年，2009年后上升速率达到11.27%。从图中也可看出，2005～2010年，兰州市参加养老保险的人口比例呈小幅波动下降的趋势，而2010年以后，呈小幅增长趋势。总体来看，2005～2011年，兰州市参加养老保险的人口比例高于全国平均水平，但2011年以后，兰州市参加养老保险的人口比例低于全国平均水平（图1-23）。

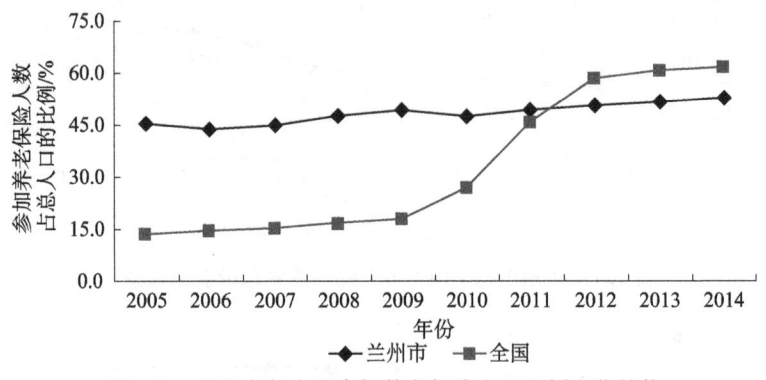

图1-23　兰州市与全国参加养老保险人口比例变化趋势

三、乡土文化传承

（一）乡土文化特征

乡土文化指农村一定区域内以农民为主体，体现农村精神信仰、交往方式等内容，具有独特个性的传统文化形态，包含风俗、礼仪、饮食、建筑、服饰等，构成了地方独具魅力的人文风景，是人们的乡土情感、亲和力和自豪感的凭借与纽带。广大农村地区由于受到特定人文环境和地理条件影响，无论是村落用地布局、乡土建筑形式、土地利用习俗，还是农田景观、乡村植被、宗祠寺庙等均呈现丰富多彩的形态。这既反映了不同地区人们生产生活和社会文化发展状况，也凝聚着丰厚的地域人文精神。土地是有生命的，传统的村落是人类文化精华的体现，每个地区独特的地域环境也导致这个地区的传统村落具有与众不同的空间形态与文化特质。

兰州市是一座具有2200多年历史的文明古城，文化底蕴深厚，既是中华民族文化的重要发祥地，也是黄河文化、丝路文化、中原文化和西域文化的重要交汇地，被誉为"丝路重镇""黄河明珠""山水名城""水车之都"。兰州市乡土文化具有典型河畔文化特征，河畔文化注解的是兰州人世世代代、生生不息的沿河生活故事、生活场景，是城市文脉的延续、城市性格的反映、城市特色的彰显。黄河是兰州市天人合一乡土文化的重要载体，是沿线村庄及城镇发展的基础之一。

（二）乡土文化传承存在的问题

1. 乡土文化同质化普遍

随着城市化进程的不断推进，城市文明逐步引入农村，农村文化生产与消费、礼仪与交往都呈现出与城市文化无限接近的特征。这种文化既远离了乡土文化的根脉，也与真正的城市文化相隔膜，其所带来的结果是农村文化生活变得单调与"飘浮"。

2. 民间文化逐渐消逝

在市场经济大背景下，兰州市民间文化活动的开展大多以经济利益，如旅游、招商等为目的。在经济利益目标的驱使下，民间文化资源被任意开发，缺乏系统的发展规划，民间文化活动往往沦为简单的文化模仿。

3. 公共文化空间弱化

目前，兰州市公共文化空间弱化。农村文化设施分布不均、效益不高、实用性较差；劳动力大量外流，家庭结构的变化导致以地缘、血缘、共同精神为纽带的村落慢慢衰落。传统庙会、歌舞会、民俗表演等公共文化活动让位于以个人或家庭私性活动场域为单位的，如看电视、上网等活动。这种私性文化活动反过来又影响到农民参与公共文化活动的积极性。

四、新型城镇化水平

（一）评价方法

1. 评价指标体系的构建

城镇化质量是在城镇化进程中与城镇化数量相对的反映城镇化优劣程度的一个综合概念，特指城镇化各组成要素的发展质量、协调程度和推进效率。常采用由多个指标构成的综合指标体系，即复合指标法测度。国内学者多使用主成分分析法、因子分析法、层次分析法、灰色方法、熵值法等对城镇化质量进行评估。

在把握新型城镇化概念与内涵的基础上，参考有关新型城镇化和城市化质量评价的研究成果，基于系统性、全面性、典型性、科学性、可操作性等指标构建原则，从人口城镇化、经济城镇化、社会城镇化、空间城镇化、生态环境建设、城乡统筹发展6个方面选择24个评价指标（表1-23），对兰州市新型城镇化质量进行测度。

表 1-23　新型城镇化质量评价指标体系及权重

目标层	准则层	指标层	权重	属性
新型城镇化质量测度	人口城镇化	非农业人口比例 / %	0.0628	+
		城镇人口密度 /（人/km²）	0.0484	+
		每万人在校大学生数 /（人/万人）	0.0134	+
		R&D经费支出占财政支出比例 / %	0.0345	+
	经济城镇化	人均GDP /（元/人）	0.1326	+
		二三产业占GDP比例 / %	0.0162	+
		固定资产投资额 / 亿元	0.0984	+
		地均GDP /（万元/km²）	0.0621	+
		工业总产值占GDP比例 / %	0.0303	+
	社会城镇化	城镇登记失业率 / %	0.0452	+
		城镇居民人均可支配收入 / 元	0.0369	+
		社会保障及就业总支出占财政支出比例 / %	0.0687	+
		燃气普及率 / %	0.0134	+
		万人拥有卫生机构床位数 / 张	0.048	+
	空间城镇化	人均建成区面积 /（km²/万人）	0.0377	+
		路网密度 /（km/km²）	0.0369	+
		人均城镇道路面积 / m²	0.0643	+
		建成区面积占城区面积比例 / %	0.0271	+
	生态环境建设	建成区绿化覆盖率 / %	0.0278	+
		城镇生活垃圾处理率 / %	0.0133	+
		人均公园绿地面积 / m²	0.0443	+
	城乡统筹发展	城乡居民人均收入比	0.013	−
		城乡人均消费水平比	0.0119	−
		新型农村合作医疗参合率 / %	0.0128	+

注："+"表示该指标为正向；"−"表示该指标为逆向。

2. 数据的来源

数据来源于《中国统计年鉴2015》《中国城市统计年鉴2015》《中国区域经济统计年鉴2015》，以及西北五省区和省会城市及自治区首府的2015年统计年鉴、2014年国民经济和社会发展统计公报等。

3. 权重的计算

采用熵值法确定指标权重，消除权重确定过程中主观因素的影响，主要计算步骤如下。

第一，原始数据标准化。

指标值越大对系统越有利时，采用正向指标计算方法：

$$x'_{ij} = (x_{ij} - \bar{x})/s_j \tag{1-8}$$

指标值越小对系统越有利时，采用负向指标计算方法：

$$x'_{ij} = (\bar{x} - x_{ij})/s_j \tag{1-9}$$

式中，x_{ij} 为第 i 个样本、j 项指标的原始数值；X'_{ij} 为标准化后的指标值；$\bar{x}$ 和 s_j 分别为第 j 项指标的平均值和标准差。

第二，将各指标同度量化。计算第 j 项指标下，第 i 城市占该指标比例 P_{ij}：

$$P_{ij} = X_{ij} / \sum_{i=1}^{n} Z_{ij} \tag{1-10}$$

式中，n 为样本（城市）个数；m 为指标个数。

第三，计算第 j 项指标的信息熵值 e_j：

$$e_j = -k \sum_{i=1}^{n} P_{ij} \ln(P_{ij}) \tag{1-11}$$

式中，$k = 1/\ln(n)$；$e_j \geq 0$。

第四，计算第 j 项指标的差异系数 d_j：

$$d_j = 1 - e_j \tag{1-12}$$

第五，对差异系数归一化，计算第 j 项指标的权重 W_j：

$$W_j = d_j / \sum_{j=1}^{n} d_j \tag{1-13}$$

最后，采用线性加权和法构建新型城镇化质量综合评价模型：

$$F_i = \sum_{i=1}^{n} (X'_{ij} \times W_j) \tag{1-14}$$

式中，F_i 为 i 城市化质量综合得分；W_j 为第 j 项指标权重；X'_{ij} 为 i 城市第 j 项指标的标准化值。

(二) 评估结果

根据以上计算步骤，利用城镇化水平测度模型计算兰州市新型城镇化水平的得分，见表1-24。

表 1-24　兰州市新型城镇化质量

城市	人口城镇化	经济城镇化	社会城镇化	空间城镇化	生态环境建设	城乡统筹发展	综合水平
兰州	0.1448	0.1121	0.1119	0.0715	0.1501	0.0762	0.6666

在五个准则层中，生态环境建设水平得分最高。近年来兰州市遵循生态文明理念，并以"如兰之州、如家之城"为目标，走可持续发展道路，大力推进生态文明建设，从"城内、城外"两个层次入手，加大生态环境建设力度，南北两山绿化效果尤为显著，加之百里黄河风情线的构建，使得兰州城市绿地和公共空间大幅增加，综合生态环境建设水平明显提高。

人口城镇化水平次之。近年来兰州市人口数量快速增长的同时，人口素质也在稳步提高，2014年年末全市常住人口为366.49万人，城镇人口密度达225人/km^2，人口城镇化率达到62.49%，研究与开发经费支出占财政总支出的比例达13.53%，每万人在校大学生数为983.32人。可见，人口城镇化是城镇化的主体和核心，人口发展作为新型城镇化发展的基础社会要素，对城镇化发展与演进起着重要的驱动作用。

经济城镇化水平仅次于生态环境建设与人口城镇化发展，说明兰州市城镇化发展从单纯注重"经济发展水平"的提高，向以"生态保护与经济发展"和谐统一的方向发展。经济城镇化是城镇化的前提和动力，随着产业结构的不断优化升级，兰州市经济水平不断提高，2014年兰州市人均GDP达到54 771元，第二和第三产业产值占GDP比例达97.38%，工业总产值占GDP比例为29.70%，地均GDP为1529.12万元/km^2，工业固定资产投资额为1610.68亿元。可见，兰州市的经济城镇化在速度、质量、规模和结构等方面均发生了显著变化。

社会城镇化水平较低。2014年兰州市城镇登记失业率为1.77%，燃气普及率为94.79%，城镇居民人均可支配收入为23 030元，万人拥有卫生机构床位数为77.33张，社会保障总支出占财政支出的比例为9.79%。可见，兰州市基础配套设施不完善，社会保障水平及医疗卫生水平仍有待提高。

城乡统筹发展水平次低。随着城乡统筹发展战略的实施，兰州市初步形成了城乡联动的发展机制，建立了城乡一体的政策体系，促进了城市和乡村的联动发展，但是城乡差距仍较大，资源分配不均衡，城乡二元结构明显，2014年兰州市城乡居民收入比为3.02∶1，城乡人均消费水平比为2.36∶1，新型农村合作医疗参合率为94.64%。

空间城镇化水平得分最低。兰州城市发育受"两山夹一河"的河谷盆地地形限制，城市拓展空间有限，土地利用存在严重瓶颈。2014年年末，兰州市人均建成区面积为0.84km^2/万人，路网密度为0.11km/km^2，人均城镇道路面积为16.56 m^2，建成区面积占城区面积比例达82.22%，典型的河谷盆地特征制约着城市内部交通网路的建设，使得道路通达性不高，出行成本高。

上述分析表明，随着户籍改革、人口管理、土地流转、产业发展调整、大型国有企业改制改革等政策的贯彻落实，兰州市的经济增长方式已逐渐向内涵式增长转变，从扩大规模、增长数量转向提升效率、加强管理、增加研发投入，城镇化发展模式也随之向内涵式的新型城镇化模式转变。

（三）西北地区新型城镇化质量的比较

根据以上计算步骤，利用新型城镇化质量测度模型可计算出西北地区5个省会城市及自治区首府的新型城镇化水平综合得分（表1-25），以此分析其新型城镇化水平差异。

表1-25　西北地区省会城市及自治区首府新型城镇化质量

城市	人口城镇化	经济城镇化	社会城镇化	空间城镇化	生态环境建设	城乡统筹发展	综合水平
兰州	0.1448	0.1121	0.1119	0.0715	0.1501	0.0762	0.6666
西安	0.1532	0.1870	0.0958	0.1009	0.1720	0.0791	0.7880
西宁	0.1520	0.0941	0.0850	0.0736	0.1589	0.0782	0.6418
银川	0.1290	0.1155	0.0773	0.0746	0.1820	0.0780	0.6564
乌鲁木齐	0.1462	0.1226	0.0790	0.0627	0.1557	0.1055	0.6717

从图1-24可以看出，兰州市新型城镇化质量综合得分在5个省会城市及自治区首府中排名第三。相对而言，西安市的人口、经济、空间城镇化及生态环境建设和城乡统筹水平在西北五市中均为最高，尤其是经济城镇化水平远高于其他4个城市。其他城市因受自然区位及交通条件的影响，城镇化起步晚，内在发展动力不足，城镇化质量均较低。其中，乌鲁木齐市和兰州市的新型城镇化质量比较接近，而西宁市相对较差。

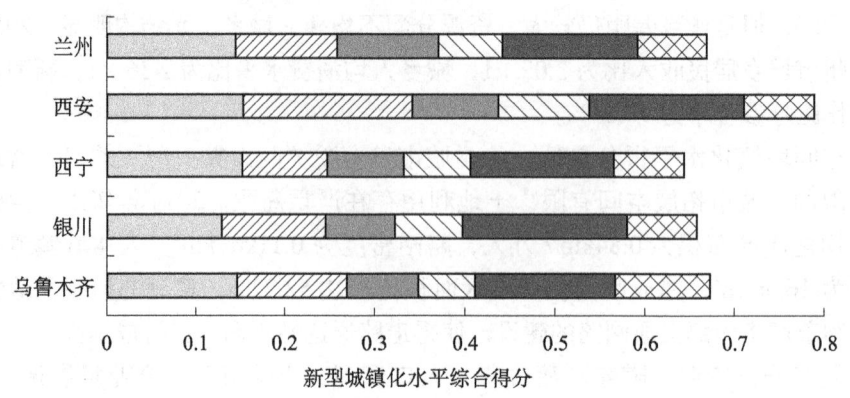

图1-24　西北地区省会城市及自治区首府新型城镇化水平比较

城市是社会经济活动空间聚集的结果，城市化水平与经济发展水平之间存在着强烈的互动关系。兰州市新型城镇化质量之所以较低，主要在于兰州市工业发展速度较快，但发展水平较低，始终以资源加工型企业为主，技术含量低，产品附加值不高，缺少竞争力；在用地空间上，兰州市城区内可供开发的建设用地有限，工业发展用地就更加有限；在所有制上，国有企业比例高而私营企业和外资企业比例低；在产品上，低附加值的原料产品比例过高，产业链短，较高附加值的加工业发展落后；在规模上，企业规模总体偏小，特别是轻工业企业的规模太小，难以实现规模经济，产品成本高而竞争力低；在空间布局上，除西固石化工业区外，其他产业及空间布局分散，没有形成典型的专业化工业聚集区，缺乏具有影响力的产业集群。同时，产业结构不合理，第三产业比例偏小、第二产业发展缓慢。

第三节　土地利用基底

一、土地利用现状

（一）土地利用结构

据兰州市土地利用变更调查数据显示，2014年兰州市土地总面积为131.92万 hm²，人均占有土地为0.41hm²。其中，农用地483 715.93hm²，占土地总面积的36.67%；建设用地78 223.99hm²，占土地总面积5.93%；其他土地757 291.34hm²，占土地总面积的57.40%（图1-25）。

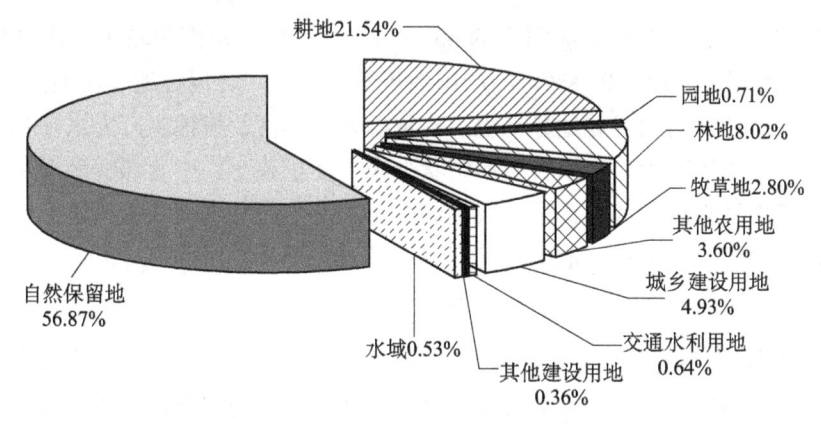

图1-25　2014年兰州市土地利用现状结构

1. 农用地

兰州市耕地面积为284 171.42hm²，占全市土地总面积的21.54%；园地面积为9 334.54 hm²，占全市土地总面积的0.71%；林地面积为105 764.15hm²，占全市土地总面积的8.02%；牧草地面积为36 903.04 hm²，占全市土地总面积的2.80%；其他农用地面积为47 542.78hm²，占全市土地面积的3.60%。

2. 建设用地

城乡建设用地面积为64 977.82hm²，占兰州市土地总面积的4.93%，其中，城镇用地31 008.66hm²，农村居民点用地30 175.27hm²，采矿用地3793.89hm²，分别占城乡建设用地的47.72%、46.44%、5.84%；交通水利用地8483.98hm²，占全市土地总面积的0.64%；其他建设用地4762.19hm²，占全市土地总面积的0.36%，全部为风景名胜与特殊用地。

3. 其他土地

自然保留地面积为754 076.56hm²，占兰州市土地总面积的57.16%；水域面积为3214.78hm²，占全市土地总面积的0.24%。自然保留地以其他草地和裸地为主，主要分布于市域北部、东部、中部黄土丘陵山区、半山区，地面坡度较大、缺乏必要的水利灌溉条件，具备开发条件的后备资源有限。

（二）土地利用中存在的问题

1. 耕地质量差、中低产田多、后备资源有限

受黄土丘陵特殊地貌和自然条件限制，兰州市域内山地多、平地少，难利用土地多、可利用土地少，且耕地多为中低产田，生产力水平较低，地区间差异比较明显。全市耕地中旱地占68.89%，其中大于15°的坡耕地面积

为 89 405.48hm²，占总旱地面积的 45.67%。全市低产田面积较大，占耕地的 71.20%；中产田约占 20.38%；高产田面积不足 10%。黄河谷地、庄浪河谷地、大通河谷地及宛川河谷地地势平坦、水资源较为丰富，耕地生产力水平相对较高，但限于地形因素，多呈长条形带状分布，面积狭小；中北部、南部及西部山地丘陵地区立地条件差，耕地破碎分散，农业生产力水平较低，虽土地面积较大，但由于干旱缺水，地形起伏度大，开发利用程度低。

2. 农业设施薄弱，耕地细碎严重

农业基础设施薄弱，有灌溉条件的耕地只占 31%，农田防护林网建设不成体系。根据兰州市农用地分等更新成果，兰州市各县区耕地质量主要介于 9 等至 14 等。其中质量最差的 14 等地占全市耕地总面积的 56.88%。同时，分田到户的家庭联产承包责任制实行的是"远近搭配、肥瘦搭配"平均分配耕地方式，这导致耕地资源细碎化程度加剧，现有耕地中，田坎、沟渠、田间道路占了 23%。耕地细碎化不仅不适合使用大型农业机械开展规模化作业，而且对于农户自身来说，由于其承包的耕地零星分布在不同区位，耕种起来也极为不便，严重影响了农户耕种效率，阻碍了农业现代化进程。

3. 村庄外围蔓延，内部闲散空心

由于现行宅基地管理制度存在缺陷，农村建房建新容易拆旧难。进城务工的农民，由于在城市居无定所，返乡翻盖新居成为寻求归属的主要方式。许多农民成为"两栖人口"，造成农村"空庄""空园"大量存在。由于缺乏统一规划，农民建房大多依路沿河靠山，虽然村庄外围房子越盖越好，但是村庄内部却逐渐闲置凋敝，生活环境脏差。同时，由于撤并，部分农村学校、乡镇企业均有闲置废弃现象。目前，兰州市农村居民点用地高达 30 175hm²，在北部和南部山区存在大量的空心村和闲散用地，造成农村建设用地利用效率总体较低。2005～2014 年，全市农村人口减少了 7.38 万人，但农村居民点用地却净增 7163hm²，农村人均居住用地从 193m² 增加到 251.46m²，远超过 150m² 的国家标准上限。

4. 城镇地耗过高，粗放利用现象存在

城镇工矿建设用地快速蔓延扩张，不仅导致经济发展"地耗"过高，而且致使城镇化呈现低密度化和分散化倾向。据《兰州城市建设用地集约利用状况评价》结果显示，建设用地中低度、中度用地共 11 148.7hm²，占城市建设用地的 76.77%；主城区有 4311hm² 的城中村，占城市建设用地的 29.69%；开发园区存在规划实施缓慢、土地闲置的现象；2005～2014 年，兰州城市建设用地扩大了 66%，但城镇人口仅增长 7.99%；据统计，全市 GDP 每增加 1%，就要消耗 515.1 亩耕地。城市土地开发重新区开发，轻旧城存量土地挖潜改造，土地资源闲置和浪费现象存在，而且城市建设占用的土地 80% 以上来自耕地，尤其是交通方便、长期投入积累较多的高质量耕地，城市土地集约利用具有一定的潜力。

5. 流转渠道不畅，资产无法变现

农村宅基地及房产是农村居民最为重要的一项资产，但在现行制度下，即使农民进城定居生活，也很难将其变卖为财产带走，同时又缺乏退出激励机制，最终只能闲置。在较大规模的宅基地资源得不到资产变现，无法实现资产收益权的同时，城市可供地资源随着城市化进程的推进日见紧张，导致城市地价、房价一路攀升。随着城市化进程的推进，每年成千上万农民进城务工，为了节约房租，务工农民往往几个人蜗居在一起或租住城乡结合部的民房，居住条件堪忧，面对城市日渐飙升的房价，在望房兴叹的同时，家乡的房子却长期无人居住，闲置浪费。

6. 农民兼业经营，阻碍土地流转

近年来，农村家庭消费支出日益增高，而农业收入较低且不稳定，大量农民为了增加家庭收入，拓宽收入渠道，到非农业部门就业。但因非农业就业往往不稳定或不充分，大批进城务工农民并未完全脱离农业生产，而是利用工余假日进行农业生产，将土地和农业作为家庭保险。然而，这种兼业经营阻碍着农地流转，使土地规模化经营难以推进。

（三）土地用途分区

根据功能，兰州市土地可分为基本农田集中区、一般农业发展区、城镇发展区、独立工矿区、自然与文化遗产保护区、生态环境安全控制区、林业发展区、牧业发展区八类。

1. 基本农田集中区

基本农田集中区是指兰州市高产、稳产田和有良好的水利与水土保持设施的耕地，以及经过治理、改造和正在实施改造计划的中低产田的集中分布区域。区域面积为 341 809 hm^2，占土地总面积的 26.1%，主要包括秦王川盆地北部、宛川河流域、湟水谷地、榆中北山黄土山梁区东北部、永登县中部丘陵区及青城盆地。

2. 一般农业发展区

一般农业发展区是指基本农田集中区以外，以发展农业、林业、牧业为主的区域。区域面积为 624 602hm²，占土地总面积的 47.67%，主要包括榆中盆地、秦王川盆地南部、大通河谷地、永登县南部黄土山梁区、土鲁沟流域、庄浪河谷地西部中堡镇至大同镇段。

3. 城镇发展区

城镇发展区是指中心城市发展区、重点城镇发展建设区，主要包括兰州中心城区及郊县区中心城区（海石湾、榆中、皋兰、永登）及重点镇（定远镇、夏官营镇、树屏镇等）。区域面积为 40 570hm²，占全市土地总面积的 3.1%。

4. 独立工矿区

独立工矿区是指独立于村镇之外的能源重化工基地、大中型矿山等以工业发展为主的区域。主要为窑街煤矿采矿区，面积为 805hm²。

5. 自然与文化遗产保护区

自然与文化遗产保护区是指已经国家认定的各种自然保护区、森林公园、地质公园等。区域面积为 100 489hm²，占土地总面积的 7.67%，主要包括兴隆山自然保护区、连城自然保护区、石佛沟森林公园、徐家山森林公园、龙凤峡天斧沙宫雅丹地貌等区域。

6. 生态环境安全控制区

生态环境安全控制区包括兰州市河流滩涂湿地、水源保护地、城镇地质灾害重点区。区域面积为 2093hm²，占全市土地总面积的 0.16%，主要包括兰州市三滩水源地，黄河、湟水两岸砂石、黏土区。

7. 林业发展区

林业发展区包括现有林地和已列入生态保护实施项目的造林地和规划期实施造林的土地等。区域面积为 142 831hm²，占全市土地总面积的 10.9%，主要位于主城区周边地带、榆中北山黄土山梁区东部、庄浪河西部黄土山梁区中南部和中川镇至龙泉镇段。

8. 牧业发展区

牧业发展区是指现有成片的天然、人工和改良草地（包括列入生态保护和建设实施项目的草地，以及规划期调整为牧草地的土地）。区域面积为 57 105hm²，占全市土地总面积的 4.36%，主要分布于永登县北部石质山地。

二、土地利用时空变化

（一）土地利用数量变化

各类用地增加或减少是社会经济发展的必然趋势。土地数量变化主要表现为各种土地类型的相互转化和面积上的增减，可用多种变化幅度模型、速度模型来分析其变化特征[①]。

1. 土地利用变化幅度

土地利用的变化首先反映在不同土地利用类型总量的变化，即变化幅度上，通过分析土地利用类型的总面积可以了解土地利用变化总的态势和土地利用结构的变化。通过2005年和2014年两个时段的数据，来分析近10年兰州市土地利用数量和结构变化特征。

2005~2014年兰州市土地利用变化幅度较大。从不同土地利用类型总量的减少趋势来看，牧草地减少最为显著，面积由2005年的682 295.09hm²下降至2014年的36 903.04hm²，年均增长率为-27.68%，其次为采矿用地，年均增长率为-9.65%，再次为其他农用地，年均增长率为-4.92%。而从不同土地利用类型总量的增加趋势来看，自然保留地增加最为显著，面积由2005年的108 225.00hm²增至2014年的750 303.77hm²，年均增长率为24.00%，其次为建制镇用地，再次为城市用地，年均增长率分别为18.18%、7.66%（表1-26）。

表1-26 2005~2014年兰州市土地利用数量和结构变化

一级地类	二级地类	三级地类	2005年 面积/hm²	比例/%	2014年 面积/hm²	比例/%	2005~2014年 增减量/hm²	年均增长率/%
农用地	耕地		272 054.03	20.76	284 128.24	21.54	12 074.21	0.48
	园地		13 909.53	1.06	9 334.32	0.71	-4 575.21	-4.34
	林地		92 797.41	7.08	105 757.96	8.02	12 960.55	1.46
	牧草地		682 295.09	52.07	36 903.04	2.80	-645 392.05	-27.68
	其他农用地		74 897.13	5.72	47 540.25	3.60	-27 356.88	-4.92
	合计		1 135 953.19	86.69	483 663.81	36.66	-652 289.38	-9.05

---

① 本书按照《国土资源部办公厅关于印发市县乡级土地利用总体规划编制指导意见的通知》（国土资厅发〔2009〕51号）的要求对兰州市2005~2014年土地利用变更调查数据进行了规划基数转换，但因《全国土地分类》（2002版）与《土地利用现状分类》（2007版）对部分地类定义不同、第二次全国土地调查工作完成前历年变更外业调查工作不彻底等主观和客观原因，2005~2008年土地利用变更调查数据与2009年之后的第二次土地调查变更数据在牧草地、其他草地、城镇工矿用地等地类面积变化较大。

续表

地类名称			2005年		2014年		2005~2014年	
一级地类	二级地类	三级地类	面积/hm²	比例/%	面积/hm²	比例/%	增减量/hm²	年均增长率/%
建设用地	城乡建设用地	城市	10 194.42	0.78	19 804.96	1.50	9 610.54	7.66
		建制镇	2 509.21	0.19	11 280.78	0.86	8 771.57	18.18
		农村居民点	2 3012.67	1.76	30 175.95	2.29	7 163.28	3.06
		采矿用地	9 460.05	0.72	3 793.89	0.29	−5 666.16	−9.65
		小计	45 176.35	3.45	65 055.58	4.93	19 879.23	4.14
	交通水利用地		7 747.98	0.59	8 483.98	0.64	736.00	1.01
	其他建设用地		5 166.91	0.39	4 762.19	0.36	−404.72	−0.90
	合计		58 091.23	4.43	78 301.75	5.94	20 210.52	3.37
其他用地	自然保留地		108 225.00	8.26	750 303.77	56.87	642 078.77	24.00
	水域		8 034.95	0.61	6 961.93	0.53	−1 073.02	−1.58
	合计		116 259.95	8.87	757 265.70	57.40	641 005.75	23.15
土地总面积			1 310 304.38		1 319 231.26		8 926.88	0.08

兰州市各县区土地利用变化幅度也存在较大差异。其中，城关区土地利用变化幅度最大的是牧草地，其次为园地，再次为其他建设用地，年均增长率分别为 −47.88%、−10.22%、8.28%；七里河区土地利用变化幅度最大的是自然保留地，其次为牧草地，再次为交通水利用地，年均增长率分别为 51.60%、−47.88%、−6.56%；西固区土地利用变化幅度最大的是牧草地，面积由 2005 年的 2040.53hm² 减少至 0，其次为其他建设用地，再次为园地，年均增长率分别为 9.47%、−2.12%；安宁区土地利用变化幅度最大的也是牧草地，面积由 2005 年的 14.34hm² 减少至 0，其次为交通水利用地，再次为园地，年均增长率分别为 16.61%、−12.98%；红古区土地利用变化幅度最大的是牧草地，其次为园地，再次为其他建设用地，年均增长率分别为 −45.34%、−10.06%、7.83%；永登县土地利用变化幅度最大的是自然保留地，其次为牧草地，再次为园地，年均增长率分别为 47.22%、−25.23%、5.99%；皋兰县土地利用变化幅度最为明显的是牧草地，面积由 2005 年的 170 315.59hm² 减少至 0，其次为其他建设用地，再次为自然保留地，年均增长率分别为 32.54%、30.63%；榆中县土地利用变化幅度最大的是自然保留地，其次为牧草地，再次为其他建设用地，年均增长率分别为 30.44%、−24.98%、−11.52%（表 1-27）。

表1-27　2005～2014年兰州市各县区土地利用数量和结构变化

地区	2005～2014年增减量/hm²	耕地	园地	林地	牧草地	其他农用地	城乡建设用地	交通水利用地	其他建设用地	自然保留地	水域
城关区	增减量/hm²	-945.65	-709.44	423.48	-783.09	-214.00	2345.88	-46.67	115.90	85.12	-139.59
	年均增长率/%	-5.57	-10.22	2.03	-47.88	-4.81	4.05	-1.95	8.28	0.13	-3.02
七里河区	增减量/hm²	-456.32	-601.59	154.87	-8005.00	-1020.26	1750.00	-209.53	25.21	8475.11	-157.91
	年均增长率/%	-0.36	-5.83	0.27	-48.75	-3.50	3.88	-6.56	1.07	51.60	-4.17
西固区	增减量/hm²	-790.91	-239.02	-369.69	-2040.53	-77.88	732.11	63.76	404.17	1966.46	-554.58
	年均增长率/%	-1.79	-2.12	-2.04	-100.00	-0.74	1.63	1.07	9.47	1.16	-8.22
安宁区	增减量/hm²	-257.48	-723.34	-500.75	-14.34	-72.00	1297.64	129.43	25.27	-320.76	-10.35
	年均增长率/%	-10.10	-12.98	-5.45	-100.00	-6.13	5.56	16.61	3.27	-1.15	-0.31
红古区	增减量/hm²	801.93	-1002.14	-240.99	-352.35	-138.59	312.25	-62.99	103.67	400.90	-221.34
	年均增长率/%	1.45	-10.06	-5.03	-45.34	-1.44	1.13	-1.22	7.83	0.11	-3.81
永登县	增减量/hm²	-8785.20	699.84	17966.42	-332641.24	-8997.08	6167.98	-163.22	-207.04	338384.89	-177.99
	年均增长率/%	-0.86	5.99	4.36	-25.23	-4.16	5.00	-0.53	-2.25	47.22	-1.18
皋兰县	增减量/hm²	2912.24	-1682.00	-3467.07	-170315.59	-1811.62	2006.92	929.23	1186.37	169120.54	91.79
	年均增长率/%	0.92	-4.12	-10.54	-100.00	-2.24	3.47	8.94	32.54	30.63	1.97
榆中县	增减量/hm²	19595.61	-317.52	-1005.71	-131239.91	-15025.44	5266.46	95.98	-2058.26	123966.50	96.95
	年均增长率/%	2.16	-4.31	-0.31	-24.98	-7.45	5.26	0.73	-11.52	30.44	0.41

注：正数表示增加；负数表示减少

2. 土地利用变化速度

通常采用土地利用动态度模型定量描述土地利用的变化速度。土地利用动态度反映了某个时间范围内土地利用类型的数量变化情况，包括土地资源的数量变化、土地利用的空间变化及土地利用类型组合方式变化等，按照研究对象又可以分为单一土地利用动态度和综合土地利用动态度。

1）单一土地利用类型动态度

单一土地利用动态度是指研究区在一定研究期内某一土地利用类型的变化情况，用来表示不同土地利用类型在一定时期内的变化速度和变化幅度。其表达式为

$$K = \frac{U_b - U_a}{U_a} \times \frac{1}{T} \times 100\% \qquad (1\text{-}15)$$

式中，K 为研究时段内某一土地利用类型年动态度；U_a、U_b 分别为研究期初、末期某一种土地利用类型的数量；T 为研究时段，当 T 的时段设定为年时，K 值就是该研究区某种土地利用类型年变化率。

2）综合土地利用动态度

综合土地利用动态度是指研究区域在一定时间范围内整个土地利用类型的变化速度，是刻画土地利用类型变化速度区域差异的指标，能够反映区域内的社会经济活动对土地利用变化的综合影响，其表达式为

$$LC = \left(\frac{\sum_{i=1}^{n} \Delta LU_{i-j}}{2\sum_{i=1}^{n} LU_i} \right) \times \frac{1}{T} \times 100\% \qquad (1\text{-}16)$$

式中，LU_i 为监测起始时第 i 类土地利用类型面积；ΔLU_{i-j} 为监测时段内第 i 类土地利用类型转为非 i 类土地利用类型面积的绝对值；T 为监测时间段。土地利用动态度 LC 反映了与 T 时段对应的研究样区土地利用变化速率，对预测未来土地利用变化趋势有积极的作用。

通过分析兰州市耕地、园地、林地、牧草地、其他农用地、城乡建设用地、交通水利用地、其他建设用地、自然保留地和水域 10 种土地利用类型在 3 个研究时段的土地利用动态度，来揭示土地利用的变化速度（表 1-28）。从整体上来看，10 年来兰州市土地利用变化速度较快，综合土地利用动态度达 5.79%，其中自然保留地的变化速度最大，动态度达 65.91%，而耕地仅为 0.49%；从各研究时段来看，兰州市土地利用变化呈现初期变化速度缓慢，中期变化速度加快，末期变化又减慢的特点，且不同地类在不同研究时段内也表现出不同的变化速度。2005～2008 年土地利用变化速度较慢，综合土地利用动态度仅为 0.12%，其中，变化速度相对较快的是城乡建设用地和交通水利用地，动态度分别为 1.29%、1.42%；2008～2011 年土地利用变化速度加快，综合土地利用动态度高达 17.36%，其中，牧草地和自然保留地变化速度最快，动态度分别达 199.31%、−31.53%；2011～2014 年土地利用变化速度变慢，

综合土地利用动态度下降至 0.23%，其中，变化速度相对较快的是城乡建设用地和交通水利用地，动态度分别为 4.25%、8.45%。

表 1-28　2005～2014 年兰州市土地利用动态度表　　（单位：%）

研究时段	耕地	园地	林地	牧草地	其他农用地	城乡建设用地	交通水利用地	其他建设用地	自然保留地	水域	LC
2005～2008年	-0.421	-1.097	0.974	-0.024	-0.016	1.291	1.420	0.009	-0.100	-0.176	0.122
2008～2011年	2.521	-8.340	3.696	-31.525	-12.019	7.646	-5.407	-3.070	199.312	-4.052	17.360
2011～2014年	-0.554	-2.483	-0.108	-0.021	-0.227	4.254	8.453	0.497	-0.126	-0.280	0.231
2005～2014年	0.493	-3.654	1.552	-10.509	-4.058	4.889	1.055	-0.870	65.914	-1.484	5.793

（二）土地利用结构变化

1. 土地利用结构熵

土地利用结构是指在某一区域内各种土地利用类型在质和量上的对比关系，以及它们组合而成的一定格局或图式，也是土地资源在各产业间的配置与利用状况及各类用地比例关系的反映。土地利用结构既受自然因素的制约，也受人们改造自然的能力、经济实力和科学技术水平的制约，因此土地利用结构是一个动态变化的过程。

土地利用系统本身是一个具有耗散结构的自然历史综合体，具有结构和功能有序性特征。随着时间的推移，受人为或非人为"干扰"，土地利用结构将不断进行演替和变化，表现出自发性和不可逆性的演化特征。信息熵能够反映系统结构的状态特征，度量系统的有序程度，判断系统的演化进程。因此，可利用 Shannon 的信息熵函数模型来描述和表征一定区域内土地利用结构的变化特征。

区域土地利用结构的复杂性，利用 Shannon 的信息熵函数可表示为

$$H = -\sum_{i=1}^{n} P_i \log_2 P_i \qquad (1-17)$$

式中，H 为土地利用结构信息熵（简称为土地利用结构熵）；P_i 为区域各土地利用类型面积占区域土地总面积的百分比；i 为土地利用类型数量；对数一般取 2 为底，单位为比特，但也可以取其他对数底。H 值的大小可反映土地利用类型均衡程度，H 值越大表明土地利用类型越多，土地利用系统有序程度越低，反之，土地利用的类型就越少，有序度就越高。当各类型土地面积相等时，H 值最大，则土地利用类型达到均衡状态。为了更好地反映土地利用结构

变化的速度，可定义土地利用结构熵变化率 V_t：

$$V_t = \frac{H_t - H_{t-1}}{H_{t-1}} \times 100\% \tag{1-18}$$

式中，V_t 为第 t 年的土地利用结构熵变化率；H_t、H_{t-1} 分别为第 t 年和 $t-1$ 年的土地利用结构熵。

基于信息熵函数，还可构建反映土地利用结构均衡程度强弱的均衡度 J 的表达式：

$$J = H / H_{\max} = -\sum_{i=1}^{n} P_i \log_2 p_i / \log_2 n \tag{1-19}$$

式中，J 为均衡度，是实际熵值与最大熵值之比。显然，$H \leq H_{\max}$，J 值在 $0 \sim 1$ 变化。J 值越大，表明土地利用结构的均衡性越强；J 值越小，表明土地利用结构的均衡性越弱。

与均衡度相对应的优势度 I 则可反映区域内一种或几种土地利用类型支配该区域土地利用类型的程度，它与 J 值所揭示的内涵正好相反，优势度 I 的表达式为

$$I = 1 - J \tag{1-20}$$

2. 市域土地利用结构熵变化

利用兰州市 2005～2014 年土地利用变更调查数据，通过信息熵函数模型来分析土地利用类型分布的多样性与复杂性。2005～2014 年兰州市土地利用结构熵由 1.4710 减到 1.3376，净减 0.1334，年均减少 0.0148，总体呈持续下降态势。从土地利用结构变化过程看，2005～2008 年土地利用结构熵呈缓慢增加趋势，由 1.4710 增至 1.4754，净增 0.0044；2009 年土地利用结构熵明显降低，由 2008 年的 1.4754 降至 1.3203，净减 0.1551；2010～2014 年土地利用结构熵又呈增长态势，但增幅趋缓，由 1.3203 增至 1.3376，仅增加 0.0173。与 2005 年土地利用结构相比，此期间兰州市土地利用总体格局较为稳定，土地利用系统的有序度得到提升，土地利用结构的均衡度有所下降，优势度相对提高（表 1-29）。

通过分析兰州市土地利用结构熵的年际变化率，发现 2005～2008 年土地利用结构熵的变化较为平缓；2008～2011 年趋于剧烈，其中，2009 年达到负向谷底，变化率为 −10.5145；而 2011～2014 年变化率又趋于相对平稳，虽然 2013 年变化较大，但变化率也仅为 0.4314（图 1-26）。

表 1-29　2005～2014 年兰州市土地利用结构熵值变化

年份	耕地	园地	林地	牧草地	其他农用地	城乡建设用地	交通水利用地	其他建设用地	自然保留地	水域	结构熵H	熵变率V_t	均衡度J	优势度I
2005	0.3264	0.0483	0.1875	0.3398	0.1636	0.1161	0.0303	0.0218	0.2060	0.0312	1.4710	—	0.6389	0.3611
2006	0.3259	0.0480	0.1887	0.3399	0.1636	0.1168	0.0306	0.0218	0.2059	0.0312	1.4725	0.1032	0.6395	0.3605
2007	0.3249	0.0477	0.1909	0.3399	0.1636	0.1180	0.0309	0.0218	0.2058	0.0311	1.4746	0.1417	0.6404	0.3596
2008	0.3249	0.0470	0.1909	0.3399	0.1635	0.1192	0.0314	0.0218	0.2056	0.0311	1.4754	0.0520	0.6408	0.3592
2009	0.3329	0.0382	0.2029	0.1001	0.1204	0.1323	0.0259	0.0201	0.3194	0.0280	1.3203	−10.5145	0.5734	0.4266
2010	0.3327	0.0378	0.2028	0.1001	0.1204	0.1337	0.0265	0.0201	0.3195	0.0280	1.3217	0.1069	0.5740	0.4260
2011	0.3326	0.0373	0.2027	0.1001	0.1203	0.1369	0.0270	0.0201	0.3200	0.0279	1.3248	0.2398	0.5754	0.4246
2012	0.3324	0.0368	0.2027	0.1001	0.1203	0.1385	0.0278	0.0200	0.3202	0.0278	1.3265	0.1288	0.5761	0.4239
2013	0.3313	0.0356	0.2024	0.1001	0.1199	0.1459	0.0286	0.0202	0.3206	0.0277	1.3323	0.4314	0.5786	0.4214
2014	0.3307	0.0350	0.2023	0.1000	0.1198	0.1484	0.0325	0.0203	0.3210	0.0277	1.3376	0.4025	0.5809	0.4191

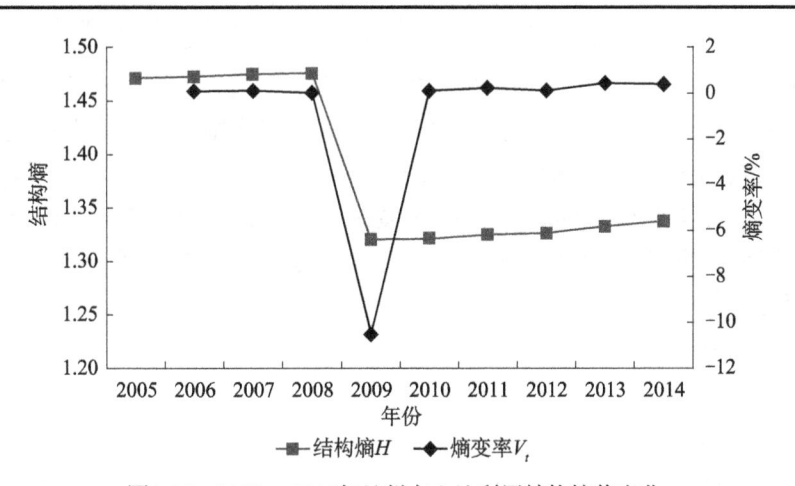

图1-26　2005～2014年兰州市土地利用结构熵值变化

3. 县域土地利用结构熵变化

1）城关区土地利用结构熵变化

2005～2014 年，城关区土地利用结构熵由 1.7749 减少至 1.5121，净减 0.2628，年均减少 0.0292，总体呈下降趋势。其中，2005～2008 年土地利用结构熵基本保持不变；2009 年土地利用结构熵出现大幅下降，降至 1.5179，净减 0.2555；2010～2014 年土地利用结构熵又呈缓慢下降趋势（表 1-30）。

表 1-30　2005～2014 年兰州市城关区土地利用结构熵值变化

年份	耕地	园地	林地	牧草地	其他农用地	城乡建设用地	交通水利用地	其他建设用地	自然保留地	水域	结构熵H	熵变率V_t	均衡度J	优势度I
2005	0.2471	0.1601	0.2344	0.1243	0.1024	0.3517	0.0594	0.0280	0.3674	0.1001	1.7749	—	0.7708	0.2292
2006	0.2471	0.1601	0.2344	0.1243	0.1024	0.3517	0.0594	0.0280	0.3674	0.1001	1.7749	0	0.7708	0.2292
2007	0.2471	0.1601	0.2344	0.1243	0.1024	0.3517	0.0594	0.0280	0.3674	0.1001	1.7749	0	0.7708	0.2292
2008	0.2452	0.1587	0.2345	0.1243	0.1024	0.3534	0.0594	0.0280	0.3672	0.1001	1.7734	−0.0850	0.7702	0.2298
2009	0.1914	0.0998	0.2682	0.0037	0.0768	0.3628	0.0275	0.0390	0.3663	0.0826	1.5179	−14.4063	0.6592	0.3408
2010	0.1878	0.0974	0.2646	0.0024	0.0762	0.3639	0.0381	0.0390	0.3665	0.0825	1.5183	0.0261	0.6594	0.3406
2011	0.1881	0.0962	0.2637	0.0024	0.0758	0.3650	0.0386	0.0391	0.3670	0.0822	1.5183	0.0003	0.6594	0.3406
2012	0.1872	0.0953	0.2635	0.0012	0.0751	0.3655	0.0391	0.0394	0.3671	0.0822	1.5157	−0.1708	0.6583	0.3417
2013	0.1839	0.0850	0.2588	0.0010	0.0740	0.3678	0.0509	0.0489	0.3678	0.0818	1.5201	0.2874	0.6602	0.3398
2014	0.1817	0.0806	0.2576	0.0010	0.0736	0.3678	0.0515	0.0493	0.3675	0.0814	1.5121	−0.5254	0.6567	0.3433

通过分析城关区土地利用结构熵的年际变化率，发现该区 2005～2008 年土地利用结构熵变化趋于平稳；2008～2011 年变化剧烈，尤其 2009 年变化率达到负向谷底，为 −14.4036；2011～2014 年则呈现缓慢的波动下降趋势（图 1-27）。总体来看，2005～2014 年城关区土地利用的总体格局较为稳定，土地利用系统的有序度总体得到提升，土地利用结构的均衡度则逐步下降，优势度相对提高。

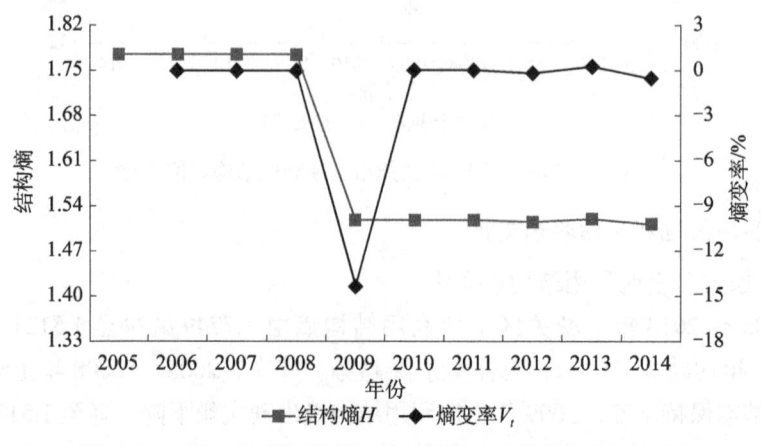

图 1-27　2005～2014 年兰州市城关区土地利用结构熵值变化

2）七里河区土地利用结构熵变化

2005～2014年，七里河区土地利用结构熵由1.7341减至1.6599，净减0.0742，年均减少0.0082，总体呈缓慢下降趋势。其中，2005～2008年土地利用结构熵呈缓慢增长趋势，由1.7341增至1.7366，净增0.0025；而2009～2014年土地利用结构熵在波动中呈逐渐下降趋势，由1.6629减至1.6599，净减0.0030（表1-31）。

表1-31　2005～2014兰州市七里河区土地利用结构熵值变化

年份	耕地	园地	林地	牧草地	其他农用地	城乡建设用地	交通水利用地	其他建设用地	自然保留地	水域	结构熵H	熵变率V_t	均衡度J	优势度I
2005	0.3679	0.1208	0.2922	0.3238	0.2224	0.2409	0.0517	0.0321	0.0273	0.0550	1.7341	—	0.7531	0.2469
2006	0.3678	0.1208	0.2928	0.3238	0.2223	0.2416	0.0517	0.0321	0.0273	0.0550	1.7354	0.0740	0.7537	0.2463
2007	0.3678	0.1208	0.2928	0.3238	0.2223	0.2419	0.0517	0.0321	0.0273	0.0550	1.7356	0.0146	0.7538	0.2462
2008	0.3678	0.1200	0.2928	0.3238	0.2223	0.2439	0.0517	0.0321	0.0273	0.0549	1.7366	0.0558	0.7542	0.2458
2009	0.3677	0.0950	0.2959	0.0039	0.1834	0.2752	0.0318	0.0344	0.3345	0.0412	1.6629	-4.2405	0.7222	0.2778
2010	0.3677	0.0946	0.2958	0.0038	0.1833	0.2769	0.0318	0.0346	0.3342	0.0412	1.6640	0.0613	0.7226	0.2774
2011	0.3677	0.0943	0.2958	0.0038	0.1829	0.2789	0.0318	0.0346	0.3340	0.0411	1.6649	0.0560	0.7231	0.2769
2012	0.3676	0.0932	0.2957	0.0038	0.1832	0.2804	0.0318	0.0347	0.3340	0.0411	1.6655	0.0359	0.7233	0.2767
2013	0.3676	0.0852	0.2956	0.0038	0.1834	0.2845	0.0317	0.0347	0.3336	0.0410	1.6611	-0.2621	0.7214	0.2786
2014	0.3675	0.0819	0.2956	0.0038	0.1834	0.2872	0.0320	0.0347	0.3331	0.0408	1.6599	-0.0712	0.7209	0.2791

通过分析七里河区内土地利用结构熵的年际变化率，发现该区2005～2008年土地利用结构熵变化较为平缓；2008～2011年变化剧烈，其中2009年呈负向变化，并达到负向谷底，变化率为-4.2405；2011～2014年土地利用结构熵变化则趋于平稳，其中2013年、2014年呈负向变化（图1-28）。总体来看，2005～2014年七里河区土地利用的总体格局较为稳定，但土地利用系统的有序度得到了提升，土地利用结构的均衡度在波动中逐步下降，优势度相对提高。

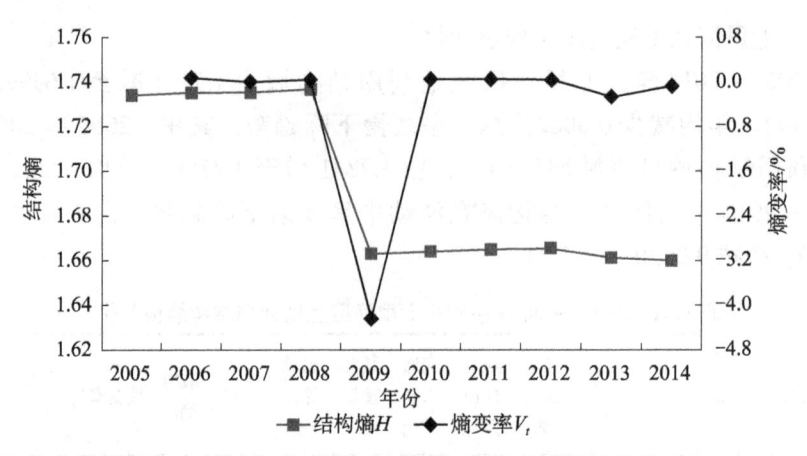

图1-28 2005～2014兰州市七里河区土地利用结构熵值变化

3）西固区土地利用结构熵变化

2005～2014年，西固区土地利用结构熵由1.6649减至1.4527，净减0.2122，年均减少0.0236，总体呈下降趋势。其中，2005～2008年土地利用结构熵呈缓慢增长趋势；到2009则出现明显的跌落，由1.6649降至1.4502，净减0.2147；2010～2014年土地利用结构熵恢复较为平稳的增长，由1.4522增至1.4527，净增0.0005（表1-32）。

表1-32 2005～2014兰州市西固区土地利用结构熵值变化

年份	耕地	园地	林地	牧草地	其他农用地	城乡建设用地	交通水利用地	其他建设用地	自然保留地	水域	结构熵H	熵变率V_t	均衡度J	优势度I
2005	0.2789	0.1221	0.1676	0.1606	0.1119	0.2623	0.0702	0.0415	0.3495	0.1003	1.6649	—	0.7236	0.2769
2006	0.2781	0.1221	0.1677	0.1606	0.1119	0.2627	0.0712	0.0415	0.3495	0.1003	1.6657	0.0468	0.7234	0.2766
2007	0.2769	0.1221	0.1677	0.1606	0.1119	0.2639	0.0717	0.0415	0.3495	0.1003	1.6661	0.0272	0.7236	0.2764
2008	0.2762	0.1195	0.1677	0.1606	0.1117	0.2659	0.0719	0.0415	0.3495	0.1003	1.6649	-0.0768	0.7230	0.2769
2009	0.2653	0.1184	0.1546	0.0000	0.1115	0.2696	0.0699	0.0780	0.3230	0.0599	1.4502	-12.8924	0.6298	0.3702
2010	0.2657	0.1169	0.1543	0.0000	0.1113	0.2719	0.0704	0.0780	0.3238	0.0598	1.4522	0.1347	0.6307	0.3693
2011	0.2648	0.1142	0.1523	0.0000	0.1101	0.2774	0.0704	0.0779	0.3244	0.0577	1.4493	-0.2005	0.6294	0.3706
2012	0.2634	0.1126	0.1521	0.0000	0.1090	0.2804	0.0713	0.0779	0.3248	0.0577	1.4491	-0.0133	0.6293	0.3707
2013	0.2608	0.1097	0.1519	0.0000	0.1088	0.2845	0.0720	0.0781	0.3252	0.0577	1.4485	-0.0365	0.6291	0.3709
2014	0.2603	0.1085	0.1509	0.0000	0.1086	0.2853	0.0769	0.0790	0.3258	0.0574	1.4527	0.2899	0.6309	0.3691

通过分析西固区土地利用结构熵的年际变化率，发现该区 2005～2008 年土地利用结构熵的变化相对平缓，并呈负向变化；2009～2014 年变化剧烈，其中 2009 年、2011 年、2012 年、2013 年呈负向变化，2009 年达到负向谷底，变化率为 -12.8924，而 2014 年正向变化最为明显，为 0.2899（图 1-29）。总体来看，2005～2014 年西固区土地利用的总体格局较为稳定，土地利用系统的有序度得到提升，土地利用结构的均衡度下降，优势度提高。

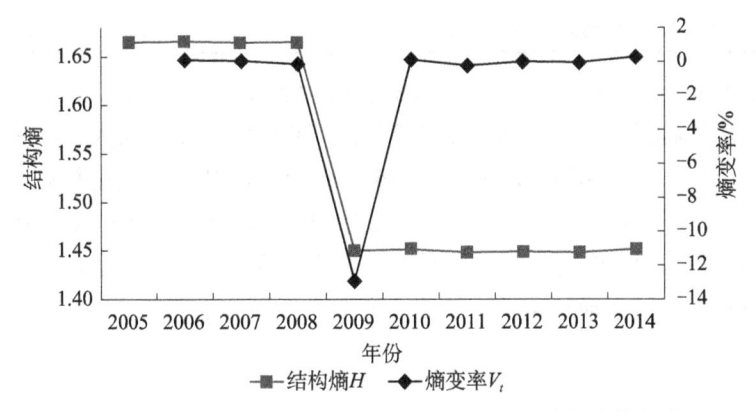

图1-29　2005～2014年兰州市西固区土地利用结构熵值变化

4）安宁区土地利用结构熵变化

2005～2014 年，安宁区土地利用结构熵由 1.6765 降至 1.4723，净减 0.2043，年均减少 0.0227，总体呈持续下降趋势。其中，2005～2008 年土地利用结构熵下降幅度较大，由 1.6765 减至 1.5695，净减 0.1070，年均减少 0.0357；2009～2014 年土地利用结构熵下降趋势相对减缓，由 1.5602 减至 1.4723，净减 0.0876，年均减少 0.0175（表 1-33）。

表 1-33　2005～2014 兰州市安宁区土地利用结构熵值变化

年份	耕地	园地	林地	牧草地	其他农用地	城乡建设用地	交通水利用地	其他建设用地	自然保留地	水域	结构熵H	熵变率V_t	均衡度J	优势度I
2005	0.1460	0.2508	0.2806	0.0106	0.0756	0.3418	0.0265	0.0412	0.3678	0.1357	1.6765	—	0.7281	0.2719
2006	0.1401	0.2422	0.2806	0.0106	0.0750	0.3467	0.0265	0.0412	0.3679	0.1357	1.6665	-0.59675	0.7238	0.2762
2007	0.1010	0.2238	0.2806	0.0106	0.0718	0.3605	0.0255	0.0412	0.3678	0.1253	1.6082	-3.50003	0.6984	0.3016
2008	0.0868	0.1988	0.2806	0.0106	0.0683	0.3648	0.0253	0.0412	0.3678	0.1253	1.5695	-2.40513	0.6816	0.3184
2009	0.1218	0.1478	0.2244	0.0000	0.0553	0.3676	0.0830	0.0523	0.3678	0.1402	1.5602	-0.58931	0.6776	0.3224
2010	0.1107	0.1431	0.2235	0.0000	0.0543	0.3679	0.0830	0.0526	0.3679	0.1396	1.5425	-1.1373	0.6699	0.3301

续表

年份	耕地	园地	林地	牧草地	其他农用地	城乡建设用地	交通水利用地	其他建设用地	自然保留地	水域	结构熵H	熵变率V_t	均衡度J	优势度I
2011	0.1020	0.1349	0.2229	0.0000	0.0540	0.3678	0.0830	0.0528	0.3679	0.1395	1.5247	−1.15124	0.6622	0.3378
2012	0.0960	0.1313	0.2227	0.0000	0.0535	0.3675	0.0811	0.0532	0.3678	0.1390	1.5120	−0.83634	0.6566	0.3434
2013	0.0865	0.1243	0.2213	0.0000	0.0514	0.3666	0.0811	0.0537	0.3677	0.1386	1.4913	−1.3662	0.6477	0.3523
2014	0.0766	0.1179	0.2205	0.0000	0.0510	0.3657	0.0811	0.0538	0.3676	0.1380	1.4723	−1.27955	0.6394	0.3606

通过分析安宁区土地利用结构熵的年际变化率，发现该区2005～2008年土地利用结构的变化趋于剧烈，2007年、2008年的变化较大，年际变化率分别达−3.5000、−2.4051；2009～2014年土地利用结构的变化相对平稳，虽2013年、2014年变化较大，但也分别仅为−1.3661、−1.2795（图1-30）。总体来看，2005～2014年安宁区土地利用的总体结构较为稳定，土地利用系统的有序度得到提升，土地利用结构的均衡度下降，优势度提高。

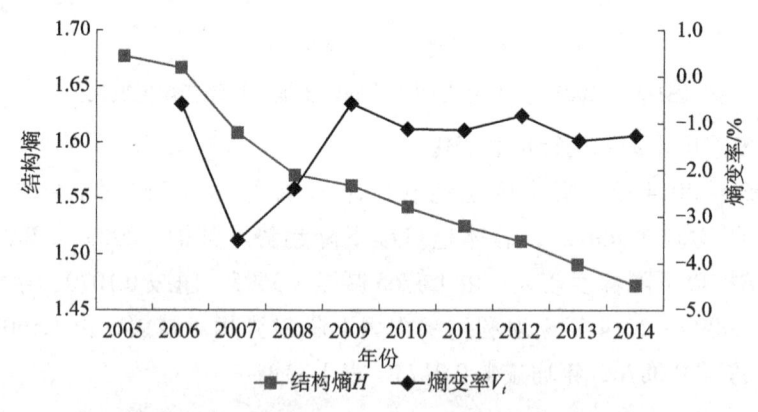

图1-30　2005～2014年兰州市安宁区土地利用结构熵值变化

5）红古区土地利用结构熵变化

2005～2014年，红古区土地利用结构熵由1.0208减至0.9232，净减0.0976，年均减少0.0108，总体呈下降趋势。其中，2005～2008年土地利用结构熵增长较为缓慢，由1.0208增至1.0311，净增0.0103；2009年出现较大幅度的下跌，由1.0311降至0.9130；2010～2014年土地利用结构熵则又呈现出较为平稳的缓慢增长态势，由0.9160增至0.9232，年均增加0.0018（表1-34）。

表1-34　2005～2014年兰州市红古区土地利用结构熵值变化

年份	耕地	园地	林地	牧草地	其他农用地	城乡建设用地	交通水利用地	其他建设用地	自然保留地	水域	结构熵H	熵变率V_t	均衡度J	优势度I
2005	0.2409	0.1063	0.0535	0.0332	0.0815	0.1593	0.0504	0.0124	0.2235	0.0598	1.0208	—	0.4433	0.5567
2006	0.2406	0.1063	0.0535	0.0332	0.0815	0.1598	0.0504	0.0124	0.2235	0.0598	1.0210	0.0174	0.4434	0.5566
2007	0.2396	0.1063	0.0535	0.0332	0.0815	0.1614	0.0504	0.0124	0.2235	0.0598	1.0216	0.0587	0.4437	0.5563
2008	0.2384	0.1063	0.0535	0.0332	0.0815	0.1614	0.0598	0.0124	0.2247	0.0598	1.0311	0.9284	0.4478	0.5522
2009	0.2588	0.0554	0.0390	0.0003	0.0735	0.1626	0.0419	0.0242	0.2109	0.0464	0.9130	-11.4569	0.3965	0.6035
2010	0.2575	0.0549	0.0385	0.0003	0.0737	0.1650	0.0443	0.0241	0.2113	0.0463	0.9160	0.3276	0.3978	0.6022
2011	0.2583	0.0537	0.0379	0.0003	0.0736	0.1667	0.0452	0.0231	0.2121	0.0462	0.9170	0.1127	0.3982	0.6018
2012	0.2607	0.0527	0.0378	0.0003	0.0738	0.1673	0.0458	0.0219	0.2136	0.0460	0.9199	0.3208	0.3995	0.6005
2013	0.2602	0.0527	0.0377	0.0003	0.0740	0.1686	0.0459	0.0219	0.2138	0.0460	0.9211	0.1263	0.4000	0.6000
2014	0.2593	0.0524	0.0374	0.0003	0.0744	0.1709	0.0465	0.0219	0.2142	0.0459	0.9232	0.2245	0.4009	0.5991

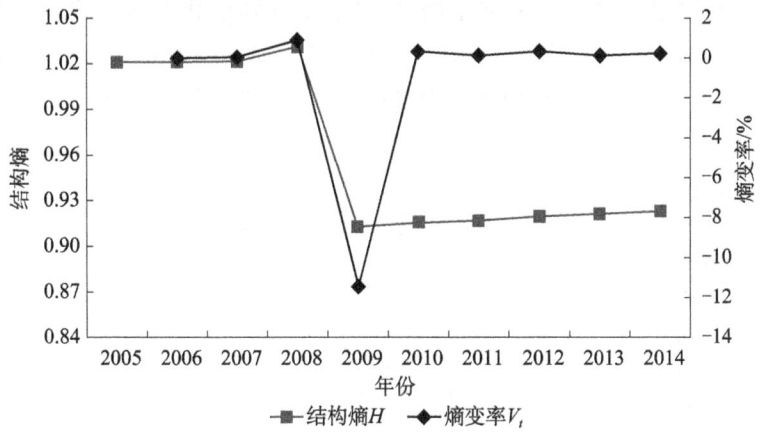

通过分析红古区土地利用结构熵的年际变化率，发现该区2005～2008年土地利用结构熵变化较为平缓，2009年达到负向谷底，变化率为-11.4569；2010～2014年变化则趋于平稳（图1-31）。总体来看，2005～2014年红古区土地利用的总体格局较为稳定，土地利用系统的有序度总体呈现上升趋势，但土地利用结构的均衡度波动中呈现下降趋势，优势度相对上升。

图1-31　2005～2014年兰州市红古区土地利用结构熵值变化

6）永登县土地利用结构熵变化

2005～2014年，永登县土地利用结构熵由1.1716增至1.2751，净增0.1035，年均增加0.0115，总体呈持续增长态势。从土地利用结构变化过程看，2005～2008年土地利用结构熵增长较为缓慢，由1.1717增至1.1740，净增0.0023；2008～2011年土地利用结构熵增幅较大，由1.1740增至1.2645，净增 0.0905；2011～2014 年土地利用结构熵增幅趋缓，由 1.2645 增至 1.2751，仅增加 0.0106（表 1-35）。

表 1-35　2005～2014 年兰州市永登县土地利用结构熵值变化

年份	耕地	园地	林地	牧草地	其他农用地	城乡建设用地	交通水利用地	其他建设用地	自然保留地	水域	结构熵H	熵变率V_t	均衡度J	优势度I
2005	0.3251	0.0112	0.1813	0.2928	0.1487	0.0769	0.0312	0.0122	0.0746	0.0178	1.1716	—	0.5088	0.4912
2006	0.3251	0.0112	0.1816	0.2930	0.1487	0.0769	0.0315	0.0122	0.0746	0.0178	1.1726	0.0792	0.5092	0.4908
2007	0.3250	0.0112	0.1816	0.2930	0.1487	0.0775	0.0320	0.0122	0.0746	0.0178	1.1735	0.0814	0.5097	0.4903
2008	0.3248	0.0112	0.1816	0.2930	0.1487	0.0780	0.0321	0.0122	0.0746	0.0178	1.1740	0.0386	0.5099	0.4901
2009	0.3156	0.0191	0.2257	0.1392	0.1130	0.0902	0.0252	0.0101	0.3071	0.0160	1.2611	7.4243	0.5477	0.4523
2010	0.3155	0.0189	0.2257	0.1392	0.1130	0.0907	0.0252	0.0100	0.3071	0.0160	1.2615	0.0283	0.5479	0.4521
2011	0.3150	0.0184	0.2257	0.1392	0.1130	0.0948	0.0251	0.0100	0.3074	0.0160	1.2645	0.2367	0.5492	0.4508
2012	0.3146	0.0183	0.2257	0.1392	0.1131	0.0962	0.0256	0.0100	0.3074	0.0160	1.2660	0.1219	0.5498	0.4502
2013	0.3136	0.0176	0.2256	0.1392	0.1126	0.1024	0.0258	0.0100	0.3076	0.0160	1.2703	0.3402	0.5517	0.4483
2014	0.3129	0.0171	0.2255	0.1391	0.1127	0.1044	0.0295	0.0101	0.3079	0.0160	1.2751	0.3749	0.5538	0.4462

通过分析永登县土地利用结构熵的年际变化率，发现该县 2005～2008 年土地利用结构熵的变化较为缓慢，2009 年变化剧烈，变化率达到峰值 7.4243，2010 年后变化趋于平稳，并逐年增大，但 2014 年变化率最高也仅为 0.3749（图 1-32）。总体来看，2005～2014 年永登县土地利用的总体格局较为稳定，但土地利用系统的有序度总体呈现下降趋势，土地利用结构的均衡度逐步上升，优势度相对下降。

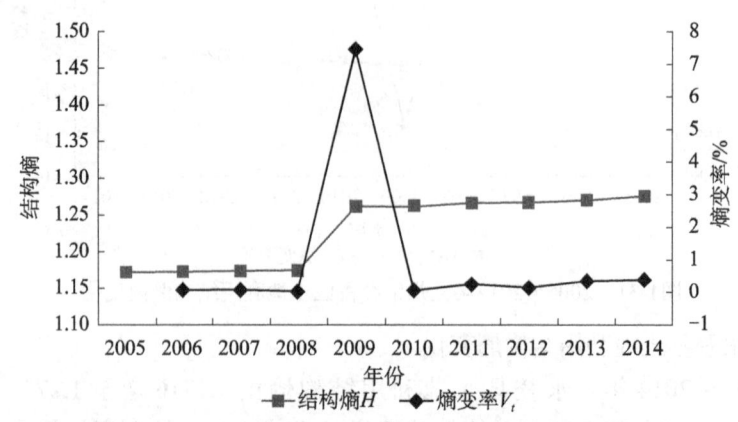

图 1-32　2005～2014 年兰州市永登县土地利用结构熵值变化

7）皋兰县土地利用结构熵变化

2005～2014 年，皋兰县土地利用结构熵由 1.1263 减至 0.8942，净减

0.2321，年均减少 0.0258，总体变化呈下降态势。2005～2008 年土地利用结构熵呈缓慢增长趋势，由 1.2249 增至 1.1447，净增 0.0184；2009 年土地利用结构熵出现跌落，由 2008 年的 1.1447 降至 0.8596，净减 0.2851；2010 年以后土地利用结构熵呈缓慢增长态势（表 1-36）。

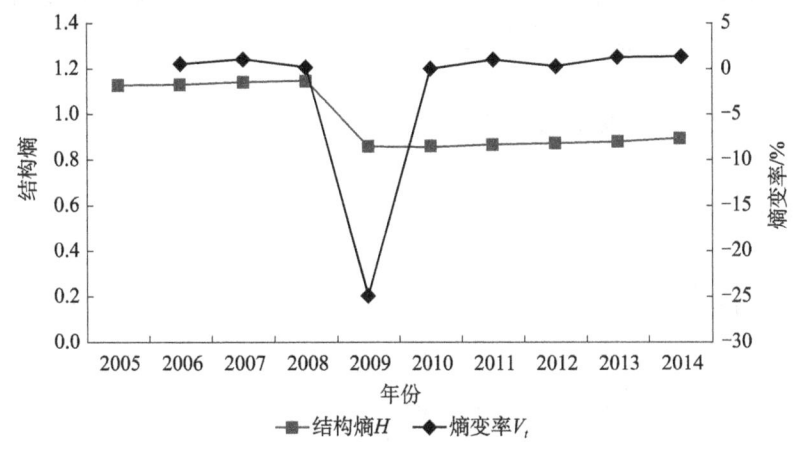

表 1-36　2005～2014 年兰州市皋兰县土地利用结构熵值变化

年份	耕地	园地	林地	牧草地	其他农用地	城乡建设用地	交通水利用地	其他建设用地	自然保留地	水域	结构熵 H	熵变率 V_t	均衡度 J	优势度 I
2005	0.2721	0.0824	0.0840	0.2593	0.1276	0.0853	0.0185	0.0032	0.1819	0.0120	1.1263	—	0.4891	0.5109
2006	0.2687	0.0824	0.0933	0.2593	0.1276	0.0854	0.0185	0.0032	0.1818	0.0120	1.1323	0.5291	0.4917	0.5083
2007	0.2616	0.0824	0.1110	0.2594	0.1276	0.0859	0.0185	0.0032	0.1816	0.0120	1.1432	0.9687	0.4965	0.5035
2008	0.2624	0.0824	0.1110	0.2599	0.1276	0.0862	0.0185	0.0032	0.1816	0.0120	1.1447	0.1319	0.4972	0.5028
2009	0.2888	0.0640	0.0403	0.0000	0.1128	0.0841	0.0168	0.0273	0.2115	0.0141	0.8596	−24.9051	0.3733	0.6267
2010	0.2887	0.0639	0.0403	0.0000	0.1128	0.0845	0.0168	0.0273	0.2115	0.0141	0.8598	0.0194	0.3734	0.6266
2011	0.2894	0.0636	0.0400	0.0000	0.1127	0.0879	0.0203	0.0273	0.2133	0.0141	0.8686	1.0197	0.3772	0.6228
2012	0.2888	0.0630	0.0400	0.0000	0.1126	0.0897	0.0226	0.0273	0.2135	0.0140	0.8716	0.3434	0.3785	0.6215
2013	0.2854	0.0623	0.0395	0.0000	0.1117	0.1034	0.0249	0.0273	0.2143	0.0140	0.8828	1.2869	0.3834	0.6166
2014	0.2837	0.0622	0.0391	0.0000	0.1110	0.1069	0.0347	0.0274	0.2154	0.0140	0.8942	1.2938	0.3883	0.6117

通过分析皋兰县土地利用结构熵的年际变化率，发现该县 2005～2008 年土地结构熵的变化相对平稳；2008～2011 年变化剧烈，2009 年达到负向谷底，变化率为 −24.9051；2011～2014 年变化率趋向平稳，并转为波动增长趋势（图 1-33）。总体来看，2005～2014 年皋兰县土地利用的总体格局较为稳定，土地利用系统的有序度得到提升，土地利用结构的均衡度下降，优势度提高。

图 1-33　2005～2014 年兰州市皋兰县土地利用结构熵值变化

8）榆中县土地利用结构熵变化

2005～2014年，榆中县土地利用结构熵由1.5242减至1.4529，净减0.0713，年均减少0.0079，总体变化呈下降态势。2005～2008年土地利用结构熵呈缓慢增长趋势，由1.5242增至1.5262，净增0.002；2009年土地利用结构熵出现跌落，由1.5262降至1.4409，净减0.0853；2010～2014年土地用结构熵则又恢复较为平稳的增长态势，由1.4434增至1.4529，增加0.0095。（表1-37）。

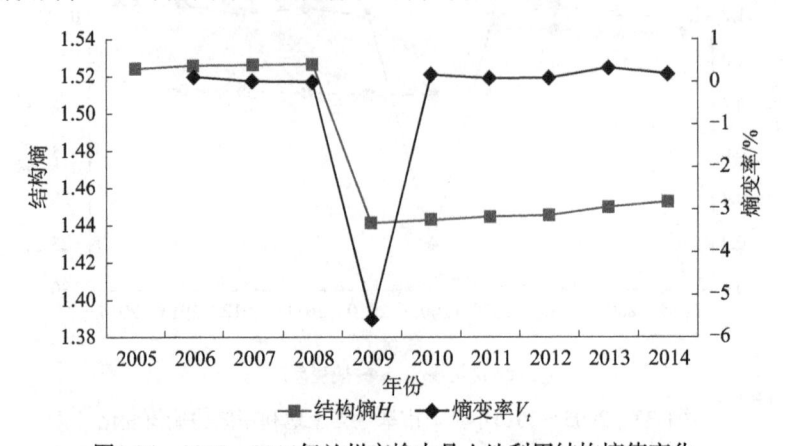

表1-37　2005～2014年兰州市榆中县土地利用结构熵值变化

年份	耕地	园地	林地	牧草地	其他农用地	城乡建设用地	交通水利用地	其他建设用地	自然保留地	水域	结构熵H	熵变率V_t	均衡度J	优势度I
2005	0.3563	0.0171	0.2432	0.3629	0.2177	0.0981	0.0235	0.0437	0.1238	0.0378	1.5242	—	0.6619	0.3381
2006	0.3561	0.0169	0.2432	0.3629	0.2177	0.0997	0.0239	0.0437	0.1238	0.0378	1.5258	0.1076	0.6626	0.3374
2007	0.3561	0.0168	0.2432	0.3629	0.2177	0.1001	0.0239	0.0437	0.1238	0.0378	1.5260	0.0131	0.6627	0.3373
2008	0.3561	0.0164	0.2432	0.3629	0.2177	0.1007	0.0239	0.0437	0.1238	0.0378	1.5262	0.0129	0.6628	0.3372
2009	0.3670	0.0129	0.2399	0.1112	0.1405	0.1251	0.0222	0.0178	0.3649	0.0395	1.4409	-5.5867	0.6258	0.3742
2010	0.3670	0.0128	0.2399	0.1112	0.1404	0.1264	0.0234	0.0180	0.3649	0.0394	1.4434	0.1709	0.6269	0.3731
2011	0.3670	0.0127	0.2399	0.1112	0.1405	0.1276	0.0234	0.0179	0.3650	0.0393	1.4446	0.0798	0.6274	0.3726
2012	0.3670	0.0126	0.2399	0.1112	0.1404	0.1289	0.0236	0.0179	0.3650	0.0393	1.4458	0.0892	0.6279	0.3721
2013	0.3668	0.0124	0.2398	0.1112	0.1401	0.1343	0.0236	0.0180	0.3651	0.0391	1.4503	0.3053	0.6298	0.3702
2014	0.3668	0.0123	0.2397	0.1112	0.1402	0.1359	0.0248	0.0180	0.3651	0.0390	1.4529	0.1824	0.6310	0.3690

通过分析榆中县土地利用结构熵的年际变化率，发现该县2005～2008年土地利用结构变化相对平缓，2009年变化剧烈，并达到负向谷底，变化率为-5.5867；2010年后变化率趋向平稳并转向正向增长（图1-34）。总体来看，2005～2014年榆中县内土地利用的总体格局较为稳定，土地利用系统的有序度得到提升，土地利用结构的均衡度下降，优势度提高。

图1-34　2005～2014年兰州市榆中县土地利用结构熵值变化

（三）土地利用程度变化

1. 土地利用程度变化分析方法

土地利用程度主要指土地利用的广度和深度，它不仅反映了土地利用中土地本身的自然属性，也反映了人为因素与自然因素的综合效应。

根据刘纪远等（2009，2014）提出的土地利用程度综合分析方法，结合兰州市实际情况，将土地利用程度按照土地自然综合体在社会因素影响下的自然平衡状态分为若干级，并赋予分级指数（表1-38）。采用土地利用程度综合指数模型和土地利用程度变化模型来分析兰州市土地利用程度。

表 1-38　兰州市土地利用程度分级赋值表

类型	土地未利用级	土地自身再利用级	土地人为再利用级	土地非再利用级
分级指数	1	2	3	4
土地利用类型	自然保留地	林地、牧草地、水域	耕地、园地、其他农用地	城乡建设用地、交通水利用地、其他建设用地
2005年所占比例/%	8.26	59.77	27.54	4.43
2014年所占比例/%	56.87	11.34	25.85	5.94

1）土地利用程度综合指数模型

某研究区土地利用程度综合指数可表达为

$$L_j = 100 \times \sum_{i=1}^{n} A_i \times C_i, L_j \in [100, 400] \qquad (1-21)$$

式中，L_j 为某研究区域土地利用程度综合指数；A_i 为研究区域内第 i 级土地利用程度分级指数；C_i 为研究区域内第 i 级土地利用程度分级面积百分比；n 为土地利用程度分级数。土地利用程度综合量化指标体系是一个在 100～400 连续变化的指标，其大小反映了土地利用程度的高低。

2）土地利用程度变化模型

一个特定范围内土地利用程度的变化是多种土地利用类型变化的结果，土地利用程度及其变化量和变化率可定量地揭示该范围土地利用的综合水平和变化趋势。土地利用程度变化量和土地利用程度变化率可表达为

$$\Delta L_{b-a} = L_b - L_a = 100 \times \left(\sum_{i=1}^{n} A_i \times C_{ib} - \sum_{i=1}^{n} A_i \times C_{ia} \right) \qquad (1-22)$$

$$R = \frac{\sum_{i=1}^{n} A_i \times C_{ib} - \sum_{i=1}^{n} A_i \times C_{ia}}{\sum_{i=1}^{n} A_i \times C}$$
（1-23）

式中，L_b 和 L_a 分别为 b 时间和 a 时间的区域土地利用程度综合指数；A_i 为第 i 级的土地利用程度分级指数；C_{ib} 和 C_{ia} 分别为某区域 b 时间和 a 时间时第 i 级土地利用程度面积百分比。例如，$\Delta L_{b-a} > 0$，或 $R_j > 0$，则该区域土地利用处于发展时期，否则处于调整期或衰退期。

2. 土地利用程度变化

2005 年兰州市土地面积中所占比例最大的是农业用地中的牧草地（属于土地自身再利用级），占土地总面积的 52.07%，其次为耕地（属于土地人为再利用级），占土地总面积的 20.76%。2014 年兰州市内土地面积中所占比例最大的是未利用地中的自然保留地（属于土地未利用级），占土地总面积的 56.87%，其次为农业用地中的耕地（属于土地人为再利用级），占土地总面积的 21.54%（表 1-38）。

根据兰州市 2005 年、2014 年土地利用变更数据及土地利用分级，经土地利用程度综合指数模型计算，2005 年兰州市土地利用程度综合指数平均为 228.15，2014 年为 180.85，土地利用程度整体处于一个中等水平。但土地利用程度变化量 ΔL_{b-a} 和土地利用程度变化率 R 均为负，表明兰州市土地利用处于调整期或衰退期（表 1-39）。

表 1-39　2005 年和 2014 年兰州市土地利用程度变化量与变化率表

地区	2005年土地利用程度综合指数	2014年土地利用程度综合指数	土地利用变化量ΔL_{b-a}	土地利用程度变化率R
兰州市	228.1475	180.8451	-47.3024	-0.2073
城关区	241.5135	255.0876	13.5741	0.0562
七里河区	274.1526	255.4230	-18.7296	-0.0683
西固区	203.0008	201.1952	-1.8057	-0.0089
安宁区	231.4353	259.5306	28.0953	0.1214
红古区	155.7207	155.3238	-0.3969	-0.0025
永登县	229.3026	169.8744	-59.4282	-0.2592
皋兰县	218.2427	153.1304	-65.1123	-0.2983
榆中县	241.7208	207.4704	-34.2504	-0.1417

各县区的土地利用程度参差不齐，土地利用程度依地形地貌特征不同，表现出不同的分异特征，从土地利用程度变化量 ΔL_{b-a} 和土地利用程度变化率 R 来看，只有城关区和安宁区的土地利用程度变化量 ΔL_{b-a} 和土地利用程度变化率 R 大于零，且变化量较大，表明城关区和安宁区土地利用处于快速发展时期。而其他各县区的土地利用程度变化量 ΔL_{b-a} 和土地利用程度变化率 R 均小于零，表明其土地利用处于调整期或衰退期。

（四）土地利用区域差异变化

1. 土地利用区域差异变化分析方法

可用各类土地利用类型相对变化率 R 的不同来表示土地利用变化的区域差异，其公式为

$$R = \frac{\frac{|K_b - K_a|}{|C_b - C_a|}}{\frac{K_a}{C_a}} \quad (1\text{-}24)$$

$$Z = \sum_{i=1}^{n}(R_i - 1)^2 \quad (1\text{-}25)$$

式中，K_a、K_b 分别为局部区域某一特定土地利用类型研究期初及研究期末的面积；C_a、C_b 分别为整个研究区域某一特定土地利用类型研究期初及研究期末的面积；R 为相对变化率，若 $R=1$，则表示该区域这种土地利用变化与全区域土地利用变化没有差异性，若 $R>1$，则表示该区域这种土地利用类型的变化幅度大于全区域该类土地的变化，反之则小于全区域该类土地的变化；Z 为区域内部土地利用变化差异性的统计值，其值越大，则表示该区域土地利用类型变化差异性越大。

2. 土地利用区域差异变化

根据上述公式，可计算得到兰州市各县区的土地利用相对变化率 R 值与 Z 值（表 1-40）。由表 1-40 可知，兰州市各县区土地利用类型变化存在明显的差异性。差异最小的土地利用类型是其他农用地（$Z=6.18$），差异最大的土地利用类型是其他建设用地（$Z=206.63$）。

表 1-40　2005～2014 年兰州市各县区土地利用相对变化率

地区	耕地	园地	林地	牧草地	其他农用地	城乡建设用地	交通水利用地	其他建设用地	自然保留地	水域
城关区	9.08	1.89	1.42	1.05	0.98	0.98	1.71	13.36	0.00	1.81
七里河区	0.72	1.27	0.18	1.05	0.75	0.93	4.81	1.28	6.96	2.39
西固区	3.37	0.53	1.21	1.06	0.18	0.36	1.06	16.05	0.02	4.03
安宁区	13.89	2.17	2.84	1.06	1.19	1.43	31.44	4.29	0.02	0.21
红古区	3.11	1.87	2.66	1.05	0.34	0.24	1.10	12.39	0.00	2.21
永登县	1.68	2.09	3.35	0.98	0.87	1.25	0.49	2.37	5.31	0.76
皋兰县	1.93	0.96	4.53	1.06	0.51	0.82	12.23	148.37	1.70	1.44
榆中县	4.78	0.99	0.20	0.98	1.37	1.33	0.71	8.52	1.67	0.28
Z	38.58	11.78	16.39	8.29	6.18	7.33	53.55	206.63	15.68	13.12

1）耕地的相对变化

在 2005～2014 年兰州市各类土地利用类型变化中，耕地区域差异性属于中等偏高水平（$Z=38.58$），总体上各县区耕地面积呈增加趋势，耕地相对变化率最大的是安宁区（$R=13.89$），其次为城关区（$R=9.08$），再次为榆中县（$R=4.78$）。此外，西固区（$R=3.37$）和红古区（$R=3.11$）的耕地变化幅度也远高于兰州市平均变化水平，仅七里河区（$R=0.72$）的耕地变化幅度低于兰州市平均变化水平。

2）园地的相对变化

在 2005～2014 年兰州市各类土地利用类型变化中，园地区域差异性相对较小（$Z=11.78$），总体上各县区园地面积呈减少趋势，园地面积变化最大的是安宁区（$R=2.17$），其次为永登县（$R=2.09$），再次为城关区（$R=1.89$）。此外，红古区（$R=1.87$）和七里河区（$R=1.27$）的园地变化幅度高于兰州市平均变化水平，而西固区（$R=0.53$）的园地变化幅度则远低于兰州市平均变化水平，其余各县区园地均有不同程度变化。

3）林地的相对变化

在 2005～2014 年兰州市各类土地利用类型变化中，林地区域差异性属于中等偏低水平（$Z=16.39$），总体上各县区林地面积呈增加趋势，林地面积变化最大的是皋兰县（$R=4.53$），其次为永登县（$R=3.35$），安宁区（$R=2.84$）。此外，红古区（$R=2.66$）和城关区（$R=1.42$）的林地变化幅度也远高于兰州市的平均变化水平，而七里河区（$R=0.18$）和榆中县（$R=0.20$）的林地变化幅度则远低于兰州市的平均变化水平，其余各县区林地均有不同程度变化。

4）牧草地的相对变化

在 2005～2014 年兰州市各类土地利用类型变化中，牧草地区域差异性较小（$Z=8.29$），总体上各县区牧草地面积呈减少趋势。其中，牧草地相对变化率较大的依次是西固区（$R=1.06$）、安宁区（$R=1.06$）和皋兰县（$R=1.06$）。此外，城关区（$R=1.05$）、七里河区（$R=1.05$）和红古区（$R=1.05$）的草地变化幅度也略高于兰州市的平均变化水平。而永登县（$R=0.98$）和榆中县（$R=0.98$）的牧草地变化幅度则略低于兰州市的平均变化水平。

5）其他农用地的相对变化

在 2005～2014 年兰州市各类土地利用类型变化中，其他农用地区域差异性最小（$Z=6.18$），总体上各县区呈减少趋势，其他农用地相对变化率仅榆中县（$R=1.37$）和安宁区（$R=1.19$）的其他农用地变化幅度高于兰州市的平均变化水平。而其余各县区其他农用地变化幅度则均低于兰州市的平均变化水平。

6）城乡建设用地的相对变化

在 2005～2014 年兰州市各类土地利用类型变化中，城乡建设用地区域差异性较小（$Z=7.33$），总体上各县区呈上升趋势，城乡建设用地相对变化率最大的是安宁区（$R=1.43$），其次为榆中县（$R=1.33$），再次为永登县（$R=1.25$）。此外，其他各县区城乡建设用地变化幅度则均低于兰州市的平均变化水平。

7）交通水利用地的相对变化

在 2005～2014 年兰州市各类土地利用类型变化中，交通水利用地区域差异性属于中等偏高水平（$Z=53.55$）。安宁区（$R=31.44$）、皋兰县（$R=12.23$）和七里河区（$R=4.81$）交通水利用地的相对变化幅度远高于兰州市的平均变化水平。而榆中县（$R=0.71$）和永登县（$R=0.49$）交通水利用地的相对变化幅度则低于兰州市的变化水平。其余县区的交通水利用地变化水平则相对较小。

8）其他建设用地的相对变化

在 2005～2014 年兰州市各类土地利用类型变化中，其他建设用地区域差异性最大（$Z=206.63$），总体上各县区呈减少趋势，其他建设用地相对变化率最大的是皋兰县（$R=148.37$），其次为西固区（$R=16.05$），再次为城关区（$R=13.36$）。此外，红古区（$R=12.39$）和榆中县（$R=8.52$）的其他建设用地变化幅度也远高于兰州市的平均变化水平。其余各县区的其他建设用地变化水平则相对较小。

9）自然保留地的相对变化

在 2005～2014 年兰州市各类土地利用类型变化中，自然保留地的空间区域差异性属于中等偏低水平（$Z=15.68$）。七里河区（$R=6.96$）和永登县

（R=5.31）自然保留地的相对变化幅度远高于兰州市的平均变化水平。此外，皋兰县（R=1.70）和榆中县（R=1.67）的自然保留地相对变化幅度也高于兰州市的平均变化水平。其余县区的自然保留地变化水平则远低于兰州市的平均变化水平。

10）水域的相对变化

在2005～2014年兰州市各类土地利用类型变化中，水域区域差异性属于中等偏低水平（Z=13.12），总体上各县区呈减少趋势，水域相对变化率最大的是西固区（R=4.03），其次是七里河区（R=2.39），再次为红古区（R=2.21）。此外，城关区（R=1.81）和皋兰县（R=1.44）水域变化幅度也高于兰州市的平均变化水平，而其余各县区则低于兰州市的平均变化水平。

第二章
土地整治回顾与审视

作为一项国家战略，土地整治不仅有利于保障国家粮食安全，更有利于加快城乡统筹发展、促进生态文明建设。早在3000多年前的殷周时期，中国就已开始了土地整治探索，在长达2000多年的封建社会时期，更是开展了各种形式的土地整治活动，谱写了灿烂的农耕文明。"以史为鉴，可知兴替"，当前黄土丘陵区土地整治面临着新形势与新要求，急需回顾与审视土地整治历程、探索土地整治新理念。

第一节 土地整治回顾

一、土地整治发展历程

尽管我国拥有悠久的土地整治历史，但现代意义上的土地整治开始于改革开放，1986年颁布的第一部《土地管理法》掀开了我国现代土地整治的帷幕。改革开放以来，我国的土地整治工作经历了起步发育期（1986～1997年）、发展壮大期（1998～2007年）和综合发展期（2008年以来）三个阶段，土地整治工作内涵不断深化、外延不断拓展，呈现出"规模扩展、内涵延伸、品质提升"的发展态势。

（一）起步发育期

1986年中央提出了"珍惜和合理利用每寸土地，切实保护耕地"的基本国策，"合理利用土地，切实保护耕地"成为《中华人民共和国土地管理法》

的立法主要目标。1987年，国家发布了《中华人民共和国耕地占用税暂行条例》，并召开首次全国土地开发典型经验交流会，号召加强土地开发，保持全国耕地面积相对稳定。1988年，国家出台了国家土地开发建设基金回收管理试行办法和国家土地开发建设基金管理试行办法，并发布了《土地复垦规定》，为废弃土地的复垦提供了法律依据。1989年以来，国家相继发布关于加强国有土地使用权有偿出让收入管理的通知等文件，对土地有偿出让收入使用管理进行规范。在此基础上，财政部、原国家土地管理局于1995年联合发布关于加强土地使用权出让金征收管理的通知。针对耕地面积锐减、土地资产流失现象，1997年中共中央、国务院颁布了《关于进一步加强土地管理切实保护耕地的通知》，提出要"积极推进土地整理，搞好土地建设"。此后，相关法律与文件相继颁布实施，土地整治工作被纳入政府工作内容，并由国家主导开展。

这一时期，全国各地陆续开展了各种土地整理工作，探索出了一批具有地域特色的土地整治模式，如农田整理模式（即结合基本农田建设的土地整理模式，以苏南为代表）、"三集中"土地整理模式（即农民住宅向中心村和小集镇集中、乡镇企业向工业园区集中，以及农田向规模经营集中，以上海市为代表）、"八位一体"小区综合治理模式（即田、林、路、渠、宅、塘、渔、墓"八位一体"，以安徽省六安市为代表）、城市低容建设用地整理模式（以山西阳泉市为代表）、村庄土地整理模式（即迁村并点、旧村改造等，以京、冀、皖为代表）。与此同时，土地整治国际合作与交流也开始兴起。1988年2月，德国巴伐利亚州农林食品部土地整理局和汉斯·赛德尔基金会与山东省青州市何官镇南张楼村合作启动了我国第一个土地整治国际合作项目——"土地整理与村庄革新"项目，拉开了我国土地整治国际合作与交流的序幕。总体来看，该阶段是我国现代土地整治的起步发育期，土地整治以"土地整理"概念为标志。

（二）发展壮大期

20世纪90年代中期以来，全国耕地资源面积锐减，为了保护耕地资源、保障粮食安全，国家进一步将土地整治纳入地方各级政府的考核范围。1998年8月修订的《土地管理法》不仅赋予了"土地整理"法律地位，而且从法律上解决了土地整治资金来源，明确提出"实行非农业建设占用耕地补偿制度、鼓励土地整理"，进一步强化了耕地保护的法律地位，并开征了新增建设用地有偿使用费、耕地开垦费和土地复垦费，为土地整治提供了稳定的资金保障；2004年国务院发布《关于深化改革严格土地管理的决定》，重申"严格执行占用耕地补偿制度",规定将部分土地出让金用于农业土地开发,要求定期考核地方政府土地开发整理补充耕地情况,同时提出"鼓励农村建设用地整理,城镇建设用地增加要与农村建设用地减少相挂钩";2005年国务院办公厅印发《省级政府耕地保护责任目标考核办法》,确定省级人民政府对本行政区域内的耕地保有量和基本农田保护面积负责;2006年国土资源部下发《耕地占补平衡考核办法》,确立了占补平衡考核制度,明确提出开展年度耕地占补平衡考核。

这一时期,国土资源部相继出台了一系列土地开发整理工作政策性文件和技术标准规范,初步建立起土地开发整理项目管理制度和标准体系,土地整治逐步实现了由自发、无序、无稳定投入到有组织、有规范、有稳定投入的转变,土地整治资金数量、项目数量及建设规模快速增长,取得显著成效。1998～2007年,全国通过土地整治补充耕地4042万亩。土地整治工作得到各级政府的高度重视和全社会的广泛关注。总体来看,该阶段是我国土地整治的全面推进时期,土地整治以"土地开发整理"概念为标志,以农地整理为主要内容,以增加耕地面积、提高耕地质量为主要目标,开始探索农地整理与村庄土地整治的结合。

(三)综合发展期

2008年是我国土地整治发展史上的里程碑。十七届三中全会第一次在中央层面提出"土地整治"的概念,要求"大规模实施土地整治",自此土地整治工作被正式纳入党中央层面的战略布局,土地整治工作得以综合发展。具体表现如下:①政策制度体系不断完善,在《土地管理法》中增加了土地整治相关内容,2011年3月国务院颁布实施了《土地复垦条例》;2014年围绕健全最严格的耕地保护制度和最严格的节约集约土地制度、促进生态文明建设,出台了《关于强化管控落实最严格耕地保护制度的通知》《节约集约利用土地规定》《关于推进土地集约节约利用的意见》等政策性文件,进一步凸显了土地整治的地位和作用,完善了土地整治政策制度体系。②规划体系基本建立,国土资源部于2010年5月正式启动新一轮土地整治规划编制工作,先后下发了省级土地整治规划编制要点和市县级土地整治规划编制规程,促进国家、省、市、县四级土地整治规划体系的建立健全。③监管平台不断提升,2009年1月1日土地整理复垦开发项目信息报备系统正式上线运行,2010年报备系统升级为农村土地整治监测监管系统,近年来依托国土资源综合监管平台和遥感监测"一张图",初步构建起"天上看、地上查、网上管"的监测监管技术体系。④资金投入渠道日趋稳定，且资金渠道不断拓宽。目前，土地整治专项资金主要包括新增建设用地土地有偿使用费、耕地开垦费、土地复垦费，以及用于农业土地开发的土地出让收入等。⑤技术标准体系逐步健全，2011年修订并发布了《土地开发整理项目预算定额标准》，2012年发布了《高标准基本农田建设标准》，2013年发布了11项技术标准，使得土地整治各环节基本实现有标准可依。

这一时期，工矿城乡建设用地增减挂钩试点运行管理日益规范，2011年出台的《关于严格规范城乡建设用地增减挂钩试点工作的通知》对增减挂钩试点提出了系统的政策要求，使其从微观的项目管理开始向宏观的制度设计转变。2012年3月，国土资源部下发了《关于开展工矿废弃地复垦利用点工作的通知》，加快了低丘缓坡荒滩等未利用地开发利用试点和工矿废弃地复垦利用试点的部署实施。2013年2月，国土资源部印发城镇低效用地再开发试点指导意见，从制度层面形成了有针对性、应用性和普适性的城镇低效用地再开发试点管理组合配套政策。总体来看，这一时期土地整治已发展为"全域"整治，其范围从农村延伸到城镇，不仅包括农用地，也包括建设用地和未利用地；各地积极探索富有生态化土地整治模式，着力推进"绿色整治"。

二、土地整治规划发展历程

土地整治规划是规范有序开展各类土地整治活动、统筹安排各类土地整治资金的基本依据。科学编制和严格实施土地整治规划，不仅有利于有效整合资源，合理引导资金，规范土地整治各项活动，优化用地结构，促进耕地保护和节约集约土地目标的实现；还有利于推进农业产业化发展、农村基础设施建设和农民增收；更有利于统筹协调农村土地整治、资源环境保护和经济社会发展，促进土地资源可持续利用和经济社会可持续发展。我国的土地整治规划发展历程曲折，但目前已逐步形成了与时代发展相适应的土地整治规划体系。

（一）土地整治规划的萌芽

20世纪50年代，土地规划作为一门学科传入我国。1954年年底，结合大型友谊农场的建立，我国第一次开始有组织地开展土地规划工作，在此基础上，开展了以农业社为基本单位的土地规划试点。1964年全国号召"农业学大寨"，各地着手把农田分期分批建成旱涝保收高产稳产农田，规划以建设方条田为中心内容，重点实施平整土地和田、渠、路、林的综合配套。

这一时期，土地规划工作从无到有，土地整治尤其是农用地的整治，作为核心内容从国外引进，并按照不断巩固人民公社经济的发展要求，对规划目标和任务进行了适应性调整，为我国现代土地整治规划工作奠定了基础。

（二）土地整治规划的发展

1987年，原国家土地管理局展开了第一轮土地利用总体规划编制工作。1993年2月，《全国土地利用总体规划纲要（1987～2000年）》经国务院批准实施。土地整治工作从规划编制工作开始到规划发布实施，一直受到高度重视。根据《全国土地利用总体规划纲要（1987～2007年）》的总体安排，该时期土地整治按照"开源"和"节流"并举的方针，主要围绕贯彻落实耕地总量动态平衡的要求，增加耕地数量，及时弥补耕地损失。此后，将耕地开发复垦指标纳入土地利用计划管理，并在1998年颁布的《土地管理法实施条例》中进一步明确为"土地开发整理计划指标"。

这一阶段，土地整治作为《全国土地利用总体规划纲要（1987～2007年）》目标任务的重要组成部分，在减缓耕地净减少、稳定农业生产等方面发挥了举足轻重的作用。但土地整治工作尤其是基层各项土地整治活动始终存在缺乏规划指导的问题，土地利用总体规划的操作性不足，年度计划管理计划性强而科学性不足。为避免过度追求局部短期利益，国家土地管理部门开始酝酿和部署土地开发整理专项规划的编制工作。

（三）第一轮土地整治规划

1997年，中共中央、国务院《关于进一步加强土地管理切实保护耕地的通知》中明确提出"积极推进土地整理，搞好土地建设"。1999年2月，国土资源部《关于切实做好耕地占补平衡工作的通知》提出各级土地行政主管部门"要依据土地利用总体规划编制好土地开发整理专项规划"，并于2000年10月颁布实施《土地开发整理规划编制规程（TD/T 1011—2000）》，第一轮土地开发整理规划编制工作正式拉开序幕。为编制好第一轮土地开发整理规划，国土资源部先后下发《关于认真做好土地开发整理规划工作的通知》《关于印发〈土地开发整理规划管理若干意见〉的通知》《关于印发〈省级土地开发整理规划编制要点〉〈县级土地开发整理规划编制要点〉的通知》等文件，明确了开展土地开发整理工作的指导思想。

2002年2月，《全国土地开发整理规划（2001～2010年）》编制工作启动，完成了土地开发整理潜力、规划目标与保障措施、重点区域与重大工程、投资需求与效益评价、规划图件与成果信息化、中外土地整理比较6项专题研究。2003年3月，国土资源部印发《全国土地开发整理规划（2001～2010年）》，各省（区、市）及大部分县级行政单位都编制完成了土地开发整理专项规划。依托于土地利用总体规划，首轮土地整治规划快速构建形成了从国家、省到县的规划体系，初步确立了规划的目标任务，形成了省、县级规划的规划内容、技术、方法体系框架，使土地整治规划成为土地利用总体规划的补充和深化，其在指导土地整理活动中的作用得到全面加强。

（四）第二轮土地整治规划

2008年发布实施的《全国土地利用总体规划纲要（2006～2020年）》为第二轮土地整治规划编制工作拉开了序幕，2010年5月第二轮全国土地整治规划编制工作正式启动，开展了土地整治潜力调查分析评价、土地整治战略研究、土地整治重大工程布局研究等专题研究。2010年10月，国土资源部下发《关于开展土地整治规划编制工作的通知》，召开电视电话会议，全面部署省级土地整治规划及14个试点市、县的土地整治规划编制工作，明确了各级规划的编制思路、主要任务、工作重点及有关要求。

为稳步推进第二轮土地整治规划，国土资源部又下发了《关于开展省级土地整治规划审核工作的函》《关于印发省级土地整治规划编制要点的通知》，并联合财政部下发了《关于加快编制和实施土地整治规划大力推进高标准基本农田建设的通知》，出台了《市（地）级土地整治规划编制规程（TD/T 1034—2013）》和《县级土地整治规划编制规程（TD/T 1035—2013）》，明确了第二轮土地整治规划编制工作的基本要求和战略指向。2012年3月，国务院批复实施《全国土地整治规划（2011—2015年）》，该规划是国土资源领域首个进入国民经济和社会发展五年规划体系的专项规划，它进一步确立了土地整治规划的地位，要求"涉及土地整治活动的相关规划，应与土地整治规划做好衔接，确保规划有效实施"。

第二轮土地整治规划建立了"国家—省—市—县"四级规划体系，各级规划定位清晰、目标明确、相互衔接。其中，全国土地整治规划是国家土地整治的战略指引，是指导全国土地整治工作的纲领性文件，既是规范有序推进土地整治的基本依据，也是大规模建设和保护旱涝保收高标准基本农田的基本依据；省级土地整治规划是土地整治规划体系中承上启下的重要规划层次，为市县规划提供依据和指导；市县土地整治规划是实施性规划、土地整治活动的基本依据，是土地整治规划体系的主体和关键。各级规划在规划内容上各有侧重，国家级规划重点明确土地整治的方向、重点和目标任务，确定土地整治的重点区域、重大（点）工程和投资方向；市县级规划要明确土地整治的规模、布局，落实到具体项目并明确实施时序，提出资金安排计划。依托"国家—省—市—县"规划体系，通过规划调控指标、规划空间布局、规划实施措施，土地整治规划目标得以落实。

与第一轮土地开发整理规划相比，第二轮规划更注重土地整治的综合性、多元性特点，对各类土地整治活动进行统筹安排；更注重耕地质量建设，并提出明确的质量建设目标；更注重土地生态环境建设，强调坚持土地整治与生态保护相统一；更注重对农村风貌和特色文化的保护，提出了土地整治对保护和传承乡土文化的内容和要求；更注重土地整治经济激励机制的创新。此外，第二轮土地整治规划深入贯彻国家区域发展总体战略、主体功能区战略，以及精准扶贫战略，突出强调了全域规划理念及土地整治的社会功能，提出要实施差别化土地整治，要将土地整治与扶贫开发相结合；它摆脱了部门规划的局限，上升为政府主导的规划，规划的权威性和严肃性得到充分体现，规划的龙头地位得以确立，统筹引领作用得到充分发挥。

（五）第三轮土地整治规划

2015年4月，国土资源部审定通过了《全国土地整治规划（2016—2020年）编制工作方案》，确定了"十三五"全国土地整治规划编制的总体思路、编制原则、主要任务、预期成果、进度安排和工作组织等内容。2015年5月，国土资源部引发《关于开展"十三五"土地整治规划编制工作的通知》，全面启动"十三五"各级土地整治规划编制工作。规划总体思路是全面贯彻落实党的十八大以来党中央、国务院的有关精神，紧密围绕全面建成小康社会新的目标要求，遵循新的发展理念，坚持守护耕地红线、促进城乡统筹、维护群众权益、坚持政府主导、坚持因地制宜等基本原则；大力推进农用地整理和高标准农田建设，落实藏粮于地战略；大力推进城乡散乱、限制、低效建设用地整理，促进新农村发展和新型城镇化发展；大力推进废弃、退化、污染、损毁土地的治理、改良和修复工作，改善城乡生态环境，促进生态安全屏障建设。

第二节　上轮土地整治规划审视

在经济发展新常态下，土地整治规划承载了更多的使命。土地整治规划实施评估作为土地整治规划的重要组成部分，不仅是新常态下土地整治规划规范发展的需求，更是适应新型城镇化和城乡一体化、加快建设法治国土的需求。当前，正值黄土丘陵区第三轮土地整治规划编制期，急需评估第二轮土地整治规划实施过程及实施效果，总结规划编制实施中的经验与教训，为第三轮土地整治规划编制提供借鉴，以确保土地整治规划在新常态下土地整治中的统筹引领作用。

一、土地整治规划目标实现度评估

（一）上轮土地整治规划目标

《兰州市土地整治规划（2011—2015 年）》是全面贯彻国家和省、市关于规范有序推进土地整治精神的要求，落实最严格的耕地保护制度和集约节约用地制度，进一步细化土地利用总体规划的目标任务，统筹安排土地整理、复垦和开发等各项土地整治活动，促进兰州市经济社会转型跨越发展的重要举措。该规划明确了 2011～2015 年兰州市土地整治的目标任务，确定了土地整治重点区域，统筹安排了土地整治重点项目，科学计算了土地整治投资规模和效益，制定了规划实施保障措施，完成了土地整治规划的信息化建设。

1. 总体目标

贯彻落实科学发展观的主题和加快转变经济发展方式的主线，按照建设资源节约型和环境友好型社会的总体要求，以保障粮食安全为首要目标，以推进新农村建设和统筹城乡发展为根本要求，加快土地综合整治。

2. 具体目标

全面落实《甘肃省土地整治规划（2011—2015）》和《兰州市土地利用总体规划（2006—2020 年）》确定的土地整治目标和任务。

1）高标准农田建设

与水利等相关部门共同建设高标准基本农田 58 026hm^2。经整治的基本农田质量平均提高 1 个等级，粮食亩产增加 50kg 以上，粮食保障能力明显增强。

2）补充耕地任务

到 2015 年，兰州市通过土地整治新增耕地 4476hm^2，平均每年增加 895hm^2，完成同期全市各类建设占用 3839hm^2 耕地占补平衡任务。其中，高标准基本农田整理新增耕地 637hm^2；农地整理（占补平衡）新增耕地 2285hm^2；宜农土地开发新增耕地 1358hm^2；农村建设用地整治新增耕地 50hm^2；损毁地复垦增加耕地 146hm^2。

3）农村建设用地整治

到 2015 年，整治农村建设用地 660hm²，除完成增减挂钩任务外，补充耕地 50hm²。结合村容村貌整治和新农村建设，农村建设用地格局得到优化，基础设施得到改善，土地利用效率不断提高。

4）损毁土地复垦

到 2015 年，损毁土地复垦面积为 2088hm²，新增耕地 146hm²。历史遗留损毁土地复垦率达到 50% 以上，新建矿山损毁土地及自然灾害损毁土地及时得到复垦。

5）城镇工矿建设

到 2015 年，整治城镇工矿低效建设用地 750hm²。重点加大旧城镇、旧工矿、"城中村"改造力度，促进单位地区生产总值建设用地占用量，降低经济增长对土地资源的过度消耗，土地节约集约利用水平显著提高。

6）低丘缓坡未利用地开发

到 2015 年，开发低丘缓坡宜建未利用地 3333hm²。拓展城镇发展空间，促进城镇建设用地节约集约利用，改善人居环境，保障城镇化建设健康发展。

（二）规划目标实现程度评价

1. 评价方法

采用对比分析法对规划目标的实现程度进行评价，即将 2011 年年初到 2015 年年末的各类指标实现值（已开工面积）与规划目标值对比，分析实现值占目标值的比例，并根据已有相关研究及研究区实际情况，选取适宜的评价标准，将计算结果与标准进行对比，评价指标的实现情况。

2. 目标实现程度

1）土地整治总规模实现程度

《兰州市土地整治规划（2011—2015 年）》实施期间，兰州市完成土地整治总规模为 46 257.43hm²。其中，宜农未利用地开发 1333.56hm²，占总规模的 2.88%；农用地整理 41 027.94hm²，占总规模的 88.69%，农村建设用地整治规模为 240.47hm²，占总规模的 0.52%；城镇工矿建设用地整治规模为 514.99hm²，占总规模的 1.11%；城乡建设用地增减挂钩规模为 240.47hm²，占总规模的 0.52%；低丘缓坡未利用地开发规模为 2900hm²，占总规模的 6.27%。

与规划目标相比，"十二五"期间土地整治总规模目标完成率为 48.29%，实现程度不高。其中，宜农未利用地开发完成率为 59.16%，农用地整理完成率为 50.73%，土地复垦完成率为 0.00%，农村建设用地整治完成率为 36.43%，城镇工矿建设用地整治完成率为68.67%，城乡建设用地增减挂钩完成率为36.05%，低丘缓坡未利用地开发完成率为80.01%。

究其原因，主要在于上轮规划编制工作启动时间较迟，规划实施期短；加之，规划目标全部按照省级下达进行了安排，各项目标与兰州市的资源条件及实际完成能力有一定差距，导致规划目标实际完成量与目标值差异较大。

2）耕地保护实现程度

一是耕地保有量。根据土地利用变更调查数据，截至2014年年底，兰州市耕地面积为284 171.42hm²，规划目标完成率为114.64%，超额完成规划目标。

《兰州市土地整治规划（2011—2015年）》实施以来，兰州市各县区按照市级总体安排，以村镇为基本实施单元，落实了基本农田永久划定工作，加大高标准基本建设力度，安排了各类农村土地整治活动，各县（区）均超额完成了规划耕地保有量目标（图2-1）。

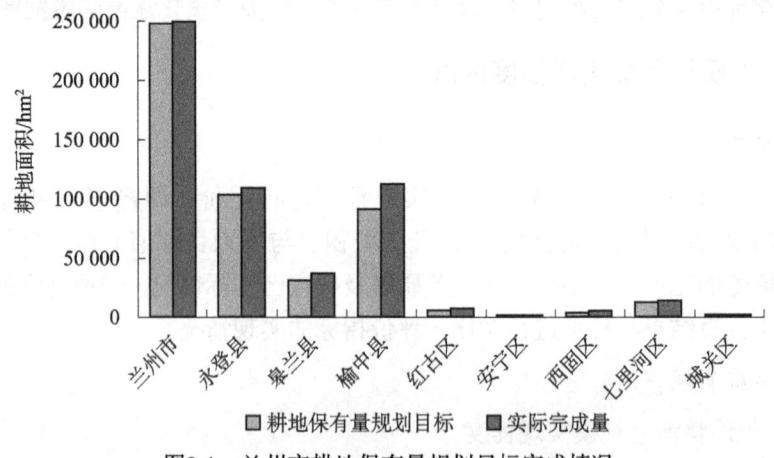

图2-1 兰州市耕地保有量规划目标完成情况

二是补充耕地规模。《兰州市土地整治规划（2011—2015年）》实施期间，兰州市通过各项整治补充耕地面积1820.12hm²（其中，可用于耕地占补平衡的面积为480.08hm²），新增耕地率为6.50%。其中，已竣工验收的新增耕地面积为845.85hm²，正在实施的新增耕地面积为974.27hm²。新增耕地目标完成率为40.66%，各县区均未完成规划新增耕地目标。其中，红古区由于宜农未利用地开发项目实施比例较大，且农用地整理项目新增耕地率普遍较高，新增耕地目标完成较好，实际新增耕地面积占规划目标的84.45%；其他各县区新增耕地任务完成量均较少，仅完成了规划目标量的6%～46%（图2-2）。

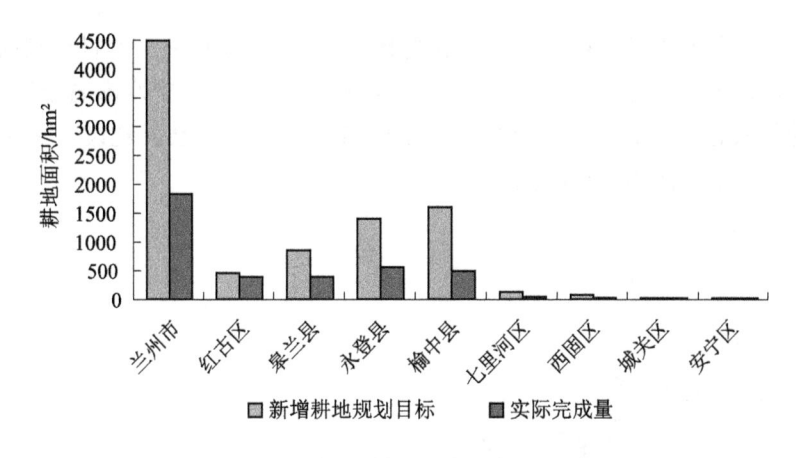

图2-2 兰州市新增耕地规划目标完成情况

三是耕地质量。《兰州市土地整治规划（2011—2015年）》实施期间，通过高标准基本农田建设、坡耕地整理等土地综合整治活动，促进了土地规模经营和农业现代化进程，兰州市耕地质量平均提升等级为1～2，新增耕地产能和耕地质量提升产能总量分别为5449t、1.81万t，产能提升幅度总额达到2.35万t。从各县区耕地产能可提升幅度来看，榆中县产能提升幅度最大，可提升产能高达1.25万t，显著高于其他县区。究其原因，主要由于榆中县在农用地整治过程中，大面积旱地配套了水利设施，实现了旱改水，从而使得耕地质量大幅提高，间接提升了耕地产能。

3）高标准农田建设实现程度

《兰州市土地整治规划（2011—2015年）》实施期间，兰州市完成高标准基本农田建设项目236个（其中，国土部门安排项目95个；其他部门土地整治能够达到高标准基本农田标准项目141个），总面积为39 281.21hm²，规划目标完成率为67.70%。从建设基础分析来看，兰州市基本农田面积为182 255hm²，仅占甘肃省的4.72%，而上轮省级规划下达到兰州市的高标准基本农田整治目标为58 026hm²，占甘肃省"十二五"期间总任务的14.80%。由于规划目标下达量与兰州市的实际完成能力存在偏差，高标准基本农田建设规划目标完成率不高。

相对而言，红古区和皋兰县规划目标相对完成率较高，分别完成了目标的222.69%、112.61%。尤其是红古区，"十二五"期间高标准基本农田建设实际完成量已分别占该区基本农田和耕地面积的115.01%、57.21%；而西固区、七里河区、榆中县、永登县规划目标完成率相对较低，分别完成了规划目标的69.62%、10.51%、65.54%、50.74%（图2-3）。究其原因，在于红古区的农用地整理项目多位于湟水谷地的Ⅳ级阶地上，该阶地由于南北向沟谷切割而形成多个平台，地势平坦，土壤肥沃，耕地集中连片度较高，提水灌溉条件便利，农户种植收益率较好，故土地整治积极性较高；而其他县区建设条件相对较差，因而整治工作总体推动较慢。

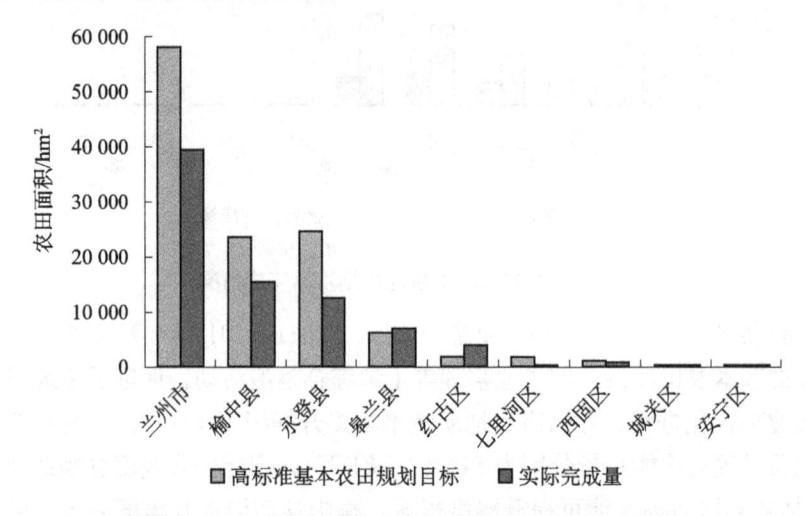

图2-3 兰州市高标准基本农田建设规划目标完成情况

4）农用地整理规模

《兰州市土地整治规划（2011—2015年）》实施期间，兰州市农用地整理面积为1746.73hm²，规划目标完成率仅为7.64%。除七里河区外，其他县（区）均未完成规划目标，其中，榆中县、永登县、七里河等县区规划目标完成率不到10%（图2-4）。

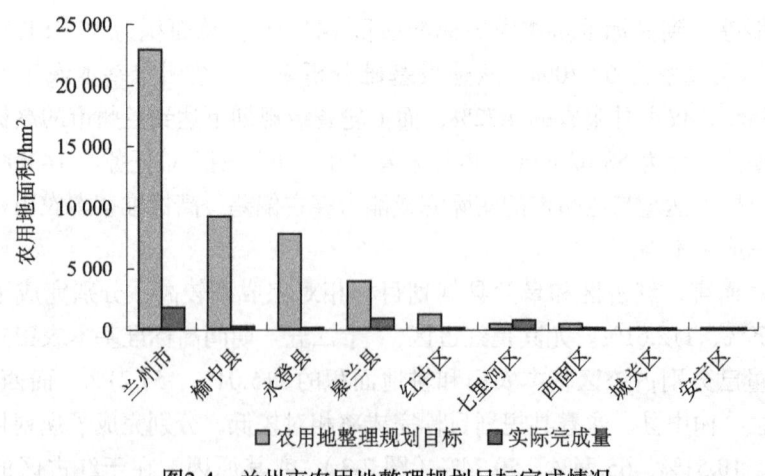

图2-4 兰州市农用地整理规划目标完成情况

5）宜农未利用地开发规模

《兰州市土地整治规划（2011—2015年）》实施期间，兰州市宜农未利用地开发规模为1333.56hm²，规划目标完成率为59.16%，各县（区）均未完成规划目标。相对而言，红古区目标完成较好，目标完成率为89.19%（图2-5）。究其原因，主要在于红古区宜农未利用地开发后备资源较多，在山地前缘分布有数百到数千亩面积不等的多个坪台，土层深厚、疏松，土质较好，地势平坦，提水灌溉便利，极易开发利用；而其他县区，由于后备资源缺乏，规划目标完成率较低，其中永登县、皋兰县、榆中县宜农未利用地开发实施面积分别为规划目标的74.89%、62.35%、27.22%，西固区未按照规划预期实施宜耕未利用地开发项目，规划目标完成率为0%。

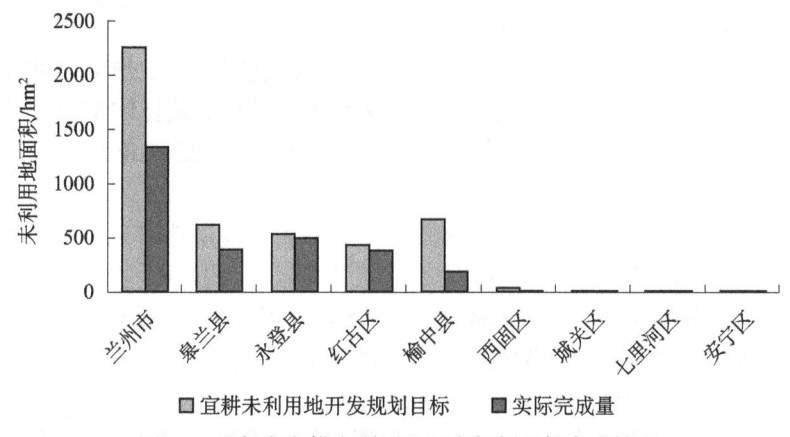

图2-5 兰州市宜耕未利用地开发规划目标完成情况

6）农村建设用地整治规模

《兰州市土地整治规划（2011—2015年）》实施期间，各县(区)均未开展农村建设用地整治项目。总体来看，因地处西部，兰州市大部分农户仍以农业收入为主，经济条件较差。虽然一些地区特别是城关区、七里河区等近郊农户的集中居住、改善住房条件的愿望强烈，但出于对"上楼"资金和"上楼"后生计问题的考虑，加之农户腾退宅基地及集中居住机制缺乏，致使农户搬迁意愿较低。

7）损毁土地复垦规模

《兰州市土地整治规划（2011—2015年）》确定了阿干煤矿、窑街煤矿和永登连城等矿山土地复垦重点区域。但复垦区多位于侵蚀构造中山区，区内沟壑密集，沟坡陡峻，相对高差较大，且沟内滑坡发育，坡面松散物质广布，水土流失严重，泥石流等自然灾害多发，生态环境恶劣，乡村经济发展落后，整治区域多属矿山覆绿区、退耕还林区、生态保护区，需因地制宜地将各种废弃、破坏的建设用地复垦为林地，实施以保护和恢复自然生态环境为目标的造林工程，为区域可持续发展构筑生态屏障。因此，可复垦为耕地的潜力区域较小，《兰州市土地整治规划（2011—2015年）》实施期间未开展相应的土地复垦项目。整治区通过矿山地质环境恢复治理项目，完成治理面积842hm^2，恢复治理率为24.6%。

8) 低丘缓坡未利用地开发规模

《兰州市土地整治规划（2011—2015年）》实施期间，兰州市编制了《兰州市低丘缓坡沟壑等未利用地综合开发利用专项规划（2011—2020）》，确定了城北、兰州新区、皋兰西、树屏4个重点开发板块。先后实施了城关区青白石、碧桂园、三条岭、生态文化创新城、五矿兰州钢铁物流园及兰州新区的炼化产业区、职教园区、奥体中心、重庆斌鑫集团和甘肃美加等低丘缓坡沟壑等未利用地综合开发项目，总开发规模为2900hm^2，规划目标完成率80.01%。

9) 城乡建设用地增减挂钩规模

《兰州市土地整治规划（2011—2015年）》实施期间，兰州市分别在城关区、七里河区、榆中县、皋兰县实施了城乡建设用地增减挂钩试点项目，总规模为240.47hm^2，其中复垦耕地224.43hm^2，建新区230.84hm^2，占用耕地154.1hm^2，结余补充耕地指标70.33hm^2。

与规划目标相比，"十二五"期间兰州市城乡建设用地增减挂钩规模完成率不高，仅为36.05%。各县区均未完成规划目标，七里河区和榆中县完成率相对较高，分别为63.27%、57.34%（图2-6）。其中，七里河区城乡建设用地增减挂钩拆旧区主要集中在黄裕乡、西果园镇等乡镇的南部山区，主要在于南部山区属高寒、旱山区，干旱缺水，地形起伏大，土地生产能力较低，经济发展水平较差，农村宅基地多为土木结构房屋或简易设施房屋；且该区是地质灾害威胁严重区，故农户搬迁意愿强烈，有效提高了七里河区城乡建设用地增减

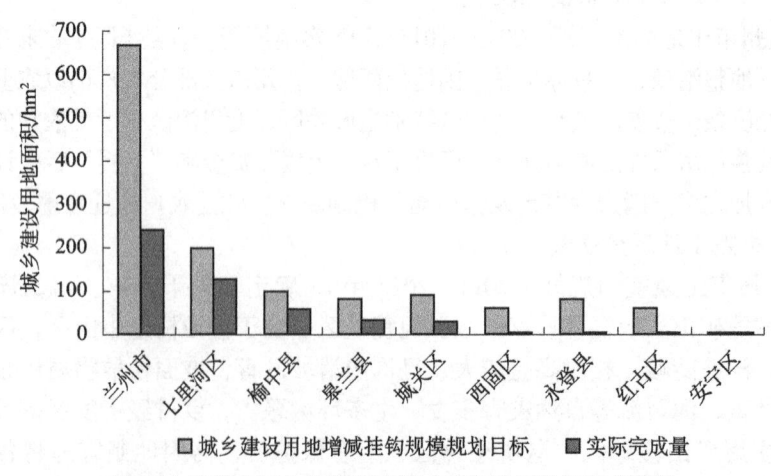

图2-6 兰州市城乡建设用地增减挂钩规划目标完成情况

挂钩规划完成率。西固区、永登县、红古区未实施城乡建设用地增减挂钩试点项目。总体来看，兰州市农村居民点用地集中度低，拆旧所需资金量大，且涉及部门多，工作开展难度大。同时，部分群众安于现状，对增减挂钩工作患得患失，搬迁、合村并村等工作难以开展。

10）城镇工矿建设用地整治规模

《兰州市土地整治规划（2011—2015年）》实施期间，兰州市结合国民经济和社会发展规划、城市总体规划、土地利用规划和基本公共服务体系规划，对全市棚户区进行统一规划，合理确定了各年度棚户区目标任务，分步推进实施。将集中连片、规模较大、居住条件困难、功能配套不全、结构和消防安全隐患严重、群众要求迫切、条件成熟的项目优先安排；将零星分散、改造难度大、单独项目运作成本高的棚户区与其他城市棚户区改造项目搭配，就近结合、统筹捆绑。《兰州市土地整治规划（2011—2015年）》实施期间，兰州市城镇工矿建设用地整治规模为514.99hm^2，规划目标完成率为68.67%。此外，全部完成城中村户籍转性、撤村建居、集体经济改制、土地勘界等无形改造工作；有形改造工作全面启动，已开工建设村民安置房184.65hm^2，部分项目已建成并实现村民回迁入住。在社会保障方面，全市共筹措资金3.44亿元，为69 626名村民办理了养老和医疗保险。

剩余待整治的城镇工矿建设用地大都属于位置偏、建筑密度大、拆迁成本高、规划条件限制、地质灾害防治投入大、改造收益低及难度大的区域，加之改造资金筹措困难，群众对土地收益的期望值越来越高，使得房屋征收拆迁难度增大。

（三）规划布局空间一致性评价

1. 空间一致性评价方法

规划布局空间一致性评价基于规划设想与布局实践的时空一致性来分析规划管控绩效。为了直观体现《兰州市土地整治规划（2011—2015年）》的引导和控制效果，将土地整治重点项目规划图和实施结果图（截至2015年6月）叠加，从空间规模控制效果与空间结构控制效果出发，构建规划布局空间一致性评价指标体系（表2-1），分析规划实施的时空效果。

将规划布局空间一致性结果分为5级，级别越高，一致性效果越好。当规划实施结果与规划目标有一定差距，即一致性指标未达到5级时，采用自然断裂点法，将一致性指标分成1～4级。

当规模控制指数$P_1 \geq 1$时为5级，表明规划实施结果与规划目标完全符合，即规划实施期间项目落实规模大于或等于规划面积；当规模控制指数$P_1 < 1$时，表明规划实施结果与规划目标还有一定差距。规模控制指数P_1越

小，则项目落实面积与规划预期差距越大。

表 2-1 《土地整治规划》布局空间一致性评价指标

项目	具体指标	计算方式	指标说明
空间规模效果	规模控制指数P_1	项目实施面积/规划重点项目面积	反映规划对重点项目规模的控制效果。值越大，规划引导效果越好
	空间溢出指数P_2	超出规划边界的项目实施面积/规划重点项目面积	反映规划边界的控制效果。值越大，规划的引导效果越差
空间结构效果	跳跃发展指数P_3	超出规划边界的实施项目用地斑块中心距规划边界的平均最短距离	反映规划对重点项目的引导和控制效果。值越大，规划引导效果越差
	空间吻合指数P_4	（规划面积-已实施但不符合规划的部分-规划未实施部分）/规划重点项目面积	反映规划与实施效果吻合程度的高低，为0~1的正值，当其越接近于1，说明相应的空间吻合性越高

当空间溢出指数 P_2=0 时为 5 级，表明规划实施结果与规划目标完全符合，即规划实施期间，所有实施项目均位于规划重点整治区内，理论上这一理想状态在规划实施期难以实现；当空间溢出指数 P_2＞0 时，表明规划实施结果与规划目标还有距离，即项目实施溢出了规划重点整治区范围。空间溢出指数 P_2 越大，则规划位置控制效果越差。

当跳跃发展指数 P_3=0 时为 5 级，表明实施结果与规划目标完全符合，即规划实施期间，所有实施项目不但全部位于规划重点整治区内且实施中心相符，理论上这一理想状态较难实现；当跳跃发展指数 P_3＞0 时，表明项目实施溢出了规划重点整治区范围。空间溢出指数 P_3 反映了实施区中心与规划区中心间距离，P_3 越大，则规划方向引导效果越差。

当空间吻合指数 P_4=1 时为 5 级，即已实施项目不但空间位于规划区内，而且规模上与规划完全相符；当空间吻合指数 P_4＜1 时，以上两种情况均有可能向相反发生。P_4 越小，则规划空间溢出或规模不足情况越严重。

2. 空间一致性分析

1）农用地整治空间一致性

根据规模控制指数分析，由于市级规划注重对全市整治活动的方向性引导，重点整治区范围弹性空间较大，因此从空间规模效果上看，《兰州市土地整治规划（2011—2015 年）》控制效果有限，规模控制指数仅为 0.26。其中，皋兰县的规模控制指数最高，为 1.74，处于 5 级；红古区、西固区和七里河区的规模控制指数相对较高，分别为 0.51、0.36、0.37，处于 3~4 级；榆中县和永登县的规模控制指数较低，分别为 0.12、0.09，处于 1~2 级（图 2-7）。

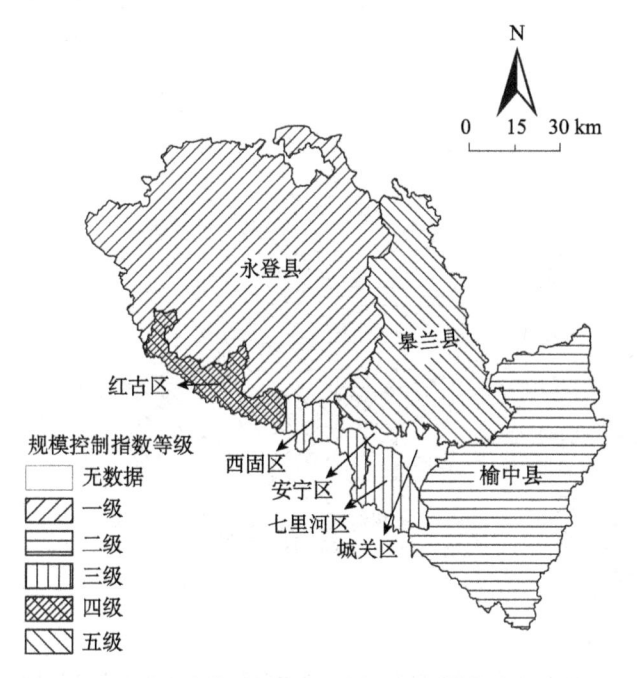

图2-7 兰州市规划期内农用地整治项目规模控制指数等级图

根据空间溢出指数分析,《兰州市土地整治规划（2011—2015年）》确定的重点整治区边界对兰州市农用地整治项目的控制效果较好,空间溢出指数为0.06,超出规划边界的项目面积仅占规划重点项目面积的5.51%。其中,西固区实施的农用地整治重点项目主要位于湟水谷地基本农田整理重点区域内,包括西固区达川乡南部、河口乡南部地区,空间溢出指数为0.001,超出规划边界的现状重点项目面积仅为1hm^2,空间位置控制效果较好;七里河区实施的农用地整治重点项目位于七道梁北麓黄土梁川区,包括黄峪乡东北部、魏岭乡北部和西果园镇北部区域,实施项目基本均在规划区域内,空间溢出指数相对较小,分别为0.004、0.006;永登县、榆中县空间溢出指数分别为0.027、0.033,超出规划边界的重点项目面积占规划重点项目面积的比例分别为2.72%、3.38%。榆中县实施的农用地整治重点项目主要位于榆中北山黄土山梁、南部坡耕地整理重点区、兴隆山—七道梁北麓黄土梁川区农用地整理重点区域,以及榆中盆地基本农田整治重点区域内,实施项目多落在规划区域内。永登县项目溢出区域主要位于北部石质山地,包括永登县民乐乡北部、通远乡西北部,处于民乐乡农用地整理项目和武胜驿农用地整理重点项目区域的南部;皋兰县的控制效果较差,空间溢出指数为1.35,超出规划边界重点项目面积是规划边界内重点项目面积的3.70倍（图2-8）。

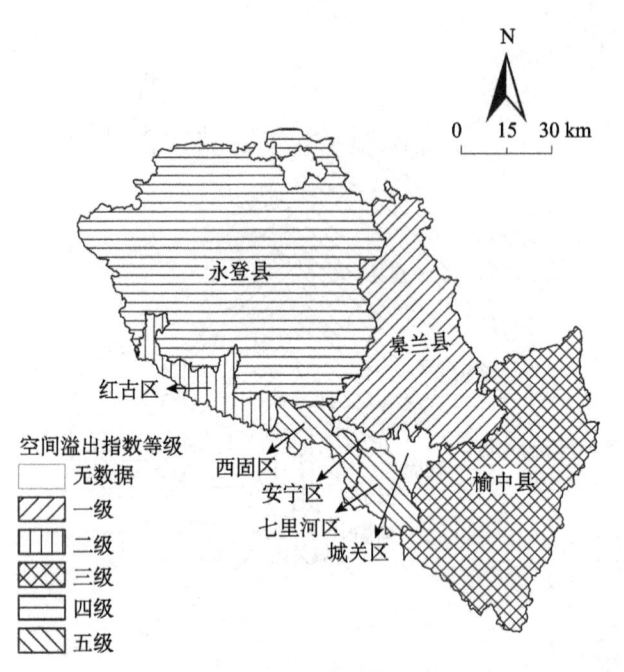

图2-8 兰州市规划期内农用地整治项目空间溢出指数等级图

根据跳跃发展指数分析，从空间结构效果上看，《兰州市土地整治规划（2011—2015年）》实施期间，兰州市重点农用地整治项目跳跃发展指数为3897.46，规划边界外的重点项目图斑到规划边界的平均最短距离为3.90km。其中，西固区规划预留区很好地发挥了空间结构管控效果，其跳跃发展指数为0；七里河区由于项目实施量少，跳跃发展指数较小，为11.23。在项目实施规模较大的县（区）中，《兰州市土地整治规划（2011—2015年）》对红古区空间结构管控效果相对较好，规划边界外的重点项目图斑到规划边界的平均最短距离为1.20km，但对皋兰县的空间结构管控效果较差，其跳跃发展指数达11.85km（图2-9）。

根据空间吻合指数分析，由于市级规划注重对全市整治活动的方向性引导，重点整治区范围弹性空间较大，因此重点整治区内尚未实施部分较多，图斑空间吻合性较低，空间吻合指数仅为0.089，且各县（区）空间吻合度差异较大。其中，红古区、皋兰县、西固区、七里河区重点项目图斑空间吻合度相对较高，分别为0.376、0.372、0.354、0.302，处于4级；而皋兰县溢出图斑面积最大，为4229.17hm^2；永登县由于规划重点项目面积较大，实施规模较小，农用地整治重点项目图斑空间吻合度最低，仅为0.057（图2-10）。

图2-9　兰州市规划期内农用地整治项目跳跃发展指数等级图

图2-10　兰州市规划期内农用地整治项目空间吻合指数等级图

2）宜建未利用地开发空间一致性

从空间规模效果上看,《兰州市土地整治规划（2011—2015 年）》边界对兰州市宜建未利用地开发重点项目的控制效果较为明显，规划实施的宜建未利用地开发重点项目布局空间一致性相对较好。该规划实施期间，兰州市规模控制指数较高，为 0.87；宜建未利用地开发重点项目实施的空间溢出指数为 0，实施的重点项目全部落在规划重点项目图斑内。

从空间结构效果上看,《兰州市土地整治规划（2011—2015 年）》对宜建未利用地开发重点项目的空间结构管控效果较好。该规划实施期间，宜建未利用地开发项目跳跃发展指数为 0。空间吻合指数相对较高，为 0.87。

二、上轮土地整治规划实施过程评估

（一）实施过程可靠度评价方法

1. 实施过程可靠度评估指标

土地整治是一系列土地整治行为、过程相互作用的累积。为客观评价《兰州市土地整治规划（2011—2015 年）》的实施情况，植入过程思维，依据土地整治项目实施的具体流程，结合研究需要及专家意见，借鉴已有研究成果，从组织管理、施工建设两个维度构建土地整治规划实施过程可靠度评估指标体系。组织管理维度主要表征土地整治项目在决策、准备、实施、竣工和运营过程中的管理规章健全度、招投标合法性、中间机构资质监管有效性、项目资金到位度，以及规划设计、施工等从业单位的能力建设、组织运作和监理规范性。施工建设维度主要表征土地整治项目在实施过程中项目变更、规划设计变动、按期竣工偏差、工程质量达标及返工损失和工程设施使用。

以兰州市已竣工验收的 34 个土地整治项目为对象，采用离差最大法对各指标数据进行无量纲处理，进行土地整治项目规划实施行为绩效评估（表 2-2）。考虑不同指标对规划实施行为绩效具有不同贡献，采用德尔菲法（Delphi）与层次分析法（AHP）确定各指标权重。

2. 经典域确定

经典域（即评价等级的取值区间）的确定是行为绩效评估的基础。依据土地整理项目绩效的可拓性，将其划分为优秀、良好、一般、较差 4 个级别。由于目前土地整治项目行为绩效评价尚无统一的指标等级标准可供借鉴，因此，以 34 个项目行为绩效指标数据为基础，并结合实地调查与专家咨询来确定评价经典域，具体取值区间见表 2-3。

表 2-2　土地整治规划实施过程可靠度评价指标

目标层	准则层	权重	指标	权重
规划实施过程可靠度	组织管理	0.45	管理规章健全度	0.2
			招投标情况合法性	0.1
			中间机构资质监管	0.15
			项目资金到位情况	0.1
			土地整治能力建设度	0.15
			组织运作情况	0.15
			监理情况规范性	0.15
	施工建设	0.55	项目变更频次	0.2
			规划设计变动率	0.2
			按期竣工偏差率	0.15
			工程质量优良率	0.15
			返工损失率	0.1
			工程设施使用年限	0.2

表 2-3　农村土地整理规划实施行为可靠度评价指标经典域的取值区间

指标	优秀	良好	一般	较差
管理规章健全度	[90,100)	[75,90)	[60,75)	[50,60)
招投标情况合法性	[90,100)	[85,90)	[70,85)	[50,70)
中间机构资质监管	[90,100)	[80,90)	[70,80)	[50,70)
项目资金到位情况	[90,100)	[85,90)	[75,85)	[50,75)
土地整治能力建设度	[90,100)	[70,90)	[60,70)	[50,60)
组织运作情况	[90,100)	[75,90)	[60,75)	[50,60)
监理情况规范性	[90,100)	[75,90)	[60,75)	[50,60)
项目变更频次	[0,0]	[0,1]	(1,3)	[3,10)
规划设计变动率	[0,10)	[10,20)	[20,30)	[30,100)
按期竣工偏差率	[0,20)	[20,50)	[50,100)	[100,500)
工程质量优良率	[90,100)	[75,90)	[60,75)	[50,60)
返工损失率	[0,20)	[20,50)	[50,100)	[100,500)
工程设施使用年限	[20,15)	[15,10)	[10, 5)	[5,0)

（二）实施过程可靠度分析

1. 单体指标分析

单项指标评价结果显示，有2个指标绩效水平达到优秀，分别为招投标情况合法性和项目资金到位情况；3个指标达到良好，分别为管理规章健全度、组织运作情况和中间机构资质监管；5个指标处于一般水平，分别为土地整治能力建设度、工程质量优良率、返工损失率、监理情况规范性、工程设施使用年限；此外，还有3个指标处于较差水平，分别为按期竣工偏差率、规划设计变动率和项目变更频次。

2. 总体绩效分析

根据综合得分，发现兰州市土地整治项目行为绩效水平为一般。为明确土地整治项目行为绩效的主要影响因素，在单项指标评价的基础上，利用阻碍度分析影响土地整治项目绩效的关键因素，即如果一个指标在阻碍等级中（将一般和较差等级定义为阻碍等级）所占比例超过了50%，说明该指标是大多数项目绩效的阻碍因素。

计算发现，在13个规划实施行为绩效评价指标中，按期竣工偏差率、规划设计变动率、土地整治能力建设度、工程质量达标率和组织运作情况5个指标的阻碍度分别达到83.34%、91.67%、82.16%、75.65%和57.93%。进一步分析发现，影响《兰州市土地整治规划（2011—2015年）》实施行为绩效的主要因素分别为规划设计变更频繁、按期竣工偏差较大、土地整治能力建设不够、工程质量优良率不高、组织运作不畅。

1）规划设计变更频繁

深入分析发现，《兰州市土地整治规划（2011—2015年）》实施期间立项的93个项目中，由省、市国土部门批准的较大规划设计变更率为17.20%，由县区国土部门批准的较小规划设计变更率更是超过了70%，田块数量设计过多、田间道和生产路设计不够、农田生产运输不畅、耕地浇灌管径设计过小、缺少涵管、预算执行偏差过大等现象时有发生。究其原因，主要在于项目前期工作不扎实，设计单位现场踏勘较少，未充分了解项目区的地情、水情及产业发展对项目的要求，设计与实际差别较大，致使设计频繁变更甚至发生农户阻挠施工的现象。此外，政府发展规划与土地利用总体规划调整也造成个别项目变更。

2）按期竣工偏差较大

由于项目评审后修改时间较长，建设时需避让农民耕种季节，招投标和申请验收不及时及部分项目验收后整改时间较长等原因,《兰州市土地整治规划（2011—2015 年）》规划实施期间已竣工验收的 34 个项目，从立项到验收平均用时 833.7 天，远超过 1 年的项目建设工期，从而影响了规划实施行为绩效水平。

3）土地整治能力建设不够

各县区土地整治项目人员配备少，承担监管和实施双重职责，且多为行政干部，技术人员较少。施工单位从业人员专业素质不高，多为当地农民，未经过专门的施工技术培训，从而直接影响了施工质量提升，严重阻碍了项目整体绩效水平飞跃。

4）工程质量优良率不高

中间机构资质监管不严，施工人员专业素质不够，工程施工监理不到位，加之存在工程设计标准不高，导致工程质量达标率不高，从而增加返工损失率，降低了工程设施使用年限，最终影响了规划实施行为绩效水平。

5）组织运作不畅

乡（镇）政府的积极支持、其他相关部门的密切配合是土地整治项目顺利实施的有力保障。但基于现行土地整治运行机制，投资建设标准较水利部门低，且项目资金不能用于管理人员协调费用补给，各乡（镇）政府积极性不高。此外，由于与林业规划衔接不够，已选项目区与林业规划的宜林地冲突，影响了土地整治项目的顺利实施，降低了规划实施行为绩效水平。

（三）规划实施社会影响度评估

1. 规划认知度评估

为了考察农户对《兰州市土地整治规划（2011—2015 年）》的认知情况，基于整治项目的典型性，选择榆中县、永登县、皋兰县、红古区、七里河区作为土地整治社会认知评估的样点区，采用问卷调查和深度访谈的方式从公众知情度、公众参与度和社会满意程度三个方面分别开展评估。本次调查随机发放问卷 519 户农户，共收回有效问卷 480 份，问卷有效率为 92.5%。

知情度分析发现，有 72.96% 的农户仅初步了解农地整理政策，相关信息获取渠道主要是电视和村干部；有 88.45% 的农户对农地整理政策持认同态度，只有 11.55% 的农户认为农地整理可有可无。这表明，兰州市农户对农地整理的政策认知不够深入，农户对农地整理政策了解不充分，了解信息的渠道较单一。

2. 公众参与度评估

1）公众参与度评估指标

借鉴国内外学者全过程评估农地整理项目参与度的思路，根据文献研究及入户调查，从农地整治项目选址、可研与立项决策、规划设计、施工与竣工验收、后期管护5个阶段，拟定了19项需要农户参与的工作，运用专家打分法和层次分析法确定农户参与各项工作的权重（表2-4），并利用入户调查数据，评估各阶段的农户参与度。

表2-4 农地整治项目全过程公共参与度评估指标

项目子阶段	权重	指标	权重
项目选址阶段	0.1	农户对项目必要性的征询提出意见并配合申报	0.048
		配合国土等部门对农户意愿抽查	0.021
		农户配合土地权属和利用现状调查	0.031
可研与立项决策阶段	0.2	参与农地整理权属管理协调小组	0.023
		参与确定土地权属调整的范围及编制调整方案	0.078
		农户对权属调整方案提出意见	0.047
		签权属调整协议	0.015
		配合可研单位实地调查	0.037
规划设计阶段	0.3	农户提出规划设计的设想	0.141
		意见被采纳情况	0.113
		农民参与规划设计方案的听证会	0.046
施工与竣工验收阶段	0.15	参与农民质量监督小组	0.021
		参与工程施工质量的监督	0.053
		参与单位工程的竣工验收	0.035
		参与分配土地权益并确认权属	0.022
		参与竣工后国土部门对农户满意度调查的座谈会	0.019
后期管护阶段	0.25	参与农田水利工程建筑物管护	0.107
		参与田间道路、农田林网管护	0.086
		参与后期管护组织	0.057

2）公众参与度分析

参与度分析发现，兰州市农户对农地整治项目的参与度整体偏低，农户参与农地整治的情况不理想。在项目选址阶段，农户参与度相对较高，为65.23%。该阶段各县区国土部门基于农户对项目的支持程度，根据农业生产条件改善的急需程度申报和批准项目，确保资金投入到相对急需的项目中，有效避免了低效率投资；可行性研究与立项决策阶段，农户参与度较前一阶段低，为53.27%，农户对相关部门的实地调查和部分权属调整问题给予了配合与支持；规划设计阶段，因规划设计单位未充分、广泛地征求农民的意见，使农户在农地整理项目前期准备阶段的参与度较低；施工与竣工验收阶段，因未组建农民质量监督小组，农户对工程质量未进行有效监督，农户参与度很低；后期管护阶段，由于农户后期管护意识薄弱，管护权责主体不明确，管护资金缺乏保障，农户参与度非常低，管护效果较差。

3. 公众满意度评估

1）公众满意度评估指标

根据农地整治项目基本建设内容，选取田块平整与大小、灌排渠道质量、田间道路质量、农田防护林质量、耕地地力改善、施工友好、项目工程维护、农田灌排保障、生产成本降低9个指标进行农户对农地整治项目的满意度评价。采用李克特4级量表（优秀、良好、一般、较差）测量农户对各指标的满意度，并各指标赋以相同权重，评价农户的满意度（表2-5）。

表 2-5　土地整治项目满意度评价等级划分

等级	优秀	良好	一般	较差
P	3.1～4.0	2.1～3.0	1.1～2.0	0～1

2）公众满意度分析

满意度分析发现，兰州市农户对土地整治项目的满意度为2.92，处于"良好"等级。具体来看，满意度为"优秀"和"良好"的农户分别占受访户总数的39.4%和37.3%；满意度"一般"的农户占22.1%，而满意度在"一般"以下的农户仅占1.2%。其中，田块平整与大小、田间道路质量、施工友好满意度较高，平均为3.35；农田灌排保障、生产成本降低满意度次之；而灌排渠道质量、农田防护林质量、耕地地力改善、项目工程维护满意度较低。进一步调查发现，灌排渠道修筑质量不高、农田防护林成活率极低、农地整治使土地由熟变生，以及项目工程缺乏后期维护等原因使农户对上述4个指标的满意度降低。

三、上轮土地整治规划实施效益评估

（一）土地整治规划效益实现度评估

1. 效益实现度评估指标

土地整治规划实施效益评估是土地整治规划评估的重要组成部分。为明确《兰州市土地整治规划（2011—2015年）》实施以来，土地整治对生态文明建设、农业发展格局构建、新农村建设和城乡统筹发展的贡献，运用多因素综合评价法，以综合性、区域性、可比性和可操作性为原则，从经济、社会、生态三个层面选取 19 个指标构建土地整治规划效益实现度评估指标体系（表 2-6），评价兰州市土地整治规划效益实现度（表 2-7）。

表 2-6　兰州市土地整治规划效益实现度评估指标

目标层	准则层	指标层	指标含义
效益实现度A	经济效益A_1	单位面积投资A_{11}	项目总投资/项目总规模
		单位投资新增耕地A_{12}	区域新增耕地面积/区域总投资
		耕地产能增加率A_{13}	（整理后耕地总产值−整理前耕地总产值）/整理前耕地总产值×100%
		农民年纯收入增加率A_{14}	（整理后农民年纯收入−整理前农民年纯收入）/整理前农民年纯收入×100%
		机耕面积增加率A_{15}	（整理后机耕面积−整理前机耕面积）/整理前机耕面积×100%
		中低产田减少率A_{16}	（整理前中低产田面积−整理后中低产田面积）/整理前中低产田面积×100%
		道路便捷度提高率A_{17}	（整理后区域农村道路面积−整理前区域农村道路面积）/整理前区域农村道路面积×100%
	社会效益A_2	土地利用增加率A_{21}	（整理后已利用土地面积−整理前已利用土地面积）/整理前已利用土地面积×100%
		新增耕地可供养人数A_{22}	新增耕地面积×（区域总人口/区域总耕地面积）
		耕作距离变化率A_{23}	（整理前耕作距离−整理后耕作距离）/整理前耕作距离×100%
		粮食单产增加率A_{24}	（整理后粮食单产值−整理前粮食单产值）/整理前粮食单产值×100%
		撂荒面积变化率A_{25}	（整理后耕地撂荒面积−整理前耕地撂荒面积）/整理前耕地撂荒面积×100%
		旱涝保收增加率A_{26}	（整理后保证灌溉面积−整理前保证灌溉面积）/整理前保证灌溉面积×100%
	生态效益A_3	绿色植物覆盖增加率A_{31}	（整理后耕地、园地、林地、草地总面积−整理前耕地、园地、林地、草地总面积）/区域总面积×100%
		耕地破碎指数变化率A_{32}	（整理前耕地破碎指数−整理后耕地破碎指数）/整理前耕地破碎指数×100%
		土地垦殖增加率A_{33}	区域新增耕地面积/区域总面积×100%
		农田林网化面积增加率A_{34}	（整理后农田林网化面积−整理前农田林网化面积）/整理前农田林网化面积×100%
		水土流失治理增加率A_{35}	整理后得到治理的水土流失面积/区域水土流失总面积×100%
		生物丰度增加率A_{36}	（整理后生物丰度值−整理前生物丰度值）/整理前生物丰度值×100%

表 2-7 规划效益实现度评价指标值

指标值	兰州市	城关区	七里河区	安宁区	西固区	红古区	永登县	榆中县	皋兰县
A_{11}／（万元/hm²）	2.88	—	1.64	—	1.97	3.12	2.57	2.48	3.70
A_{12}／（hm²/万元）	0.023	—	0.022	—	0.004	0.033	0.029	0.020	0.017
A_{13}／%	52.66	—	41.09	—	40.00	48.30	54.22	62.58	43.34
A_{14}／%	24.10	—	23.40	—	21.90	23.70	25.80	26.70	24.60
A_{15}／%	2.79	—	1.56	—	0.31	13.62	0.91	2.07	2.23
A_{16}／%	2.52	—	0.09	—	0.00	63.09	1.62	3.47	1.64
A_{17}／%	2.80	—	2.10	—	2.20	2.70	3.10	3.80	3.30
A_{21}／%	1.77	—	0.07	—	0.03	7.35	0.21	1.42	2.44
A_{22}／人	23 473.71	—	1 035.50	—	349.65	8 014.52	2 112.13	1 880.92	1 874.50
A_{23}／%	-9.90	—	—	—	0.00	-11.20	-9.70	-8.80	-11.50
A_{24}／%	18.90	—	80.10	—	7.60	8.10	11.05	25.34	23.69
A_{25}／%	-9.83	—	-4.10	—	0.00	-4.90	-17.70	-19.20	-18.30
A_{26}／%	1.04	—	0.10	—	0.00	7.42	0.43	0.40	1.87
A_{31}／%	6.58	—	3.54	—	0.73	10.34	7.34	4.90	6.36
A_{32}／%	7.29	—	5.30	—	6.30	7.10	7.80	9.50	8.40
A_{33}／%	6.58	—	3.54	—	0.73	10.34	7.34	4.90	6.36
A_{34}／%	1.88	—	1.50	—	1.40	1.80	2.00	2.80	2.30
A_{35}／%	0.52	—	0.03	—	0.00	1.46	0.30	1.17	0.27
A_{36}／%	0.02	0.03	0.00	0.01	0.00	0.02	0.02	0.02	0.03

2. 效益实现度评价方法

采用多因素综合评价法对规划实施结果进行绩效评估,具体步骤如下:

1) 确定评价指标权重

为减少人为因素赋权的主观性,增强评价结果的客观性,利用客观赋权法中的变异系数法来确定各评估指标权重(表2-8)。

表 2-8 规划效益实现度评价指标权重

指标	平均值	标准差	变异系数	经济效益	社会效益	生态效益	综合效益
A_{11}	2.579	0.684	0.265	0.059	—	—	0.020
A_{12}	0.021	0.009	0.451	0.101	—	—	0.034
A_{13}	48.254	8.003	0.166	0.037	—	—	0.012
A_{14}	24.350	1.582	0.065	0.015	—	—	0.005
A_{15}	3.450	4.595	1.332	0.298	—	—	0.099
A_{16}	11.653	23.034	1.977	0.443	—	—	0.148
A_{17}	2.867	0.602	0.210	0.047	—	—	0.016
A_{21}	2.448	2.694	1.100	—	0.188	—	0.076
A_{22}	2 544.538	2 519.649	0.990	—	0.169	—	0.068
A_{23}	−8.240	−4.236	0.514	—	0.088	—	−0.036
A_{24}	25.981	25.215	0.971	—	0.166	—	0.067
A_{25}	−10.700	−7.860	0.735	—	0.125	—	0.051
A_{26}	1.703	2.629	1.544	—	0.264	—	0.107
A_{31}	5.534	3.016	0.545	—	—	0.170	0.057
A_{32}	7.400	1.371	0.185	—	—	0.058	0.019
A_{33}	5.534	3.016	0.545	—	—	0.170	0.057
A_{34}	1.967	0.478	0.243	—	—	0.076	0.025
A_{35}	0.538	0.566	1.052	—	—	0.329	0.110
A_{36}	0.015	0.010	0.629	—	—	0.197	0.066

各项指标的变异系数公式为

$$V_i = \frac{S_i}{\overline{X_i}} (i=1,2,\cdots,m) \tag{2-1}$$

式中，V_i 为第 i 项指标的变异系数；S_i 为第 i 项指标的标准差，$S_i = \sqrt{\frac{1}{n}\sum_{j=1}^{n}(X_i - \overline{X_i})^2}$；$X_i$ 为第 i 项指标的平均数，$\overline{X_i} = \frac{1}{n}\sum_{j=1}^{n}X_j$。

各项指标的权重为

$$V_i = \frac{V_i}{\sum_{i=1}^{m}V_i} \tag{2-2}$$

2）指标的无量纲处理

由于各评估指标数据量纲不统一，无法进行对比，因此采用离差最大法对各指标数据进行无量纲处理（表 2-9）。指标的计算方法为

$$x_{ij} = \begin{cases} \dfrac{x_{ij} - \min(x_j)}{\max(x_j) - \min(x_j)}, & \text{正向} \\ \dfrac{\max(x_j) - x_{ij}}{\max(x_j) - \min(x_j)}, & \text{负向} \end{cases} \quad (2\text{-}3)$$

式中，x_{ij} 为 i 区域的第 j 项指标，$\min(x_j)$ 为 j 指标值中的最小值，$\max(x_j)$ 为 j 指标值中的最大值。

表 2-9 规划效益实现度评价指标无量纲值

指标值	兰州市	城关区	七里河区	安宁区	西固区	红古区	永登县	榆中县	皋兰县
A_{11}	0.60	—	0.00	—	0.16	0.72	0.45	0.41	1.00
A_{12}	0.65	—	0.61	—	0.00	1.00	0.84	0.55	0.46
A_{13}	0.56	—	0.05	—	0.00	0.37	0.63	1.00	0.15
A_{14}	0.46	—	0.31	—	0.00	0.38	0.81	1.00	0.56
A_{15}	0.19	—	0.09	—	0.00	1.00	0.05	0.13	0.14
A_{16}	0.04	—	0.00	—	0.00	1.00	0.03	0.06	0.03
A_{17}	0.41	—	0.00	—	0.06	0.35	0.59	1.00	0.71
A_{21}	0.24	—	0.01	—	0.00	1.00	0.03	0.19	0.33
A_{22}	1.00	—	0.03	—	0.00	0.33	0.08	0.07	0.07
A_{23}	0.14	—	0.00	—	1.00	0.03	0.16	0.23	0.00
A_{24}	0.16	—	1.00	—	0.00	0.01	0.05	0.24	0.22
A_{25}	0.49	—	0.79	—	1.00	0.74	0.08	0.00	0.05
A_{26}	0.14	—	0.01	—	0.00	1.00	0.06	0.05	0.25
A_{31}	0.61	—	0.29	—	0.00	1.00	0.69	0.43	0.59
A_{32}	0.47	—	0.00	—	0.24	0.43	0.60	1.00	0.74
A_{33}	0.61	—	0.29	—	0.00	1.00	0.69	0.43	0.59
A_{34}	0.34	—	0.07	—	0.00	0.29	0.43	1.00	0.64
A_{35}	0.36	—	0.02	—	0.00	1.00	0.21	0.80	0.18
A_{36}	0.65	0.00	0.00	0.00	0.00	0.81	0.73	0.62	1.00

3）效益实现度评估值

依据结果绩效评估指标体系，借助 2014 年统计数据，运用加权求和法将

指标层归并至准则层，确定《兰州市土地整治规划（2011—2015年）》实施结果绩效评估值（表2-10），其计算方法为

$$A_j = \sum_{i=1}^{m} V_i X'_{ij} \qquad (2\text{-}4)$$

式中，A_j为第j个项目区的综合结果绩效评估值；X'_{ij}为第j个项目区第i项指标的评估值；V_i为指标权重。

表2-10　规划实施结果绩效评价分值

绩效评价	兰州市	城关区	七里河区	安宁区	西固区	红古区	永登县	榆中县	皋兰县
经济绩效	0.82	—	0.75	—	0.69	0.91	0.80	0.84	0.81
社会绩效	0.55	—	0.67	—	0.64	0.60	0.54	0.56	0.59
生态绩效	0.77	—	0.61	—	0.56	0.86	0.75	0.82	0.78
综合绩效	0.71	—	0.68	—	0.63	0.79	0.70	0.74	0.73

根据兰州市自然、经济、社会条件和土地整治实践，在参照环境保护、水土保持等相关领域和土地整治现有研究成果的基础上，将规划实施结果绩效划分为优秀、良好、一般和较差四个等级（表2-11）。

表2-11　规划实施结果绩效评价等级划分

绩效等级	优秀	良好	一般	较差
绩效评估值	[0.8,1]	[0.7,0.8)	[0.6,0.7)	[0,0.6)

3. 效益实现度分析

根据评价结果可知，兰州市土地整治项目绩效水平为良好。其中，红古区、榆中县、皋兰县和永登县的土地整治项目绩效水平为良好，七里河区、西固区土地整治项目绩效水平为一般。

1）经济绩效实现度

《兰州市土地整治规划（2011—2015年）》实施后，通过农用地整治，不但有效增加了机耕面积，减少了中低产田，提高了耕地产能，增加了农民收入；而且通过鼓励农民进行农业结构调整、适度规模化经营，增加了农民工资性收入、农业经营性收入和财产性收入，拓宽了农民增收渠道，降低了农民的经营成本与风险，提高了劳动生产率，带动了农村消费，有效拉动了内需。同时，通过城乡建设用地增加挂钩和低效存量土地整治，以及低丘缓坡未利用地综合开发，有效缓解了城市建设用地紧缺问题，增加了经济产出。《兰州市

土地整治规划（2011—2015年）》实施期间，项目区单位面积农地整治投资为1920元/亩，单位投资新增耕地面积为0.35万元/亩，低丘缓坡未利用地综合开发投资规模为48亿元。经过整治，项目区耕地产能提高了52.7%，农民年纯收入增加了24.1%，机耕面积提升了9.9%，中低产田减少了2.5%，道路便捷度提高了2.8%。其中，榆中县、永登县和红古区耕地产能增加率分别为62.58%、54.22%、48.30 %；红古区耕地面积增加率达到了13.62%，中低产田减少率达到63.09%。

2）社会绩效实现度

《兰州市土地整治规划（2011—2015年）》实施后，通过土地整治，有效完善了农业生产设施，促进了农业生产向集约化、规模化、机械化方向发展；有效地提高了农作物产量，稳定了农业基础地位，促进了农业现代化建设。《兰州市土地整治规划（2011—2015年）》实施后，项目区土地利用水平提高了1.77%，粮食单产提升了18.9%，旱涝保收率增加了1.04%，新增耕地可供养人数为23 474人，有效缓解了兰州市耕地保护压力，促进了土地资源合理利用；规划区域内劳动力就业率增加效果显著，农民年纯收入增幅达23%。同时，土地整治与新农村建设相结合，加强了农村基础设施和公共服务设施建设，有效改变了农村村容村貌，显著改善了农村生产生活条件，促进了城乡统筹发展。

3）生态绩效实现度

《兰州市土地整治规划（2011—2015年）》实施期间，项目实施中建设的农田防护林网形成了良好的防护林体系，不但提高了土地生态安全程度和生态效益，形成良好的防护林体系，而且改善了农田小气候，优化了农田渠系配套，提高了林木覆盖率，增强了农田抵御自然灾害的能力和对农业生产丰收的保障能力，改善了项目区内水土保持、水源涵养和抗旱耐涝条件，生态环境得到改善，生物多样性增加，形成良性循环的生态系统。《兰州市土地整治规划（2011—2015年）》实施后，绿色植被覆盖率提高了82.03%，土地垦殖率增加了6.58%，农田防护林网密度增加了1.88%，生物丰度增加了0.02%。通过土壤改良和其他生物工程措施改善了区域土壤生化环境，治理水土流失面积为3707hm^2，增加率为0.52%。经整治，耕地破碎化指数减少了7.29%，基本农田大面积集中连片分布，空间格局更加合理，农田生态景观功能不断提高。其中，红古区、永登县和皋兰县绿色植物覆盖增加率分别为10.34%、7.34%、6.36%；榆中县、皋兰县、永登县和红古区耕地破碎化指数减少率分别为7.10%、7.80%、9.50%、8.40%。

（二）规划实施总体成效评估

1. 规划实施综合成效

（1）建成了一大批高标准基本农田，增强了粮食安全保障能力。兰州市将土地整治视为保障粮食安全的基础工作，坚持以整治促建设，以建设促保护，以高标准基本农田建设为重点，大力推进了土地平整工程，合理确定了田块规模，适当规整了田块形状，提高了田面平整程度，降低了耕地破碎程度，提高了耕地利用率，增加了耕地面积。《兰州市土地整治规划（2011—2015年）》实施期间，兰州市建成旱涝保收高标准基本农田39 281.2 hm^2，整理农用地1746.73 hm^2，较好完成了省里下达的耕地保护任务。同时，各县区通过大力推进农田配套基础设施建设等措施，加强了耕地质量建设，耕地质量平均提高一个等级，粮食生产能力显著增强。

（2）改善了农业生产条件，夯实了现代农业发展基础。《兰州市土地整治规划（2011—2015年）》实施期间，兰州市土地整治项目区结合各灌区特征，按照适应现代农业发展的要求，严格制定农田整治工程标准，健全完善了田间道路系统，优化了田间道、生产路布局，提高了道路载荷标准和通达度。同时，大力加强农田灌溉和排水工程建设，完善了田间灌溉渠系，提高了耕地灌溉面积比例，疏通了田间灌溉的"毛细血管"，有效解决了"最后一公里"工程和"卡脖子"工程问题。此外，兰州市根据实际需要，因地制宜地实行节水技术改造，实现了渠灌、管灌、滴灌等相结合的节水灌溉方式，有效提高了水资源利用效率。

（3）改善了农村生活条件，促进了新农村建设和城乡统筹发展。在兰州市北部的贫困山区，农村建设用地散乱、废弃、闲置、低效利用问题普遍存在。《兰州市土地整治规划（2011—2015年）》实施期间，兰州市将精准扶贫、美丽乡村建设与土地整治同步进行、整体推进，通过统筹推进田、水、路、林、村综合整治，改变了农村散、乱、差的面貌，促进了农民集中居住和农田合理布局，提高了农村建设用地利用效率，优化了土地利用结构，促进了村庄基础设施和公共服务设施配套建设，提升了农民群众的生活品质和幸福指数。同时，依靠城乡建设用地增减挂钩政策，对破旧杂乱、土地利用率低的村庄进行拆迁归并，拆旧区规模共计745.80 hm^2，其中230.84 hm^2 用于农村建设用地，结余指标流转到城镇，拓展了城镇建设用地空间514.96 hm^2，有效解决了兰州市城镇建设缺土地、新农村建设缺资金的问题。

（4）增加了农民收入，有效拉动了农村地区消费需求。通过土地整治改善了耕地基础设施条件，增加了耕地数量，提升了防灾减灾能力，促进了农业规模化、产业化经营，农业生产成本平均降低了 5%～15%，直接增加了农民务农收入。同时，增加了农民务工收入，一方面通过引导农村劳动力参与土地整治工程建设，增加农民务工收入；另一方面，通过鼓励地广人稀、劳动力匮乏地区的耕地流转给现代企业，不仅使农民获得长期就业机会，而且增加了地租收入。例如，榆中县上花岔乡子项目将 1000 多亩土地流转给企业种植药材，农民就地为流转企业打工，每天可获得 100～150 元的工资，且因实施土地整治，土地质量提高，土地流转费也由 50 元涨到 120 元。

（5）改善了生态环境，大力推进了生态文明建设。"十二五"期间，各县（区）依据《兰州市土地整治规划（2011—2015 年）》大力整治土地，采取工程整治、生物整治等措施，控制了土地沙化、盐渍化，减轻了水土流失，增强了土壤生态涵养功能。同时，通过有效保护、合理利用和综合整治耕地，充分发挥耕地的湿地、绿地、景观等多种自然生态功能，维护了农田生态系统的稳定，优化了农田景观，为区域生态环境保护奠定了基础。此外，通过"集中式"整合农村土地利用布局，完善农村基础设施建设，减少了生活污水和生活垃圾排放，改变了农村脏、乱、差的面貌，增强了废水、废气、废渣处理能力，显著改善了农村生态环境，大力推进了生态文明建设。

2. 上轮规划实施中存在的问题

（1）耕地后备资源匮乏，占补平衡难度大。据统计，2000～2014 年兰州市共开发补充耕地 5956hm^2，区位条件好、开发成本低、生态影响小的耕地后备资源大都已开发完毕，且有相当一部分后备耕地资源已植树造林，致使耕地后备资源急剧下降。新开发的耕地主要分布在经济不发达、自然条件较差、耕作距离远的地区，但因这些地区的原有耕种条件较差，再加上后期管护不力、经济效益低等原因，撂荒现象严重。受水、土资源匹配状况等因素的强烈限制，目前集中连片、具有一定规模的宜耕后备资源极为有限，且这类资源大多分布于兰州市西北部生态脆弱区，若对其开发不合理，不仅会造成水土流失、土壤沙化，而且会加大新增耕地的受灾风险。这些因素导致兰州市耕地后备资源匮乏，耕地占补平衡较难实现。

（2）农户耕作意愿不强，撂荒面积不断增加。兰州市地处黄土丘陵沟壑区，地形破碎，沟壑纵横，山大沟深，梁峁起伏，降雨稀少，气候干燥，自然条件差，生态环境脆弱，加之农业基础薄弱，农村劳动力大量外出打工，导致剩余劳动力年龄结构偏大，耕作能力有限。同时，由于土地整治后未开展土壤培肥工程，耕作层土壤由熟变生，土地贫瘠；部分项目区远离居民点，耕作不便，且灌溉用水无法保障、坡度大，种植产量过低，收不抵支；农地流转制度缺失，土地租赁市场不发育，土地流转困难；社会保障制度不完善，农民工担心失业，将回村务农作为最后保障，不愿流转耕地等原因，使得土地整治规模不断扩大的同时，撂荒面积也不断增加。

（3）高标准基本农田建设涉及部门多，开展工作积极性不高。高标准基本农田建设涉及国土、农业、水利和财政等多个部门，各部门分别编制规划，分头组织实施，缺乏统一的指导性规划和规范的建设标准，造成项目安排衔接困难，交叉重叠问题突出，建设标准参差不齐，难以统一考核评价。同时，由于长期投入不足、资金使用分散，造成许多项目建设标准偏低，多数农田建设项目难以同步实现耕地培肥、引水灌溉等措施，工程建设综合效益难以充分实现。

尽管 2010 年《国务院关于严格规范城乡建设用地增减挂钩试点，切实做好农村土地整治工作的通知》中要求"建立地方政府主导、国土资源部门搭建平台、相关部门各司其职联动协调的工作机制"，但就兰州市各县区的情况看，土地整治工作并未纳入当地党委、政府的议事日程，各县区土地整治工作仍然以国土局为主，相关部门和单位参与土地整治实施的较少，存在"单打独斗"推进工作的现象。与此同时，土地整治行政管理部门面临着工作任务重、人员严重不足等问题，该问题在未成立土地整理中心的县区更为突出。

（4）项目实施建用分离，工程推进屡屡受阻。作为土地整治的服务对象和终极受益者，农民群众的积极主动参与和广泛支持是土地整治目标能否顺利实现的关键。但由于在家务农人数减少，涉地群众对参与土地整治项目建设缺乏积极性；当前相关法规文件缺少对土地整治农民参与的约束，项目实施过程中农民群众参与程度较低，建用分离。加之，农民群众对土地整治的认同感不高，且个别项目区未能充分保障农民权益，使得工程难以顺利推进、项目规划设计方案难以有效落地，严重影响项目建设效果。

（5）农村宅基地置换难，人地规模不对称。随着城市化进程的加快，农村建设用地整治规模的加大，农村人口大量向城镇转移，但村庄居民点用地规模减量不多，农村人口规模和用地规模减小量不对称，农村建设用地利用效率未相应提高。2010~2014 年，兰州市农村人口减少了 13.71 万人，减幅达15.99%，而农村居民点用地面积仅减少了 509.44hm^2，减幅为 2.16%，人地规模极不对称。究其原因，一方面在于随着工业化、城镇化进程的加快，越来越多的农村人口进城，空心村、闲散地大量存在；另一方面在于农村建设用地管理薄弱，一户多宅、宅基地超标等现象严重；此外，受经济条件制约和传统观念影响，农民搬迁意愿较低，农村宅基地置换难，而且已迁入城镇工作、居住但仍占有农村宅基地的"一户多宅"现象较普遍。

3. 对"十三五"土地整治规划的建议

（1）凸显"绿色化"整治。探索实施生态良田建设、绿色基础设施建设，加强土地整治对地方山水景观格局塑造和对生物多样性的保护，加大退化、污染土地治理力度，优化生产、生活、生态空间格局。以生态文明建设为前提，科学配置土地资源，实施城市发展、农业生产、生态空间的合理管控、调整与治理。推进绿道网建设，连接城乡绿色空间，提升城乡环境质量和土地承载能力；以改善农村生产生活条件和人居环境为目的，促进城乡均等化发展，提升农村基础设施水平，引导乡村居民集中居住，构建农村土地利用格局，促进美丽乡村建设；强化土地退化地区、生态脆弱地区绿色基础设施建设，强化山体、水体、湿地等生态修复，改善土地生态环境，提高土地生态系统服务能力，推动生态文明建设；加快工矿区土地复垦，修复损毁土地的生态环境。

（2）实施"精准扶贫"整治。更加注重土地整治促进全面建设小康社会的重要作用，着力改善贫困地区农业生产条件和生态环境，增强农户的自我发展能力，促进美丽乡村建设和城乡一体化发展。以改善贫困地区农业生产条件为重点，大力推进农用地整治。加快推进贫困地区高标准基本农田示范建设，大规模建设旱涝保收高标准基本农田，着力提高贫困地区的农业综合生产能力，夯实农业现代化基础，大幅增加农民收入。在基本农田整治项目和资金安排上，进一步加大向扶贫开发重点区域倾斜的力度。

（3）加强"信息化"整治。以信息化建设为依托，全面强化土地整治实施监管。形成更加精准、快速、动态的土地整治实施监管体系，实现对各类土地整治活动"全面全程、集中统一"的有效监管，确保土地整治规范有序推进。从完善制度设计、健全标准体系、整合监管平台、创新技术手段、加强检查督导、推进绩效考评、规范行业管理等方面入手，着力构建"天、地、网"一体化的实施监管和考核评估体系，实现对各类土地整治活动"全面全程、集中统一"的有效监管，确保土地整治规范有序推进。

（4）强化"法制化"整治。土地整治影响范围广、触及利益深，开展这项工作既要明确规定涉及任务内容、程序方法的制度规范，又要妥善解决有关资金筹措、权属调整等重大问题，需要强有力的法治保障。近年来，土地整治的综合成效日益显现，但法治建设的短板也不断凸显，法治建设远远滞后于实践发展的需要，有关法律规定仅散见于相关法律、行政法规、部门规章和地方性法规、地方政府规章中。要尽早出台《土地整治条例》及其配套法规，依法规划、依法实施土地整治探索，依法解决纠纷冲突，依法规范各类土地整治活动。

第三章
新常态下黄土丘陵区土地整治愿景

在经济发展新常态下，黄土丘陵区土地整治面临着新机遇、新挑战。当前，急需顺应土地整治由单一目标向多元目标、单一功能向多元功能转变的新趋势，融合土地整治理论与实践，以生态文明理念为引领，落实国家区域发展战略和主体功能区战略，转变土地整治规划理念与导向，探索差别化的土地整治方略，对"山水林田湖"生命共同体进行保护和修复，推动黄土丘陵区土地整治向国土综合整治转型发展。

第一节 新常态下黄土丘陵区土地整治机遇与挑战

当前，我国不仅处于全面深化改革、加快转变发展方式的攻坚时期，更处于资源环境约束加剧的矛盾凸显期。在经济发展新常态下，黄土丘陵区土地整治面临着新机遇、新挑战，准确研判、科学把握该区土地整治面临的新形势，对于促进黄土丘陵区土地整治转型发展和跨越式发展至关重要。

一、新常态下土地整治面临的机遇

（一）土地整治上升为国家层面的战略部署

十七届三中全会提出要"大规模实施土地整治，搞好规划、统筹安排、连片推进"。十七届五中全会通过的《中共中央关于制定国民经济和社会发展第十二个五年规划的建议》要求"严格保护耕地，加快农村土地整理复垦，大规模建设旱涝保收高标准农田……积极稳妥推进农村土地整治，完善农村集体经营性建设用地流转和宅基地管理机制"。党的十八大以来，习近平总书记、李克强总理反复强调必须坚持最严格的耕地保护制度，严防死守18亿亩耕地红线，大力开展高标准农田建设，必须实行最严格的集约节约用地制度，以土地利用方式转变促进经济发展方式转变和结构调整。《国务院办公厅关于推进城区老工业区搬迁改造的指导性意见》提出将已确定的城区老工业区搬迁改造试点所在辖区纳入城镇低效用地再开发试点范围；《国务院办公厅关于改善农村人居环境的指导意见》要求积极稳妥推进农村土地整治，节约集约使用土地；《国家新型城镇化规划（2014—2020年）》也对村庄整治、老城区、旧厂房和城中村改造及城乡建设用地增减挂钩、工矿废弃地复垦利用、城镇低效用地再开发等土地整治工作作了更系统的部署。这些都标志着土地整治已被纳入国家层面的战略部署，在国家经济社会发展中的引领地位日益重要。

（二）土地整治基础日益坚实

"十二五"以来，国土资源部门切实强化制度顶层设计，出台了一系列法规与政策性文件，进一步完善了土地整治的制度体系，为土地整治工作提供了规范的制度保障；在全国土地整治编制过程中，规划议题曾列为国务院常务会议的重要内容，"十二五"全国土地整治规划成为首个进入国民经济和社会发展规划体系的专项规划，为土地整治工作提供了统筹引领作用；国土资源部自2007年7月开展的第二次全国土地调查、自2001年起开展的全国耕地质量等别调查、2005年4月至2013年12月开展的首次全国土壤污染状况调查，总体上摸清了兰州市土地特别是耕地的数量、质量和土壤环境状况，为土地整治工作提供了坚实的基础数据支撑；土地整治信息化监测监管能力逐步提升，国家层面的"天、地、网"一体化的土地整治监测监管技术体系逐渐成熟，地方层面的土地整治信息化监测监管也取得了显著成效，兰州市充分利用信息化技术手段开展土地整治日常监测监管，为土地整治项目实施提供了规范化管理；建立健全技术标准体系是国家层面引领和保障土地整治工作规范健康发展的重要抓手，黄土丘陵区国土资源部门一直将土地整治技术标准修订作为一项重要任务，标准体系研究和国家、行业、地方标准建设取得了明显进展，尤其地方标准化建设逐步实现了制度文件管理向技术标准管理的转变；围绕土地整治与土地资源可持续利用、土地整治与农村发展、土地整治与生态文明建设等主题，土地整治国际合作与交流不断深入，为土地整治持续发展提供了新动力。总体来看，目前兰州市的土地整治初步形成了有法律保障、有规划引领、有标准可依、有科技支撑、有监管平台、有机构推进、有稳定资金投入的良好局面，为土地整治在新形势下的持续发展奠定了扎实基础。

（三）土地整治方向更加明确

十八届五中全会、中央经济工作会议、扶贫开发会议、城市工作会议和农村工作会议等一系列重要会议，对新常态下国土资源工作提出新任务、新要求，使得土地整治持续发展方向更加明确。未来，黄土丘陵区土地整治要把提升对国家粮食安全的保障能力作为首要目标，大力推进农用地整理，大规模建设旱涝保收高标准基本农田。要通过土地整治守住并建设好耕地红线，并在基础上进一步转变农业发展方式；要把提升建设用地节约集约利用水平作为重要目标，积极推进农村建设用地和城镇工矿建设用地整理，进一步优化城乡用地结构与布局，挖掘存量建设用地潜力；要进一步强化农民的土地财产权能，尊重农民土地产权主体地位和权益，保障群众的受益权、知情权、参与权、申诉权和监督权；要加强土地整治工作顶层设计，理清各级政府及国土资源管理部门职能，创新管理理念，强化监管措施，加强行业建设和管理，保障其规范健康发展；要按照生态文明建设的要求，把山水林田湖作为一个生命共同体进行统一整治和修复，要严格按照主体功能区定位统筹黄土丘陵区土地整治，推动土地整治向更高层次的国土综合整治转变。

二、新常态下土地整治面临的挑战

土地整治既是落实最严格的土地管理制度、大力推进耕地保护和节约集约用地的重大举措，也是推动破除城乡二元结构、加快推进城乡一体化发展、促进生态文明建设的重要抓手。尽管目前黄土丘陵区土地整治工作取得了良好成效，已具备大力推进土地整治的基本条件，但目前仍存在定位偏低、创新不足、模式趋同、参与缺乏等问题，急需进一步强化土地整治基础。

（一）整治定位整体偏低

土地整治是对人地关系的再调适，而非单纯的一项管理性、强制性、实施性的工程、技术或任务。但目前，黄土丘陵区对土地整治的定位仅限于土地本身，仍停留在"就土地谈土地，就整治谈整治"阶段，更关注"战术层面"的操作问题，而较少思考"战略层面"的发展问题；过多强调土地整治在耕地保护和新农村建设中的作用，尚未全面认识土地整治在改善生态环境质量、提高人民生活水平、缓解农村贫困、提升区域治理水平中的贡献。目前，急需从战略层面上重新定位土地整治。

（二）整治理念缺乏创新

现阶段，黄土丘陵区仍然将土地整治作为增加耕地和城市建设用地面积的主要手段，主要针对"用地不足"问题而非"用地不当"的问题，以"数量"作为核心理念，"重数量、轻质量；重面积、轻效益；重耕地、轻农民"，未能以人为核心，统筹兼顾对被整治土地相关权利人的多元需求，未将土地整治看作挖掘结构潜力、优化空间布局、提升利用效率，协调促进土地"合理利用"的核心抓手，未能融合创新、协调、绿色、开放、共享等发展理念，土地整治的质量创新性、"三生"协调性、绿色生态性、开放国际性和人文共享性尚未充分体现。当前，黄土丘陵区急需适应经济发展新常态、新形势，创新土地整治理念，开展以生产质量、生活品质和生态环境为主要导向的可持续土地整治。

（三）整治目标过于单一

土地整治不仅有利于保障国家粮食安全，更有利于加快城乡统筹发展、促进生态文明建设，实现人地和谐发展。长期以来，黄土丘陵区土地集约节约利用水平较低，生产、生活和生态的"三生"空间利用无序、布局散乱，生产用地空置、闲置、管理失效等问题较为严重，生活环境质量偏低、基础设施不完善，生态环境污染严重、生物多样性减少，城镇、村落、农田、道路、河流水系、森林等景观要素之间的功能联系遭到破坏，急需开展多要素协同的综合性土地整治。然而，在"保发展、保红线"方针的指导下，为了实现耕地总量动态平衡，目前黄土丘陵区土地整治仍以增加耕地为首要任务，多偏重于农用地整治，重点关注耕地的调整、地块的规整和耕地改造等方面的内容，对"水、路、林、村、城"等的综合整治相对不足，忽视了对"山水林田湖"生命共同体的生态保护。鉴于此，当前急需拓展土地整治的核心对象与目标，建立多维度的土地整治系统。

（四）整治模式趋于同质

山水林田湖是一个生命共同体，土地整治应根据不同区域的经济社会条件和自然资源条件，以提升土地资源和生态环境承载力、优化国土空间开发格局、助力精准扶贫、助推经济社会持续健康发展为主要目标，以山、水、林、田、湖、路、村、矿综合治理与生态修复为主要内容，选择富有地域特色的整治模式。然而，在黄土丘陵区土地整治实践中，仍未充分尊重自然规律，而追求高品质设计，导致田间的路、沟、渠大量铺筑水泥，农田整治呈现混凝土化；部分历史久远、极具地方特色、蕴含文化遗产性质的自然风貌和建筑民居未能根据其自然禀赋和历史文化，进行分类整治、充分保护，导致乡土文化遭到破坏，自然景观趋向同质化，一些地方原有的青山绿水、民俗民风和生活形态未能得到保留。当前，黄土丘陵区土地整治急需针对田、村、镇等被整治区域的独有乡土元素，选择富有地域特色、彰显乡土文化的整治模式，全面保护地方乡土特色、文化气息和人文特征。

（五）整治缺乏社会参与

公众参与可有效化解由政府决策失误而引发的社会矛盾，避免在政策制定过程中由于忽视不同利益主体的意愿和诉求而发生的不公正现象。土地整治项目涉及普通民众、中介公司、社会团体、政府机构等利益主体，能否充分调动不同利益主体的积极性成为影响土地整治成败的关键。但是，黄土丘陵区土地整治往往是由政府"自上而下"确立的项目，缺乏民众自发"自下而上"的主动整治，是政府意志的体现而非农民主体的需求，使得整治中公众参与的程度较低，许多整治区域中的农户对整治目的、方向、权属调整方案等都缺乏了解，土地整治权属调整和利益分配的公平性仍显不足，难以体现"以人为本"的核心价值。同时，黄土丘陵区土地整治项目资金主要来源于财政投入，社会资本参与不足，未来需要建立健全鼓励社会资本参与土地整治的多元化投资机制，吸引社会资本参与土地整治。

第二节 新常态下黄土丘陵区土地整治规划理念与导向

当前，我国经济发展进入新常态，面临着资源约束趋紧、环境污染严重、生态系统退化、经济增长动力与经济下行压力并存的严峻形势，急需立足于国家宏观发展背景，针对黄土丘陵区土地整治中出现的突出问题，以生态文明理念为引领，尊重自然规律，突出制度设计，重视公众参与，推动土地整治向国土综合整治转型发展。

一、新常态下土地整治规划理念

（一）"四位一体"理念

土地整治的目的并非简单地增加耕地或城市建设用地面积、保障粮食生产或土地财政收益，而在于提高土地利用效率和效益、保障国土资源永续利用、改善生态景观环境。鉴于此，黄土丘陵区土地整治应融合创新、协调、绿色、开放和共享理念，树立"数量、质量、生态、人文"四位一体的整治理念，从传统的"注重数量"转向"四位一体"，以理论、制度和科技等创新为其内在动力，以促进城乡协调、区域协调、"三生"协调为其关键目标，以环境污染治理与景观生态质量提升为其核心导向，以改善民生条件、实施精准扶贫和维护乡土文化为其根本核心，以统筹保障"一带一路"等重大战略实施为其重要任务。

（二）"以人为本"理念

从本质上看，土地整治是对人地关系的再调适，而非单纯的一项管理性、强制性、实施性的工程、技术或任务，旨在通过"田水路林村城"综合整治保护人类生态空间，实现人与自然可持续协调发展。鉴于此，黄土丘陵区土地整治应从人的切实需求出发，合理调整"生产、生活、生态"空间结构与布局，满足人们的生产发展、生活提升及生态保护诉求，整治理念应从"以地为本"转向"以人为本"，应以明晰整治土地的产权界定为基础，维护整治涉及利益相关者的根本利益，激发公民意识与公民本位的价值认同和主观意愿，建立健全公众参与制度，实施信息公开与交流回馈制度，提升人民收入水平、改善人民福祉，突显乡风文明和特色人文情怀，保证整治过程公平、公正、公开，提升整治过程的公众满意度。

（三）"永续发展"理念

当前，黄土丘陵区的资源约束、环境污染、生态退化日益加剧，急需对山水林田湖进行系统保护和修复。鉴于此，黄土丘陵区土地整治理念应转向"永续发展"，以生态、景观服务及休闲游憩功能为重点，提升土地整治环境污染治理能力，加强"山水林田湖"生命共同体的整体修复，构建以"山为骨、水为脉、林为表、田为魂、湖为心"的国土生态安全体系，并依托现有山水脉络等独特风光加强景观建设，增大农田、林地、绿化等生态用地空间占比，加强集生态景观特征提升和历史文化遗产保护、生物多样性保护、水土气安全、防灾避险、乡村游憩网络等功能于一体的绿色基础设施建设，改善人居环境、建成都市生态屏障，协调资源的永续利用、经济的持续发展和社会的全面进步，让居民"望得见山、看得见水"，安居乐业、幸福美满。

（四）"综合整治"理念

土地整治不只是一个工具或某种技术手段，而是人类活动的组织哲学，整治对象不仅仅是耕地、集体建设用地等单个要素，而应包括"山、水、田、路、林、村、城"等要素，这些要素之间共生共栖，相互依存、相互影响、相互耦合。

鉴于此，黄土丘陵区土地整治理念要从"单项推进"转向"要素综合"，实施山水林田湖生态保护和修复工程，着力构建生态廊道和生物多样性保护网络，同步推进山体、水体、农田、道路、森林和城乡居民点、工矿用地等多种类型的整治，实现生产集约、生活提质、生态改善的"三生"目标。

（五）"全域整治"理念

土地整治是以区域为单位的，而不仅仅是单个项目的工程建设。鉴于此，黄土丘陵区土地整治理念应从"项目承载"转向"全域协同"，转向全域规划、全域设计和全域整治。根据黄土丘陵区内部的区域差异、相互关联，围绕充分发挥各地区的比较优势、促进区域间合理分工与协作等目标，统筹各区域的土地利用发展，防止重复建设及产业结构趋同，促进区域经济、产业、人口发展与土地利用相协调。在更宏观层面上，应实施分区域、分类别的差别化重点整治，保障区域发展战略、主体功能区战略和精准扶贫战略的顺利实施。

（六）"差别整治"理念

土地整治是人类活动和土地利用的组织哲学，也是谱写田园牧歌最可能的直接而有效的途径之一，如何使土地整治产品能够记住乡愁，并促进已失去的乡愁得以复兴，已成为当前土地整治面临的严峻挑战。鉴于此，黄土丘陵区土地整治理念应转向"差别整治"，保护历史沿革、民俗风情、古建遗存等城乡特色景观，传承村规民约、家族族谱、传统技艺、古树名木等乡土文化，保护城乡景观特色和传承乡土文明，构建具有地域特征的自然风貌、建筑民居和传统文化，留住以土地为载体的"乡愁"。

二、新常态下土地整治导向

（一）土地整治与新型城镇化协同

"以人为本、四化同步、优化布局、生态文明、文化传承"的新型城镇化不仅是当前我国经济社会发展的时代要求，也是城镇化转型发展的内在要求。土地整治作为城乡资源交换的重要平台，通过优化结构、提高效率、释放空间、盘活存量，创建城镇健康发展的土地利用机制，可为新型城镇化发展提供用地空间，为城市健康发展开辟新路径。基于此，应将土地整治与新型城镇化协同起来，在土地整治过程中注重引导社会参与，确保以人为本，群众受益；尊敬自然，树立生态文明理念，节约集约利用资源，保护生态环境，确保和谐共处，持续发展；尊崇历史文化，注重保护古村落；注重优化空间布局，提高土地使用效率。

1. 优化用地布局，促进城乡用地集约

1) 推动居民点撤并

随着城市化进程的推进，农民逐渐向城市迁移，农村宅基地闲置浪费现象较为严重，农村居民点整理潜力较大。为此，必须以"空心村"改造、拆旧拆违、自然村撤并为切入点，引导农民住宅建设按规划、有计划地向中心村集中。对村内建设用地复垦整理成农用地在扣除新建宅基地的余额部分、经上级国土资源部门验收通过后形成的新增农用地转用指标，通过城乡建设用地增减挂钩平台转移到城镇，拓展农民进城就业发展空间。

2) 实施城中村改造

创新城中村改造模式，让被迁老百姓成为城中村改造的主体，将拆迁工程交给集体经济组织承担。拆迁出来的建设用地在优先满足安置建设后，剩余部分可通过市场公开出让，获得的收益全部用于城中村改造项目，这样既可解决城中村改造的资金来源，也可为更多农民进城居住拓展空间，同时还可提升城市形象和品位。

3) 工业向园区集中

在土地资源约束日渐凸显、生产成本逐渐上升的背景下，必须提高土地利用率，降低企业运行成本，发挥规模效应和集聚效应。应将分散在主城区的工业企业按项目集聚、产业集群布局的要求，分期分批迁至工业园区，并根据企业发展规划、投资方向及投资强度，统一规划建设，严格控制企业用地规模，集中配套用水、用电、道路、绿化，减少零散分布对土地的粗放占用，提高土地容积率，引导企业向产业化、集约化发展。

2. 开展农地整理，推动家庭农场建设

发展家庭农场不仅可解决当前农业经营规模小、效益低的问题，而且有助于农业生产走向市场化、专业化和规模化，有利于农业增效和农民增收。以高标准基本农田建设为契机，通过土地整治，降低田坎系数和田块破碎化程度，建设集中连片的格网条田，为实行适度规模化生产经营创造条件。促进土地、劳动力等要素有序流动，让土地向种植大户集中，建立家庭农场，使人力资源配置更加合理有效。

3. 盘活农民资产，拓展新型城镇空间

随着城市化进程的推进，大量农村劳动力向城市转移，农村宅基地的保障功能逐渐弱化，资产价值不断强化。应堵住增量宅基地渠道，促进存量宅基地流转，对符合规划的宅基地允许城市居民购买，促使宅基地充分利用，显化宅基地使用价值，分流部分城市人口，缓解城市日渐紧张的用地形势；对不符合规划的宅基地，建立农村宅基地置换城镇住房制度，允许农民用房地产权证自愿置换城镇住房券，用于购买城市商品房和经济适用房；对退出的不符合规划宅基地进行土地整理，通过城乡建设用地增减挂钩平台将腾出的建设用地指标调剂到城镇使用，拓展城市化空间，加快城市化进程。

4. 解除后顾之忧，扫清规模经营障碍

首先，应加快城镇化和新型工业化建设，为农村劳动力转移提供广泛的就业机会；加大培训力度，提高农村劳动力整体素质，增强农村劳动力就业竞争力；深化户籍制度改革，创造城乡居民平等就业机会，使更多的农民转变为不依赖土地生存的市民，为土地流转市场提供更多的土地。其次，应扩大符合规划的宅基地市场交易空间，盘活不符合规划的宅基地及农民房产，解决农民进城住房资金来源；建立农地耕作退出机制，允许农民将耕地转让给其他农户，筹集进城发展资金；鼓励农民将耕地折股量化，交给土地股份合作社统一经营，双份收入双重保障，推进土地流转。最后，应弱化土地保障功能，逐步建立和完善农村社会保障制度，为农民提供最低生活保障和养老保障。

（二）土地整治与乡土文化传承的协同

受到特定人文环境和自然条件的影响，黄土丘陵区无论村落用地布局、乡土建筑形式、土地利用习俗，还是农田景观、乡村植被、宗祠寺庙等均凝聚着地域人文精神、历史文化价值，体现着独具特色的文化特质。然而，目前的一些土地利用行为对这种传统文化造成了严重破坏，尤其一些土地整治活动不仅导致土地利用类型、结构和布局变化，而且还对农村地区的传统文化带来冲击和影响。当前，急需将土地整治与乡土文化传承协同起来，在土地整治中加强传统文化保护，创建传统文化与现代文明并存的和谐局面，促进黄土丘陵区土地整治健康发展。这不仅是社会主义文化建设的客观要求，也是促进新农村建设和中国特色农业现代化建设内涵更丰富、底蕴更深厚的必然要求。

1. 科学编制土地整治规划

农村土地整治过程中的旧村改造和新居建设，必须尊重农村特色，尽可能保留传统的农耕文化和民风民俗中的积极元素。因此，应加强乡土文化研究，发挥文化的积极引导作用，尤其应从传统实践中提炼出积极因素来指导当前的农村人居环境建设。《土地整治规划》编制过程中，对村庄整治应进行全面考虑，不仅要加强村庄整体风貌设计，注重村庄人文环境、建筑环境和艺术环境的统一规划，实现自然环境和人文环境的和谐统一；还要加强地方特色建筑保护，保持原有景观特征，避免大规模拆旧建新对古村历史风貌造成不利影响，同时要加强特色村庄保护，控制周边建筑类型、高度、风格和色彩，使之与旧址建筑相协调；更要合理安排农村基础设施建设，应尽量使用当地材料和工艺以体现当地文化特色，同时要留置传统文化景观用地，并将其确定为禁建区以整体保护人文历史景观。

2. 加强土地整治基础设施建设

遵循"规划先行、设施共享、系统集成、民主决策、弹性配置、建管分离"的原则，完善新农村综合体公共服务和社会管理设施标准化建设，改善农民生活条件和人居环境。依托农村土地综合整治的实施，加大基础设施配套建设投入，加快新农村综合体交通路网、集中供水、能源电力、污水处理、广播电视、光纤宽带等基础设施建设，强化公共服务和社会管理设施配套。有序引导农民分层次、分类别适度集中居住。在城镇规划范围内和紧邻城镇的区域，适度提高集中度，集约利用土地资源；在城镇规划区外特别是基本农田保护区、水源涵养地、山区旅游点等，结合当地实际探索创新小规模、组团式、生态化新农村综合体建设模式。坚持"集约、智能、绿色、低碳"的原则，注重农村特色、地域特色，深入挖掘文化底蕴，保护田地、沟渠、水体等现有生态资源体系，应用新手法、新技术、新材料展现具有地方特色和文化内涵的现代农村风貌。

3. 积极引导公众参与土地整治

坚持尊重农民意愿、征求农民意见、听取农民诉求的原则，将新农村综合体建设参与与否、规划选址、户型设计、建筑队伍选择、质量安全监管等问题交给农民自主决定。鼓励和引导农民运用农村产权制度改革成果，组建集体资产管理公司，采取农户自筹、产权融资、社会资金参与相结合的方式，自主实施新农村综合体建设。以产业配套，融合发展为目标，在新农村综合体内规划建设都市现代农业产业基地和园区，引进农业产业化龙头企业，发展农民专业合作社，构建完善利益联结机制，探索多种适度规模经营模式。同时，推动粮食、蔬菜、花卉苗木、水果、茶叶、中药材等特色产业连片规模发展，推进农业生产的市场化、规模化、集约化、品牌化、标准化，实现产村融合发展，夯实新农村综合体建设的产业基础和支撑。

4. 建立土地整治配套政策体系

《土地整治规划》编制过程中，应针对当前政策配套滞后、资金缺口较大和群众参与不够等问题进行统筹考虑，并提出相应的对策建议。应积极探索建设有利于乡土文化保护的土地政策，尤其要妥善解决历史民居保护与居民居住条件改善之间的矛盾，合理安排一定的新村建设用地，将新申请宅基地农民逐步安排到新村，对老村进行统一规划治理和培育发展新经济增长点以促进农村经济发展；应进一步发挥农村土地整治的平台作用，引导和整合乡土文化保护方面的财政资金，建立政府投入持续加大、社会力量广泛参与的多元化资金投入机制，破解乡土文化保护资金短缺的难题，与此同时要引导当地农民自主自发投入，充分挖掘乡土文化所蕴含的经济价值；应加大宣传教育力度，全面提升全民乡土文化保护意识，巩固农村土地整治保护乡土文化的群众基础等。

（三）土地整治与生态文明建设的协同

"山水田林湖"是一个生命共同体，土地整治作为一项空间活动，不仅可以促进土地节约集约利用，也可以显著改善生态环境，优化国土空间格局。然而，一些不恰当的整治方式对黄土丘陵区生态环境产生了负面影响。鉴于此，应将土地整治与生态文明建设协同起来，以生态文明理念为引领开展土地整治，把生态文明理念融入土地整体规划、项目选址立项、规划设计、工程施工和后期管护全过程，积极推进土地生态环境整治。

1. 协同需求分析

从国际上看，20世纪80年代以来，随着土地退化、环境污染和景观受损等生态问题日益严重，世界各国对生态环境问题日益重视，土地整治目标由注重提高土地利用价值和耕作便利逐渐转向改善生态环境和保护乡村景观等方面，目前发达国家的土地整治均呈现出显著的生态化发展趋势。

从我国发展实际看，当前我国城镇化、工业化和现代化正在同步加速推进，2012年城镇化率首次突破50%，但城镇化、工业化和现代化发展面临着资源约束趋紧、环境污染严重和生态环境退化的严峻形势；同时，我国土地整治经历了规模扩展和内涵延伸，亟待品质提升，因而急需以生态文明建设引领土地整治。

从土地整治本身看，当前土地整治已经上升为国家战略，成为促进新农村建设和城乡统筹发展、实现农业现代化的重要平台和抓手。根据《全国土地利用总体规划纲要（2006—2020年）》确定的补充耕地目标，到2020年通过土地整治补充耕地不低于5500万亩，据测算全国累计整治的土地面积将超过5%，土地整治会对区域乃至全国的生态环境产生重要影响，生态环境建设已成为土地整治中不可回避的问题。

2. 协同障碍识别

1）战略目标协同障碍

作为实现耕地总量平衡与占补平衡目标的重要方式，土地整治经济效益被过度强化，片面地追求增加耕地面积，容易忽视对农业生产生态环境的维护，对区域生态安全保护重视度不足，部分地区盲目推行土地整治甚至破坏了土地的生产能力，打破了区域生态平衡。土地整治的工作重心应从单纯增加耕地数量逐渐转移到更加注重耕地质量和维护区域生态平衡。生态文明要求我们在土地整治工作中必须贯彻可持续发展理念，实现土地整治经济可行、社会可接受、生态环境可持续的目标。

2）区域特色协同障碍

土地整治是对区域土地利用格局的调整或变革，由于不同地区的自然环境、人文条件存在差异，土地整治必须因地制宜。当前土地整治模式同质化现象较为严重，部分地区过分注重"混凝土化"和"标准化"，破坏了地域生态景观的多样性。这要求土地整治规划设计应在遵循基本技术标准的前提下，充分考虑地域生态景观特色和地域文化特点，促使土地整治与区域总体环境的匹配和协调。

3）短期效益与长期效益的协同障碍

土地整治在短期内能够有效调整土地利用格局，增加耕地数量，提高耕地质量，短期效益较为明显。与此同时，土地整治对区域湿地、河流、天然绿化带等生态斑块及生态廊道的破坏较大，区域土地利用格局规整的同时带来生态多样性的丧失，若仅仅追求土地整治的短期经济效益而忽视其对生态环境的长期效益是得不偿失的。因而，应在维护区域整体生态平衡和稳定的范围内有序推进土地整治，尽量减少人为扰动，若需要对生态用地格局进行较大调整，则应提前对地域特征进行科学论证，并积极开展试点工作。

3. 协同途径分析

1）大尺度土地整治的生态板块和网络体系构建

国家和省级等大尺度的景观生态型土地整治，要从规划层面控制和约束，即在自然生态环境不受危害并维系良好生态系统的前提下，分析特定区域的后备资源禀赋、水土资源匹配等，确定土地整治的重点区域、重大工程布局等；同时遵循以主体功能区、生物多样性保护为目标的生态屏障和主要生态系统等重要生态板块的生态网络构建。具体要求土地整治要与自然生态环境和社会经济发展水平相适应，尽量避免对动植物生存环境造成干扰，防止对景观的破坏，并通过采取一系列的政策措施，形成更加合理、功能性更强的景观生态环境，以促进生态稳定和环境美化。

2）中尺度土地整治的景观多样性保护

中尺度的景观生态型土地整治以大尺度的生态板块和生态网络构建为基

础和指导，依据研究区的景观生态格局和生态环境研究分析结果，进行土地整治项目的空间布局优化，并指导小尺度项目区景观格局在宏观层面上的优化，是生态型土地整治的核心内容。其主要任务是构建研究区生态安全格局，包括确定各土地利用类型的空间位置和结构比例关系。根据研究区的景观格局特征和生态功能分区结果及其生态环境特征，依据生态型土地整治的目标和原则，确定构建研究区生态安全格局的方法，并且建立区域生态网络。因此，生态型土地整治规划编制过程中，要充分认识地方特色景观，注重区域景观的整体性和景观多样性及土地整治与自然—人文生态景观的综合，强调土地整治的层次性和分异特征、景观生态格局的改善与创建、乡土景观的保留等。

3）小尺度土地整治工程的生态功能提升

景观生态型土地整治工程是在大尺度生态功能分区和中尺度已构建的宏观生态安全格局下，在对总体规划划定的"生态源"进行生态保护的基础上，对"生态斑块"和"生态廊道"进行的微观层面上的布局设计，是完成研究区生态化土地整治目标的关键环节。小尺度景观生态建设的重点是在提高土地综合生产力的同时，加强景观生态服务功能，提高物质和能量流动的效率。项目区景观生态型土地整治工程，要以自然景观和生物多样性本底为基础，在满足人类的生活生产需求、不占用或少占用农用地、不对原地貌景观进行重大调整、提高土地生产力的前提下，以尊重自然规律和最小干扰为主要原则，对常规工程技术进行改良，最大限度地减小对生态系统的扰动，对其生态化规划设计技术进行集成应用，重视生态用地的建设，并配以生物修复、工程修复和生态岛屿等措施，恢复农业景观多样化生境，保护与改善栖息地环境，从而解决研究区的生态环境问题和维护生态环境优势，完成景观生态型土地整治的目标。

（四）土地整治与精准扶贫的协同

当前，土地整治已成为黄土丘陵区落实精准扶贫战略、促进城乡一体化的重要举措，它不仅有助于改善农业生产条件、农村生活条件和生态环境，还有助于增强农民的自我发展能力、提高农村的文明程度。据调查，近年来兰州市在扶贫开发重点区已安排土地整治项目40个，投入资金43 673万元，建设总规模达15 128hm^2，惠及20多万贫困人口。通过土地整治，耕地质量平均提高1～2个等级，粮食产能普遍提高10%～20%，生产成本平均降低5%～15%，参与土地整治的农民人均年收入增加700余元。当前，黄土丘陵区正处于全面建成小康社会的关键时期，应进一步将土地整治与精准扶贫协同起来，以生态文明理念为引领，把促进精准扶贫放在更加突出的位置，按照全国土地整治规划的总体布局，加大对革命老区、民族地区、边疆地区、贫困地区土地整治扶持力度，切实改善老少边穷地区生产生活条件和生态环境，进一步丰富和拓展土地整治承载的社会功能。

1. 大力推进农用地整治

以改善贫困地区农业生产条件为重点，大力推进农用地整治。加快推进兰州市榆中县高标准农田示范县建设，大规模建设旱涝保收高标准农田，着力提高山区贫困区域农业综合生产能力，夯实农业现代化基础，大幅增加农民收入。在基本农田整治项目和资金安排上，进一步加大向兰州市永登县、榆中县等扶贫开发重点县倾斜的力度。

2. 稳妥推进农村建设用地整治

以改善贫困地区生活条件为前提，稳妥推进农村建设用地整治。在充分尊重农民意愿、充分考虑当地条件的前提下，适度调整优化七里河区南部和榆中县北部和南部、永登县南部山区农村居民点布局，推进新型农村社区建设。通过土地整治腾出的建设用地，应先满足当地农民建房、基础设施和公共服务设施配套建设和非农产业发展、自然生态恢复用地需要。节余指标产生的土地增值收益应全部返还农村，用于农村建设和发展。

3. 切实加强土地生态环境整治

以改善贫困地区生态环境为目的，切实加强土地生态环境整治。加快部署推进中西部地区精准扶贫土地整治重大工程。积极实施七里河区阿干镇、红古区窑街街道土地生态环境整治示范工程，在加强退化土地生态环境建设和生态功能区保护的基础上，结合退耕还林、退牧还草，治理水土流失，推进土地生态环境综合整治，提高退化土地生态系统的自我修复能力，增强防灾减灾能力。

4. 积极创新土地整治机制

以机制创新为动力，切实发挥土地整治在促进扶贫开发中的平台作用。建立健全以政府为主导、以土地整治为平台、部门协联动、整合资金、集中投入的扶贫开发工作机制，努力形成大扶贫格局，整合各方力量共同促进贫困地区发展。以实施土地整治项目为契机，加强对兰州市三县贫困地区农民的培训，提高农民自身发展和脱贫致富能力。积极探索市场化运作模式，吸引社会资金参与土地整治和扶贫开发工作。

5.全面强化土地整治实施监管

以信息化建设为依托，全面强化土地整治实施监管。从完善制度设计、健全标准体系、整合监管平台、创新技术手段、加强检查督导、推进绩效考评、规范行业管理等方面入手，着力构建兰州市"天、地、网"一体化的实施监管和考核评估体系，实现对各类土地整治活动"全面全程、集中统一"的有效监管，确保土地整治规范有序推进。

三、新常态下土地整治模式选择

土地整治既是增加耕地数量、提高耕地质量、改善农业生产条件和生态环境，落实最严格耕地保护制度、促进现代农业发展、保障国家粮食安全的重要举措，也是优化城乡用地结构和布局、改善城乡人居环境、提升建设用地利用效率、促进城乡土地资源资产资本有序合理流动，落实最严格节约集约用地制度、拓展用地空间、促进城乡统筹发展的重要平台。鉴于此，在经济发展新常态下我国应采取多元化的土地整治模式。

（一）农田整治模式

农田整治是黄土丘陵区土地整治工作的重点，是坚守耕地红线、保障国家粮食安全的基本途径。开展农田整治主要是通过平整归并零散田块、完善农田基础设施等活动，优化土地利用结构，增加有效耕地面积，提高耕地质量，改善农业生产条件和生态环境。根据不同区域的自然地理条件、经济发展水平和社会状况、土地利用方式、耕作制度等，可选择良田改造型、产业引领型、规模集约型、以水定地型、生态保持型、景观文化型等不同的农田整治模式。

1.良田改造型

良田改造型是对现有基础条件相对较好的农田进一步进行升级改造，使灌溉与排水、田间道路、农田防护与生态环境保护等农田基础设施更加配套，将其建设成"田成方、林成网、路相通、渠相连、旱能灌、涝能排"的优质高效、高产稳产的高标准基本农田。一般情况下该良田区为基本农田整备区，其主要特点是耕作条件较好、耕地后备资源较为丰富，整治过程中集中投入，成片推进，以改善耕作条件、增加有效耕地面积、提高耕地质量为主要内容，最终建设成集中布局的高标准基本农田。

2.产业引领型

产业引领型是将土地整治与现代农业发展相结合，将土地整治打造成土地承包经营权流转和现代农业产业结构调整的依托平台，最终服务于现代农业发展，为农业产业化创造条件。推进产业引领型土地整治，要在深入了解地方现代农业产业发展面临的形势及发展趋势的基础上进行，按照产业化发展和农业生产总体布局的要求，科学设计农田整治方案，形成一批上规模、高效益、有特色的现代农业基地。

3. 规模集约型

规模集约型是以提高农业综合生产能力为核心，以适应机械化规模耕作的需求为目标，按照高标准基本农田建设的要求，通过土地整治完善农田灌溉排水设施工程，开展田间道路工程，并改善田块形状，开展内部零星地类的整治，引导建设用地等其他地类逐步退出，促进优质农田集中连片，为农业的产业化、集约化、规模化创造条件。开展规模集约型土地整治，不仅要形成规模经营的田块格局，完善配套设施，达到机械化耕作要求，还要积极开展权属调整，促进土地流转，实现农田向种粮大户集中。

4. 以水定地型

以水定地型是在水资源的总体约束下，充分考虑水土资源平衡对农业活动的影响，对一定区域内农田整治的目标、布局、规模与时序等进行定位和明确后所开展的土地整治活动。黄土丘陵区水资源总体不足，水资源数量决定着农田整治规模，水资源分布决定着农田整治的基本格局，因此必须将农业发展和水资源优化配置紧密结合。土地整治应以节水设施工程的建设为核心，采取渠道防渗、地下管灌、地上膜灌、喷微灌等措施，配套土地平整、田间道路、农田防护与生态环境保持等工程，实现节水农田建设。

5. 生态保持型

生态保持型是通过坡改梯、水土保持和土壤改良等措施，以蓄水、保土为核心，恢复地表植被，提高耕地质量，维护生态环境，实现土地资源的可持续利用。黄土丘陵区山地多、川地少，水土流失严重，土壤养分平衡失调，生态环境退化，因此可开展生态保持型土地整治，采取平整土地、修筑田坎、修建蓄水灌排系统、种植防护林等措施实现治水、治田与治丘相结合，实施农田防护与生态环境保持工程。

6. 景观文化型

景观文化型是选择某些具有特殊区位、特殊景观、特殊历史文化价值的田块，在土地整治过程中以景观生态学和景观美学的理论为基础，按照提高景观文化功能、观光休闲功能的目标，开展乡土景观设计，改善和建设田园景观，营造生态环保型的景观道路与沟渠，增加农田景观小品设计，深入挖掘农田的景观、旅游价值，使之成为传承农耕文化的载体、教育体验的基地、休闲观光的目的地。景观文化型土地整治应视经济社会发展阶段和城市化进程而开展，适应居民游览休憩的需要。

（二）农村建设用地整理模式

在农村建设用地整治中，一方面要优化总体布局，对宅基地布局混乱、基础设施和公共服务设施不配套的地区进行优化调整，完善基础设施和公共服务设施，引导村民向镇、中心村集中居住，产业发展向园区集中，提高用地效率，改善人居环境；另一方面，要强化基础建设，彰显乡村特色。根据不同乡村的特色风貌及农村建设用地整治需求，可选择迁村并点、整村搬迁、集约发展、旧村改造、城镇社区、景观田园等整治模式。

1. 迁村并点型

迁村并点型主要针对一些远离市区或中心镇的经济发展相对缓慢、生活环境条件较差、村内土地闲置较为严重的零星分散村庄。通过迁村并点，可使一些散户居民或村庄在就近原则的指导下向具有一定经济基础或规模的中心村迁移，从而实现居民点集中安置，同时对原有居民点进行复垦。

2. 整村搬迁型

整村搬迁型主要针对一些人居环境恶劣、地质灾害频发等生产生活条件较差、不适合人类居住的村庄。通过土地整治，实施整体搬迁，可使原有的村民搬迁至生活和生产便利的地方。

3. 集约发展型

集约发展型主要针对一些在当地有着一定地位和传统，自我发展能力相对较高，对周围农村居民点有一定辐射和带动作用的中心村、重点村等。在整治过程中不仅要强调村庄建设规划的核心指导作用，立足土地利用集约节约，确定较高层次的居民点建设目标和要求，建设高水平人居环境；还要密切结合农业规模化、产业化、集约化的发展方向，把握不断提高农民收入水平、生活水平的基本主线。通过集约发展型土地整治，可进一步提升这类村庄的基础设施和公共服务设施配套水平，改善人居环境，进一步强化其村庄功能，增强其内生发展与集聚能力。

4. 旧村改造型

旧村改造型是依据合理布局、节约用地的原则，对原有村庄在现有基础上进行重新规划，适当调整用地结构，通过内部优化布局改造和整治空心村、废弃地、危旧房，加大内部低效土地的挖潜力度，实现土地盘活和新村建设。在整治过程中，需严格划定农村居民点建设用地区，积极鼓励农户旧宅基地循环式开发利用，有效控制或缩小村庄用地规模，达到集约节约用地的目的。

5. 城镇社区型

城镇社区型主要针对城市规划区内距离中心城镇较近、区位条件较好的村庄，通过土地整治完善生活服务设施，改善村庄人居环境，提高社会管理水平，使居民能够基本实现非农就业并有社会保障，土地整治前的城乡结合部农村变为城镇社区，促进土地合理利用，实现原有农民生产生活方式向城镇型生产生活方式转变。在土地整治过程，不仅要结合城镇总体规划，为农村居民点完善基础设施和公共服务设施，实现农村社区化管理；还应取消城乡二元分割管理体系，将改造后的新村纳入城市管理体系，促进城镇化进程中产业结构和就业职业结构的转变。

6. 景观田园型

景观田园型主要针对一些历史文化名村、传统文化村落、景观特色村庄等，通过开展景观化、生态型的土地整治，着眼于文化传承与乡村旅游发展，保持完整的乡村自然景观特色，积极修复文物的历史环境，使这些村庄彰显区域中各类优质景观的文化与自然遗产多元价值，保证区域文脉与绿脉的传承，同时促进村庄产业发展和农民增收。在土地整治景观设计过程中，应注重保留当地传统、有特色的农耕文化和民俗文化元素，注重村庄人文环境、建筑环境和艺术环境的统一规划。

（三）城乡统筹土地整治模式

城乡统筹土地整治是在区域城乡空间体系总体框架下，以土地整治和城乡建设用地增减挂钩为平台，加快城乡公共服务一体化，加快土地、人口、资本等要素在城市和乡村之间的有序合理流动，促进农业规模经营、人口集中居住、产业聚集发展，全面促进黄土丘陵区城乡协调发展的整治模式。

1. "两分两换"模式

"两分两换"模式是围绕土地节约集约有增量和农民安居乐业有保障的目标，在依法自愿的基础上，将宅基地与承包地分开，搬迁与土地流转分开，以承包地换股、换租、换保障，推进集约经营，转换生产方式；以宅基地换钱、换房、换地方，推进集中居住，转换生活方式，推进包括户籍制度、规划管理制度、公共服务均等化、新市镇建设在内的"十改联动"。"两分两换"模式的主要目的在于通过土地流转实现规模集约经营，加快推进农业产业化；通过盘活农村非农建设用地挖掘潜力，加快推进工业化；通过转移、培训农民，加快推进农民的市民化；通过加大以城带乡、以工补农力度，提升农业、改造农村、转移农民，推进黄土丘陵区农村城镇化，实现城乡一体化。

2. 地票模式

地票是指包括农村宅基地及其附属设施用地、乡镇企业用地、农村公共设施和农村公益事业用地等在内的农村集体建设用地，经过复垦和土地管理部门严格验收后所产生的指标。企业购得的地票，可纳入新增建设用地计划，增加相同数量的城镇建设用地。地票可使农村多余的建设用地，通过复垦形成指标，进入土地交易中心进行交易，为土地流转、土地集约高效使用提供制度平台。该模式将远郊农村建设用地与城镇建设用地之间的潜在供需关系巧妙结合，可有效解决黄土丘陵区农村宅基地低效率使用、城镇建设用地紧缺等问题。

3. 宅基地换房模式

宅基地换房模式指在国家相关政策框架内，充分尊重农民的意愿，坚持可耕地面积总量不减少、承包责任制不变，规划设计和新建一批利于产业聚集、生态宜居的特色新型小城镇，改善农民的居住环境，实现农民向第二、第三产业转移，耕地向种植大户集中，农民向城镇集中，工业向小区集中。在操作过程中，按照规定的置换标准，农民用自己的宅基地无偿换取一套小城镇住宅，迁入小城镇居住，并由村、镇政府组织统一整理复垦农民原有的宅基地，实现耕地占补平衡。除了规划农民住宅小区外，新建的新型小城镇，还要规划出一块可供市场开发出让的土地，并以土地出让获得的收入弥补小城镇建设资金。

（四）城镇工矿建设用地整理模式

城镇工矿建设用地整理就是在土地、城市等相关规划的控制下，有序推进旧城镇、旧工矿及"城中村"改造，盘活存量建设用地，拓展城镇发展空间，促进土地节约集约利用，提升土地价值，改善人居环境。

1. 城市更新模式

城市更新模式是在全面开展低效用地专项调查，以及科学编制低效用地二次开发专项规划的基础上，通过采取收购、委托收购、协议收购等手段，将城中村、企业改制用地等存量土地优先纳入土地储备，优化存量土地储备机制的运行模式，进而将城市更新片区作为单元进行整体规划，把分散的存量土地进行置换整合、更新升级，提高存量土地的置换效率。该模式不仅可使政府获得城市功能提升的建设空间，继受单位获得基础设施改善后的土地增值和用途调整后的土地收益，还能充分尊重和保障原土地使用权人权益，调动其主动参与城市更新的积极性，有效化解城市整体利益、局部利益与个体利益的矛盾。

2. "三旧"改造模式

"三旧"改造模式是在符合土地利用总体规划和城镇建设规划的前提下，遵循"全面探索、局部试点、封闭运行、结果可控"的原则，对布局不合理、配套不完善、使用效率低下的旧城镇、旧厂房和旧村庄进行再开发，通过内部挖潜实现土地资源的有效流动、循环利用。在具体操作过程中，可采取政府主导拆迁、净地出让、引进资金运作的旧城镇改造模式；以村集体经济投入为主自行改造，以及以土地入股、引进社会力量联合改造的旧村庄改造模式；保留原建筑风貌、完善公共配套设施、整合多地块连片改造升级的旧厂房改造模式；以环境整治改造为主的旧城镇、旧村庄改造模式等。

第四章
新常态下黄土丘陵区高标准农田建设研究

保障国家粮食安全是一个永恒的话题，高标准农田建设作为落实"藏粮于地"战略的重要举措，不仅有助于促进耕地数量增加、质量提升、夯实粮食安全的资源基础，也有助于改善农业生产条件、增加农民收入、促进现代农业及农村地区社会经济发展、提升乡村社会治理能力，更有助于改善农田生态环境、促进农田生态系统的稳定。自 2008 年国务院政府工作报告首次提出"建设一批高标准基本农田"以来，中央高度重视高标准基本农田建设工作，先后批准实施《全国土地整治规划 (2011—2015 年)》《全国高标准农田建设总体规划》，发布了《全国高标准农田建设通则》。黄土丘陵区立地条件差，耕地破碎分散，旱地多、水浇地少，坡地多、川地少，当前急需大力推进高标准高农田建设，建成一批集中连片、设施配套、旱涝保收、稳产高产、生态友好且与现代农业生产与经营方式相适应的高标准农田，为促进新常态下黄土丘陵区农村社会经济发展、加快美丽乡村建设提供重要的支撑与保障。

第一节　高标准农田建设潜力评价

一、耕地与基本农田特征

（一）耕地资源

1. 耕地资源数量

根据兰州市 2014 年土地变更调查成果显示，兰州市耕地总面积达 284 171.42hm^2，占全市土地总面积的 21.54%。其中，水田占耕地面积的 0.05%；

水浇地面积占31.06%；旱地占68.89%（图4-1）。耕地总体特征表现为旱地多、水浇地少，丘陵多，川（塬）地少，人均耕地保有量较大，生产力水平低。

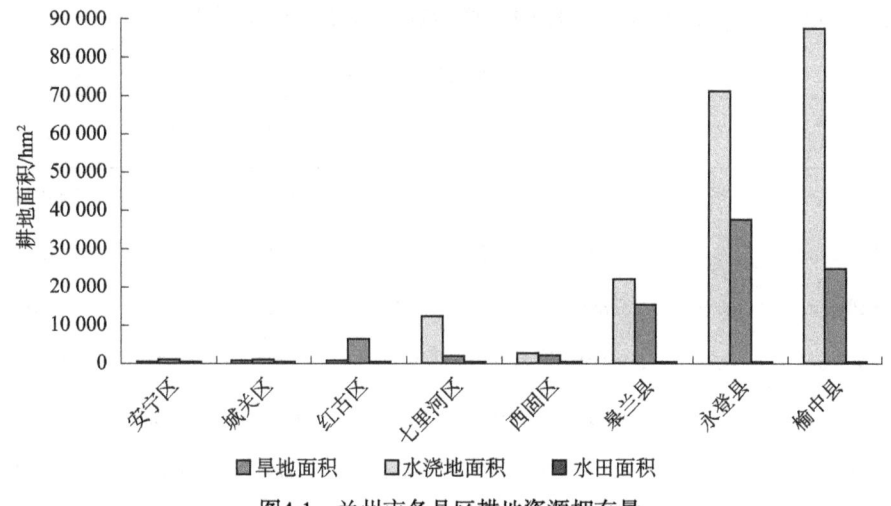

图4-1 兰州市各县区耕地资源拥有量

从耕地空间分布来看，水浇地主要分布在宛川河、大通河、庄浪河等河谷地区，以及秦王川盆地、榆中盆地区；旱地多分布于在山地、丘陵和台地区，以榆中县、永登县最为集中。2014年，榆中县旱地占全市旱地总面积的44.56%；永登县旱地占全市旱地总面积的35.30%。水田在兰州市耕地总面积中所占比例最小，仅在榆中县北部青城镇有少量分布。

2. 耕地资源质量

兰州市域大部分属黄土丘陵区，黄土梁峁丘陵占市域总面积的一半以上。由于植被稀疏，地表破碎，水土流失较严重，土壤肥力普遍较低。较高质量耕地主要分布在沿黄河、湟水河、大通河、庄浪河及宛川河谷地的河谷川台盆地区，受河流影响，多形成冲积洪积平原，土壤以灌淤土为主，土壤结构和质地均较为优良。

根据国家耕地质量分等标准，兰州市各县区耕地质量主要在9～14等（表4-1）。其中，质量最差的14等地总面积为161 624.4hm²，占全市耕地总面积的56.88%；质量较差12等和13等地分别占全市耕地总面积的13.46%和14.06%。由于当前耕地质量总体不高，因而耕地质量提升潜力较大。

从空间分布来看，市域内耕地质量最高的9～10等地主要分布于黄河谷地和大通河、庄浪河流域，主要处于西固区的达川乡、河口乡，红古区的花庄镇、红古乡，永登县连城镇、大同镇，榆中县青城镇和金崖镇等；质量较好的

11 等地主要分布于中北部的中川镇、秦川镇、石洞镇、西岔镇等地区，榆中县的夏官营镇；耕地质量较差的 12～14 等地多分布在榆中县东部山区和永登县西北部山地丘陵区乡镇，以榆中、皋兰和永登所占比重最大。

表 4-1 兰州市耕地质量分级

县区 \ 等别	9等	10等	11等	12等	13等	14等	合计
城关区 / hm²	14.98	154.76	142.41	0	1 089.1	0	1 401.25
七里河区 / hm²	0	183.56	1 331.12	167.43	5 879.14	6 331.08	13 892.33
安宁区 / hm²	140.76	17.54	0	0	1.84	0	160.14
红古区 / hm²	48.91	5 350.04	299.98	808.04	99	0	6 605.97
西固区 / hm²	1 451.79	368.35	0.56	0	992.29	1 679.87	4 492.86
永登县 / hm²	0	11 943.94	6 655.82	18 146.17	22 900.97	49 122.83	108 769.7
皋兰县 / hm²	0	648.71	4 843.87	8 951.37	4 327.23	18 151.67	36 922.85
榆中县 / hm²	0	2 904.07	7 862.84	10 169.06	4 651.38	86 338.91	111 926.3
合计 / hm²	1 656.44	21 570.97	21 136.6	38 242.07	39 940.95	161 624.4	284 171.4
比例 / %	0.58	7.59	7.44	13.46	14.06	56.88	100.00

（二）基本农田

1. 基本农田数量与质量

《甘肃省土地利用总体规划（2006—2020 年）》下达兰州市基本农田保护任务为 180 000hm²，市级规划按此目标分解到各县 (区)。在省级和各县区土地利用总体规划批复后，2012 年 6 月 20 日国土资源部又下发了《关于落实国务院领导有关批示调整南京等部分城市土地利用总体规划指标的函》(国土资规函〔2012〕124 号)，为兰州市增加耕地保有量指标 4041hm²，增加基本农田保护指标 2255hm²。增加后规划期末兰州市基本农田保护目标为 182 255hm²。由于省级规划和县区级规划均已批准实施，国土资源部增加的基本农田保护指标，需要修改省级和县区级规划后才能落实。因此，在市级规划中虽增加了基本农田保护指标，但实际上没有落实到县、乡两级规划中，因此兰州市的基本农田保护任务实际上仍为省级规划下达的 180 000hm²。主要分布在黄河及其次级支流大通河、湟水、庄浪河、宛川河的河谷区；庄浪河以西，大通河以东的西北部山地、丘陵台地区；北部秦王川盆地区；东部低山、丘陵和盆地区；七里河南部低山、丘陵区。榆中县、皋兰县、永登县基本农田分布数量较大，分别为 71 608hm²、21 486hm²、73 262hm²，分别占全市基本农田面积的 39.78%、11.94%、40.70%（表4-2）。

表4-2 2014年年末兰州市耕地面积及基本农田保护面积 （单位：hm²）

区域	2014年年末耕地面积	基本农田保护面积
城关区	1 401.25	262.00
七里河区	13 892.33	8 091.00
西固区	4 492.86	2 005.00
安宁区	160.14	0.00
红古区	6 605.97	3 286.00
永登县	108 769.73	73 262.00
皋兰县	36 922.85	21 486.00
榆中县	111 926.29	71 608.00
合计	284 171.42	180 000.00

根据兰州市农用地分等更新成果，兰州市各县区基本农田质量主要在 9～14 等（表4-1）。其中质量最差的 14 等地总面积为 161 624.4hm²，占全市耕地总面积的 56.88%；质量较差的 12 等和 13 等地占全市耕地总量的 13.46% 和 14.06%。耕地质量总体不高，质量提升的潜力空间较大。

2. 基本农田空间分布

从空间分布来看，区域内农田质量最高的 9～10 等地主要分布于黄河谷地和大通河、庄浪河流域，主要位于西固区的达川乡、河口乡，红古区的花庄镇、红古乡，永登县连城镇、大同镇，榆中县青城镇和金崖镇等地区；质量较好的 11 等地主要分布在中北部的中川镇、秦川镇、石洞镇、西岔镇，榆中县的夏官营镇等地区；耕地质量较差的 12～14 等地多分布在榆中东部山区和永登西北部山地丘陵区乡镇等地区，以榆中、皋兰和永登所占比例最大（图4-2）。

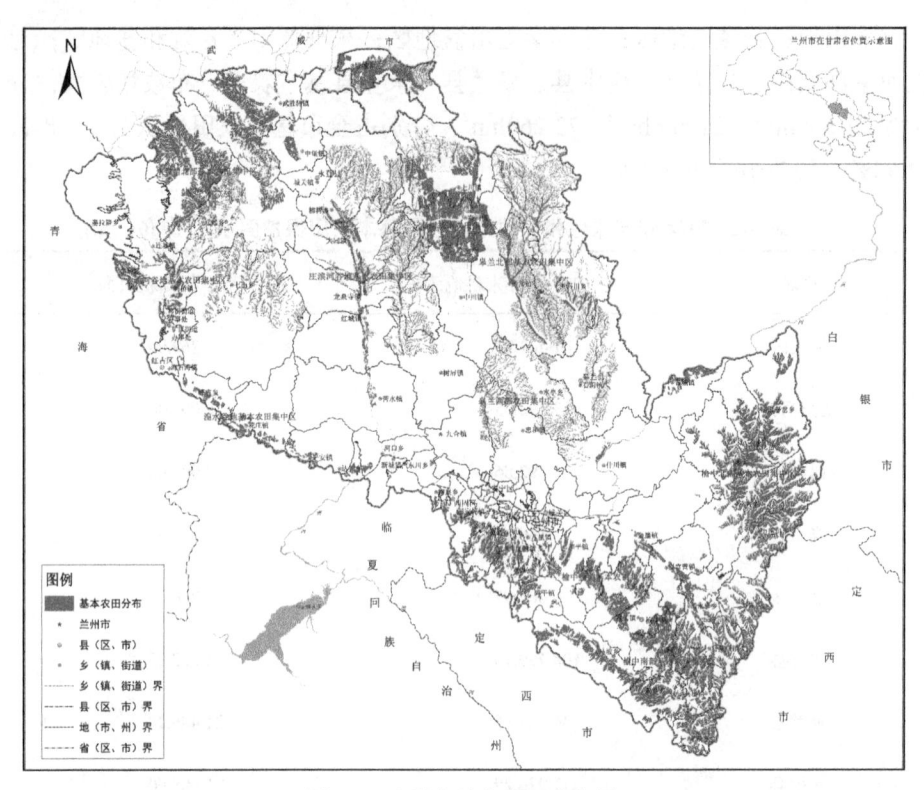

图4-2　兰州市基本农田分布图

因此，建设高标准基本农田、提高耕地质量，成为兰州市土地整治的首要任务，通过土地的规模化整治，可有效提高农业机械化水平，促进土地规模经营和农业现代化进程。

（三）已完成高标准基本农田建设情况

根据国家的要求和省厅的安排部署，兰州市从 2012～2015 年共实施高标准基本农田建设规模为 39 282hm²（58.92 万亩），完成投资 89 629 万元。其中 2012 年实施完成 6487hm²（9.73 万亩），2013 年实施完成 6774hm²（10.16 万亩），2014 年实施完成 11 339hm²（17.01 万亩），2015 年实施完成 14 683hm²（22.03 万亩）。项目主要为国土部门的省级切块资金项目和其他部门建设能够达到高标准基本农田标准的项目，其中，国土部门安排项目 95 个，总规模为 25 623hm²；其他部门土地整治能够达到高标准基本农田标准项目 141 个，总规模为 13 659hm²。

高标准基本农田建设项目的实施，不但完成了耕地占补任务，保障了全市各类建设用地需求。同时，改变了区域农业生产条件，为种植结构调整和发展现代优质高效特色农业创造了有利条件，从而对改善农村生产生活条件、提高农民生活水平、增加农民收入起到了积极作用。

二、高标准农田可建设规模确定

高标准农田可建设规模确定采用剔除法。基于GIS平台，以2014年土地利用现状变更调查的耕地面积为基础数据，扣除兰州市已实施的开发整理项目区域、大于25°的坡耕地、土地利用总体规划中的允许建设区、有条件建设区、水源保护地、自然与文化遗产保护区，以及地质灾害高易发区，即可得到兰州市可实施建设的高标准农田面积。

经计算，兰州市可整治耕地规模为196 549.89hm²（表4-3，图4-3），主要分布于榆中和永登县。其中，榆中县可整治规模为81 672.14hm²，占全市可整治规模总面积的41.55%；永登县可整治规模为78 538.64hm²，占全市可整治规模总面积的39.96%。

表4-3 可整治农用地规模测算表 （单位：hm²）

行政区划	现状耕地面积	旱地面积	水浇地面积	水田面积	已实施整理区面积	>25°耕地面积	允许建设区面积	有条件建设区面积	水源保护地、自然与文化遗产保护区面积	可实施农用地整治面积	可实施农用地整治面积小于200hm²区域的耕地面积	可整治规模
安宁区	160.14	1.95	158.19	0.00	0.00	0.30	109.90	30.18	0.00	19.76	19.76	0.00
城关区	1 401.25	534.85	866.40	0.00	182.25	320.62	145.02	308.40	0.80	444.16	72.51	371.65
红古区	6 605.97	433.84	6 172.13	0.00	3 943.52	59.03	314.33	637.41	6.79	1 644.89	304.79	1 340.10
七里河区	13 892.33	12 153.17	1 739.16	0.00	609.04	4 448.23	163.73	759.58	440.85	7 470.90	0.00	7 470.90
西固区	4 492.86	2 581.36	1 911.50	0.00	535.49	1 516.45	596.52	221.14	0.00	1 623.26	814.15	809.11
皋兰县	36 922.85	21 768.41	15 154.44	0.00	5 426.09	949.94	707.80	3 482.02	9.67	26 347.33	0.00	26 347.33
永登县	108 769.73	71 063.66	37 706.07	0.00	5 487.32	3 618.16	5 675.58	14 413.61	968.09	78 606.97	68.33	78 538.64
榆中县	111 926.29	87 238.23	24 557.38	130.68	9 266.85	11 621.04	2 240.58	6 845.21	280.47	81 672.14	0.00	81 672.14
合计	284 171.42	195 775.47	88 265.27	130.68	25 450.56	22 533.77	9 953.46	26 697.55	1 706.67	197 829.41	1 279.54	196 549.89

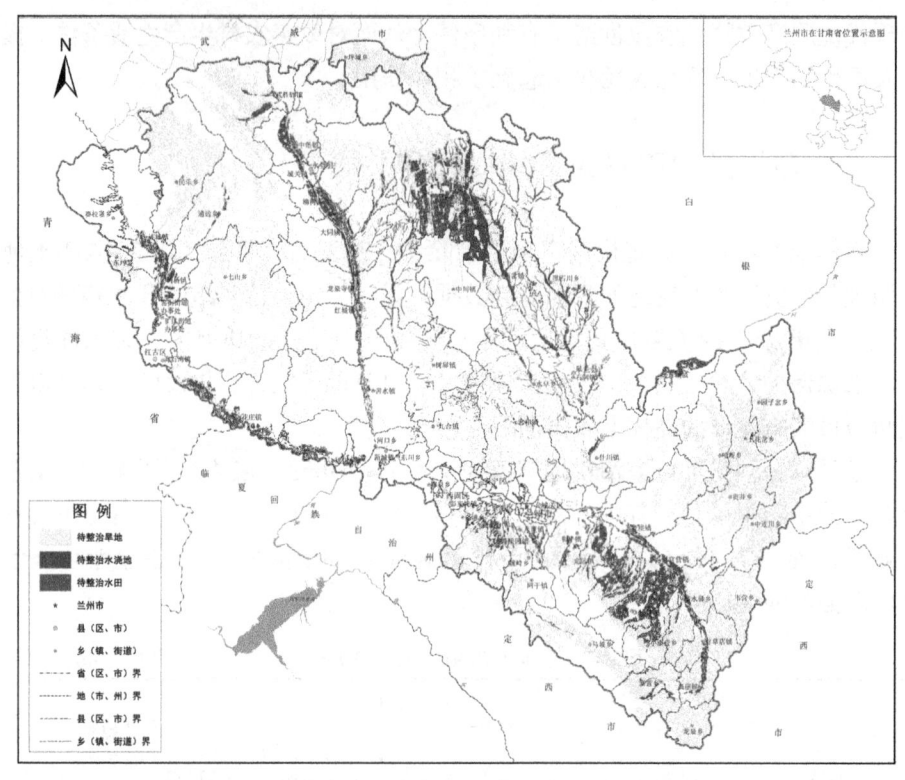

图 4-3　兰州市待整治农用地分布图（文后附彩图）

三、高标准农田建设潜力测算及分级

（一）高标准农田建设潜力测算方法

1. 新增耕地系数确定

采用典型样区已实施高标准农田建设项目区新增耕地面积测算法测算新增耕地数量。通过对不同典型样区高标准农田建设新增耕地面积调查，分析与典型样区土地利用特征相似地区通过高标准农田建设可能增加的面积系数，从而得到高标准农田建设潜力。

对尚未开展过高标准农田建设的地区，则通过选取有代表性的集中连片耕地区片，进行坡耕地比例、坡度等级、地块规模、沟渠、坑塘、农村道路、田坎、坟地、零星地类比例等内容的调查，考虑当地社会经济、科技水平和可投入资金量等因素，并以已经进行过高标准农田建设的同类地区为标准与参照系，测算出可增加的耕地面积和增加耕地系数。

2. 高标准农田建设数量潜力测算

高标准农田建设数量潜力测算过程如下：

$$\Delta S = \sum_{i=1}^{n}(a_{di} \times S_i) \quad (i=1, 2, \cdots, n) \quad (4-1)$$

式中，a_{di} 为典型区新增耕地系数（%）；ΔS 为区域新增耕地面积（hm²）；S_i 为与典型样区同坡度级别的待建设耕地区面积（hm²）；n 为坡度级别的个数。

3. 高标准农田建设质量提升潜力测算

高标准农田建设质量潜力既反映了中低产田改造带来的产出水平提升，也反映了田间基础设施与生态环境的改善状况。兰州市农用地中，中低产田比例大，高产田较少。而在中低产田中，又以旱地所占比例最大。因此，耕地质量提升在中低产田改造中至关重要。

耕地质量受气候、地形、土壤、农田基础设施等自然、社会、经济因素的影响。当前，耕地质量评价大都参考农用地分等成果，但其参评因素尚未完全体现高标准农田建设在田块平整、田间道路、农田林网兴建等改善农田生产环境中的作用，忽略了高标准农田建设措施可改造的耕地质量限制因素与农用地分等因素之间的非衔接关系，掩盖了高标准农田建设对耕地限制因素可改造程度的差异。

基于高标准农田建设可改造因素修正，本书以农用地分等成果为基础，建立服务于高标准农田建设的耕地质量评价指标体系及质量潜力计算模型（修正法），以高标准农田建设前后耕地质量等别的变化确定高标准农田建设潜力。该修正法测算的高标准农田建设质量潜力增加了高标准农田建设工程措施与耕地质量限制因素的结合程度，避免了因某些限制因子难以改造或难以达到最优值而导致的高标准农田建设潜力结果偏差，可提高潜力测算结果的科学性和准确性。

采用理论分析和专家咨询相结合的方法，以耕地图斑为评价单元，以农用地分等因素为基础，补充"田块规模、形状、平整度，田间道路通达度、农田防护林占地比率"等高标准农田建设可改造的生产条件因素，修订已有的分等评价指标体系，构建基于高标准农田建设可改造限制因素的耕地质量评价指标体系（表4-4）。基于已有研究，采用专家咨询法确定指标分级标准、得分及权重，加权修正得到高标准农田建设前耕地质量得分。

表 4-4 基于高标准农田建设可改造因素修正的耕地质量评价指标及权重

因素	权重	平耕地 质量评价指标	权重	坡耕地 质量评价指标	权重
分等因素	0.82	*表层土壤质地	0.11	*表层土壤质地	0.1
		*土壤有机质	0.06	*土壤有机质	0.08
		*盐渍化程度	0.13	*有效土层厚度	0.3
		障碍层距离地表深度	0.04	地形坡度	0.23
		*土壤酸碱度	0.06	*土壤酸碱度	0.05
		剖面构型	0.06	地表岩石裸露状况	0.12
		*灌溉保证率	0.23	*灌溉保证率	0.12
		*灌溉水源	0.04	—	—
		*排水条件	0.27	—	—
补充因素	0.18	*田块平整度	0.22	*田块平整度	0.2
		*田块规模	0.2	*田块规模	0.12
		*田块形状	0.18	*田块形状	0.15
		*田间道路通达度	0.25	*田间道路通达度	0.25
		*农田防护林比率	0.15	*农田防护林比率	0.28

*表示高标准农田建设可改造限制因素，高标准农田建设后其分值发生变化

高标准农田建设前后耕地质量提升潜力计算公式如下：

$$P_i = a_{ij}\left(a\frac{\sum_{i=1}^{n}w_{k_1}f'_{ijk_1}}{100} + b\frac{\sum_{i=1}^{m}w_{k_2}F'_{ijk_2}}{100}\right)\beta_j K_i \\ -a_{ij}\left(a\frac{\sum_{i=1}^{n}w_{k_1}f'_{ijk_1}}{100} + b\frac{\sum_{i=1}^{m}w_{k_2}F'_{ijk_2}}{100}\right)\beta_j K_i \quad (4\text{-}2)$$

式中，P_i 为第 i 个评价单元的耕地质量提升潜力；a_{ij} 为光温（气候）生产潜力指数；a 为分等因素权重；w_{k_1} 为分等指标权重；f_{ijk_1}、f'_{ijk_1} 分别为高标准农田建设前、后第 i 个分等单元内第 j 种作物第 k_1 个因素得分；b 为补充因素权重；w_{k_2} 为补充指标权重；F_{ijk_2}、F'_{ijk_2} 分别为高标准农田建设前后第 i 个分等单元内第 j 种作物第 k_2 个因素得分；β_j 为第 j 种作物的产量比系数；k_i 为土地利用

系数。

4. 产能提升幅度测算

高标准农田建设增产潜力主要来源于两个方面，一是耕种面积增加，二是农田质量等级提高引起单产水平增加。此外，通过改善农业生产条件，可为引进新品种、新技术、新装备提供有利的土地条件，从而间接提高粮食产量。本书通过计算新增耕地产能与耕地质量提升产能，并将二者加总，得到高标准农田建设增产潜力，其中：

新增耕地产能 = 新增耕地面积 × 整治后单位面积耕地标准量产量　　（4-3）

耕地质量提升产能 = 待建设耕地面积 ×（建设后单位面积耕地标准量产量—现状单位面积耕地标准量产量）　　（4-4）

产能提升幅度 = 新增耕地产能 + 耕地质量提升产能　　（4-5）

（二）高标准农田建设潜力测算方法

1. 高标准农田建设新增耕地潜力

据测算，兰州市新增耕地潜力达 4417.64hm^2（表 4-5），平均新增耕地系数为 2.25%。由于榆中县、永登县可整治耕地面积较大，高标准农田建设数量潜力较高，分别为 1915.14hm^2 和 1716.87hm^2；而西固区、红古区、七里河区等县区因可整治耕地面积较小且以水浇地为主，故新增耕地面积相对较小。

2. 高标准农田建设质量提高潜力与产能提升幅度

1）高标准农田建设质量提高潜力

评价结果显示，兰州市大部分地区耕地质量可提升程度低于 1 个等别。其中，分布于榆中县新营乡、高崖镇、和平镇、甘草镇、小康营乡、连搭乡和清水驿乡的部分耕地质量可提升 1.3～1.6 个等别；而分布于永登县通远乡和上川乡，榆中县城关镇、金崖镇、龙泉乡和夏官营镇，七里河区黄峪乡和魏岭乡的耕地，提升程度为 1～1.3 个等别；其他地区耕地质量提升幅度均为 0～1 个等别（表 4-5）。

2）高标准农田建设产能提升幅度

基于高标准农田建设新增耕地面积、耕地质量可提升程度，以及 2014 年兰州市亩均粮食产量，可估算出兰州市新增耕地产能和耕地质量提升产能分别达 13 188.79t、135 849.70t，其中，产能提升幅度达到 149 038.48t。从各县区来看，榆中县耕地产能提升幅度最大，可提升产能高达 67 325.52t，远高于其他县区（表 4-5）。究其原因，主要在于榆中县大面积旱地可通过高标准农田建设，实现水利设施配套及旱改水，使耕地质量大幅提高，从而间接提升耕地产能。

表 4-5　高标准农田建设潜力测算分级

县区	乡镇	高标准农田建设规模 /hm²	可增加耕地面积 /hm²	等别提高程度	新增耕地产能 /kg	耕地质量提升产能 /kg	产能提升幅度 /kg	潜力分级
城关区	伏龙坪街道	371.65	11.71	0.35	17 560.35	92 911.88	110 472.23	Ⅰ级
	小计	371.65	11.71	—	17 560.35	92 911.88	110 472.23	—
皋兰县	石洞镇	3 455.69	103.67	0.47	506 949.75	2 353 428.7	2 860 378.45	Ⅳ级
	西岔镇	6 966.59	20.9	0.65	66 461.24	6 561 479.63	6 627 940.87	Ⅴ级
	忠和镇	3 098.83	17.35	0.88	5 284 116.5	3 951 373.81	9 235 490.31	Ⅳ级
	什川镇	430.61	3.19	0.55	12 092.93	343 177.85	355 270.79	Ⅰ级
	黑石川乡	7 335.53	230.34	0.9	559 715.8	4 914 806.75	5 474 522.55	Ⅴ级
	九合镇	1 886.51	7.55	0.85	7 470.57	848 927.93	856 398.5	Ⅲ级
	水阜乡	3 173.58	126.94	0.91	129 481.9	1 586 787.94	1 716 269.84	Ⅳ级
	小计	26 347.34	509.94	—	6 566 288.69	20 559 982.61	27 126 271.31	—
红古区	花庄镇	417.18	10.35	0.36	66 731.85	337 914.48	404 646.33	Ⅰ级
	平安镇	296.35	7.35	0.25	43 545.3	166 695.46	210 240.76	Ⅰ级
	红古乡	626.57	9.34	0.54	63 577.49	761 283.21	824 860.7	Ⅱ级
	小计	1 340.1	27.04	—	173 854.64	1 265 893.15	1 439 747.79	—
七里河区	阿干镇	1 024.44	21.92	0.88	57 532.52	135 225.97	192 758.49	Ⅲ级
	八里镇	274.4	3.57	0.33	5 350.77	13 582.72	18 933.49	Ⅰ级
	彭家坪镇	211.79	2.54	0.63	4 465.69	20 013.93	24 479.61	Ⅰ级
	西果园镇	2 169.2	67.25	0.96	137 137.36	312 365.24	449 502.6	Ⅲ级
	魏岭乡	1 767.86	35.36	1.02	54 710.62	270 482.35	325 192.97	Ⅲ级
	黄峪乡	2 023.21	55.84	1.13	184 971.95	342 934.05	527 906	Ⅲ级
	小计	7 470.9	186.48	—	444 168.91	1 094 604.26	1 538 773.16	—
西固区	四季青街道	275.85	1.38	0.79	2 524.81	32 687.65	35 212.46	Ⅰ级
	达川乡	280.96	9.27	0.47	43 514.48	126 430.34	169 944.82	Ⅰ级
	金沟乡	252.32	3.84	0.77	5 448.76	29 142.75	34 591.51	Ⅰ级
	小计	809.13	14.49	—	51 488.05	188 260.74	239 748.79	—

续表

县区	乡镇	高标准农田建设规模/hm²	可增加耕地面积/hm²	等别提高程度	新增耕地产能/kg	耕地质量提升产能/kg	产能提升幅度/kg	潜力分级
永登县	红城镇	1 253.29	18.3	0.86	76 108.6	1 508 967.14	1 585 075.73	Ⅲ级
	中堡镇	298.81	5.14	0.12	15 577.18	50 200.18	65 777.36	Ⅰ级
	武胜驿镇	9 160.43	180.46	0.65	282 209.35	4 580 212.53	4 862 421.87	Ⅴ级
	河桥镇	1 345.47	26.51	0.25	86 914.4	487 395.92	574 310.32	Ⅲ级
	连城镇	822.93	30.45	0.14	76 936.95	115 209.6	192 146.55	Ⅱ级
	苦水镇	1 146.22	20.63	0.45	112 884	747 395.12	860 279.12	Ⅲ级
	秦川镇	7 791.54	248.55	0.74	724 130.72	5 765 738.09	6 489 868.81	Ⅴ级
	大同镇	3 109.68	51.62	0.55	123 236	1 710 322.2	1 833 558.2	Ⅳ级
	龙泉寺镇	4 616.97	67.41	0.78	139 966.24	3 601 238.97	3 741 205.21	Ⅳ级
	树屏镇	1 370.84	20.56	0.68	50 003.65	932 169.86	982 173.51	Ⅲ级
	上川镇	9 065.29	289.18	1.04	517 923.2	6 599 528.41	7 117 451.61	Ⅴ级
	柳树乡	5 721.96	120.16	0.63	171 163.52	2 523 383.74	2 694 547.26	Ⅴ级
	坪城乡	8 615.76	103.39	0.78	117 973.17	4 704 204.12	4 822 177.29	Ⅴ级
	民乐乡	11 515.57	358.13	0.79	515 619.99	6 368 107.98	6 883 727.97	Ⅴ级
	通远乡	5 774.96	69.3	1.22	125 375.37	4 931 818.38	5 057 193.75	Ⅴ级
	七山乡	5 982.57	95.72	0.78	127 252.61	3 266 483.14	3 393 735.75	Ⅴ级
	东坪乡	946.38	11.36	0.35	7 665.66	94 637.74	102 303.4	Ⅱ级
	小计	78 538.67	1 716.87	—	3 270 940.61	47 987 013.12	51 257 953.71	—
榆中县	城关区	2 589.33	93.22	1.22	178 962.65	3 474 886.22	3 653 848.87	Ⅲ级
	夏官营镇	2 234.37	0.89	1.04	1 742.81	2 556 124.42	2 557 867.23	Ⅲ级
	高崖镇	2 825.18	109.33	1.35	254 202.38	4 195 388.06	4 449 590.43	Ⅲ级
	金崖镇	2 850.6	51.31	1.1	132 263.42	3 449 228.29	3 581 491.71	Ⅲ级
	和平镇	2 338.83	32.98	1.3	49 466.26	2 432 383.28	2 481 849.54	Ⅲ级
	甘草镇	5 496.64	105.54	1.36	94 981.95	3 737 715.44	3 832 697.38	Ⅴ级
	青城镇	1 521.48	47.17	0.15	248 349.39	285 277.82	533 627.2	Ⅲ级
	定远镇	2 254.44	27.05	0.98	40 579.88	1 767 479.33	1 808 059.21	Ⅲ级
	小康营乡	2 743.07	43.34	1.55	97 516.31	4 676 942.63	4 774 458.94	Ⅲ级
	连塔乡	4 374.29	135.6	1.42	458 671.67	7 758 152.99	8 216 824.67	Ⅳ级
	马坡乡	5 503.19	71.54	0.85	152 383.44	5 145 486.31	5 297 869.75	Ⅴ级

续表

县区	乡镇	高标准农田建设规模/hm²	可增加耕地面积/hm²	等别提高程度	新增耕地产能/kg	耕地质量提升产能/kg	产能提升幅度/kg	潜力分级
榆中县	新营乡	6 064.51	227.42	1.61	351 360.02	7 811 083.25	8 162 443.27	V级
	清水驿乡	6 328.98	120.25	1.61	180 375.79	8 151 719.86	8 332 095.65	V级
	龙泉乡	4 289.97	132.99	1.25	79 793.47	2 037 736.49	2 117 529.96	Ⅳ级
	韦营乡	4 553	68.3	0.96	35 854.88	1 660 934.44	1 696 789.31	Ⅳ级
	中连川乡	8 906.65	142.51	0.63	90 844.99	2 132 252.35	2 223 097.35	V级
	贡井乡	5 822.1	145.55	0.51	76 415.1	1 128 323.5	1 204 738.6	V级
	园子岔乡	4 796.44	196.65	0.62	58 996.17	1 130 040.52	1 189 036.7	Ⅳ级
	上花岔乡	2 769.94	97.23	0.62	51 043.16	652 598.97	703 642.12	Ⅲ级
	哈岘乡	3 409.12	102.27	0.5	30 682.07	477 276.57	507 958.64	Ⅳ级
	小计	81 672.13	1 951.14	—	2 664 485.81	64 661 030.74	67 325 516.53	—
兰州市		196 549.89	4 417.64	—	13 188 787.04	135 849 696.5	149 038 483.5	—

注：①高标准农田建设规模为在扣除已实施高标准农田建设区、大于25°坡度、允许建设区、条件保护区、水源保护地，以及自然与文化遗产保护区的基础上，再剔除可实施高标准农田建设面积<200hm²区域的耕地，最终所得即为高标准农田建设规模；②高标准农田建设数量潜力级别划分以高标准农田建设地规模为标准，分级范围如下：0为无潜力区，0~500hm²为Ⅰ级潜力区，500~1000hm²为Ⅱ级潜力区，1000~3000hm²为Ⅲ级潜力区，3000~5000hm²为Ⅳ级潜力区，>5000hm²为V级潜力区

（三）高标准农田建设潜力分级

采用自然断点法，依据高标准农田建设规模对高标准农田建设潜力进行分级，从小到大依次划分为：无潜力区、Ⅰ级潜力区、Ⅱ级潜力区、Ⅲ级潜力区、Ⅳ级潜力区、V级潜力区（图4-4）。

Ⅰ级潜力区主要分布在黄河、庄浪河、大通河、湟水等河谷灌溉区，主要包括伏龙坪街道、平安镇、八里镇等10个乡镇，潜力总面积为3109.90hm²。这些区域由于农业发展条件比较优越，农用地配套设施基本完善，土地利用集约率较高；同时，该区是"十二五"期间高标准农田建设重点区域，剩余可建设耕地较少，因此高标准农田建设可得到的新增耕地面积较少。

Ⅱ级潜力区主要包括红古区红古乡、永登县连城镇和东坪乡3个乡镇，潜力总面积为2395.87hm²。该区地势相对平坦，土壤肥力较高，但大部分区

域位于生态保护区,可建设耕地面积较少,高标准农田建设潜力相对较小。

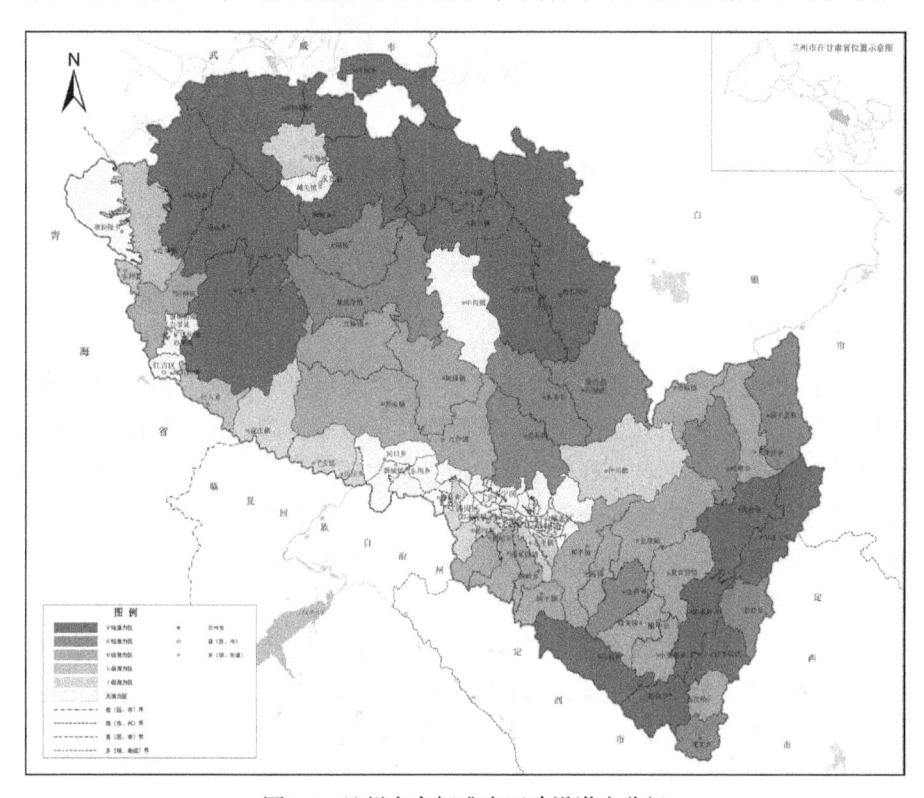

图4-4　兰州市高标准农田建设潜力分级

Ⅲ级潜力区大多分布于丘陵台地区,多为旱地,主要包括阿干镇、红城镇、夏官营镇等18个乡镇,潜力总面积为36 114.30hm^2。受坡度等地形因素的影响,该区耕地比较零散,大都散落在山间谷地中,田坎系数较大,进行高标准农田建设的潜力较大。

Ⅳ级潜力区主要分布于兰州市北部和西部,多处于丘陵和山地区,主要包括大同镇、石洞镇、韦营乡等10个乡镇,潜力总面积为38 877.56hm^2。该区旱地分布广,且面积比例大,高标准农田建设潜力大。

Ⅴ级潜力区主要分布在永登县武胜驿镇、皋兰县黑石川乡、榆中县新营乡等16个乡镇,潜力总面积为116 052.25hm^2。该区主要位于永登西北部山地区和榆中县北山地区,丘陵重叠,沟壑纵横,地形条件复杂且多为山旱地,耕地受地形等自然条件的限制较大,田坎系数高,高标准农田建设潜力非常大。

第二节　高标准基本农田建设分区

一、高标准基本农田建设内容与分区原则

（一）高标准农田建设内容与要求

1. 建设内容

《全国土地整治规划(2011—2015年)》明确提出要"加强农田基础设施建设，按照田成方、树成行、路相通、渠相连、旱能灌、涝能排的标准，大规模建设旱涝保收高标准基本农田，科学划定基本农田集中区及整备区，有效引导耕地集中连片，优化耕地多功能布局"。兰州市高标准基本农田建设主要包括土地平整、灌溉与排水、田间道路、农田防护与生态环境保持四项工程。

1）土地平整工程

土地平整工程是为满足农田耕作、灌排需要而进行的田块修筑和地力保持措施，主要包括耕作田块修筑工程和耕作层地力保持工程。通过实施土地平整工程，实现耕作田块集中、田面平整、满足灌溉要求。

2）灌溉与排水工程

灌溉与排水工程是为防治农田旱、涝和盐碱等灾害而采取的各种措施，主要包括水源工程、输水工程、排水工程、喷微灌工程、渠系建筑物工程和泵站及输配电工程。通过实施灌溉与排水工程，采取节水灌溉措施，合理利用水资源，形成"旱能灌、涝能排"的灌排体系，增加有效灌溉面积。

3）田间道路工程

田间道路工程是为满足农业物资运输、农业耕作和其他农业生产活动需要所采取的各种措施，主要包括田间道和生产路。通过实施田间道路工程，构建便捷高效的田间道路体系，使田块之间、田块与居民点之间的保持便捷交通联系，满足农业机械化生产及安全方便的生活需要。

4）农田防护与生态环境保持工程

农田防护与生态环境保持工程是为保护项目区土地利用活动安全，保持和改善生态条件，减少污染、防止或减少自然灾害而采取的各种措施。包括农田林网工程、岸坡防护工程、沟道治理工程和坡面防护工程。通过实施农田防护与生态环境保持工程，预防和减少农田的自然灾害，保持和改善农田生态环

境，保障农田生态系统安全。

2. 建设要求

高标准基本农田建设要符合兰州市土地利用总体规划和高标准基本农田建设规划，体现田、水、林、路综合治理和建设的要求，整体规划，配套实施，实现耕地平整，灌排设施配套，农田作业道路畅通，林网建设到位。

1）土地平整工程要求

土地平整应实现田块集中、耕作田面平整，耕作层厚度应达到30cm以上，有效土层厚度应达到60cm以上，土壤理化指标应满足作物高产稳产要求。

河谷盆地区应以修建条田（方田）为主，黄土梁峁沟谷区以修建水平梯田为主，并配套坡面防护设施。其中，盆地区条田长度以200～500m为宜，条田宽度取决于机械作业宽度的倍数，以50～300m为宜；梯田田面长边宜平行等高线布置，长度以50～200m为宜，田面宽度应便于中小型机械作业和田间管理。需因地制宜进行田块布置，田块长边方向应以南北方向为宜；在水蚀较强的地区，田块长边宜与等高线平行布置；在风蚀地区，田块长边与主害风向交角应大于60°。

2）灌溉与排水工程要求

应根据不同地形条件、水源特点等，合理配置各种水源；水资源利用应以地表水为主，地下水为辅，严格控制开采深层水和承压水，做到蓄、引、提、集相结合，中、小、微型工程并举；大力发展节水灌溉，提高水资源利用效率；灌溉水质应符合现行《农田灌溉水质标准》的规定。

按照整治规模、地形条件、交通与耕作要求，合理布局各级输配水渠道。各级渠道应配套完善的渠系建筑物，做到引水有门、分水有闸、过路有桥、运行安全、管理方便。积极开展用水计量、控制等自动化工作。应采取多种节水措施减少输水损失，采用灌排合一渠沟时，宜采取全断面硬化；排水沟位于梁峁山地沟谷区及土质松软地区时，应根据土质、受力和地下水作用等进行基础处理。

灌排渠系建筑物应布置在地形条件适宜和地质条件良好的地区，满足灌排系统水位、流量、泥沙处理、运行、管理的要求，适应交通和群众生产、生活的需要，并尽量采用联合建筑和装配式结构。建筑物基础底面应埋设在设计洪水冲刷线50cm以下，暗渠（管）的埋置深度不应小于设计冻深，管道系统末端应布置泄水井，支渠以上渠道系统的末端应根据需要设置排水闸。

3）田间道路工程要求

田间道路工程布局应力求使居民点、生产经营中心、各轮作区和田块之间保持便捷的交通联系，力求线路笔直且往返路程最短，道路面积与路网密度达到合理水平，确保农机具到达每一个耕作田块，促进田间生产作业效率的提高和耕作成本的降低。田间道路工程在确定合理田间道路面积与田间道路密度情况下，应尽量减少道路占地面积，与沟渠、林带结合布置，避免或者减少道路跨越沟渠，减少桥涵闸等交叉工程，提高土地集约化利用率。

田间道路面宽度以4～6m为宜，路基高度以20～30cm为宜，常年积水区可适当提高；生产路宜采用素土路面，路面宽度宜为3m以下。

4）农田防护与生态环境保持工程要求

结合兰州市实际情况，应布置必要的农田防风、防沙、水土流失控制等农田防护措施，优化农田生态景观，配置生态廊道，维护农田生态系统安全。根据因害设防原则，合理设置农田防护林，农田防护林走向应与田、路、渠、沟有机结合，采取以渠、路定林，渠、路、林平行；树种的选择和配置，应选择良好的乡土品种和适合当地条件的配置方式。

（二）高标准基本农田建设分区原则

1. 统筹规划、突出重点

高标准基本农田建设坚持以规划为龙头，规划先行，项目建设必须符合《兰州市土地利用总体规划（2006—2020年）》，与兰州市国民经济和社会发展、农业、水利、新农村建设等规划相衔接，突出重点，以粮食主产区和高原夏菜主产区为高标准农田建设核心区域。

2. 先易后难、分类实施

根据河谷川区、丘陵、山区等区域的耕地资源条件、基础设施完善程度和主导产业特点，因地制宜、分类实施，按照改造难度，先易后难，优先选择水土资源条件较好、投入小、见效快、干部群众积极性高地区，建设一批示范精品工程，以点带面，积极稳妥地推进全市高标准基本农田建设。

3. 尊重民意，保障权益

充分调动农村集体经济组织和农民群众的积极性和主动性，依法保障农民的知情权、参与权、监督权和受益权，切实维护农民权益，鼓励农民和社会机构采用多种形式参与高标准基本农田建设。

4. 整合资金、集中投入

按照"资金性质不变、管理渠道不变、归口申报、各司其职、各计其功"的要求，充分调动相关方面的积极性，整合涉农部门农田水利基础设施建设专项资金，集聚多方力量，吸引多种资金投入，形成建设合力。

5. 部门协同、统筹推进

坚持按照"政府主导、国土搭台、部门合作、公众参与"的工作机制，以县级人民政府为高标准基本农田实施责任主体，协同各部门，既有分工又有协作，科学确定高标准基本农田建设目标和任务，讲求实效，合力推进全市高标准农田建设。

二、高标准基本农田建设分区与建设时序

高标准基本农田建设不同于一般的农地整治，在建设内容和要求上有了更进一步的提升和扩展。从内涵上看，高标准农田建设不仅要实现集中连片、设施配套、高产稳产的目标，还要实现生态良好、形态稳定、抗灾能力强的目标，要与现代农业生产和经营方式相适应；从对象选择上看，不仅要考虑现状条件好的地块，还要考虑经整治后可达到高标准条件的地块。因此，高标准农田建设时空配置和建设模式选择应综合考虑区域自然条件、农业生产限制因素、农田基础设施条件、农民意愿与社会经济条件等因素，分析高标准农田建设的可行性与组织实施难易程度。

本书以永久性基本农田划定工作中确定的基本农田保护图斑为基本评价单元，按照"统筹兼顾、突出重点、先易后难、分类实施"的建设原则，从基本具备高标准条件、稍加改造后可建成、全面整治后可建成三个层次出发，确定高标准基本农田建设适宜区域。划定过程分为基本农田质量评价和建设区确定两部分。首先，根据高标准基本农田的概念和内涵，构建高标准基本农田建设区划定评价模型，采用多因素综合评价法对基本农田自然质量进行评价，逐级修正后得到基本农田综合质量得分；然后，根据基本农田的综合质量大小确定高标准基本农田建设时序。

（一）高标准基本农田建设条件评价

1. 评价指标体系的建立

本书从自然禀赋、基础设施与工程施工条件、社会与经济可接受性等方面出发，构建高标准基本农田建设条件评价指标体系，利用熵权法确定各指标

权重，运用逼近理想解排序法求解，确定建设时序安排（表4-6）。

表4-6 高标准基本农田建设影响因子

决策因素	选择依据	影响因子
自然禀赋	反映耕地总体的自然质量	农用地分等等别（C_1）、集中连片度（C_2）、地质灾害危险性（C_3）
基础设施与工程施工条件	反映耕地的可整治条件	田块坡度（C_4）、有效灌溉率（C_5）、田间道路条件（C_6）、外部水源保证率（C_7）
经济社会可接受性	反映耕地区位、社会经济等的状况	区位条件（C_8）、耕地撂荒比例（C_9）

2. 评价指标分值计算

上述指标体系中，对可量化指标进行标准化处理，不可量化指标则按照表4-7进行分级打分。

1）农用地分等等别（C_1）

农用地分等定级成果是综合评价成土母质、剖面构型、水型、冬季地下水位、耕层厚度、耕层质地、物理性障碍层次、排灌条件、耕层理化性状、熟制、产量水平等要素的特征和指标值而划出的农地地力等级，是最为全面反映耕地自然禀赋的指标之一。本书根据最新的兰州市农用地分等定级成果等别确定每一块耕地图斑的分值。

2）集中连片度（C_2）

实现耕地集中连片是建设高标准农田的基本要求。采用GIS分析中的空间相连性计算连片度，假设间隔距离在20m以内的地块是相连的并进行缓冲分析构建的集中连片区片，然后进行计算集中连片度。连片度指标值取值范围为[0, 1]，各区片内的耕地连片度都赋值为该区片的值。集中连片度计算公式为

$$X = \frac{\ln S_i - \ln S_{\min}}{\ln S_{\max} - \ln S_{\min}} \quad (4-6)$$

式中，S为连片后各区片面积；$S_{\max}$为区片内最大图斑面积；$S_{\min}$为区片内最小图斑面积；X为各区片的集中连片度值。

3）地质灾害危险性（C_3）

按照区域地质灾害分布点的位置做缓冲分析，将受地质灾害威胁的耕地扣除。

4）有效灌溉率（C_5）

灌溉保证率指标体现了"旱能浇、涝能排"高标准基本农田的要求，同时也能反映区域灌溉水利设施的保障程度。

$$C_5 = \sum_{i=1}^{n} m_i / M_i \quad (4-7)$$

式中，m_i 为第 i 个图斑可以有效灌溉的耕地面积；M_i 为第 i 个图斑总面积。

5）区位条件（C_8）

耕地区位条件包括耕地到城镇距离及耕地到主要干道的距离，运用 ArcGIS 的距离分析法进行加权计算。

表 4-7　时序安排评价部分指标分级分值

指标		指标分值				
		20	40	60	80	100
田块坡度 C_4/（°）		15~25	10~15	6~10	2~6	0~2
田间道路条件 C_6	材质	泥土	砂石	碎石	泥结碎石	水泥
	宽度/m	<0.5	0.5~1	1~1.5	1.5~2	>2
灌溉保证率 C_5/%		<20	20~50	50~80	80~100	100
耕地撂荒比例 C_9/%		<40	20~40	10~20	0~10	0

3. 建设条件综合排序

1）建立决策矩阵 A

对数据集进行标准化处理，形成规范化的决策矩阵，记第 i 个评价单元的第 j 个指标的值是 y_{ij}，则标准化后决策矩阵公式如下：

$$A_{m \times n} = \begin{pmatrix} y_{11} & y_{12} & \cdots & y_{1n} \\ y_{12} & y_{22} & \cdots & y_{2n} \\ \vdots & \vdots & & \vdots \\ y_{m1} & y_{m2} & \cdots & y_{mn} \end{pmatrix} \quad (4-8)$$

2）确定评价指标的熵权

本书采用熵权法确定各指标权重（表 4-8）。

表 4-8　时序安排评价指标的权重

决策因素	权重	影响因子	权重
自然禀赋	0.349	农用地分等等别（C_1）	0.444
		集中连片度（C_2）	0.315
		地质灾害危险性（C_3）	0.241

续表

决策因素	权重	影响因子	权重
基础设施与工程施工条件	0.448	田块坡度（C_4）	0.332
		有效灌溉率（C_5）	0.226
		田间道路条件（C_6）	0.130
		外部水源保证率（C_7）	0.312
经济社会可接受性	0.203	区位条件（C_8）	0.062
		耕地撂荒比例（C_9）	0.038

3）构造加权矩阵

将标准化数据乘以对应各指标的权重，构成加权矩阵 V。

$$V=(v_{ij})_{m\times n}=\begin{bmatrix} a_1y_{11} & a_2y_{12} & \cdots & a_ny_{1n} \\ a_1y_{21} & a_2y_{22} & \cdots & a_ny_{2n} \\ \vdots & \vdots & & \vdots \\ a_1y_{m1} & a_2y_{m2} & \cdots & a_ny_{mn} \end{bmatrix} \quad (4-9)$$

式中，a_i 为各指标权重；v_{ij} 为加权的标准化矩阵元素。

把各属性值对达到各评价单元的最优值称为"理想点"，通过衡量接近"理想点"和远离"负理想点"的程度，则可确定各评价单元的优劣顺序。

$$d_i^+=\sqrt{\sum_{j=1}^n(v_{ij}-v_j^+)^2} \quad d_i^-=\sqrt{\sum_{j=1}^n(v_{ij}-v_j^-)^2} \quad (4-10)$$

式中，d_i^+、d_i^- 分别为评价单元分值与理想解和负理想解的距离；v_j^+、v_j^- 分别为理想解和负理想解。

决策点到理想解的相对接近度可用 c_i 表示：

$$c_i=\frac{d_i^-}{d_i^-+d_i^+} \quad (4-11)$$

（二）高标准农田建设时序确定

根据基本农田质量评价分值可进行高标准基本农田建设排序。采用自然断点法对区域基本农田进行分级。质量最高者即可确定为基本具备高标准基本农田建设区、质量较高者可确定为稍加改造后可确定的高标准农田建设区、质量较低者可确定为全面整治后可确定的高标准农田建设区，并按照近、中、远期分别实施安排（图4-5）。

1. 基本具备高标准条件潜力区域

位于兰州市域河谷盆地区域，主要包括榆中盆地和秦王川盆地，该区域地势平坦，农业基础设施配套程度较高，是兰州市主要的蔬菜生产基地。但局部区域也存在水利设施老化、道路配套不完善等情况，通过追加较低投入，稍加提高后就能达到高标准基本农田标准。经测算，共有建设规模15 723hm^2，计划实施期为2012~2014年。

2. 稍加改造区域

位于兰州市域内黄河及其支流的河谷川区，主要包括湟水谷地、庄浪河谷地、大通河谷地、宛川河谷地，该区域土地相对平整，光热水资源匹配较好，农业集约程度高，耕地集中连片，属农业条件相对较好区域，但存在水利、道路等基础设施配套不完善，资源利用效率较低等情况，通过追加一定投入，按照《建设规范》要求和"缺什么、补什么"的原则，稍加改造后能达到高标准基本农田标准。经测算，共有建设规模31 447hm^2，计划实施期为2015~2017年。

3. 需要全面整治区域

主要位于榆中北部和南部丘陵山地区、永登西北部丘陵山地区、七里河南部黄土长梁区。地貌以低山、丘陵为主，沟壑纵横、梁峁起伏、水土流失严重，土地较为破碎，耕地质量较差。需通过全面整治高标准农田建设，修整水平梯田，增强土壤"拦蓄水分"能力，完善农田基础设施，提高农业综合生产能力。经测算，共有建设规模110 067hm^2，计划实施期为2018~2020年。

（三）高标准基本农田建设模式

1. 高标准基本农田建设模式分类方法

高标准农田建设模式选择需要考虑各区域整治工程可改造和消除的各种土地利用限制因素，本书从田、水、路、林方面选择田块坡度、有效灌溉率、田间道路条件三个指标对土地利用限制因素进行评价。首先，按照自然断点法将三个指标划分为高、中、低限制级别；然后，按照三个指标的限制类型组合来确定相应的建设模式。

由于黄土丘陵区现有耕地以无灌溉条件的坡耕地为主，因此，在组合类型划分时，将坡度因素限制等级确定为优先级，即坡度因素限制等级高的组合类型全部划为类型区Ⅰ；当坡度因素限制等级为中等，而其他因素的限制等级为中等或者低等时，该类组合也划入类型区Ⅰ。将灌溉因素限制等级高的组合划入类型区Ⅱ；灌溉因素或排水因素限制等级为中等，而其他因素的限制等级为低等时，该类组合也划为类型区Ⅱ，当灌溉排水和田间道路指标同时为高等或中等时，优先考虑农田水利设施的建设。将只有田间道路条件限制等级为高的组类划入类型区Ⅲ（图4-5）。

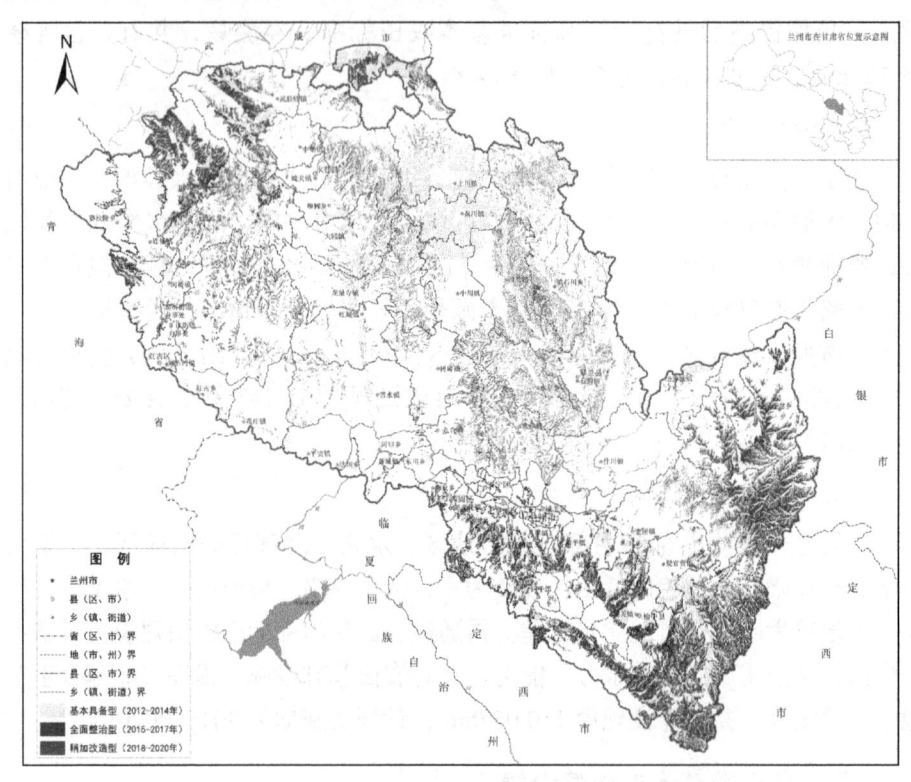

图4-5 兰州市高标准农田建设分区与时序安排（文后附彩图）

2. 高标准基本农田建设模式

根据土地利用限制因素的组合类型，可将兰州市高标准农田建设区分为3类，分别采取相应的建设模式。

1）坡耕地改造主导型整治模式

类型区Ⅰ内耕地面积达99 060 hm²，占区域总耕地面积的63%，分布面积最大。该类型区可选择坡耕地改造主导型整治模式，即以坡耕地治理为主要内容的整治模式，可采用基本农田建设与生态退耕相结合的综合整治模式，加强对土壤侵蚀和水土流失的防护与治理工作，这与兰州市丘陵地貌地势起伏大的实际相符，也说明坡耕地治理与利用将是兰州市高标准基本农田建设的重要内容。

2）农田水利设施建设主导性整治模式

类型区Ⅱ内耕地面积达 52 453hm²，占区域总耕地面积的 33%。零星分布于西部和中部的河谷和平台地区，该类型区域的高标准基本农田建设可选择农田水利设施建设主导型整治模式，应在与水利部门的水利工程建设相衔接的基础上，推进"最后一公里"农田水利建设，提高农田灌溉条件。

3）田间道路建设主导型整治模式

类型区Ⅲ内耕地面积达 5726hm²，占区域总耕地面积的 4%，主要分布于东北部和中部的浅丘和平台地区，此外西南和南部地势平缓地区也有零星分布，该类型内耕地由于地形条件限制不大，排灌设施条件基本较好，高标准基本农田建设可选择田间道路建设主导型整治模式，主要任务是通过平整土地，提高耕地有效利用效率，通过合理安排耕地布局，建设完善田间道路系统，使之达到高标准要求。

第五章
新常态下黄土丘陵区农村居民点整治研究

美丽乡村建设不仅是推进生态文明建设的重要任务，更是美丽中国建设的重要内容，农村居民点整治作为土地整治的重要组成部分，已成为推进美丽乡村建设的基本驱动力和重要平台。黄土丘陵区农村居民点布局散乱、利用粗放、用途不合理，且农村居住设施与居住环境落后，严重制约着美丽乡村建设。当前，急需在考虑农民实际承受能力、尊重农民意愿、注重乡土文化传承和绿色发展理念的基础上，结合黄土丘陵区特殊的地形地貌特征，推进农村居民点整治，引导农民集中居住，全面提升农村居民点用地利用效率。同时，按照有利生产、方便生活和公共服务均等化的要求，合理进行村庄功能分区，加强农村基础设施建设和农村环境集中连片整治，为新常态下黄土丘陵区建设"记得住乡愁"的美丽宜居乡村奠定坚实基础。

第一节　农村居民点空间分布及格局演变

一、农村居民点空间分布特征

农村居民点空间分布受地形、道路、水系、耕作半径等多种因素的影响，在此仅以兰州市七里河区为例，解析黄土丘陵区农村居民点的空间分布特征。

（一）农村居民点空间分布研究方法

1. 平均最邻近指数

主要用来判断农村居民点空间分布是集聚还是随机，计算公式如下：

$$\text{ANN} = \frac{\overline{D}_0}{\overline{D}_e} = \frac{\sum_{i=1}^{n} d_i / n}{\sqrt{n/A}/2} = \frac{2\sqrt{\lambda}}{n}\sum_{i=1}^{n} d_i \qquad (5\text{-}1)$$

式中，$\overline{D}_0$ 为各居民点斑块质心与其最邻近斑块质心的观测平均距离；$\overline{D}_e$ 是假设随机模式下斑块质心的期望平均距离；n 为斑块总数；d 为距离；A 为研究区面积；λ 为斑块总数 n 与研究区面积 A 的比值；如果 ANN<1，则居民点为集聚分布；反之，则趋向于随机分布。

2. 核密度估算

主要用于分析和检验农村居民点空间布局的密度大小，是一种统计非参数密度估计的方法。计算公式如下：

$$f(x,y) = \sum_{i=1}^{n} L(d_j/n)/nh^2 \qquad (5\text{-}2)$$

式中，$f(x,y)$ 为位置 (x,y) 的核密度值；n 为农村居民点斑块数量；h 为带宽；L 为核函数；d_j 为 (x,y) 位置距第 j 个观测位置的距离。该值越高，表明农村居民点空间分布密度越大，反之则越小。

3. 空间自相关

全局 Getis-Ord G 包括高值聚集和低值聚集两类，该指标主要用来分析农村居民点用地规模在区域全局性的布局模式；而局部 Getis-Ord G^* 则用来检测农村居民点用地规模在局部地域是否存在明显的高值聚集区或低值聚集区，即是否存在局部地域的"热点区"或"冷点区"。其数学模型分别为

$$G(d) = \sum_{i=1}^{n}\sum_{j=1}^{n} w_{ij}(d) x_i x_j / \sum_{i=1}^{n}\sum_{j=1}^{n} x_i x_j \qquad (5\text{-}3)$$

$$G_i^*(d) = \sum_{i=1}^{n} w_{ij}(d) x_j / \sum_{j=1}^{n} x_j \qquad (5\text{-}4)$$

式中，$w_{ij}(d)$ 为 x_i 和 x_j 之间的距离权重；x_i 和 x_j 分别为 i 和 j 区域的观测值；n 为农村居民点斑块总数。$G(d)$ 和 $G_i^*(d)$ 分别采用以下公式进行标准化：

$$Z(G) = [G_i^* - E(G)]/\sqrt{\text{VAR}(G)} \qquad (5\text{-}5)$$

$$Z(G_i^*) = [G_i^* - E(G_i^*)]/\sqrt{\text{VAR}(G_i^*)} \qquad (5\text{-}6)$$

式中，$E(G)$、$E(G_i^*)$ 分别为 $G(d)$ 和 $G_i^*(d)$ 的数学期望值；$\text{VAR}(G)$ 和 $\text{VAR}(G_i^*)$

则为 $G(d)$ 和 $G_i^*(d)$ 的数学方差。当 $G(d)>0$ 时，表示存在高值聚集；反之，则表示存在低值聚集。若 $Z(G_i^*)>0$，则表示属高值集聚的"热点"区；反之，则表示属低值集聚的"冷点"区。

4. 景观格局指数

景观生态学注重研究空间异质性和空间过程。农村居民点是一个不断发展的变化过程，将景观生态学方法引入农村居民点的研究中，可更好地描述农村居民点的分布特征。本书引入景观形态指数（LSI）、分裂指数（SPLIT）和蔓延度（CO-HESION）定量测度农村居民点的空间分异特征。

5. 区位特征指数

区位特征主要指农村居民点所处位置的地势条件、交通便捷性及经济辐射程度，分别用地势优劣度 H、交通通达度 D_r 和城镇邻近度 D_t 三个指标来反映农村居民点的区位特征。

1）地势优劣度

$$H_i = \sum h_i a_i / A \tag{5-7}$$

式中，H_i 为面积加权后的农村居民点地形坡度，反映其分布地势条件；h_i 为农村居民点斑块 i 的地形坡度；a_i 为农村居民点斑块 i 的面积。

2）交通通达度

$$D_{ri} = \sum d_{ri} a_i / A \tag{5-8}$$

式中，r_i 为面积加权后的农村居民点邻近道路的距离（m），反映其分布的交通通达情况；d_{ri} 为农村居民点斑块 i 邻近道路的距离（m）。

3）城镇邻近度

$$D_{ti} = \sum d_{ti} a_i / A \tag{5-9}$$

式中，D_{ti} 为面积加权后的农村居民点邻近城镇的距离（m），反映其受到的城镇辐射情况；d_{ti} 为农村居民点斑块 i 邻近城镇的距离（m）。

对农村居民点分布各区位特征指标进行极值标准化处理后，运用几何平均法计算不同区位综合特征指数 $F_k(X_i)$，表达式如下：

$$F_k(X_i) = \sqrt[n]{X_1 \cdot X_2 \cdots X_n} \tag{5-10}$$

式中，X_i 为不同区位特征指标归一化值，$i=1, 2, 3, \cdots, n$；k 为不同区位特征要素，$k=1, 2, 3$；$F_k(X_i)$ 为不同区位综合特征指数，$F_k(X_i) \in [0, 1]$。

（二）农村居民点空间布局特征

借助平均最邻近指数和核密度估算，对兰州市七里河区农村居民点的空间格局特征进行研究，发现七里河区农村居民点空间布局的平均最邻近指数为 0.45，最邻近比率小于 1，且检验值 Z 为 −44.1（图 5-1），说明七里河区农村居民点

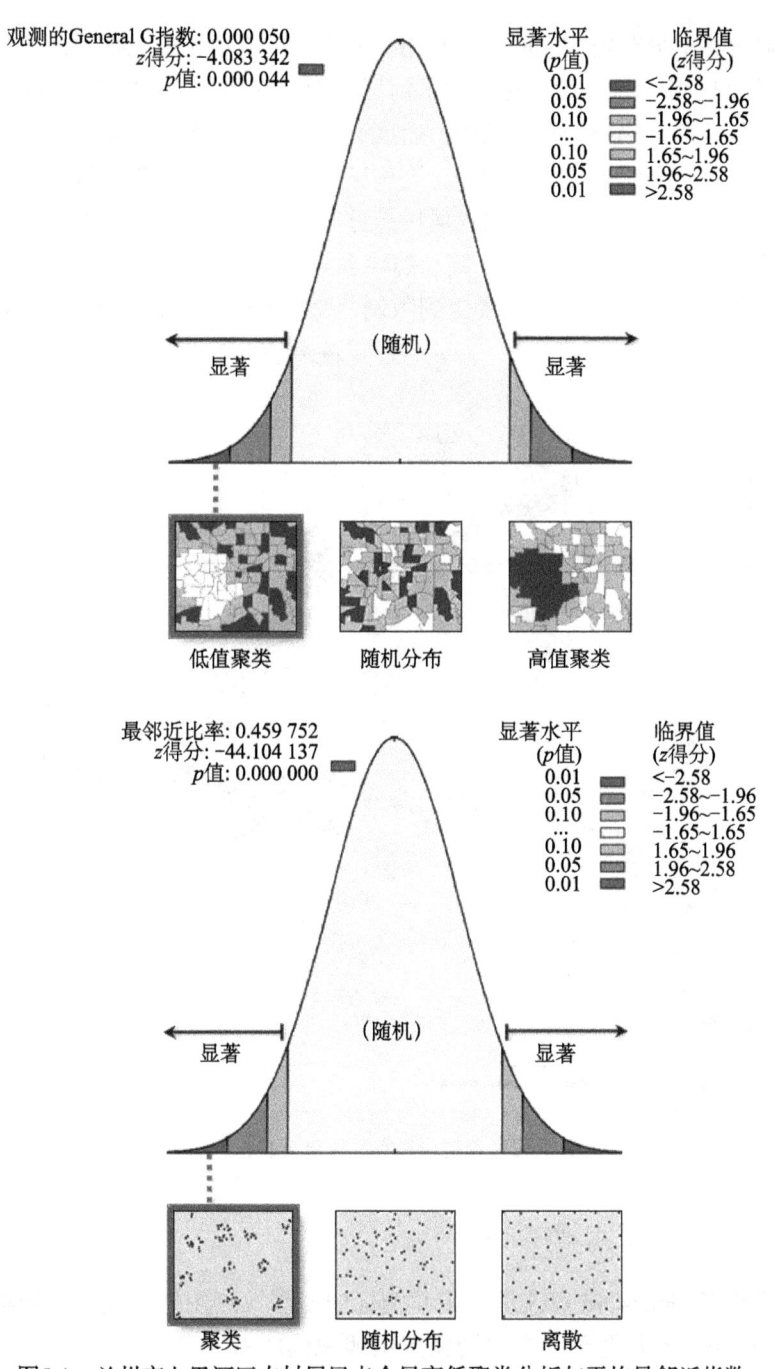

图5-1 兰州市七里河区农村居民点全局高低聚类分析与平均最邻近指数

空间布局为集聚分布模式。同时，利用核密度分析方法生成七里河区农村居民点分布的密度图（图5-2），发现七里河区农村居民点的空间分布密度总体上由北向南呈条带状集中分布。其中，密度高值区主要分布于七里河区的彭家坪镇、黄峪乡、西果园镇、八里镇等，这些区域大部分属于沟谷地区，谷地地势平坦，土壤肥沃，开发较早，农村居民点分布较为密集；低值区主要位于七里河区南部石质山地区，涉及阿干镇、魏岭乡等地区，这主要是由于山地居多，土壤肥力低且降水少，农业发展受到限制，交通不便，农村居民点分布较少。

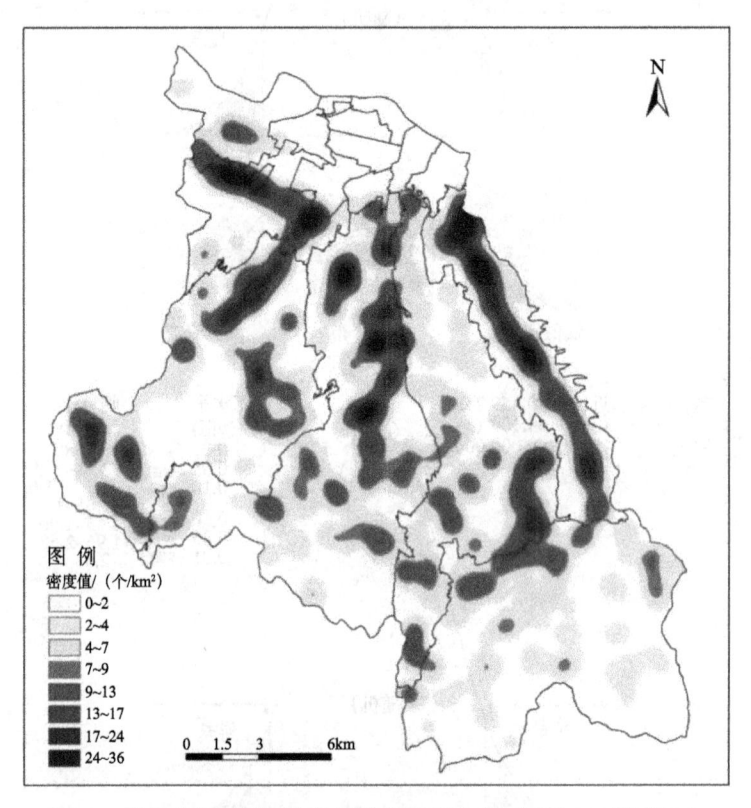

图5-2　兰州市七里河区农村居民点核密度分析图（文后附彩图）

（三）农村居民点规模分布特征

运用全局 Getis-Ord G 来测度七里河区农村居民点用地规模的全局集聚特征，发现2014年七里河区农村居民点用地规模的 $G(d)$ 值为 0.000 050，低于 $E(d)$ 值 0.000 060，且 $Z(d)$ 值为 −4.083 342，为负值，表明农村居民点用地规模空间分布呈显著的低值集聚特征。

利用空间"热点"探测工具对七里河区农村居民点规模的局部分异进行研

究，绘制农村居民点的规模分布可视化"热点"图（图5-3），发现农村居民点规模较大的乡镇主要分布在彭家坪镇、西果园镇、八里镇、魏岭乡南部等，在这些乡镇形成了大规模集中的"热点"区；农村居民点规模较小的乡镇主要分布在黄峪乡、阿干镇南部、魏岭乡北部等，形成了小规模分布的"冷点区"。总体来看，七里河区农村居民点规模的空间分布受地形影响呈现出北高南低、条带分布的特点；同时，七里河区农村居民点规模分布与密度分布在沟谷地区呈现较明显的正相关性，存在高密度、大规模农村居民点分布并存的空间特征。

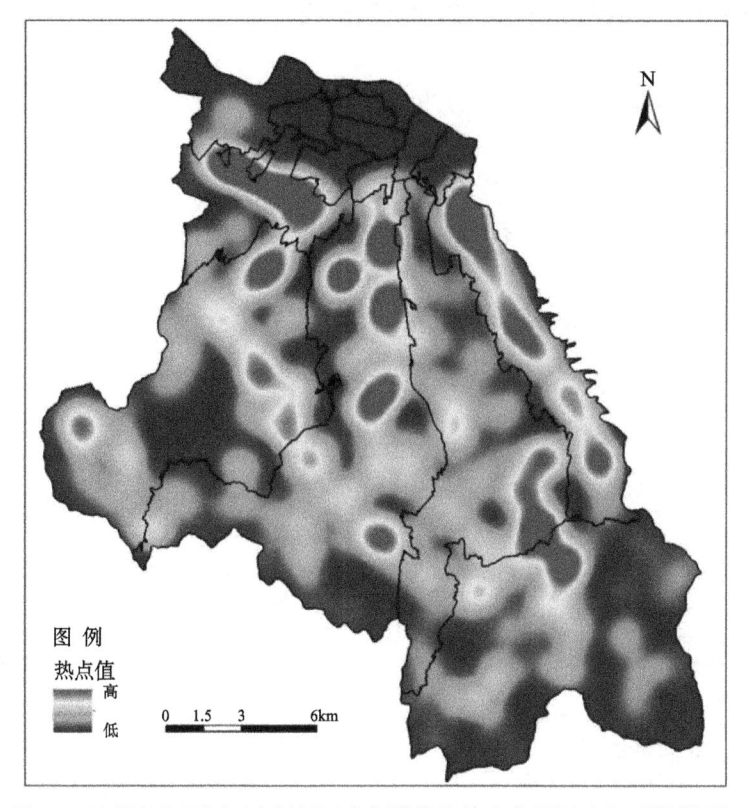

图5-3　兰州市七里河区农村居民点规模集聚热点分析图（文后附彩图）

（四）农村居民点形态分布特征

基于景观格局指标对七里河区农村居民点形态进行研究，其特征如下（图5-4）。

在景观形态指数（LSI）方面，七里河区农村居民点景观形态指数主要集中在高值区，低值区分布零散，呈条带状。说明七里河区总体农村居民点图斑形态不规则，复杂程度高，这主要由于该区地处陇中山地和黄土丘陵区，大部分为山区，地形起伏度较大，农村居民点空间分布形态受地形影响较大；低值区主要集中在彭家坪镇，该地区位于河谷阶地，地势平坦，土壤肥沃，水源充足，公共服务、交通便利，农村居民点形态复杂程度小且变化稳定。

在分裂指数（SPLIT）方面，七里河区农村居民点分裂指数呈现出北低南高的格局，阿干镇、西果园镇南部等乡镇由于农村居民点规模较小，且大多位于山地丘陵区，破碎化程度较高；而北部地区分裂指数普遍较低，农村居民点分布破碎化程度相对较低。总体来看，七里河区农村居民点的分裂指数整体较低，大部分村庄斑块较为集聚，破碎化程度低。

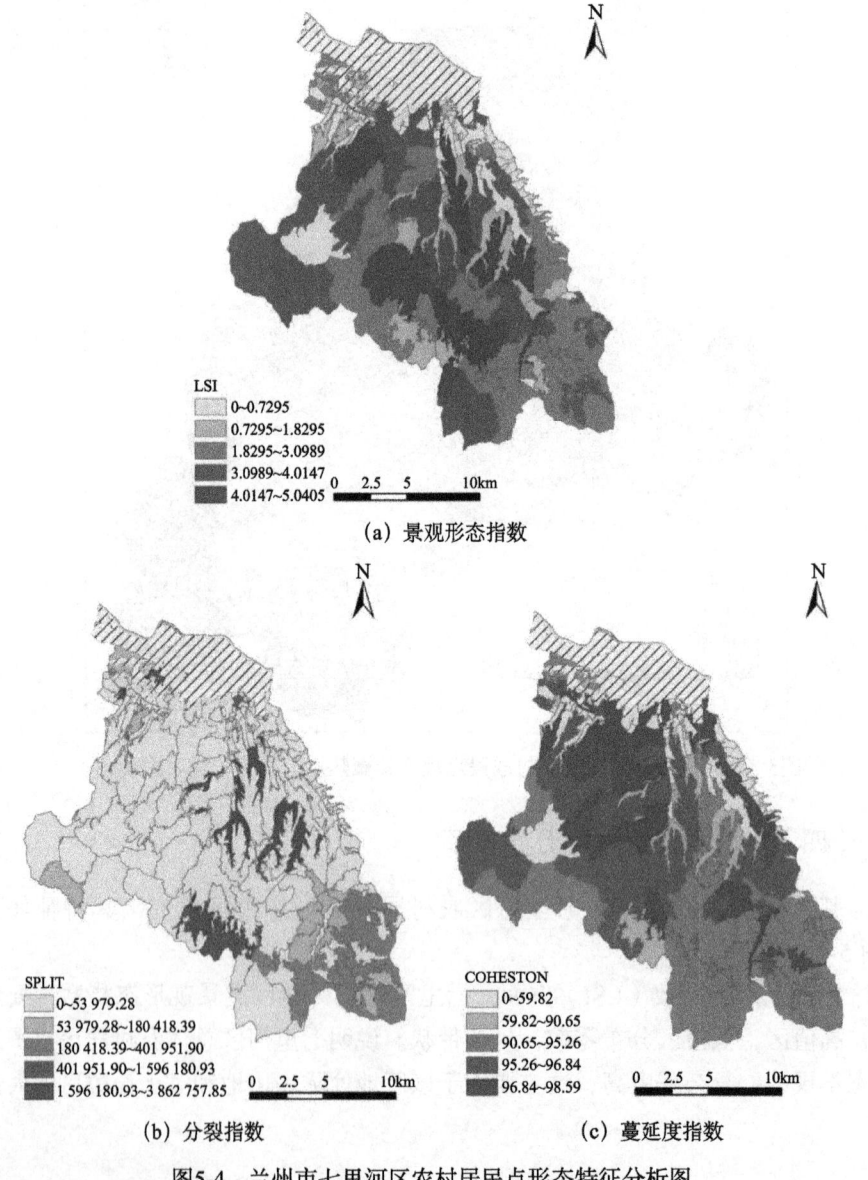

图5-4 兰州市七里河区农村居民点形态特征分析图

在蔓延度（CO-HESION）方面，七里河各地的蔓延度指数差距较小，大部分数值在 90～98，具有较好的连接性和稳定性，其中彭家坪镇、西果园镇、八里镇、黄峪乡蔓延度指数较高，连续性较强；阿干镇、魏岭乡蔓延度指数较低，连接性较差，集聚性不强，景观破碎化程度最高。总体上来看，农村居民地蔓延度由北向南变化较大，北部蔓延度指数较高且变化平稳，说明农村居民点分布的连接程度较高且总体稳定，而南部蔓延度指数较低，连续性、破碎化程度高。

（五）农村居民点规模分布特征

首先，从城镇邻近度、地势优劣度、交通通达度三方面分别对七里河区农村居民点分布区位特征进行分析（图 5-5）；其次，从整体出发对七里河农村居民点分布区位综合特征进行分析。

从城镇邻近度来看[图 5-5（a）]，农村居民点分布呈较强的近城镇指向性，82.25% 的居民点位于距离城镇 2500m 范围内，特别是河谷阶地和沟谷地区，受城镇吸引明显，居民点在城区周围多呈环绕状分布，在沟谷地区则呈带状分布。从图 5-5 中可以看出，八里镇、西果园镇北部和阿干镇等地区农村居民点城镇邻近度较高，其他地区如魏岭乡、西果园镇南部、阿干镇西部等的邻近度较低，主要是由于该地区位于二阴山区，自然条件较差，经济发展水平较低，城镇空间发育处于起步状态，周边农村居民点尚未受到较强的吸引，区位条件差。

从地势优劣度来看[图 5-5（b）]，七里河区有 40.14% 的农村居民点处于坡度 10°以下的地区，46.57% 的农村居民点集中在坡度 10°～25°的地区，有 13.28% 的农村居民点集中在坡度 25°以上的地区。总体来看，七里河区的农村居民点大部分处于坡度 0°～25°，25°以上的比例较小，地势条件一般，坡度偏高。

从交通通达度来看[图 5-5（c）]，七里河区农村居民点交通覆盖程度较高，有 56.67% 的农村居民点位于距离道路 500m 范围内，13.67% 的位于距离道路 500～1000m 范围内，15.46% 的位于距离道路 2000m 以外的地方，最远距离达 5242m，整体交通通达性较高。究其原因，主要是地形因素限制了交通道路和农村居民点建设条件，使得农村居民点沿公路呈条带状分布，因而交通通达度较好。

区位综合特征指数分析结果显示[图 5-5（d）]，指数小于 0.39 的农村居民点占全区总数的 74.74%，这类居民点多位于地形条件良好、交通便利、靠近城镇周边的地域，是农村居民点区位特征最优区域；区位综合特征指数大于

0.39 的农村居民点占全区总数的 25.26%，因其所处地域海拔较高，地形复杂，道路建设难度较大，部分区域远离道路和城镇，故成为区位条件较差区域。

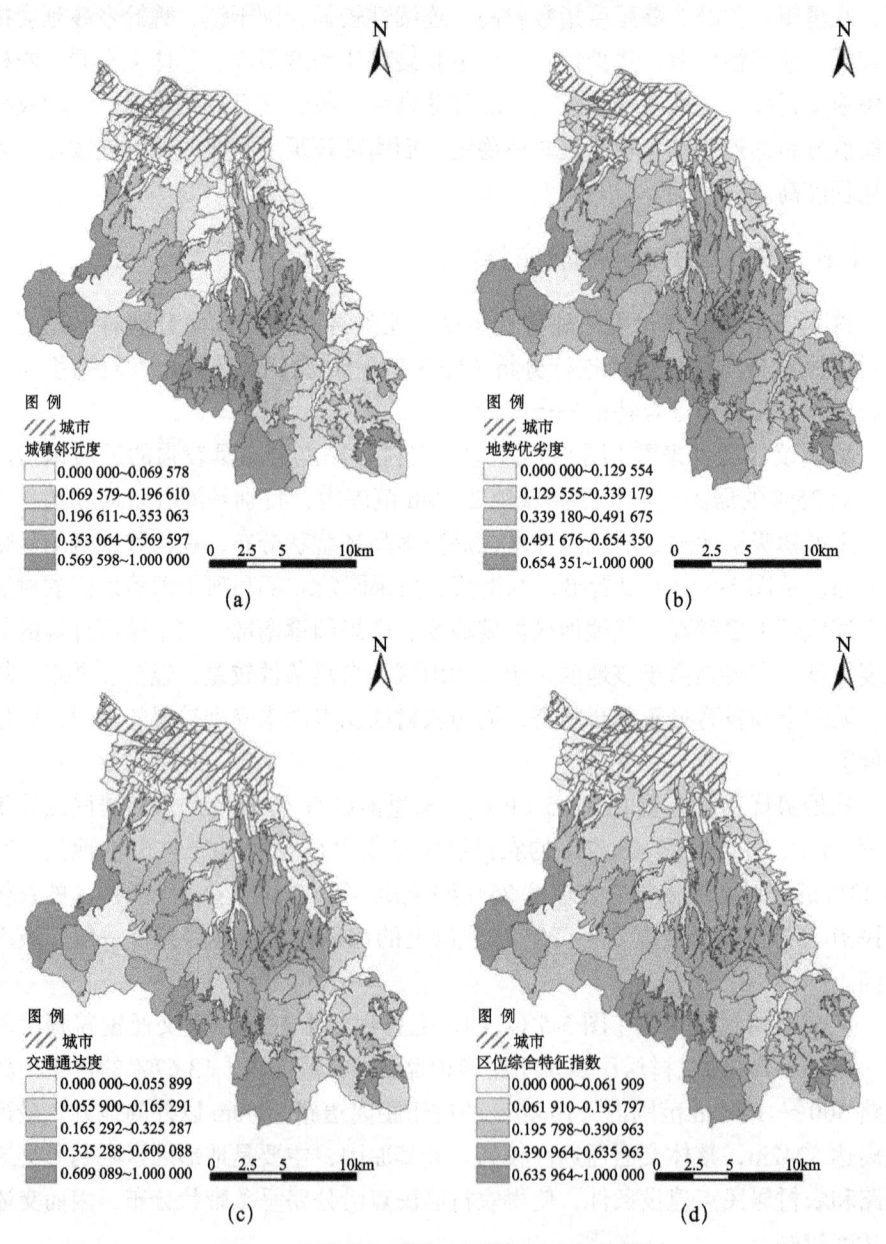

图5-5 兰州市七里河区农村居民点区位特征

二、农村居民点空间格局演变

全球化背景下可持续乡村景观的重构已成为当前国际地理学的重要发展方向和重点研究领域之一。本书以黄土丘陵区兰州市七里河区为研究对象，运用 GIS 空间分析、景观指数分析，并结合实地调研，深入探讨了黄土丘陵区农村居民点时空演变特征及其影响因素，剖析农村居民点空间格局的演变机理。

（一）数据来源与研究方法

1. 数据来源

研究数据主要包括三部分：①七里河区 2002 年 Landsat7 ETM 遥感数据（分辨率 30m）和 2012 年的 SPOT5 卫星影像（分辨率 10m），对其进行几何校正、坐标配准、影像融合，采用目视解译，将研究区土地利用类型划分为耕地、林地、草地、城乡居民点工矿用地、未利用地、水域六类；对解译所得数据分别用第一次土地调查数据和 2012 年土地利用变更数据进行精度验证，精度分别达到 83.56% 和 89.75%，符合研究要求；从中提取乡村聚落斑块及水系、道路等信息，作为本书的主要数据源；②七里河区 30m 分辨率的 DEM 数据和坡度数据，来源于中国科学院计算机网络信息中心地理空间数据云镜像网站；③七里河区社会经济发展数据来自于作者 2013 年 9 月至 2014 年 1 月前后 3 次在七里河区农业局、人口和计划生育局、国土资源局及各乡镇进行实地访谈了解所得，访谈内容涉及乡村农业、工业发展情况、新农村建设、农户人口流动、务工，以及收入情况、农户耕作模式、农村基础设施建设等内容。

2. 研究方法

基于上述数据，采用 ArcGIS 10.2 软件的空间分析模块，分析 2002～2012 年农村居民点的时空演变特征。

首先，利用地理信息系统建模方法，将高程和坡度组合成地形位指数，与农乡村居民点分布图进行叠加，分析农村居民点在地形位梯度上的演变特征，同时对道路、河流做等距离缓冲区，分析农村居民点时空演变与道路、河流之间的关系。

$$T = \lg\left[\left(\frac{E}{\overline{E}}+1\right)\left(\frac{S}{\overline{S}}+1\right)\right] \qquad (5\text{-}11)$$

式中，T 为地形位指数；E 和 $\overline{E}$ 分别为区域中任意一点的高程值及该点所在区域的平均高程值；S 和 $\bar{S}$ 分别为区域中任意一点的坡度值及该点所在区域的平均坡度值。高程越高，坡度越大的点，其地形位指数越大，反之则越小；高程较高但坡度较小或高程较小但坡度较高的点，则地形位指数适中。

其次，以居民点斑块为中心，分别以某一距离为半径生成居民点景观斑块的缓冲区图，建立拓扑关系后生成居民点缓冲区的分布图，将该图与耕地分布图进行叠加，经过不断计算居民点缓冲区的面积，得到不同区域农村居民点的耕作半径，据此讨论居民点分布格局与耕地的关系。在计算中心城区对农村居民点演变的影响时，以其为中心，分别以 0～25km 为半径生成缓冲区，计算各距离带内居民点斑块面积和斑块数目。在上述分析的基础上，结合七里河区社会经济发展状况，探讨黄土丘陵区农村居民点空间演变机理与格局优化模式。

（二）乡村聚落的时间演变特征

借助 ArcGIS 10.2 软件，从两期土地利用现状图中提取农村居民点用地，生成农村居民点分布图，并选取农村居民点斑块数（NP）、斑块总面积（CA）、平均斑块面积（MPS）、斑块密度（PD）、最小斑块面积（MINP）、最大斑块面积（MAXP）等聚落景观指数进行统计对比分析（表 5-1）。

表 5-1　兰州市七里河农村居民点景观指数变化

年份	斑块数/个	斑块总面积/hm²	平均斑块面积/hm²	斑块密度/(个/km²)	最小斑块面积/hm²	最大斑块面积/hm²
2002	1102	1905.8	1.81	2.8	0.017	21.76
2012	1611	1922.93	1.19	4.08	0.029	16.15
差值	509	17.13	−0.62	1.28	0.012	−5.61

从表 5-1 可看出，2002～2012 年七里河区农村居民点落斑块数（NP）和斑块密度（PD）分别增加 46.19% 和 45.7%，斑块密度较高（4.08 个 /km²）；两个时期居民点斑块面积差异较大，其中，最小斑块面积（MINP）增大 70.6%，最大斑块面积（MAXP）减小 25.8%，平均斑块面积（MPS）减小 34.3%。这表明，10 年来七里河区农村居民点扩展较快，斑块数目大幅增加引起了斑块密度增大，同时因受国家对农村居民点面积（人均农村居民点面积不超过 150m²）的严格要求，农村居民点斑块面积逐渐减小，以减少对耕地的占用；但也受地形地貌的限制，居民点斑块破碎化程度加剧，景观趋向于异质、不连续性的过程。

七里河区地形复杂，包括中低山地、丘陵地带、河谷川台阶地三种地貌类型，为了进一步分析10年来该区农村居民点空间演变特征，分别计算2002年、2012年不同地貌区的居民点景观指数（表5-2）。与2002年相比，2012年川台区斑块数目仅增加24.2%，主要原因在于城市扩展占用城郊居民点用地，斑块数目变化不大，平均斑块面积减小；而在丘陵区斑块数目增加最大，达到73.6%，居民点主要分布在沟谷底部地形较为平坦处，且居民点斑块较破碎，平均斑块面积由2.02hm^{2}减小到1.27hm^2；中低山区斑块数目增加34.9%，平均斑块面积变化不大。总体来看，七里河区农村居民点发展较快，但受经济发展和自然因素影响，不同区域农村居民点发展程度存在差异。

表5-2 兰州市七里河区不同地貌区农村居民点景观指数变化

地貌类型	2002年		2012年	
	斑块数量/个	平均斑块面积/hm^2	斑块数量/个	平均斑块面积/hm^2
河谷川台区(<1700m)	264	2.06	328	1.25
丘陵山区(1700～2100m)	409	2.02	710	1.27
中低山区(2100～3080m)	424	1.45	572	1.20

（三）农村居民点的空间演变特征

利用ArcGIS 10.2软件中的Feature To Point模块，分别提取2002年和2012年农村居民点斑块的中心点，采用Kernel方法生成七里河区两个时期的农村居民点密度分布图（图5-6）。10年来，七里河区农村居民点密度明显增加，2002年该区农村居民点密集核心区的密度为6.2个/km^2，2012年达到8.61个/km^2，且由分散向集镇中心及三条沟谷地带集聚。具体来看，2002年城市周边及彭家坪镇、前山黄峪乡和八里镇、后山阿甘镇部分区域的农村居民点较密集（4.1～6.16个/km^2），而其余区域农村居民点较稀疏，从密集区向周边区呈阶梯状渐疏趋势，但也存在零星集聚现象；而2012年该区农村居民点密集区位于城郊及乡镇中心区，且集聚程度不断加剧（6.7～8.61个/km^2）。这说明，10年来随着城市蔓延和乡村城镇化进程加快，七里河区农村居民点呈"融合－迁移"趋势，即城镇用地快速扩张加速了周边村落的整合，即居民点"被城镇化"；与此同时，农村居民点由中、后山向前山、川台区迁移。

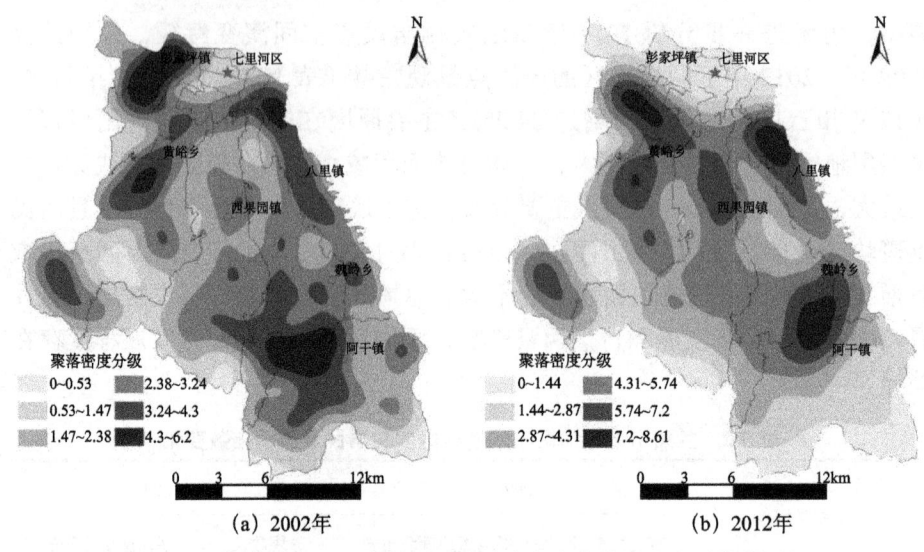

图5-6 兰州市七里河区农村居民点分布密度变化图（文后附彩图）

（四）农村居民点的空间演变

1. 基于地形位指数的农村居民点空间演变

地形因子是农村居民点空间分布的重要影响因素，尤其在丘陵山区影响更为突出。将七里河区地形位指数划分为6个等级（0.51~2.28），与两个时期农村居民点斑块叠加，统计不同地形位上的居民点斑块面积和数目，可揭示地形对农村居民点空间演变的影响（表5-3）。

表5-3 不同地形位指数下的兰州市七里河区农村居民点分布

地形位分级	居民点面积/hm² 2002年	居民点面积/hm² 2012年	居民点斑块数/个 2002年	居民点斑块数/个 2012年	2012年较2002年变化情况 变化面积/hm²	2012年较2002年变化情况 变化斑块数/个
1	500.73	450.56	766	863	−50.17	97
2	671.31	725.62	1191	1497	54.31	306
3	604.87	632.65	975	1299	27.78	324
4	152.64	159.36	473	610	6.72	137
5	4.54	4.34	39	29	−0.20	−10
6	4.29	3.16	23	12	−1.13	−11

由表5-3可知，随着地形位的增大，农村居民点面积和斑块总数整体呈下降趋势。其中，在2级地形位上居民点斑块分布最多，2级以上逐渐下降，至

5级以上地形位居民点斑块分布很少。与2002年相比，2012年农村居民点斑块数目和面积在各地形位上的变化程度不同，其中，2级、3级地形位上增加尤为明显，而5级、6级地形位上农村居民点面积和斑块数减少。可见，地形位小的区域地势较低，坡度相对平缓，水热条件好，交通便利，适宜农业耕作与人类生活，农村居民点发展迅速；而随着地形位的增大，地势崎岖、坡度较大、交通不便、环境脆弱，居民点发展受限制。

2. 基于通达性的农村居民点空间演变

交通条件为人类生产、生活中物质流、能量流和信息流的获取提供了一条便利的联结纽带，道路的分布格局影响着农村居民点空间结构的重组和农户居住空间的再选择。利用ArcGIS的缓冲区分析，以500m为半径，对七里河区一般等级公路进行缓冲区分析，并与2002年、2012年的农村居民点分布图叠加，可分析不同道路缓冲区内的居民点演变情况（表5-4）。

表5-4　不同道路缓冲区内的兰州市七里河区农村居民点分布

缓冲区/m	居民点面积/hm² 2002年	2012年	居民点斑块数/个 2002年	2012年	2012年较2002年变化情况 变化面积/hm²	变化斑块数/个
0～500	930.70	1055.92	465	869	125.22	404
500～1000	262.73	274.05	148	228	11.33	80
1000～1500	142.80	128.22	89	127	−14.58	38
1500～2000	186.94	152.74	107	118	−34.20	11
2000～2500	167.32	119.53	88	108	−47.78	20
≥2500	263.50	202.46	153	161	−61.04	8

从表5-4可看出，随着道路缓冲区距离的增加，2002年、2012年农村居民点面积和斑块数目均趋于减小，但不同道路缓冲区农村居民点表现出明显差异。其中，1000m以内道路缓冲区是农村居民点扩展的主要区域，尤其在500m以内，居民点斑块数占总数的70%以上，而随着缓冲区距离的增加，居民点斑块数目变化不大，且面积逐渐减少。可见，七里河区农村居民点空间分布的交通区位指向明显，距离道路越近，居民点空间分布越密集，且新增居民点布局在距离道路较近的区域。

3. 基于亲水性的农村居民点空间演变

农户生产、生活受水源地的制约，河流水系的分布对农村居民点的空间布局产生一定影响。基于ArcGIS的缓冲区分析，对七里河区河流水系以500m为间隔做缓冲区，将结果图层与2002年、2012年的居民点分布图进行叠加，可分析不同河流缓冲区内的农村居民点演变情况（表5-5）。

表 5-5 不同河流缓冲区内的兰州市七里河区农村居民点分布

缓冲区/m	居民点面积/hm² 2002年	居民点面积/hm² 2012年	居民点斑块数/个 2002年	居民点斑块数/个 2012年	2012年较2002年变化情况 变化面积/hm²	2012年较2002年变化情况 变化斑块数/个
0～500	683.13	775.33	316	611	92.20	295
500～1000	257.96	301.19	149	241	43.23	92
1000～1500	269.87	232.75	162	223	−37.12	61
1500～2000	253.83	229.58	148	191	−24.25	43
2000～2500	208.08	157.14	102	124	−50.94	22
≥2500	232.27	226.88	166	240	−5.38	74

从表 5-5 可看出，河流缓冲区 500m 以内的沟谷阶地是七里河区农村居民点分布最密集区域，2002 年、2012 年农村居民点斑块数量分别占总量的 35.9% 和 40.3%；距河流 0～500m 的区域，居民点也相对密集，斑块数量所占比例接近 30%；随着缓冲区距离的增大，居民点面积虽逐渐减小，但斑块数目增加，居民点破碎化程度加剧。可见，七里河区农村居民点分布一方面具有"亲水性"趋势，另一方面在中、后山部分区域居民点斑块稀疏、分散布局，究其原因，主要在于七里河区水系主要分布在三条沟谷地带，地势较为平坦，多为水浇地，形成彭家坪、西津、沈家岭三大灌区，农业产值较高，居民点布局较集中，随着距离的增加，耕地以旱地为主，产值较低，农户为获取更多效益，选择耕作半径较大的地域种植，故居民点布局零散。

4. 基于耕作半径的农村居民点空间演变

耕作半径影响着农村居民点的空间布局。受农业生产水平、耕作半径的影响，特定的居住地所控制和管理的耕地面积是一定的，因此，在特定区域内，当居民点缓冲区面积与耕地面积相等时，该缓冲的距离就相当于居民点的耕作半径。据此，利用缓冲区分析法，可分析基于耕作半径的兰州市七里河区农村居民点空间演变特征。

从表 5-6 可看出，10 年来七里河区农村居民点耕作半径减小了 9.8%。其中，川台区和丘陵区居民点耕作半径减小幅度较大，分别达到 33.6%、16.7%；而中低山区居民点耕作半径变化较小。可见，七里河区农村居民点演变与其耕作距离关系密切，前山地区因受农业规模化种植的影响，居民点逐渐向生产地转移，居民点分布趋于集中，耕作半径较短；而南部地区，多数耕地分布在山区，农户耕种限制性较大，耕作半径大，居民点分布则较分散。

表 5-6 兰州市七里河区农村居民点耕作半径变化

地区	2002年			2012年		
	实际耕地面积/km²	缓冲区距离/m	缓冲区面积/km²	实际耕地面积/km²	缓冲区距离/m	缓冲区面积/km²
全区	183.37	295	183.29	174.47	266	174.81
河谷川台区	15.54	113	15.59	8.89	75	8.72
丘陵山区	84.38	336	84.32	79.07	280	80.26
中低山区	83.45	315	83.38	86.51	302	85.83

5. 基于中心城区影响力的农村居民点空间演变

城市化进程会改变周边农村的区位条件及环境条件，进而影响到农户的居住空间再选择。随着城市化进程的加快，中心城市对周围城镇、乡村的吸引力将逐渐增强，对农村居民点空间布局产生极大影响。以七里河中心城区为中心，以 5 km 为单位，作 0～25 km 的缓冲区，生成 5 个距离带区间，可计算 2002 年、2012 年各距离带居民点斑块个数和居民点面积百分比，以揭示基于中心城区影响力的农村居民点空间演变特征（图 5-7）。

由图 5-7 可见，在中心城区 5km 以内，农村居民点分布受城市化影响最严重，部分居民点用地演变为城市用地，居民点斑块数和面积百分比减小；距离中心城区 5～15km 以内，农村居民点斑块个数和面积百分比大幅增加，其原因主要是城郊区（如彭家坪、八里镇、西果园镇）现代工业和现代农业的快速发展使居民点扩展迅速；距离中心城区 15km 以上的区域，农村居民点受中心城区发展辐射影响较小，但受小城镇发展的影响较大，小城镇发展对周边居民点产生吸引，使该区居民点斑块数增加，而使 20km 以外农村居民点数减少。可见，城镇化进程对七里河区农村居民点时空演变具有强烈的影响。

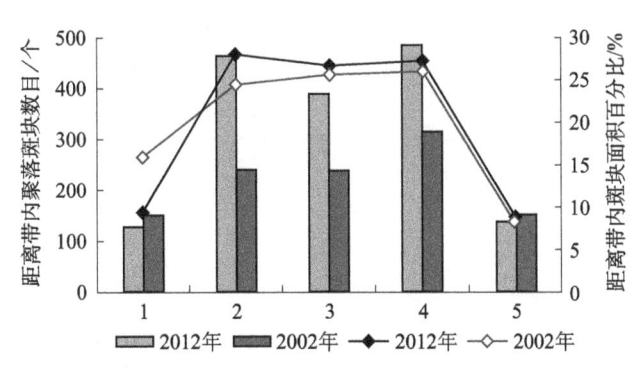

图5-7 各距离带内居民点斑块个数和面积百分比

注：横坐标轴每一距离区间为5km，0~25km共被划分为5个距离区间，按顺序编号

第二节 农村居民点整治潜力评价

一、农村居民点整治潜力评价方法

（一）农村居民点现状与分布

根据兰州市 2014 年土地变更调查，兰州市农村居民点用地为 30 175.27hm²，农业人口为 120.43 万人，全市人均农村居民点用地为 251.46m²，高于国家规定的村镇建设人均最高用地标准 150m²。

由图 5-8 和图 5-9 可见，农村居民点用地空间分布受所在区域地形地貌的影响，存在较大差异性。东北部、西北部、南部黄丘陵沟壑区，受地形、水源等条件限制较大，为了便于生产、生活，居民居住较为分散，农村居民点分布较为零乱；而在庄浪河谷地、黄河谷地，以及宛川河谷地等河谷盆地区，农村居民点分布相对较为集中。近郊四区人均用地相对较为集约（小于 200 m²/人）；永登县、皋兰县、榆中县人均用地面积相对较为粗放（200～310 m²/人）。

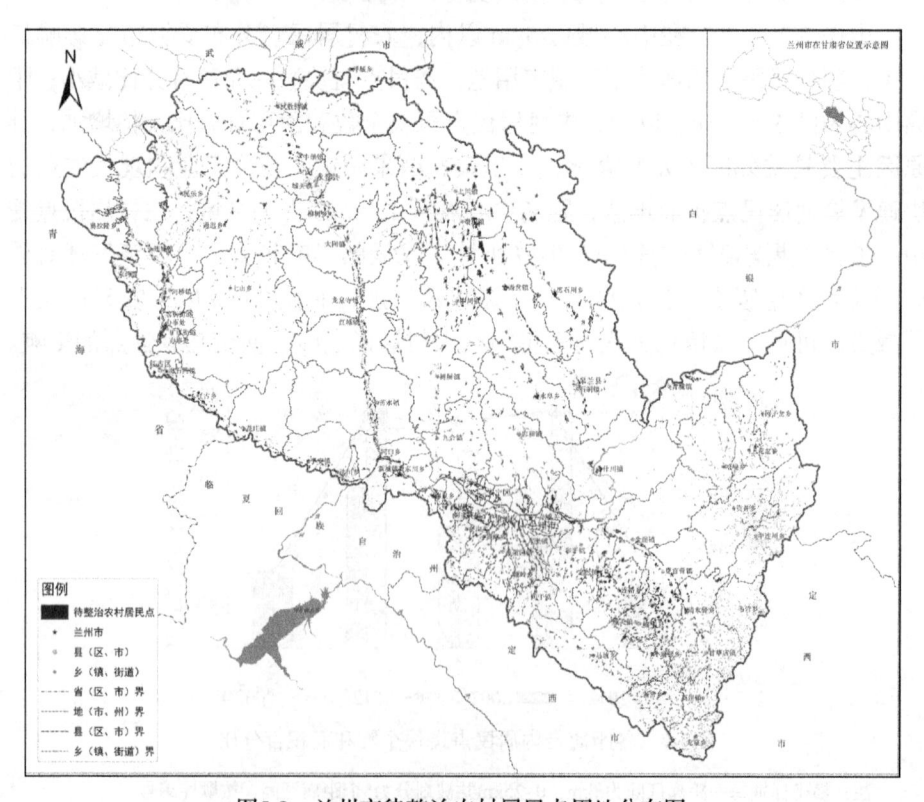

图5-8 兰州市待整治农村居民点用地分布图

图5-9 兰州市农村居民点用地状况

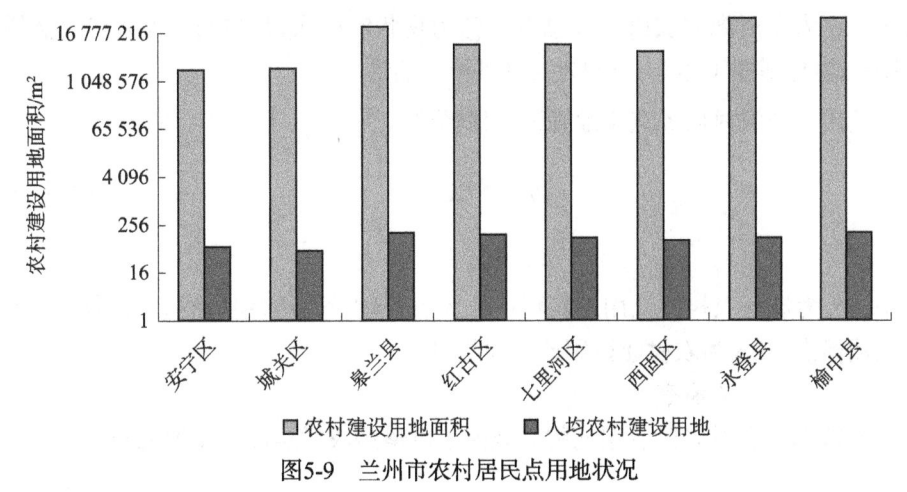

（二）农村居民点整治潜力测算

农村居民点整治潜力是在一定的社会经济条件下，通过农村居民点内部空间结构调整或迁村并点，在合理安排居住生活用地后"富余"的土地资源量。潜力大小主要取决于现状农村居民点用地规模、规划期末农村人口数量和人均用地标准、城镇化进程、当地社会经济发展水平等因素。农村居民点整治主要对象是农村居民点内部的建设用地、农村闲散地，通过对现有居民点用地内部结构调整，实现居民点建设用地的集约化、标准化和农村闲散地的充分利用。因此，农村居民点整治潜力主要是各级标准要求下的农村居民点用地的"节约"和居民点内部闲置土地规模之和。

1. 测算方法

1）理论潜力测算

农村居民点用地潜力评价的方法有很多，如人均建设用地指标法、户均建设用地标准法、土地闲置率法、城镇体系规划法或土地利用总体规划法和问卷调查法等。本书采用人均建设用地指标法，在调查分析县域范围内农村居民点用地总规模的基础上，参照村镇建设标准和当地宅基地标准，通过对高峰年人口数量与相应城镇化水平预测，测算各乡镇人口高峰年的合理农村居民点用地规模。通过对比现状和人口高峰年的合理农村居民点用地总规模，分析测算出可整治为耕地的面积和增加耕地系数。

首先，预测农村人口如下：

$$Q_t = Q_0 \times (1+r)^t \pm \Delta Q \tag{5-12}$$

式中，Q_t 为乡镇规划农村人口总数；Q_0 为现状农村人口总数；r 为人口自然增长率；t 为规划期（年）；ΔQ 为人口机械变动量。

其次，作农村居民点用地腾退规模预测。

$$S_t = B \times Q_t \quad (5-13)$$

$$\Delta S = S_0 - S_t \quad (5-14)$$

式中，S_t 为规划农村建设用地面积；S_0 为农村建设用地现状面积；B 为规划人均用地标准；ΔS 为农村建设用地腾退规模。

再次，计算节地率。

节地率＝农村居民点用地腾退规模／可整治农村居民点用地总规模

$$(5-15)$$

最后，确定新增耕地面积。

搜集已实施或规划实施的农村居民点用地整治典型区域的新增耕地系数或新增耕地面积，据此确定典型区域及其临近、相似区域农村居民点用地整治的新增耕地系数或新增耕地面积；对于尚未开展和无任何实施农村居民点用地整治规划的区域，则通过结合区域社会经济发展现状、未来发展规划等综合确定其新增耕地面积或新增耕地系数。

2）现实潜力测算

当前，农村居民点用地整治已在全国各地广泛开展，但也存在若干问题和偏差。农民居住与生活环境改变决策并非简单地追求经济利益最大化，而是追求生存、经济、社会等综合效益的均衡，其影响因素往往是综合性的。因此，本书从自然适宜性、生态安全性、经济可行性、社会可接受性和规划导向性五方面，建立了现实潜力修正测算模型。

一是自然适宜性修正系数的设定。自然适宜性修正系数主要根据农村居民点整治的自然适宜性评价结果来确定。适宜性评价以乡镇为评价单元，首先依据《农用地质量分等规程》（GB/T 28407—2012）中的自然质量分评价理论中的方法，计算出各农村居民点地块的自然适宜性指数。然后，利用地块指数－面积加权平均法，计算区域内农村居民点的平均适宜性指数来粗略修正，从而得出乡镇单元的自然适宜性。可将兰州市农村居民点整治的自然适宜性评价指标体系划分为盆地和丘陵山区两个评价指标区（表5-7）。

$$Ns_i = \sum_{k=1}^{m} w_k \cdot f_k / 100 \quad (5-16)$$

式中，N_{si} 为农村居民点地块 i 的自然适宜性指数；k 为评价因素编号；m 为指标的数目；w_k 为第 k 个评价指标的权重；f_k 为第 k 个评价指标的质量分值。

$$f(\mathrm{Ns}) = \sum_{i=1}^{n}\left(\frac{A_i}{A} \times \mathrm{Ns}_i\right) \quad (5\text{-}17)$$

式中，$f(\mathrm{Ns})$ 为某行政区农村居民点整治潜力的自然适宜性修正系数；A_i 为某行政区农村居民点地块 i 的面积；A 为某行政区内农村居民点总面积；n 为某行政区内农村居民点地块个数。

表 5-7 农村居民点整治潜力的自然适宜性评价指标体系

分值标准	河谷盆地						丘陵山区						
	土壤质地	土体构型	土壤有机质含量/%	灌溉保证率	排水条件	盐渍化程度	土壤质地	土体结构	土壤有机质含量/%	灌溉保证率	地形坡度/(°)	土层厚度	土壤砾石含量/%
100	重壤土	1级	≥4.0	充分满足	一级健全	无	中壤土	1级	≥4.0	充分满足	<2	无限制	1~5
90	黏土	2级	4.0~3.0	基本满足	二级健全	轻度	重壤土	2级	4.0~3.0	基本满足	2~5	厚层	5~10
80	中壤土	3级	3.0~2.0	—	—	—	黏土	3级	3.0~2.0	一般满足	5~8	—	—
70	轻壤土	4级	2.0~1.0	一般满足	三级健全	中度	轻壤土	4级	2.0~1.0	—	—	—	10~30
60	砂壤土	5级	1.0~0.6	—	—	—	砂壤土	5级	1.0~0.6	—	8~15	中层	—
50	砂土	6级	<0.6	无灌溉条件	—	—	砂土	6级	<0.6	—	—	—	—
40	—	7级	—	—	四级健全	重度	砾质土	7级	—	无灌溉条件	—	—	>30
30	砾质土	—	—	—	—	—	—	—	—	—	15~25	薄层	—
20	—	—	—	—	—	—	—	—	—	—	—	—	—
10	—	—	—	—	—	—	—	—	—	—	≥25	—	—
权重	0.20	0.15	0.13	0.25	0.15	0.12	0.15	0.12	0.11	0.20	0.12	0.10	0.10

注：表中土体构型分级按照《农用地分等技术方案》确定，1级为黏底轻壤、均质中壤、轻质轻壤、黏体轻壤；2级为夹砂重壤、砂底重壤、砂身黏土、壤底黏土；3级为夹黏轻壤、砂底轻壤；4级为均质砂壤、砾石体轻壤、砂底砂壤、砂体砂壤；5级为砾石底砂壤、砾石体砂壤、砂姜底砂质；6级为砂土；7级为砂砾

二是生态安全性修正系数的设定。生态安全性评价主要反映农村居民点整治的生态容许度和安全程度。为确保农村居民点整治不以破坏和牺牲生态环境为代价，本书采用"生态用地"一票否决的方式衡量农村居民点整治的生态安全性，即从农村居民点整治活动对周边生态系统稳定性的影响、地质灾害等生态问题对整治后耕地的可耕作性影响等方面出发，识别区域生态用地类型，界定区域生态用地核心区及其影响范围与等级，构建区域农村居民点整治的生态安全格局（表5-8）。

表5-8 农村居民点整治潜力的生态安全性评价指标体系

生态用地类型	生态因子	生态安全等级划分标准与赋值			
		不安全（1）	低安全（1）	中安全（1）	高安全（1）
水安全保障用地	河湖缓冲距离	<50m	50~100m	100~150m	>150m
	水源保护区类型	一级水源保护区	二级水源保护区	标准级水源保护	其他区域
	水源补给区类型	地下水补给高适宜区	地下水补给中高适宜区	地下水补给低适宜区	其他区域
生物多样性保护用地	国家级自然保护区	自然保护区	不安全区周边60m	不安全区周边60~200m	其他区域
游憩用地	风景名胜区、地质公园、森林公园等自然景观	核心区及游憩高适宜区	游憩中适宜区	游憩低适宜区	游憩不适宜区
	文化遗产廊道及各遗产点等人文景观	核心保护范围	严格控制范围	一般控制范围	其他区域
灾害规避与防护用地	泥石流、滑坡等地质灾害	极易发区与高易发区	中易发区	低易发区	非易发区
	水土流失	极敏感与高敏感区	中敏感区	低敏感区	不敏感区

上述生态因子在农村居民点整治生态安全格局的构建中具有同等的重要性，被赋予相同权重。将各单因子安全格局进行叠加，根据各因子的生态安全分级赋值，通过析取分析运算，可得到研究区综合生态安全格局。然后，将农村居民点地块与综合生态安全格局叠加，获取地块尺度的生态安全等级；对某一行政区而言，通过区域内各农村居民点地块面积与安全等级统计，即可计算得到农村居民点整理的生态安全性修正系数。

$$Es = Min(Es_1, Es_2, Es_3, Es_4) \tag{5-18}$$

式中，Es 为综合生态安全指数；Es₁ 为水资源安全指数；Es₂ 为生物多样性安全指数；Es₃ 为游憩安全指数；Es₄ 为灾害安全指数。当 Es=1 时，为农村居民点整治不安全级（生态用地核心区）；当 Es=3 时，为低安全级（生态用地辅助区）；当 Es=5 时，为农村居民点整治中等安全级（生态用地过渡区）；当 Es=7 时，为农村居民点整治高安全级（非生态用地）。

$$f(\mathrm{Es}) = \left(\sum_{i=1}^{n} A_i^{\mathrm{Es}>5} \right) \bigg/ A \quad (5\text{-}19)$$

式中，$f(\mathrm{Es})$ 为某行政区农村居民点整治潜力的生态安全性修正系数；$A_i^{\mathrm{Es}>5}$ 为某行政区内综合生态安全中级以上的农村居民点地块 i 的面积；A 为某行政区内农村居民点总面积。

三是经济可行性修正系数的设定。农村居民点整治不仅涉及房屋拆迁补偿、农田基础设施配套建设，还涉及新城镇、农村居民点建设和土地复垦，其中，整治资金的筹集、拆迁成本的高低，以及回报效益的满意度等因素决定着农村居民点整治潜力的实现程度。鉴于此，从投资能力、整理成本，以及经济效益等方面选取指标构建经济可行性评价指标体系（表 5-9）。

表 5-9　农村居民点整治潜力的经济可行性评价指标体系

因素层	权重	指标层	权重	指标说明
投资能力	0.53	人均GDP	0.45	正效应
		地方财政收入	0.32	正效应
		农民人均纯收入	0.23	正效应
整理成本	0.21	农村居民点内楼房用地比例	0.38	负效应
		城镇影响距离	0.32	负效应
		公路影响距离	0.30	负效应
经济效益	0.26	粮食单产水平	0.61	正效应
		工业用地最低出让金标准	0.39	正效应

首先，采用标准差标准化公式对行政区的概念型数据进行归一化处理；然后，采用指数衰减模型量化空间地块连续性数据，计算各行政区内地块尺度的指标值，并采用层次分析和因素成对比较法确定各指标权重；最后，利用经济可行性评价模型计算农村居民点整理潜力的经济可行性修正系数。

$$I_i = \begin{cases} (x_{\max} - x_i)/(x_{\max} - x_{\min}) \\ (x_i - x_{\min})/(x_{\max} - x_{\min}) \end{cases} \quad (5\text{-}20)$$

式中，I_i 为评价指标 i 的标准化值；x_i 为评价指标 i 的实际值；$x_{\max}$ 为评价 i 指标的最大实际值；x_{min} 为评价指标 i 的最小实际值。

$$F = \left[100 - 100^{(1-r_i)}\right]/100 \quad (5-21)$$

式中，F 为城镇或公路的影响指数；r_i 为城镇或道路相对影响半径，计算公式为 $r_i = d/d_i$，d_i 为城镇或道路缓冲距离，d 为城镇或道路影响距离公式。

$$d_{城镇} = \sqrt{S/(\pi \times n)} \quad (5-22)$$

$$d_{公路} = S/2l \quad (5-23)$$

式中，l 为研究区县级以上公路的总长度；n 为研究区的城镇个数；S 为研究区总面积。

$$f(\text{Ef}) = \sum_{i=1}^{m-i} w_i \left(\sum_{j=1}^{n-j} I_{ij} \times w_{ij} \right) \quad (5-24)$$

式中，$f(\text{Ef})$ 为某行政区农村居民点整治潜力的经济可行性修正系数；I_{ij} 为因素层 i 指标 j 的指标值；W_{ij} 为因素层 i 指标 j 的指标权重；w_i 为因素层 i 的权重；n 为各因素层的指标个数；m 为因素层个数。

四是社会可接受性修正系数的设定。由于经济社会发展对建设用地的需求日益增加，政府往往希望通过农村居民点整治腾退出更多的土地用于建设，并将农村居民点看作新增建设用地的重要来源，而不愿将其复垦为耕地，但迫于耕地总量平衡及耕地占补平衡的政策约束，政府也会通过农村居民点整治而增加耕地；同时，农村居民点是农民生活、生产的主要场所，农民意愿和可接受程度也影响着农村居民点的整治。因此，从政府和农民两个层面进行社会可接受性评价。参考经济可行性评价方法，计算某行政区农村居民点整治潜力的社会可接受性修正系数（表 5-10）。

表 5-10　农村居民点整治潜力的社会可接受性评价指标体系

因素层	权重	指标层	权重	指标说明
政府可接受程度	0.55	人均耕地面积	0.18	负效应
		可开垦耕地后备资源面积	0.21	负效应
		耕地整理潜力	0.26	负效应
		耕地数量减少率	0.35	正效应
农户可接受程度	0.45	农村第二、第三产业劳动力所占比例	0.39	正效应
		农村初中以上文化程度人口比例	0.18	正效应
		农村青壮年人口比例	0.14	正效应
		农村公共服务设施用地比例	0.29	负效应

五是规划导向性修正系数的设定。规划导向性修正是在自然适宜、生态安全、经济可行和社会可接受性均无约束的条件下，考虑空间用途管制等规划政策因素对农村居民点整治潜力释放的影响，即受城市规划、产业规划、交通规划、水利规划等影响，农村居民点会直接转为其他建设用地，从而降低农村居民点整治增加耕地的潜力，对此需要进行适当修正。选取城镇规划区、物流园、工业园、开发区等产业园区规划，以及县级以上规划公路与铁路等关键性建设用地为规划导向下的农村居民点整治潜力释放的建设用地空间管制范围，采用概念赋值法，确定规划导向下的农村居民点整治潜力修正系数，即当现状农村居民点地块落在空间管制范围（城镇规划区、产业规划园区内或规划交通廊道穿过）时，Pg =0；对于空间管制范围以外的农村居民点地块，Pg =1；对某一行政区而言，采用区域内空间管制范围以外的农村居民点用地比例数来修正。

$$f(Pg) = \left(\sum_{i=1}^{n} A^{pg=1}i \right) \Big/ A \qquad (5-25)$$

式中，$f(Pg)$ 为某行政区农村居民点整理潜力的规划导向性修正系数；$A^{pg=1}i$ 为某行政区内建设用地空间管控范围以外的农村居民点地块 i 的面积；A 为某行政区域内农村居民点总面积。

考虑自然适宜、生态安全、经济可行、社会可接受，以及规划引导等因素对农村居民点整治潜力释放的影响，建立农村居民点整治潜力逐级修正的预测模型：

$$P(R) = P(T) \times f(Ns) \times f(Es) \times f(Ef) \times f(Sa) \times f(Pg) \qquad (5-26)$$

式中，$P(R)$ 为农村居民点整治的现实潜力，即农村居民点整治增加有效耕地面积；$P(T)$ 为农村居民点整治的理论潜力；$f(Ns)$ 为自然适宜性修正系数；$f(Es)$ 为生态安全性修正系数；$f(Ef)$ 为经济可行性修正系数；$f(Sa)$ 为社会可接受性修正系数；$f(Pg)$ 为规划导向性修正系数。

2. 测算结果

通过分析测算（图 5-10），兰州市农村建设用地整治现实潜力总面积为 647.88hm²，主要分布在七里河区、城关区和西固区，其他县区分布较少。测算结果显示（表 5-11），通过农村居民点用地整治，兰州市农村居民点用地可腾退面积为 13 060.94hm²，可增加耕地总面积为 7836.56hm²。由于兰州市经济发展水平较低，农村居民点整治为耕地的成本较高，实际效益低、操作困难，因此农村居民点用地整治主要以城市规划区内城镇化融合和城市近郊区整治改建为主。

从空间分布来看，由于主城区不断延伸，城市对七里河区、城关区和西固区的辐射影响作用较强；此外，农村第二、第三产业较为发达，农民"离土不离乡"的非农兼业行为较普遍，农民收入较高，经济支撑能力较强，且农户的居住消费需求已发生改变，改善居住环境的愿望较强，而现状村庄分布较为零散、集约利用程度较低，布局缺乏科学的规划和引导，因而整治潜力较大。

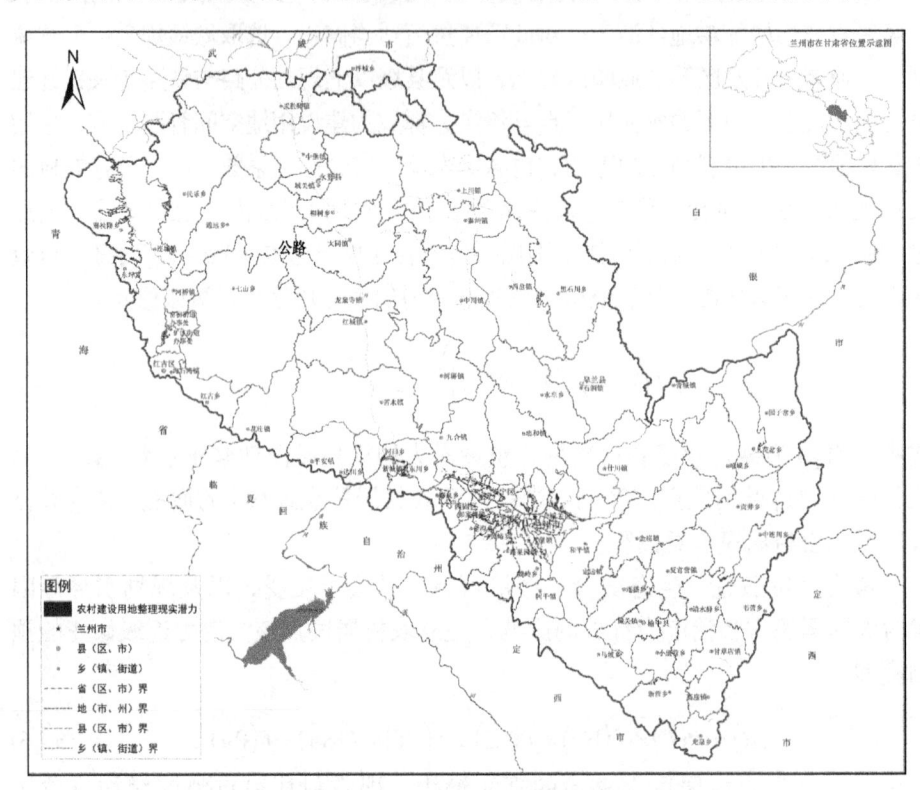

图5-10　兰州市农村居民点用地整治现实潜力分布图

表5-11　兰州市农村居民点设用地理论潜力测算及分级

县区	乡镇	农村居民点用地现状面积/hm²	农村居民点用地理论潜力/hm²	可增加耕地面积/hm²	潜力分级
安宁区	十里店街道	36.18	3.91	2.35	Ⅰ级
	刘家堡街道	62.07	3.08	1.85	Ⅰ级
	安宁堡街道	185.54	29.56	17.74	Ⅰ级
	沙井驿街道	109.99	44.97	26.98	Ⅰ级
	西路街道	6.58	2.08	1.25	Ⅰ级
	小计	400.36	83.6	50.17	—

续表

县区	乡镇	农村居民点用地现状面积 / hm²	农村居民点用地理论潜力 / hm²	可增加耕地面积 / hm²	潜力分级
城关区	青白石街道	368.37	230.41	138.25	Ⅲ级
	东岗街道	15.28	1.59	0.95	Ⅰ级
	雁北街道	1.21	1.21	0.73	Ⅰ级
	拱星墩街道	0.14	0.14	0.09	Ⅰ级
	焦家湾街道	0.82	0.82	0.49	Ⅰ级
	广武门街道	10.88	10.88	6.53	Ⅰ级
	伏龙坪街道	78.36	23.28	13.97	Ⅰ级
	小计	475.06	268.33	161.01	—
皋兰县	石洞镇	466.87	98.35	59.01	Ⅰ级
	西岔镇	1 317.62	1 032.44	619.46	Ⅴ级
	忠和镇	389.92	145.11	87.06	Ⅱ级
	什川镇	248.64	48.32	28.99	Ⅰ级
	黑石川乡	916.15	622.46	373.48	Ⅴ级
	九合镇	384.99	157.92	94.75	Ⅱ级
	水阜乡	416.96	200.57	120.34	Ⅲ级
	小计	4 141.15	2 305.17	1 383.09	—
红古区	矿区街道办事处	82.64	22.23	13.34	Ⅰ级
	花庄镇	278.16	71.98	43.19	Ⅰ级
	平安镇	291.11	46.95	28.17	Ⅰ级
	红古乡	320.9	116.53	69.92	Ⅱ级
	小计	972.81	257.69	154.62	—
七里河区	阿干镇	264.19	123.71	74.23	Ⅱ级
	八里镇	274.43	40.32	24.19	Ⅰ级
	彭家坪镇	172	15.24	9.14	Ⅰ级
	西果园镇	511.32	213.12	127.87	Ⅲ级
	魏岭乡	304.27	102.82	61.69	Ⅱ级
	黄峪乡	337.3	95.68	57.41	Ⅰ级
	小计	1 863.51	590.89	354.53	—

续表

县区	乡镇	农村居民点用地现状面积/hm²	农村居民点用地理论潜力/hm²	可增加耕地面积/hm²	潜力分级
西固区	陈坪街道	190.16	28.76	17.26	Ⅰ级
	四季青街道	91.84	2.7	1.62	Ⅰ级
	临洮街街道	27.61	14.72	8.83	Ⅰ级
	西柳沟街道	36.8	3.12	1.87	Ⅰ级
	达川乡	146.72	30.59	18.35	Ⅰ级
	河口乡	272.13	189.05	113.43	Ⅱ级
	东川乡	227.95	67.77	40.66	Ⅰ级
	柳泉乡	143.83	50.26	30.16	Ⅰ级
	金沟乡	127.31	67.27	40.36	Ⅰ级
	小计	1 264.35	454.24	272.54	—
永登区	城关镇	115.02	9.69	5.82	Ⅰ级
	红城镇	350.1	47.51	28.51	Ⅰ级
	中堡镇	359.88	112.29	67.37	Ⅱ级
	武胜驿镇	765.01	276.25	165.75	Ⅲ级
	河桥镇	453.19	79.03	47.42	Ⅰ级
	连城镇	371.07	43.83	26.3	Ⅰ级
	苦水镇	477.08	35.52	21.31	Ⅰ级
	中川镇	1 126.65	346.29	207.78	Ⅳ级
	秦川镇	1 280.19	492.64	295.59	Ⅳ级
	大同镇	505.51	147.84	88.7	Ⅱ级
	龙泉寺镇	532.22	226.1	135.66	Ⅲ级
	树屏镇	389.08	192.45	115.47	Ⅱ级
	上川镇	956.25	530.52	318.31	Ⅴ级
	柳树乡	586.82	211.56	126.94	Ⅲ级
	坪城乡	342.44	117.3	70.38	Ⅱ级
	民乐乡	964.19	372.61	223.57	Ⅳ级
	通远乡	445.94	208.9	125.34	Ⅲ级
	七山乡	361.92	256.79	154.08	Ⅲ级
	赛拉隆乡	10.97	6.39	3.83	Ⅰ级

续表

县区	乡镇	农村居民点用地现状面积/hm²	农村居民点用地理论潜力/hm²	可增加耕地面积/hm²	潜力分级
永登区	东坪乡	102.11	39.55	23.73	Ⅰ级
	小计	10 495.64	3 753.06	2 251.86	—
榆中县	城关镇	754.7	380.56	228.33	Ⅳ级
	夏官营镇	700.36	468.8	281.28	Ⅳ级
	高崖镇	321.74	175.08	105.05	Ⅱ级
	金崖镇	519.36	170.13	102.08	Ⅱ级
	和平镇	693.03	266.14	159.68	Ⅲ级
	甘草镇	472.99	236.31	141.79	Ⅲ级
	青城镇	249.98	20.76	12.46	Ⅰ级
	定远镇	625.36	359.84	215.9	Ⅳ级
	小康营乡	714.62	317.41	190.44	Ⅳ级
	连塔乡	827.95	359.79	215.88	Ⅳ级
	马坡乡	499.35	265.61	159.36	Ⅲ级
	新营乡	582.84	298.38	179.03	Ⅲ级
	清水驿乡	686.25	379.66	227.8	Ⅳ级
	龙泉乡	314.02	158.48	95.09	Ⅱ级
	韦营乡	247.16	161.8	97.08	Ⅱ级
	中连川乡	475.59	330.26	198.15	Ⅳ级
	贡井乡	408.75	296.33	177.8	Ⅲ级
	园子岔乡	376.85	250.84	150.5	Ⅲ级
	上花岔乡	379.63	266.25	159.75	Ⅲ级
	哈岘乡	256.6	185.53	111.32	Ⅱ级
	小计	10 107.13	5 347.96	3 208.77	—
	全市合计	29 720.01	13 060.94	7 836.59	—

注：①农村居民点用地面积为农村居民点用地现状总面积；②农村居民点用地可腾退规模=农村居民点用地现状面积-预测的规划目标年农村居民点用地面积；③农村居民点用地可腾退规模分级范围如下，0为无潜力区，0～100hm²为Ⅰ级潜力区，100～200hm²为Ⅱ级潜力区，200～300hm²为Ⅲ级潜力区，300～500hm²为Ⅳ级潜力区，>500hm²为Ⅴ级潜力区；④可增加耕地面积结合已实施或规划实施的农村居民点用地整治典型区域的新增耕地系数或可增加耕地面积，来确定典型区域或其临近、相似区域的农村居民点用地整治的新增耕地系数或可增加耕地面积；尚未开展和无任何实施农村居民点用地整治规划的区域，则结合区域社会经济发展现状、未来发展规划等确定其可增加耕地面积或新增耕地系数

二、农村居民点整治潜力分级

（一）农村居民点用地整治理论潜力分级

根据农村居民点用地可腾退规模大小，从小到大可依次将兰州市农村居民点用地整治理论潜力分为无潜力区、Ⅰ级潜力区、Ⅱ级潜力区、Ⅲ级潜力区、Ⅳ级潜力区、Ⅴ级潜力区（表5-12、图5-11）。

Ⅰ级潜力区农村居民点用地总可腾退规模为1108.04hm²，可实现新增耕地面积为664.82hm²，主要分布在东岗街道、四季青街道等35个乡镇街道。这些地区大部分离市区较近，受城市化影响较大，土地利用强度较高，整治潜力较小，还有一部分乡镇位置偏远，如青城镇，人口较少，可整治规模小。

Ⅱ级潜力区农村居民点用地总可腾退规模为2256.05hm²，可实现新增耕地面积为1353.63hm²，主要分布在魏岭乡、红古乡等15个乡镇街道。

Ⅲ级潜力区农村居民点用地总可腾退规模为3703.56hm²，可实现新增耕地面积为2222.14hm²，主要分布在通远乡、和平镇、青白石街道等15个乡镇街道。

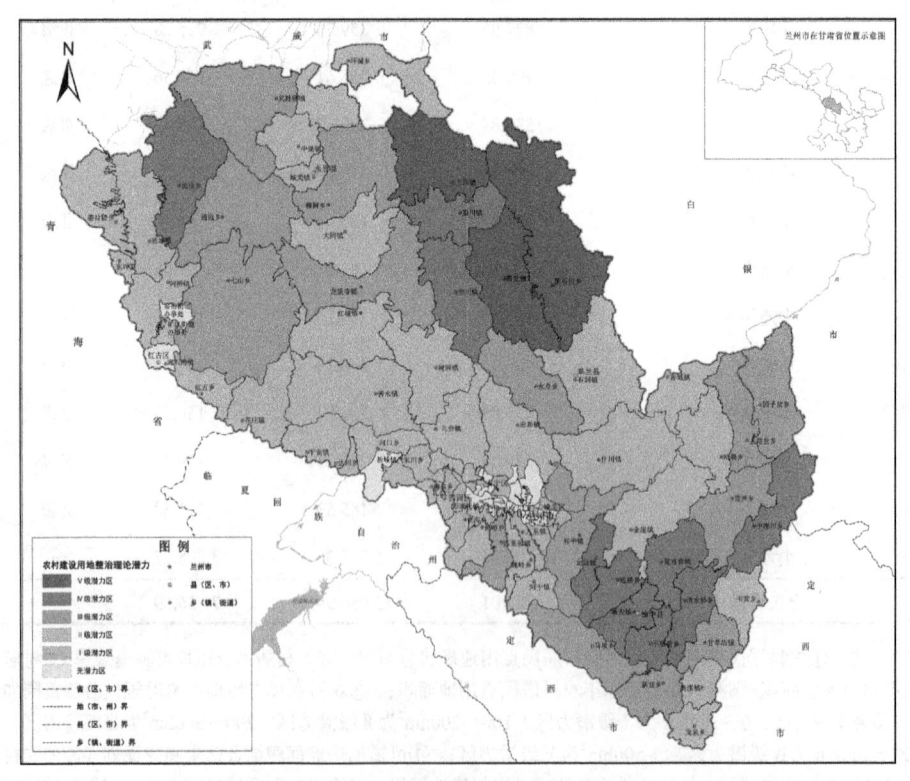

图5-11 兰州市农村居民点用地整治理论潜力分级（文后附彩图）

Ⅳ级潜力区农村居民点用地总可腾退规模为3807.87hm^2，可实现新增耕地面积为2284.72hm^2，主要分布在中川镇、夏官营镇等10个乡镇街道。

Ⅴ级潜力区农村居民点用地总可腾退规模为2185.42hm^2，可实现新增耕地面积为1311.25hm^2，主要分布在上川镇、西岔镇、黑石川乡3个乡镇街道。这些地区距离市区较远，经济欠发达，人口少且增长率低，农村房屋面积大，空置率高，整治潜力较大。

其他乡镇均为农村居民点用地整治无潜力区。

表 5-12　农村居民点用地整治现实潜力测算及分级表

县区	乡镇	农村居民点用地面积 / hm^2	农村居民点用地整治现实潜力 / hm^2	潜力等级
安宁区	十里店街道	36.18	0.16	Ⅰ级潜力区
	刘家堡街道	62.07	0.38	Ⅰ级潜力区
	安宁堡街道	185.54	30.65	Ⅱ级潜力区
	沙井驿街道	109.99	3.68	Ⅰ级潜力区
	小计	393.78	34.87	—
城关区	盐场路街道	14.04	3.56	Ⅰ级潜力区
	青白石街道	368.37	45.18	Ⅱ级潜力区
	广武门街道	10.88	10.56	Ⅰ级潜力区
	伏龙坪街道	78.36	59.43	Ⅲ级潜力区
	小计	471.65	118.72	—
七里河区	秀川街道	35.36	0.16	Ⅰ级潜力区
	八里镇	274.43	160.45	Ⅴ级潜力区
	彭家坪镇	172.00	47.54	Ⅱ级潜力区
	西果园镇	511.32	142.95	Ⅳ级潜力区
	魏岭乡	304.27	55.89	Ⅲ级潜力区
	黄峪乡	337.30	55.77	Ⅲ级潜力区
	小计	1634.69	462.77	—
西固区	新城镇	49.23	0.15	Ⅰ级潜力区
	河口乡	272.13	31.37	Ⅱ级潜力区
	小计	321.36	31.52	—

注：①农村居民点用地面积为农村居民点用地现状总面积；②农村居民点用地整治现实潜力规分级范围如下，0为无潜力区，0～30hm^{2}为Ⅰ级潜力区，30～50hm^{2}为Ⅱ级潜力区，50～100hm^{2}为Ⅲ级潜力区，100～150hm^{2}为Ⅳ级潜力区，>150hm^{2}为Ⅴ级潜力区

（二）农村居民点用地整治现实潜力分级

按照可整治现实潜力规模将全市农村建设用地整治现实潜力分为：无潜力区、Ⅰ级潜力区、Ⅱ级潜力区、Ⅲ级潜力区、Ⅳ级潜力区、Ⅴ级潜力区（图5-12）。

图5-12 兰州市农村居民点用地整治现实潜力分级图

Ⅰ级潜力区农村建设用地整治潜力规模为18.65hm²，占潜力区总面积的2.88%。主要位于盐场路街道、沙井驿街道、广武门街道乡等7个乡镇街道。

Ⅱ级潜力区农村建设用地整治潜力规模为154.74hm²，占潜力区总面积的23.88%。主要位于安宁堡街道、河口乡、青白石街道、彭家坪镇4个乡镇街道。

Ⅲ级潜力区农村建设用地整治潜力规模为171.09hm²，占潜力区总面积的26.41%。主要位于黄峪乡、魏岭乡、伏龙坪街道3个乡镇街道。

Ⅳ级潜力区农村建设用地整治潜力规模为142.95hm²，占潜力总面积的22.06%。主要位于西果园镇。

Ⅴ级潜力区农村建设用地整治潜力规模为160.45hm²，占潜力总面积的24.77%，位于七里河区的八里镇。

第三节　农村居民点整治分区及模式

农村居民点整治不仅涉及经济因素，也涉及自然条件、思想观念、生态环境等因素，特定区域的农村居民点整治模式需要与自身的乡村发展基础相适应。在"城乡增减挂钩""万村整治"等相关政策实施及"试点"推进的过程中，农村居民点整治模式选择成为学界关注的热点问题，本书以黄土丘陵区兰州市七里河区为研究区，以行政村为研究单元，基于乡村转型发展视角，开展农村居民点整治分区研究，并探寻富有地域特色的农村居民点整治模式。

一、农村居民点整治分区

本书基于乡村转型发展水平评价结果，确定农村居民点整治分区。

（一）乡村发展转型水平评价

1. 数据来源

研究数据主要包括两部分，一部分为社会经济统计数据，另一部分为空间数据。其中，农村居民人均纯收入、城镇居民人均可支配收入、农业化肥施用量、农村生产用电、农产品商品量、农产品总产量、有效灌溉面积、乡村医院床位数、第一产业产值、国内生产总值、居民房屋结构、城镇高中以上文化程度就业人口、乡村就业人员高中以上文化程度人数等社会经济数据来源于《兰州市七里河区统计年鉴（2005年）》《兰州市七里河区统计年鉴（2011年）》及各乡镇2005年和2011年统计年报；农村人口来源于七里河区卫生和计划生育局；水土保持面积来源于七里河区水利局；农村居民人均生活支出、百合生产基地面积等数据来自于作者在2012年11月至2013年3月前后3次实地调研和典型农户调查。

空间数据，如七里河区、乡（镇）、村三级行政区划矢量界线及土地利用现状数据（林地面积、耕地面积、农村居民点面积、通村公路长度、土地总面积）均来自于兰州市2011年土地利用变更调查数据库；研究区1∶50000数字高程模型（DEM）数据来自于国际科学数据服务平台；地质灾害易发面积来自于《兰州市"十二五"地质灾害防治规划》。

2. 研究方法

1) 乡村转型发展水平评价指标体系

乡村发展理论认为乡村系统本身的自然条件、资源禀赋、区位条件及其产业基础等内在因素和国际市场、国内市场、政策环境等外援驱动力的共同作用，是推动乡村系统发展的关键，不同区域随内在因素和外援驱动力的差异而形成不同的农业生产和相关产业的本底状况和转型程度。全面评价区域乡村转型发展水平，不仅需充分考虑其乡村发展层面的状态，还需全面描述其经济社会与产业结构变化与升级的转型过程，以及与不同发展状态与转型过程相匹配的最终效益。本书基于龙花楼（2012，2013）、杨忍等（2015）对乡村转型发展测度的研究，结合黄土丘陵区乡村发展特征及数据可获取性，构建了乡村转型发展的综合评价指标体系（表5-13）。

表5-13 乡村转型发展的综合评价指标体系

目标层	准则层	权重	支撑层	权重	要素层	权重	计算方法	说明
乡村发展水平	乡村发展度	0.34	农业生产条件	0.207	乡村交通条件	0.52	路网密度=通村公路长度÷村庄面积（m/m²）	+
					乡村灌溉条件	0.48	有效灌溉面积÷耕地总面积（%）	+
			农业生产水平	0.216	农业电力投入	0.51	农村生产用电（万kW·h）	+
					农业化肥投入	0.49	农业化肥施用总量（t）	+
			农民生活条件	0.206	居民房屋结构	0.59	乡村砖土木房屋面积÷乡村房屋总面积（m²）	+
					乡村医疗条件	0.41	乡村医院床位数÷乡村总人口（张/10⁴人）	+
				0.193	农民收入水平	0.49	农村居民人均纯收入（元）	+
					乡村消费水平	0.51	农村居民人均生活支出（元）	+
			乡村生态环境	0.178	森林覆盖率	0.26	乡村森林面积÷乡村土地总面积（%）	+
					地质灾害分布	0.28	地灾易发面积÷乡村土地总面积（%）	−
					水土保持系数	0.24	乡村水土保持面积÷乡村土地面积（%）	+
					海拔	0.22	从DEM数据中提取	−

续表

目标层	准则层	权重	支撑层	权重	要素层	权重	计算方法	说明
乡村转型度		0.33	增长方式	0.48	劳动力文化程度变化	0.48	乡村从业人员高中以上文化程度占就业人口比例变化（%）	+
					产业结构变化	0.52	第一产业产值占GDP比例变化（%）	-
			经营形式	0.52	农产品商品率变化	0.55	农产品商品量占农产品总产量比例变化（%）	+
					基地规模变化	0.45	百合与蔬菜生产基地面积占耕地面积比例变化（%）	+
城乡协调度		0.33	生产、生活条件对比	0.44	城乡教育条件对比	0.45	乡村中小学生人均校舍建筑面积÷城镇中小学生人均校舍建筑面积	+
					城乡医疗条件对比	0.55	乡村千人拥有床位数÷城镇千人拥有医疗床位数	+
			收支状况对比	0.56	城乡人均收入对比	0.59	农民人均纯收入÷城镇居民人均可支配收入	+
					城乡恩格尔系数对比	0.41	乡村居民恩格尔系数÷城镇居民恩格尔系数	+

注："+"表示指标为正向；"-"表示指标为负向

指标体系分为目标层、准则层、支撑层和要素层4个层级。目标层即乡村转型发展水平，准则层包括乡村发展度、乡村转型度、城乡协调度3个维度。其中，乡村发展度表征生产条件、生活水平、消费水平等5个指标进行评价；乡村转型度用增长方式、经营形式2个指标进行评价，主要考察2005～2011年七里河区农村经济支撑产业发展的转型程度，考虑到七里河区是兰州百合生产加工基地和高原夏菜的主要生产区域，为体现区域特色和农业产值的主要构成，选择百合和高原夏菜基地规模变化对乡村转型程度进行评价；城乡协调度用城乡教育条件、医疗条件、人均收入对比来表征。

本书通过向熟悉该研究区域的中国科学院寒区旱区环境与工程研究所、兰州大学、兰州市国土资源局、兰州市城乡规划设计研究院等单位的23位相关领域专家发放调查问卷，采用德尔菲法(Delphi)与层次分析法(AHP)，综合确定评价指标的权重。

2）指标量化与综合评价模型

首先，采用标准差标准化方法对各项指标原始数据进行无量纲处理。计算公式为正向指标：$X_i' = \dfrac{(X_i - X_{i\min})}{(X_{i\max} - X_{i\min})}$

逆向指标：$X_i' = \dfrac{(X_{i\max} - X_i)}{(X_{i\max} - X_{i\min})}$　　　（5-27）

式中，X_i' 为标准化后数据；X_i 为原始数据，$X_{i\max}$ 为原始数据中最大值；$X_{i\min}$ 为原始数据中的最小值。若 X_i 为越大越好型，为正向指标，若 X_i 为越小越好型，为逆向指标。

其次，采用加权求和方法进行逐级归并集成，依次得出 9 个支撑层、3 个准则层指标及乡村转型发展水平综合指数评价结果，计算公式为

$$S_n = \sum_{i=1}^{p}(W_i \times X_i) \quad (5\text{-}28)$$

式中，S_n 为指标 n 的单元归并值；p 为指标 n 包含的下一层级指标数；W_i 为各指标权重；X_i 为各指标标准化后分值。

最后，采用 ArcGIS 软件的自然断裂聚类法（natural breaks）对计算得到的各村乡村发展度、乡村转型度、城乡协调度 3 个准则层的分值及乡村转型发展水平综合指数进行分级排序，确定研究区乡村转型发展态势。

3. 乡村转型发展水平评价

1）乡村发展度评定与分级

七里河区乡村发展度在 0.071～0.641。由于自然资源条件与经济社会发展水平的明显差异，全区乡村发展度呈现出明显的海拔梯度格局 [图 5-13(a)]。Ⅰ级区主要分布在海拔 1700m 以下北部坪台地区。这一地区地势较为平坦，水热资源丰富，由于位于城市建成区周边，城市辐射对农业和农村发展起到了巨大推动作用，第二、第三产业发达，农村居民年人均收入和就业率分别达到了 8152 元和 92%，处于全区最高水平；Ⅱ级区主要分布在海拔 1700～2100m 的中部黄土丘陵地带，当地俗称"前山区"。区内虽梁峁起伏，沟壑交错，但灌溉条件较好，耕地类型以水浇地为主，拥有相对较好的农业与农村发展基础，是兰州市的"高原夏菜"生产基地。近几年农民合作社和家庭农场发展迅速，有效地促进了区域经济社会的快速发展，推动了乡村发展度的较快增长；Ⅲ级区主要分布在海拔 2100～2400m 的南部低山区；Ⅳ级区主要分布在海拔大于 2400m 南部中山区。南部中、低山区因处于区域南

部，城市的辐射影响作用甚微。由于海拔高、坡度大，农业基础薄弱，土地利用类型均为旱地。"粮＋百合"结构是种植业的主要特征，农户生产规模较小，经营管理较粗放，特色农产品开发的产业链条短而单一，其乡村发展度普遍较低。

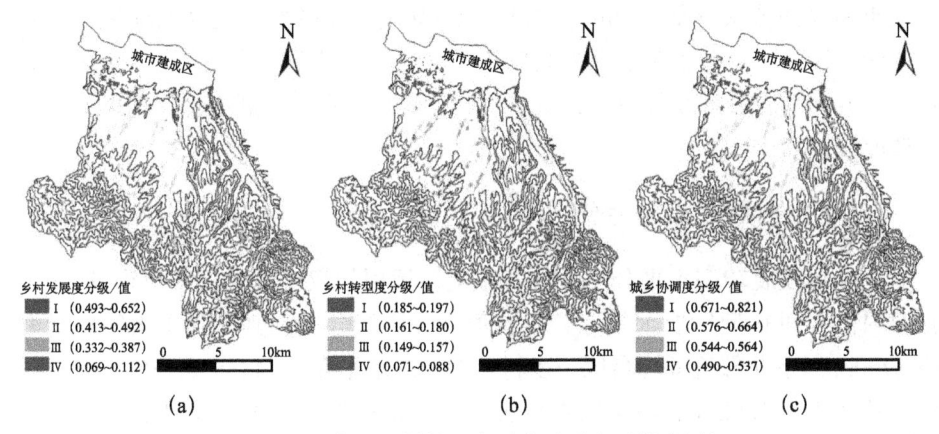

图5-13 研究区乡村转型发展水平（文后附彩图）

2）乡村转型度评定与分级

七里河区乡村转型度在 0.099～0.180。全区乡村转型程度虽在丘陵区呈现出东西分异，西部黄峪乡受水利、交通等基础设施条件的限制，其结构转型的强度普遍低于东部西果园镇和八里镇，但总体仍保持了坪台区—丘陵区—低山区—中山区的海拔梯度格局 [图 5-13(b)]。主城区的不断延伸和兰州高新技术开发区的入驻，使海拔 1700m 以下的北部坪台区（Ⅰ级区）工业企业发展迅速，并带来周边乡村产业结构和劳动力就业结构的优化调整，呈区内最高的乡村转型度；海拔 1700～2000m 的中部丘陵区（Ⅱ、Ⅲ级区）虽地处兰州市远郊，但城市的辐射影响作用仍较强，与城市间的物质、信息、技术流仅次于北部坪台区。由于农村第二、第三产业较为发达，农民对土地的依赖性较低，为土地规模化经营、土地流转创造了条件，使乡村转型程度呈现出较高水平；海拔 2000m 以上的阿甘镇等南部中、低山区（Ⅳ级区）尽管呈现出一定的乡村转型度，但由于社会经济发展基础较弱，乡村系统转型的外援和内在推动力相对较低。近些年该地区虽在大力推进生态退耕的同时，积极依托自身自然环境条件大力发展以百合生产为主的特色农业与以森林度假、民俗风情为主的旅游产业，但受产品结构单一、基础设施薄弱、管理服务不配套等因素影响，产业发展模式未出现显著改变，产业结构的转型升级处于缓慢行进的状态，乡村经济发展缺乏有效的支点和动力，乡村转型度相对较低。

3）城乡协调度评定与分级

七里河区城乡协调度在 0.537 ～ 0.671。城乡协调度特征与乡村发展度的格局基本相似，海拔1700m以下北部坪台区（Ⅰ级区）、海拔1700 ～ 2000m中部黄土丘陵区（Ⅱ级区）、海拔2000m以上南部低、中山区（Ⅲ、Ⅳ级区）呈现出明显的依次降低的梯度格局 [图 5-13(c)]。乡村发展度高的地区，教育投资能力较强，乡村教育条件和医疗条件较好，农村人均纯收入处于全区较高水平，城乡发展关系改善明显，城乡协调程度高。乡村发展度低的地区，城乡协调度较差。

（二）农村居民点整治分区

在乡村发展转型水平分项评价基础上，运用加权求和方法集成得到65个行政村的乡村转型发展水平综合评价值，并进行分级。其中，Ⅰ级区位于海拔1700m以下北部近郊坪台区，乡村转型发展水平在 0.442 ～ 0.5541，农村居民点总面积为389hm^2，占全区农村居民点总面积的20.23%；Ⅱ级区位于海拔1700 ～ 2000m的中部黄土丘陵区，乡村转型发展水平在 0.377 ～ 0.436，农村居民点总面积为676hm^2，占全区农村居民点总面积的35.16%；Ⅲ级区位于海拔2000 ～ 2350m中南部低山区，乡村转型发展水平在 0.324 ～ 0.358，农村居民点总面积为507hm^2，占全区农村居民点总面积的26.39%；Ⅳ级区位于海拔2350m以上的南部中山区，乡村转型发展水平在 0.252 以下，农村居民点总面积为351hm^2，占全区农村居民点总面积的18.22%。

鉴于此，将兰州市七里河区农村居民点整治分为四大区，即北部近郊坪台区、中部黄土丘陵区、中南部低山区及南部中山区。

二、农村居民点整治模式

兰州市七里河区农村居民点整治模式如图 5-14 所示。

（一）城乡融入型整治模式

彭家坪镇的蒋家坪村、崔家崖村及八里镇八里窑村、后五泉村等14个行政村属于北部近郊坪台区，该类乡村占七里河区乡村总数的21.54%，人均农村居民点面积为168m^2。近郊坪台位于城市边缘、区位条件好、乡村转型程度高，是城乡经济发展和互动交流的重要区域；同时，该区是城市建成区向农村纯农腹地的过渡性地域，排水不畅、环境恶化、违章搭建等"城乡结合部问题"较为明显。因此，该类乡村可选择城乡融入型整治模式，以新型城镇化建设为平台，在内部挖潜和整合的基础上，开展城镇居住区建设，实现农村居民点基础设施、环境维护、社区服务和管理与城市相融合，促进城乡经济社会协调发展。

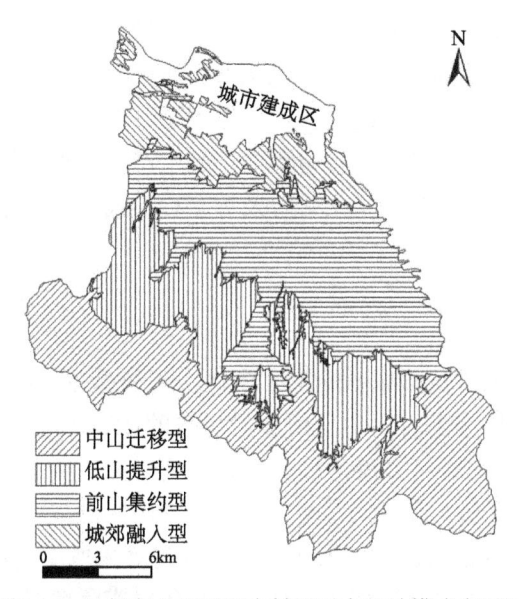

图5-14 兰州市七里河区农村居民点整治模式布局图

（二）前山集约型整治模式

八里镇岘口子村、西果园镇青岗村、魏岭乡绿化村等21个行政村属于前山丘陵区，该类乡村占七里河乡村总数的32.31%，人均农村居民点面积为268m²。前山丘陵区乡村转型发展水平较高，农民"离土不离乡"，非农兼业行为分布较广，农村经济多元化特征明显，经济支撑能力较强，居住消费需求已发生改变，对居住环境、条件改善的需求较为强烈，而现状村庄分布较为零散、集约利用程度较低，布局缺乏科学的规划和引导，整治潜力较大。鉴于此，此类乡村采取前山集约型整治模式，通过加强公共服务设施建设，改善农村生产和生活条件，将现有农村居民点逐步集中建设改造成为农村新型社区，通过宅基地置换方式科学引导现有农村居民点向中心村集中，结合高标准基本农田建设工程，集中连片推进农村土地整治，实现土地资源的集约节约利用。

（三）低山提升型整治模式

魏岭乡煤山村、阿干镇阿甘村、黄峪乡宋家沟村等16个行政村属于南部低山区，该类乡村占七里河乡村总数的24.61%，人均农村居民点面积为273m^2。该类乡村多呈独户或三五户分散于山间谷地，集聚整治空间有限，但一村一业、一户一景的原土风貌特征明显，且气候湿润、土壤肥沃，适合百合规模化种植，此外植被覆盖率较高、景观生态具有较强的层次感，观光农业发展基础良好。因此，该类乡村宜采取低山提升型整治模式，实施以"环境提升、产业提升"为目标的整治工程，优化农村居民点空间布局，改善农村居民点人居环境，在保留和保护传统村庄风貌原则下，对空闲地和低效利用地进行整治；依托百合特色优势产业，构造集农产品生产与观光、休闲、度假于一体的新型产业，通过自采、自摘及文化普及等多种形式，将农业资源优势转化为"美丽乡村"建设的经济引擎。

（四）中山迁移型整治模式

魏岭乡的白家岘村、黄峪乡的王家庄村、阿干镇的马场村等14个行政村属于南部中山区，该类乡村占七里河乡村总数的21.54%，人均农村居民点面积为175m^2，该类乡村经济发展落后、生活环境恶劣、生态环境脆弱，农村居民点布局分散、规模小、废弃比例高，且南部中山区已被规划为废弃矿山复垦区、退耕还林区、生态保护区，因此，该类乡村宜采取中山迁移型整治模式，对现有农村存量建设用地开展深入调查，结合各村实际情况，在充分尊重农民意愿的基础上，作出科学合理的城乡增减挂钩规划，清理分散的宅基地、农村废弃工矿用地，有计划、有步骤地将地质灾害易发区的农村居民点逐步向前山区进行整村搬迁，实现农村建设用地权属有序流转；因地制宜地将各种废弃、闲置的建设用地复垦为农用地，在阿甘林场保护区、自然灾害频发区、水土流失严重区，加大实施以保护和恢复自然生态环境为目标的造林工程，为区域可持续发展构筑生态屏障。

第六章
新常态下黄土丘陵区低丘缓坡未利用地开发利用与生态修复

随着城市化进程的快速推进，我国城市空间的发展面临着重大困境，一方面是大量耕地被占用，人地矛盾尖锐；另一方面是我国山地、高原、丘陵等土地资源非常丰富，却缺乏合理的开发利用。尤其在黄土丘陵区，不仅面临着城市建设用地紧张、交通拥堵及环境污染日趋严重等挑战，还面临着耕地资源紧缺、耕地保护形势严峻等挑战，当前急需拓展城市建设用地后备资源。事实上，黄土丘陵区拥有较多的荒山荒沟和低丘缓坡沟壑等未利用土地，尤其在城市周边，拥有大量区位条件优越、建设用地适宜性较高的未利用地。鉴于此，黄土丘陵区应积极开展低丘缓坡等未利用地的合理开发建设，拓展建设用地新空间，增加土地有效供给，减少对耕地尤其是优质耕地的占用，为黄土丘陵区城市可持续发展开辟新路径，为提升黄土丘陵区土地资源承载力、优化国土空间开发格局、推动"山水林田湖"生命共同体建设提供重要抓手。

第一节 低丘缓坡未利用地开发资源识别

一、低丘缓坡未利用地开发的必要性

（一）统筹经济发展与耕地保护、破解土地供需两难的必然选择

兰州市地处黄河上游，居于甘肃中部的黄土丘陵沟壑地带，地貌类型主要包括石质山地、黄土梁峁沟壑丘陵、河谷川台盆地等。其中，黄土梁峁沟壑丘陵占该市土地总面积的66%。目前，城市和工业主要集中在相对狭小的河谷盆地区，作为西北地区的中心城市和交通枢纽，急需拓展建设用地新空间，

以保证城市的可持续发展。低丘缓坡未利用地开发，既可以保护川区优质耕地，又可以拓展建设发展空间，是实现兰州市可持续发展的必然和现实选择。

（二）优化城乡用地布局、推进城镇化健康发展的重要平台

城镇盲目外延扩大、"摊大饼"式发展，已成为兰州市城镇化发展中多年难以解决的痼疾。这种城镇化模式，既占用了大量耕地，威胁到国家粮食安全和可持续发展，又加重了交通拥堵、环境污染等"城市病"。跳出平铺扩张、占用良田的急功近利型建设模式，建设山地城镇，不仅有利于形成科学合理的城镇体系和空间格局，更有利于农村就地城镇化，为顺利推进新型城镇化战略和城乡统筹发展战略提供了新思路。

（三）化解征地矛盾、促进社会和谐稳定的重要出路

加强土地资源管理，保护耕地是前提，节约集约是核心，惠及百姓是根本。当前，由征地引发的矛盾纠纷乃至群体性事件，已成为影响社会和谐稳定的一个突出问题，其中原因很多，而征占农民耕地，使农民丧失基本生产生活保障是其重要原因。利用荒山荒坡搞建设，不仅可避免征地纠纷，而且可以造福百姓、惠及民生。

二、低丘缓坡未利用地开发资源识别

由于低丘缓坡未利用地资源大多具有生态敏感性和生态脆弱性等特征，因而在其开发前应该优先识别与保护对维持区域生态安全具有至关重要作用的生态屏障，构建生态安全格局，从而促进区域可持续发展。

（一）识别原则

1. 延续保护城市山水格局

尊重兰州市当前的山水城市风貌，严格遵守《兰州市南北两山绿化建设管理办法》，对面向兰州主城区的南北两山自然山体全部予以保留，包括徐家山、白塔山、凤凰山、五一山、仁寿山、了高山、红山、望东山、远景山、长寿山、大青山、马家山、抱龙山、小黄岭、神仙子梁、小岘岭、虎头崖17座自然山体。

2. 保持水文水系形态

保持兰州市主城区鱼骨状水系形态，不对城市总体规划保留的排洪沟主沟道进行削填，对于泥石流沟，除非该沟谷全部进行削填，否则其沟道不得开

展削填。包括兰北新城罗锅沟、大沙沟、小沙沟、大浪沟、石台沟、马圈沟、李麻沙沟等26条洪沟，新区东龚八川、沙沟2条洪沟。

为了保证开挖高边坡的稳定，对以区县界为分水岭的地段，如果其自然坡度过陡，不得对其进行削山，以免形成的挖方边坡过陡而造成新的地质灾害隐患。

3. 保护风景名胜

保留已有及规划的名胜古迹、旅游景点、革命遗址、城市公园及周边构成环境，包括天府沙宫、白塔山公园、仁寿山公园、五一山公园、徐家山公园、九州文化创意园、凤凰台公园7处风景名胜。

4. 保护铁路及公路

高速公路、国道两侧50m范围设置为未利用地造地控制区，主要涉及巉柳高速公路、109国道及北环路等。

铁路干线路段两侧向外划定100m为未利用地造地控制区（《参照北京市铁路干线两侧隔离带规划建设管理暂行规定》《铁路运输安全保护条例》为15m）。主要涉及兰渝铁路、包兰铁路及规划的宝兰二线等。

5. 保护林地

不得对集中成片规模大于30亩且引水灌溉等保障措施齐全的林地，以及面向公路、铁路等面积小但林相较好地区进行削填，主要涉及主城区北部地区。

6. 保护基本农田

不得对集中成片规模大于30亩，且引水灌溉等保障措施齐全的基本农田进行削填，主要涉及新区东部的大西岔川和小川地区。

7. 保持工程地质稳定性

不得对黄土层浅、石方开挖量大的山体进行削移，主要涉及兰北新城东部的神仙子梁和新区东北部的萧家羊圈地区。

8. 保留特殊用地

不得对军事设施、公墓等用地进行削填，主要有国防四三一厂和主城区北部的青石渣公墓、卧龙岗公墓、长青园公墓。

9. 保护其他重要基础设施

不得对城市其他重要基础设施及公用设施进行削填，如高压线、垃圾处理场等。

（二）低丘缓坡未利用地开发区确定

低丘缓坡一般指海拔在 300m 以下，坡度在 6°～25° 的丘陵地带，主要包括荒草地、裸土地、废弃园地、低效林地等多种后备开发土地资源。基于上述限制要素的筛选，兰州市低丘缓坡未利用地开发主要涉及城关区、安宁区、皋兰县、永登县的西岔镇、九合镇、秦川镇、中川镇等九个乡镇，包括城北板块、兰州新区板块、皋兰西板块和树屏板块四个板块。区域范围东至城关区神仙子梁，南至北环路，西至永登县树屏镇机场高速向西约 3.5km，北至皋兰县西岔镇段家川村，南北跨度约 66km，东西向长约 38km，总面积为 32 802.93hm²，呈不连续状分布于兰州黄土丘陵山区（表 6-1）。

城北板块东至城关区神仙子梁，南至北环路，西至蛤蟆沟，北至北环路以北 10km 范围内，涉及皋兰县的什川镇、忠和镇、九合镇，城关区的青白石街道、盐场路街道，安宁区沙井驿街道，总面积为 106.03km²，加上白道坪和神仙子梁的石头山，则达 113.7km²；兰州新区板块东界为段家墩村—彭家墩—西岔镇—龚巴川，南至颜家沟，西界为直沟—山子墩村—姚家川—付家墩，北至高家庄，总面积为 60.85km²，涉及永登县的秦川镇、中川镇、树屏镇、皋兰县的西岔镇；皋兰西板块东至皋兰县城，向西约 4km，南至京藏高速，向北约 6km，涉及皋兰县的石洞镇、西岔镇、水阜，总面积为 16.38km²；树屏板块东以机场高速为界，向西约 3km，南至树屏枢纽，北至长涧沟，涉及永登县的树屏镇，总面积为 8.8km²。

表 6-1 兰州市低丘缓坡未利用地资源筛选结果

未利用地开发板块	造地片区/个	规划单元/km²			占用农林地情况/km²			填挖方量/万m³	
		造地面积	超30m填方区面积	可建设用地面积	林地面积	基本农田面积	一般耕地面积	总挖方	总填方
兰北新城	3	106.03	27.12	78.91	1.62	—	9.43	211 499	208 362
新区东	1	60.85	0.58	60.27	2.32	5.03	16.96	39 637	38 572
皋兰西	1	16.37	0.2	16.17	0.56	—	3.11	11 184	11 297
树屏西	1	8.8	0.01	8.79	0.23	—	2.41	5 247	5 288
合计	6	192.05	27.91	164.14	4.73	5.03	31.91	267 567	263 519

注：①兰州新城的数据不含白道坪和神仙子梁的石头山；②造地面积即规划单元面积，不含边坡

三、低丘缓坡未利用地开发建设生态风险评价

（一）生态环境现状评价

1. 生态状况评价

在《甘肃省生态功能区划》中，城北板块属于甘肃省生态功能区划中的第22个生态功能区，即"黄河谷地城市与城郊农业生态区"。该区位于黄河谷地，地势平坦，是我国重要的工业重地和交通枢纽；土地肥沃，农业集约化程度高，也是兰州市重要的粮、果、菜、副食品生产供应基地，也是甘肃省人口最多，经济活动最密集的地区。然而，该区天然植被破坏、生物多样性丧失、水土流失等生态问题严重，制约着黄河谷地城市与城郊生态功能区的可持续发展。

兰州新区板块属于甘肃省生态功能区划中的第25个生态功能区，即"秦王川灌溉农业与次生盐渍化防治生态功能区"。该区地处兰州北部"引大入秦"灌区，是兰州市域内最大的平川地区，土地资源丰富、空间开阔、地形平坦，具有广阔的发展潜力。该区也是兰州市及周边地区最大的一块高原盆地，地势比较平坦，工程地质条件好，但部分耕地盐碱化严重，更适宜发展非农产业和大规模开发建设，是兰州市最大的工业和城市建设待开发土地后备资源区，2012年获批的第5个国家级开发新区——"兰州新区"就位于该区。

皋兰西板块属于甘肃省生态功能区划中的第24和第17生态功能区，即"黄河两岸黄土低山丘陵农牧业与风沙控制生态功能区"和"黄土丘陵东部强烈侵蚀农业生态功能区"。该区土地资源以宜牧地为主，宜林地较少，山地、丘陵、川台地三级地貌发育，地势差异明显。

树屏板块属于甘肃省生态功能区划中的第24个生态功能区，即"黄河两岸黄土低山丘陵农牧业与风沙控制生态功能区"。该区面临着水资源严重短缺与水资源过度开发导致植被退化、土地沙化、沙尘暴等生态问题。

依据《生态环境状况评价技术规范（发布稿）（HJ 192—2015）》和现场调查，对兰州市低丘缓坡未利用地的生态状况进行了生物丰度指数、植被覆盖指数、水网密度指数、土地退化指数、环境质量指数和生态状况指数评价。各项指数的权重由专家打分法确定，林地、草地、耕地等面积根据2012年兰州市土地利用变更调查数据量算确定，固体废物年排放量、SO_2年排放量等环境质量指数测算数据根据调查统计数据确定（表6-2）。

生态状况指数（EI）=0.25× 生物丰度指数 +0.2× 植被覆盖指数 +0.2× 水网密度指数 +0.2×（100 − 土地退化指数）+0.15× 环境质量指数 　　（6-1）

表 6-2 低丘缓坡未利用地生态状况指数

板块	生物丰度指数	植被覆盖度指数	水网密度指数	土地退化指数	环境质量指数	EI
兰州城北	11.6	16.3	34.80	48.8	0.65	23.5
兰州新区	17.8	25.9	34.78	16.3	0.80	33.4
皋兰西	11.1	17.6	34.88	31.6	4.93	27.7
树屏	13.8	21.8	35.43	22.7	9.61	31.8

由于干旱少雨，兰州市植被覆盖度较差，树种较少，低丘缓坡未利用地开发的4个板块的EI值（23.5～31.8）均在20～35，处于生态状况较差级别。

2. 环境敏感性评价

兰州市低丘缓坡未利用地开发涉及的环境敏感区主要为饮用水水源保护区和居民居住地及军事基地。

城北板块涉及的环境敏感区主要位于兰州市北部的自然山体和风景名胜区，包括徐家山、白塔山、凤凰山、五一山、仁寿山、了高山、红山、望东山、远景山、长寿山、大青山、马家山、抱龙山、小黄岭、神仙子梁、小岘岭、虎头崖17座自然山体和天府沙宫、白塔山公园、仁寿山公园、五一山公园、徐家山公园、九州文化创意园、凤凰台公园、五泉山公园、兰山公园9处风景名胜。

兰州新区板块涉及的环境敏感区主要包括位于中川机场东南部的在建湿地、山子墩水库、尖山庙水库和石门沟水库，以及湿地和水库周围200m范围内的陆域，位于新区南部、东部和西北部的部分荒山丘陵地带。兰州新区现状水源地为引大入秦工程水及永登龙泉镇地下水，现已建成尖山庙水厂1座及由永登龙泉至兰州新区的供水线。此外，还包括分布在兰州新区的大西岔川和小川的居住地。

皋兰西板块涉及的环境敏感区主要分布在供水水源地。主要有引大入秦、西电及大砂沟两大水利提灌工程。另外，还包括皋兰西军事基地、国防四三一厂，以及现状少量风景名胜区和居民居住地。

树屏板块涉及的环境敏感区主要分布在供水水源地。规划在永登县城西北侧建库容为113万 m^3 的翻山岭水库一座，建设供水规模为5.6万 m^3/d 的水厂一座。另外，包括附近的居民区和周围的采矿用地。

3. 水土流失状况评价

兰州低丘缓坡未利用地开发区属于省级水土流失重点治理区，其中，城北板块既属于重点监督区也属于重点治理区，兰州新区、皋兰西和树屏三个板块均属于重点治理区。该区水土流失主要以水力侵蚀为主，其次为重力侵蚀、泥石流侵蚀和风力侵蚀，水土流失类型区划属黄土丘陵沟壑区第五副区。

根据计算，城北、兰州新区、皋兰西、树屏的土壤侵蚀本底值分别为 3000t/($km^2·a$)、2570t/($km^2·a$)、2630t/($km^2·a$)、2930t/($km^2·a$)，均属中度侵蚀，较各自所在行政区的水土流失背景值大，但相差幅度较小。究其原因，第一，在于低丘缓坡未利用地开发区地表沟壑纵横，沟壑密度、沟道相对高差较大，地表蓄积降水的能力差，属于水土流失易发区，故其本底值比区域背景值大；第二，在于板块地处黄土高原边缘地带，生态系统较脆弱，地表植被覆盖度较低，部分荒山荒沟裸露，覆盖度不到5%，且黄土层深厚疏松，垂直节理发育，易被流水侵蚀，故土壤侵蚀模数较大；第三，在于各板块大部分面积为荒山荒沟，多属于未利用土地，缺乏管理，同时人类放牧、垦荒、采砂、修路等活动又加剧了地表扰动和水土流失，导致低丘缓坡未利用开发区水土流失量偏大。

（二）地质灾害危险性评价

1. 地质灾害危险性现状评价

1）城北板块

城北板块属于构造侵蚀中、低山区，地形高差较大，沟谷深切，主要地层为第四系黄土、冲洪积砂卵石及泥质砂岩、泥岩等，岩土体工程力学特性较差，为地质灾害的发生提供了有利条件。该板块地质灾害类型较多，主要有滑坡、崩塌、不稳定斜坡、泥石流、黄土湿陷和盐胀溶沉六种类型。

滑坡主要分布于该板块东南部和南部的梁峁丘陵较陡的地段及沟谷高陡的岸坡地段，共发育有23处，以浅层的小型黄土滑坡及黄土－基岩滑坡为主。在地震、降水及坡脚大量人工开挖等不利工况条件下，其中5处为基本稳定状态，发生滑坡等地质灾害的可能性小；9处为欠稳定状态，再次发生滑坡的可能性较大；其余9处滑坡处于不稳定的状态，再次滑动的可能性大。

崩塌主要分布于该板块东南部和南部的梁峁丘陵区及咸水沟（碱沟）、大砂沟、小砂沟、大浪沟等主沟道内，共发育有12处，按物质组成可分为基岩和黄土崩塌两类，有3处为中型，其余均为小型。在地震、降水及坡脚大量人工开挖等不利工况条件下，其中2处为稳定状态，再次发生地质灾害的可能性较小；5处为欠稳定状态，再次发生崩塌的可能性较大；其余6处处于不稳定状态，再次发生崩塌的可能性大。

不稳定斜坡主要分布于东南部和南部梁峁丘陵区的沟谷内，在西部和东部的山区地段及已经整平的土地周围也有分布，其发育59处。由基岩和黄土两类组成，坡体结构除在碱沟两侧为泥岩和砂岩外，其他大部分地段均为黄土、粉土坡地，边坡的长度为50～2300m，高度为8～65m，坡体坡度为60°～80°，在局部地段近于直立。崩塌体的体积均为小型，潜在变形量为$0.15 \times 10^4 \sim 23 \times 10^4 m^3$。滑坡体为中小型。在地震、降水及坡脚大量人工开挖等不利工况条件下，其中13处不稳定斜坡处于基本稳定的状态，发生坍塌、滑坡等地质灾害的可能性小；32处不稳定斜坡处于欠稳定状态，发生地质灾害的可能性较大；13处不稳定斜坡处于不稳定的状态，发生崩塌、滑坡等地质灾害的可能性大。泥石流共发育28条，多为中、低易发的沟谷型稀性泥石流，其中8条属于小型泥石流，13条属于中型泥石流，7条属于大型泥石流。

黄土湿陷根据《湿陷性黄土地区建筑规范》(GB 50025—2004)，该板块内的黄土为Ⅱ级、Ⅲ级（较严重、严重）自重湿陷性土，自重湿陷系数为0.006～0.053。盆地和沟道内的粉土具有Ⅱ级自重湿陷性，属中等湿陷等级。湿陷性土层的厚度变化较大，马家沟、罗官村内及朱家井沟一带可达15m左右。黄土湿陷主要表现为陷穴、陷坑、落水洞和竖井等，多分布于地形低洼地带和陡岸，分布零星，多以单个出现，串珠状的相对较少，其规模均较小。落水洞一般深2～5m，洞口直径为0.5～2.5m。多引发小型的崩塌灾害和水土流失等现象。主要危害板块内的公路、渠道和农田，其危害程度小，危险性小。

盐胀溶沉主要分布于蛤蟆滩北部、李麻沙沟，安宁大沙沟沟谷内有小面积分布，主要以龟裂土和盐结皮的形式出现，其危害程度小，危险性小。

2）兰州新区板块

兰州新区板块地处秦王川盆地东侧、南侧，为梁峁山丘陵区。该板块内地貌类型主要为剥蚀-堆积黄土梁峁丘陵地貌、冲洪积堆积盆地地貌和洪积堆积沟谷地貌，地质灾害类型主要有不稳定斜坡、泥石流、黄土湿陷和盐胀溶沉四种类型。

该板块内共发育不稳定斜坡8处，均为土质斜坡，形成原因主要为人为开挖取土形成高临空面，致使坡体失稳。破坏方式有滑塌和坍塌，规模等级为小型。威胁对象主要为居民房屋、过往车辆、人员、机械、便道等。在地质构造与岩性、地震条件、降水、水文因素及坡脚大量人工开挖等不利工况条件下，其中4处处于欠稳定状态，坍塌等地质灾害的可能性较大；其余4处处于稳定性较差的状态，发生坍塌等地质灾害的可能性大。

黄土湿陷分黄土和粉土两类。湿陷性黄土主要分布于该板块内梁峁丘陵区的覆盖层，即第四系上更新统风积形成的马兰黄土内（Q33eol），其浅部均具湿陷性，且以自重湿陷为主。粉土主要分布于该板块内山间沟地或秦王川盆地内，为冲洪积形成，以非自重湿陷为主。板块内黄土湿陷发生地质灾害的可能性较大，主要威胁居民、房屋、耕地等，可能造成中等损失，故现状条件下黄土湿陷危险性为中等。

盐胀溶沉主要分布于秦王川盆地和龚巴川沟谷内，分原生盐渍土（非灌区）和次生盐渍土（灌区）。该板块内没有发育因盐胀溶沉发育成的溶蚀洞穴，其盐渍土主要以龟裂土和盐结皮的形式出现。盐胀溶沉发生地质灾害的可能性较小，主要威胁农作物，其危害程度小，危险性小。

3）皋兰西板块

皋兰西板块内有不稳定斜坡16处，其中10处为欠稳定状态，发生坍滑塌的可能性较大；其余6处为稳定性较差状态，发生坍滑塌等地质灾害的可能性较大；滑坡2处，均为黄土滑坡，主要分布于109国道边，发育于人工开挖形成的陡坡段上，其规模相对较小，其中1处滑坡处于欠稳定状态，发生滑坡灾害的可能性较大，主要威胁坡脚国道100m内的过往车辆及人员，灾害可能造成的损失小；另一处为不稳定性状态，发生滑坡地质灾害的可能性大，滑坡现状危险性中等。崩塌1处，处于欠稳定状态，发生崩塌地质灾害的可能性较大，现状危险性小。黄土湿陷属于中等湿陷，发生地质灾害的可能性较大。

4）树屏板块

树屏板块内有不稳定斜坡3处，分布于评估区王家直沟东北部、王家直沟沟口南侧和王家直沟中部南侧，主要由人工开挖形成。在地震、降水及坡脚大量人工开挖等不利工况条件下，2处为基本稳定状态，发生滑坡等地质灾害的可能性小；1处为欠稳定状态，发生滑坡等地质灾害的可能性较大。

该板块内有1处崩塌，为倾倒式岩质崩塌，分布于王家直钩沟口。该处崩塌稳定性较差，发生崩塌地质灾害的可能性较大。

盐渍土主要分布于板块内三条川沟、黄鼠沟、下西沟沟口平缓地带，以龟裂土和盐结皮为主。其对农作物生长造成较大影响，对建筑物地基不断腐蚀，将会降低构筑物基础的承载能力，其危害程度小，造成地质灾害的可能性小。

2. 地质灾害发生可能性评价

按危险性大小可将低丘滑坡未利用地开发区分为地质灾害危险性大区、危险性中区和危险性小区。地质灾害危险性大区分布于泥石流沟道中前段及沟口地带、回填土大于10m的地带及挖填方边坡高于8m的影响范围内，面积约占未利用地开发区总面积的29.62%；地质灾害危险性中区分布于回填土厚度小于10m且大于1m，以及挖、填方边坡高度小于10m的地带，面积约占未利用地开发区面积的15.94%；地质灾害危险性小区分布于挖方大于30m的地带，以及岩土体性质较好、地形地貌平坦的梁峁、河谷及台地一带，总面积约占未利用地开发区总面积的 54.44%。

四、低丘缓坡未利用地开发建设适宜性评价

(一) 评价方法

1. 评价指标体系

为了避免各板块某单项指标处于不适宜建设用地范围,而该板块的最终综合得分又处于适宜(或较适宜)建设用地范围的情况,本书基于低丘缓坡沟壑区的自然条件,构建了特殊因子与基本因子相结合的指标体系(表6-3、表6-4),并用特殊因子对基本因子的综合分值进行修正,以确保评价结果的准确性。

表 6-3　低丘缓坡未利用地开发适宜性评价的特殊因子

一级指标	地貌形态	自然灾害			自然生态	人为影响
二级指标	填方厚度	滑坡崩塌	泥石流	洪水淹没	生态敏感度	土地利用

表 6-4　低丘缓坡未利用地开发适宜性评价的基本因子

一级指标	工程地质		地貌形态			人为影响		自然灾害		
二级指标	工程地质	地基承载力	地形	坡向	坡度	土地利用	建设强度	洪水淹没度	地震影响度	滑坡崩塌	泥石流

按照城市建设用地适宜性等级划分要求,基于各板块的自然条件,从地形地貌、自然灾害、自然生态、人文影响四个方面对所选取的指标进行评价。依据 GIS 技术叠加分析的要求,对每个因子赋予不同的分值,并利用层次分析法确定各评价因子的权重(表6-5、表6-6)。

表 6-5　特殊因子得分

一级指标	二级指标	严重影响(10分)	较大影响(5分)	一般影响(2分)	无影响(1分)
地形地貌	填方厚度	>30m	>20m	5~20m	<5m
自然灾害	滑坡崩塌	不稳定	较稳定	稳定	无
	泥石流	I_1、II_1类沟谷	I_2、II_2类沟谷		
	洪水淹没	低于洪水淹没线1.5m以上	低于洪水淹没线1~1.5m	低于洪水淹没线1m以内	高于洪水淹没线
自然生态	生态敏感度	高度敏感	中度敏感	低敏感	不敏感区
人为影响	土地利用类型	各类保护区及禁区	二级保护区	保护区边缘	非保护区

表 6-6　基本因子得分及其权重

一级指标	二级指标	适宜等级得分				二级权重	一级权重
		1分	3分	6分	10分		
工程地质	岩土类型	软土、细沙	中密沙土、粉土	密砂土、黏土	坚硬岩石、砾石	4.0	0.2
	地基承载力	<100kPa	100~180 kPa	180~250kPa	>250 kPa	6.0	
地形地貌	地形形态	地形破碎	地形复杂	地形较复杂	地形简单	2.5	0.3
	坡向	北	西北、东北	东、西	南、东南、西南	1.5	
	坡度	>30%	30%~25%	10%~25%	<10%	6.0	
自然生态	植被覆盖度	<10%	10%~25%	25%~45%	>45%	6.0	0.15
	土壤质量	Ⅰ类	Ⅱ类	Ⅲ类	Ⅳ类	4.0	
人为影响	土地利用	水浇地、水域	林地、耕地	未利用地	工矿、居民点	4.5	0.1
	建设强度	密度大	密度较大	密度较小	密度小	5.5	
自然灾害	洪水淹没程度	低于洪水淹没线1.5m以上	低于洪水淹没线1~1.5m	低于洪水淹没线1m以内	高于洪水淹没线	10.0	0.25

2. 评价方法

1）数据预处理

将所获取的资料，如数字矢量地形图、普通地图、其他统计数据、描述性文字等，转换为 GIS 格式文件所能识别和编辑的数据，进行分层处理，并经过空间分析生成所需要的图层，将 CAD 格式下带有高程注记的矢量地形图转入到 ArcGIS 9.0 中，利用三维分析模块 (3D，Analyst) 生成 DEM 模型，从中提取高程、坡度、坡向等因子。其他文字资料和统计资料则按照资料描述进行地图数字化，以获取空间数据。根据建立的评价指标体系，确定合适的评价单元；对高程、坡度、坡向、灾害分布、水文、植被覆盖、土地利用现状等数据进行栅格化处理；根据上述各因子的具体量化标准值，利用空间分析模块的数据重分类函数，将各评价因子图进行重分类，消除量纲进行标准化。

2）适宜性评价方法

运用层次分析法、特殊因子和基本因子相结合的多因子分级加权指数法，在 GIS 软件支持下，通过评价单元栅格（5m×5m）叠加分析与计算，确定低丘缓坡未利用地开发建设用地适宜性等级。

(二)建设用地适宜性分类

按照综合得分,可将各板块的用地由优到差分为四个等级:Ⅰ类用地——适宜建设用地;Ⅱ类用地——比较适宜建设用地;Ⅲ类用地——有条件限制建设用地;Ⅳ类用地——不适宜建设用地

1. Ⅰ类用地——适宜建设用地

该类用地主要分布于未利用地开发区的挖方区,包括碧桂园项目东北角和西部地区,三条岭项目东、西部地区,青白石项目东、西部地区,五矿项目西北角和东部地区,以及创新城项目东、西部地区,面积为504.81hm^2,占项目区总面积的50.49%,地形起伏变化小,土层工程地质性质良好,开发强度高。

2. Ⅱ类用地——比较适宜建设用地

该类用地主要分布在项目区各片区填方厚度为0~10m的区域,面积为104.23hm^2,占项目区总面积的10.43%。该区域植被覆盖率不高,地形较为平坦,土层工程地质条件较好,受滑坡、泥石流等地质灾害影响较小,土地使用强度中等。这类用地可用于各类建设和产业布局,但建设时桩基应深入填方底部的基岩或承载力满足要求的原状土体。

3. Ⅲ类用地——有条件限制建设用地

该类用地主要分布于各片区填方厚度为10~30m的区域,面积为160.09hm^2,占总面积的6.01%。该区坡度较大,边坡稳定性稍差,必须采取一定的工程处理措施后方能进行工程建设,建议作为防化用地或防护林地等建设强度较小、人类活动不频繁的建设用地。

4. Ⅳ类用地——不适宜建设用地

该类用地主要位于各片区填方厚度大于30m及滑坡等地质灾害高发区域,面积为230.64hm^2,占项目区总面积的23.07%。这类地区地势起伏较大,距离挖(填)方形成的边坡较近,且填方厚度过高,因此禁止在不适宜建设地区进行一切建设活动,主要作为生态保护用地,加强生态涵养和水土保持力度。

第二节 低丘缓坡未利用地开发建设模式

一、项目运作模式

根据兰州市人民政府《关于加快推进全市低丘缓坡沟壑等未利用地综合

开发利用试点工作的意见》(兰政发[2012]85号)，项目运作模式采取利益共享、加利回购、造供一体三种模式。

利益共享模式是由项目投资开发单位全额垫资进行土地推填平整和"七通一平"基础设施配套工程，开发的土地交由政府统一供应，土地供应所得的出让收入，扣除土地开发成本和省级分成后的纯收益，由政府与项目投资开发单位按照约定比例进行分配。

加利回购模式是由项目投资开发单位全额垫资进行土地推填平整和"七通一平"基础设施配套工程，开发的土地交由政府统一供应，但项目投资开发单位不参与土地收益分配，当政府向项目投资开发单位支付开发成本和约定的投资回报后，开发的土地全部由政府收回。

造供一体模式是政府与意向投资开发单位签订协议，政府在完成集体土地征收、农用地转用审批、征地拆迁安置后，将项目区土地分批次公开出让，意向投资开发单位在协议中承诺参与土地竞买，若无其他竞争者，意向投资开发单位必须以出让底价购买土地。土地竞得者或项目投资开发单位在向政府支付土地出让金后，同时拥有土地一级开发权和土地使用权。由土地竞得者或项目投资开发单位完成土地平整、基础设施配套后按城市规划用途使用土地。

二、项目运行流程

(一)"造供一体"模式项目运行流程

1. 项目实施方案编制与报批

根据《国土资源部关于甘肃省低丘缓坡荒滩等未利用地开发利用试点工作方案的复函》(国土资函[2012]630号)和兰州市人民政府《关于加快推进全市低丘缓坡沟壑等未利用地综合开发利用试点工作的意见》(兰政发[2012]85号)的要求，县(区)人民政府在完成项目环境影响评价、地质灾害评估、勘测定界等基础工作的基础上，委托有资质的机构编制《低丘缓坡沟壑等未利用地综合开发利用项目实施方案》，方案编制完成后，上报兰州市人民政府审查后，再上报甘肃省国土资源厅审查批准。

2. 土地利用总体规划调整方案编制和报批

在项目实施方案编制与报批的同时，开展土地利用总体规划调整工作，由项目所在地县、区政府根据省政府已批准的《兰州市低丘缓坡沟壑等未利用地综合开发利用专项规划》组织编制及报批《项目土地利用总体规划调整方案》，方案经市国土局审查后报甘肃省国土资源厅审批。

3. 林地占用申报与审批

试点区内有需要征用或占用林地的，在项目实施前需向县、区人民政府林业主管部门提出征占用林地申请，办理征占用林地手续，取得《使用林地审核同意书》。

4. 土地征收报批与实施

项目所在地县、区政府按有关规定进行土地征收报批，土地征收方案经上级机关批准后，项目所在县、区政府组织做好征地补偿安置工作。

5. 土地供应

对达到出让条件的土地，由市、县国土部门按土地供应政策直接以划拨或招标、拍卖、挂牌出让等方式供应。对没有达到出让条件的土地，由市、县国土部门按照《熟化土地出让预申请工作制度的实施意见（试行）》有关规定和要求，开展土地熟化和出让工作。意向投资人通过以上方式同时取得土地一级开发权和土地使用权。

6. 签订开发合作协议

由市、县政府或其指定的单位与投资开发单位签订《项目投资开发合作协议》，明确合作方式、投资成本返还和收益分配方式。

7. 造地工程实施

在县（区）人民政府的领导下，项目投资开发单位按照批准的项目实施方案，组织实施项目造地工程。工程实施过程中须严格按照项目管理制度，实行项目法人负责制度、招投标制度、工程监理等各项制度，拟定并严格执行各项防尘、抑尘、降尘措施，编制施工扬尘污染防治方案，实施扬尘防治全过程管理，减少城市扬尘污染。工程实施后，对项目区及临近地区进行定期地质灾害勘测与环境监测，将灾害或影响的可能性降至最低。

8. 项目验收

项目投资开发单位向市低丘缓坡沟壑等未利用地综合开发办公室提出验收申请，同时提供项目设计文本与图件。市低丘缓坡沟壑等未利用地综合开发办公室对申报资料进行审查，并组织现场踏勘、进行预验收。验收完成后，申请甘肃省国土资源厅对项目进行终验。

9. 土地变更登记和发证

土地平整工作完成经上级部门验收后，开展土地变更登记和发证工作。

10. 项目建设

按照项目科研报告及各项规划，项目投资开发单位进行项目设计和建设。

（二）"利益共享"模式项目运行流程

1. 项目实施方案编制与报批

与"造供一体"模式一致，由县（区）人民政府组织完成项目前期基础工作及实施方案的编制与报批。

2. 土地利用总体规划调整方案编制和报批

与"造供一体"模式一致，由县（区）政府组织编制及报批《项目土地利用总体规划调整方案》。

3. 林地占用申报与审批

与"造供一体"模式一致，试点区内有需要征用或占用林地的，需办理征占用林地手续，取得《使用林地审核同意书》。

4. 土地征收报批与实施

与"造供一体"模式一致，由项目所在地县（区）政府负责土地征收报批及征地补偿安置工作。

5. 签订开发合作协议

由市、县政府或其指定的单位与投资开发单位签订《项目投资开发合作协议》，明确合作方式、投资成本返还和收益分配方式。

6. 实施造地工程和基础设施配套工程

由项目投资开发单位全额垫资进行土地推填平整和"七通一平"基础设施配套工程。

7. 项目验收与移交

与"造供一体"模式步骤 8 一致，由市低丘缓坡沟壑等未利用地综合开发办公室组织现场踏勘、进行预验收。验收完成后，申请甘肃省国土资源厅对项目进行终验。

8. 土地供应

由市、县国土部门按土地供应政策以划拨或招标、拍卖、挂牌出让等方式供应土地。

9. 成本返还和土地收益分配

由市、县政府按《项目投资开发合作协议》约定，向投资开发单位支付土地开发成本和一定比例的土地出让净收益。

10. 土地变更登记和发证

与"造供一体"模式的步骤9一致，由县（区）国土部门开展土地变更登记和发证工作。

（三）"加利回购"模式项目运行流程

1. 项目实施方案编制与报批

与"造供一体"模式一致，由县（区）人民政府组织完成项目前期基础工作及实施方案的编制与报批。

2. 土地利用总体规划调整方案编制和报批

与"造供一体"模式一致，由县（区）政府组织编制及报批《项目土地利用总体规划调整方案》。

3. 林地占用申报与审批

与"造供一体"模式一致，试点区内有需要征用或占用林地的，需办理征占用林地手续，取得《使用林地审核同意书》。

4. 土地征收报批与实施

与"造供一体"模式一致，由项目所在地县（区）政府负责土地征收报批及征地补偿安置工作。

5. 签订开发合作协议

由市、县政府或其指定的单位与投资开发单位订《项目投资开发合作协议》，明确合作方式、投资成本返还和收益分配方式。

6. 实施造地工程和基础设施配套工程

由项目投资开发单位全额垫资进行土地推填平整和"七通一平"基础设施配套工程。

7. 项目验收

与"造供一体"模式步骤8一致，由市低丘缓坡沟壑等未利用地综合开发办公室组织现场踏勘、进行预验收。验收完成后，申请甘肃省国土资源厅对项目进行终验。

8. 土地回购

由市、县政府按《项目投资开发合作协议》约定，向投资开发单位支付土地开发成本和一定比例的投资收益。

9. 土地供应

由市、县国土部门按土地供应政策以划拨或招标、拍卖、挂牌出让等方式供应土地。

10. 土地变更登记和发证

与"造供一体"模式的步骤9一致，由县（区）国土部门开展土地变更登记和发证工作。

三、项目管理制度

（一）实行项目法人责任制

项目实行项目法人责任制，在市政府和项目所在地县、区政府的统一领导下，由与市、县（区）政府签订投资开发协议的项目投资开发单位或市、县（区）政府确定的项目具体实施单位作为项目法人，具体负责试点项目实施。

（二）实行项目招投标制度

项目建设工程实行招投标制度。由项目法人单位按照国家招投标有关规定，通过招投标方式确定项目建设工程的施工单位。确定中标单位的基本原则是投标总造价较低、有相关施工经验，信誉度好。

（三）实行项目工程监理制度

为保证项目建设工程的质量，控制项目建设工期和工程造价，试点项目实行工程监理制度。由项目法人单位通过招标或委托方式确定有相应资质的工程监理单位，以经批准的《项目实施方案》和有关规划设计、建设标准、验收规范等为依据，本着客观、公正公平，既对项目法人单位负责又对工程施工单位负责的原则，对项目的施工质量、工程进度、资金使用情况进行监理。监理单位可根据《工程建设合同》及《工程建设监理合同》，代表项目法人单位对工程实行监管，按照合同控制工程建设的投资、工期和质量，协调有关各方的工作关系，使工程建设顺利进行。

（四）实行项目合同管理制

按照《合同法》等有关规定，制定有关工作制度，在项目的勘察测绘、规划设计到工程实施、工程监理等项目实施各环节，均实行合同管理制，由项目实施单位与规划设计、施工单位、监理单位等分别签订规划设计合同、施工合同、监理合同等合同，明确合同双方的权责。

（五）实行项目公告制

将整个项目区的范围、面积、工程类型与数量、施工单位、监理单位，以及项目实施的各项管理制度等进行公告，以接受社会监督。

（六）实行项目竣工验收制度

项目完工后，按建设工程竣工验收程序，对照国家和省市有关工程质量标准和项目设计，对项目进行分级验收。经验收合格的土地方能用于建设。

四、项目施工组织

（一）施工条件

根据项目区气候条件，除11月至次年3月由于气温下降不利于施工外，其他季节对施工影响不大，因此在安排施工时，把受气候影响小的工程施工任务，安排在冬春实施，如平整土地、土方开挖、客土运输等；受气候影响大的工程施工，安排在夏秋实施，如沟槽开挖、护砌、建筑物工程施工等。另外，施工时要及时与气象部门协调，对突然到来的自然灾害提前预防，其他气候条件对施工无显著影响。黄土是项目区的主要土壤，工程性质不稳定，施工过程应重点防范。

项目区对外交通便利，为建筑材料和机械设备运输提供了便利的交通条件；电力设施基本完善，为工程实施提供了良好的电力基础；无线电通信覆盖率较高，为工程实施提供了良好的通信条件；项目工程建设所需砂石料、水泥等各类主要建筑材料和燃料、天然建筑材料可从当地购买或就近采集。

（二）总体布置

施工总体布置应根据施工场区的地形及临时施工设施布置的要求，解决施工场地的分期分区设计，对施工期间的交通运输设施、辅助生产设施及其他施工设施进行平面布置,从场地布置上为整个工程顺利施工创造条件。按永久性和临时性相结合、移动性和固定性相结合、有利于施工、方便管理、使各施工单位施工程序尽量简单为原则,合理设计和使用施工场地,使各工序之间互不干扰,场区的划分和布置应有利于建设生产、方便管理,临时施工设施的布置必须满足工程的施工要求,适应各施工时期的特点。

根据项目区工程本身的特性,应在项目区内设立施工厂区,设置场内交通、临时办公生活区、施工用水、施工用电、施工工厂及料物堆存地,开展各项工程建设。首先,完成区内土地平整和道路工程,使项目区土地平整,施工运输道路畅通;其次,进行项目区边坡工程、防洪工程的施工,对填、挖方边坡综合治理,彻底改变项目区面貌。

场内交通以项目区周边现有公路为骨架,结合规划道路、先整修出部分道路满足施工临时交通需要。场内施工用电内接线由施工方架线送至各用电点。场内施工用水根据施工现场的地点用水泵及管道接至施工用水处。临时办公生活区选择靠近主路的居民点附近设立,以便于引水架电,附近需有较开阔的地形,以便临时施工工厂布置。临时办公生活区可设立工棚、食堂、办公室、工具室、仓库及值班室等。施工工厂靠近生活区布置,可设立一个综合加工厂,进行模板、钢筋、小型预制板等构件的加工。设置料场堆存地,钢筋、模板、管材等小件、易损品可放于施工工厂内;水泥需设独立仓库放置,并做好防潮措施;块石、碎石、砂在满足施工进度前提下,可随用随运,靠施工点就近堆放。

五、项目进度控制

项目实施遵循"先易后难,先点后面"的原则,根据各项目片区的自然地理环境、资源条件及资金状况对各项目开发进度进行安排,项目建设期为5年(2012~2016年),年均开发规模控制在200hm^{2}以内(表6-7)。

表6-7 项目实施进度控制表 (单位:hm^2)

项目名称	开发控制规模					合计
	2012年	2013年	2014年	2015年	2016年	
青白石项目	100	100	100	100	84.67	484.67
碧桂园项目	60	60	50	50	16.55	236.55
三条岭项目					100.02	100.02
创新城项目			50	50.01		100.01
五矿项目			58.52	20		78.52
小计	160	160	258.52	220.01	201.24	999.77

第三节 低丘缓坡未利用地开发区生态修复

相对于平原地区，低丘缓坡地形更为复杂、生态承载力更低、生态敏感性更高，建设开发难度更大；同时，低丘缓坡开发利用的过程伴随着城镇建设及工商业、旅游业的发展，不可避免地会带来环境污染、资源消耗和生态破坏等生态环境问题，对城市及区域可持续发展造成威胁。因此，黄土丘陵区应根据区域建设开发现状制定低丘缓坡未利用地生态修复策略，为低丘缓坡区发展权衡提供科学指引。

一、低丘缓坡开发区生态修复方案

（一）生态修复原则

1. 因地制宜原则

低丘缓坡未利用地开发区的生态环境具有明显的差异性，未利用地开发后保留的山头和沟谷与平整出的建设用地在地形条件、水利条件等方面都有较大差异。因此，生态修复工作必须建立在对退化或破坏的生态系统功能评估的基础上，根据区域内小环境的功能差异和基础现状，进行生态修复规划，并建立相关技术体系。

2. 生态位与生物置换原则

任何生物都有其适宜生存的生态幅度和范围，在生态修复规划中，不仅要考虑物种的生态位，还要遵循个体竞争理论，以结构合理的人工选择种群代替自然种群，以便减少种内种间竞争；应根据生态恢复目标、生境条件，因地制宜地选择适应生境种群。

3. 保护与重建并重原则

退化生态系统的许多残留种对当地生态修复极为重要，是当地自然条件下稳定生态系统的组成部分。生态修复应该是一个保护与重建并重的过程，应在修复区内划出适宜与生物多样性保护最小面积的区域，使其在保护生物多样性的同时，成为修复自我维持生态系统的自然种源扩散地，最终形成可自我维持的生态系统。

4. "防"与"治"相结合原则

生态修复的根本目标是通过人工方法和技术恢复和重建生态平衡，以建立适于人类生存与发展的良好环境，因此，必须达到防止生态进一步退化和修复已退化生态系统两个目标。考虑到修复区现状和可能投入，全区修复和重建显然很困难，鉴于此，应在修复的同时，防止生态环境进一步退化，即"防"与"治"有机结合。

5. 景观生态系统多样性原则

生态系统多样性是生态系统稳定与否的关键。生态系统多样，则某种生态系统遭到破坏，其他生态系统就会抑制补偿，从而保证其稳定；相反，生态系统种类单一，其稳定就差。因此，生态修复应遵循多样性原则。

6. 生态修复技术优化组合原则

生态恢复是一个跨地区、跨部门、跨行业的综合性系统工程，应将化学、物理学、工程学、农学、生物学等领域的技术有机地结合起来，形成一个技术体系，而不应单独采用某项技术。此外，生态修复技术应根据修复情况进行动态调整。

（二）生态修复内容

1. 兰州新区板块生态修复内容

兰州新区板块土地利用主要以草地和裸地为主，其次是耕地、园地、农田、林草等面积较少。地貌多为侵蚀构造黄土梁峁，黄土覆盖于白垩系、新近系地层之上，黄土层较薄。该板块未利用地的开发利用将以培育国家重要先进制造业产业基地与西部现代服务业基地，以及承接产业转移和循环经济示范区为主要方向。生态修复主要包括防风固沙生态修复、水土保持生态修复、城市综合生态功能修复、城市景观廊道建设、生产防护林建设、城市绿化廊道建设（图6-1）。

1）防风固沙生态修复

防风固沙生态修复区主要通过构建城市防风（沙）林，防止风沙及其所夹带的粉尘、沙石等对城市的袭击和污染，同时也可以吸附市内扩散的有毒、有害气体，以及调节市区的温度和湿度。

城市防风（沙）林可以带状设置，或几条带状设置，也可网状设置；树种一般应选择深根性的冠幅小和主根发达的乡土树种；应规划多层防护林，以便起到比较理想的防风（沙）效果。根据该板块主导风向和常年的主频风向，城市防风（沙）林应位于该板块的东北方向。

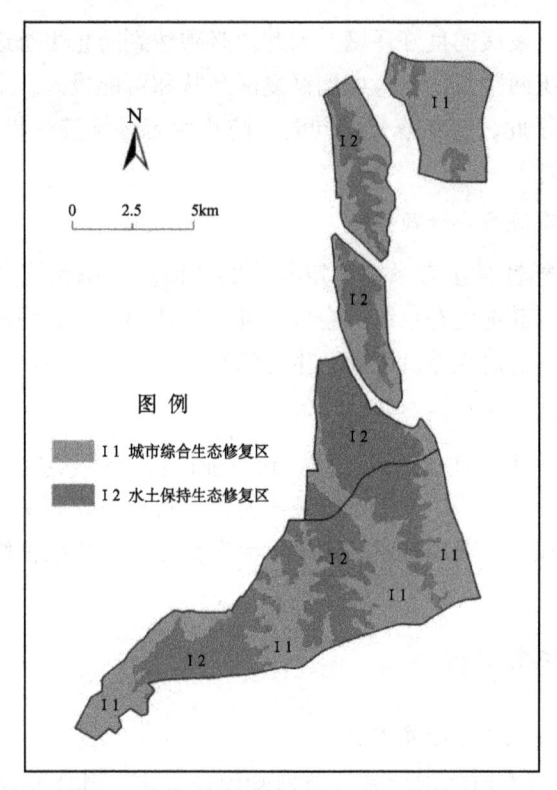

图6-1 兰州新区板块研究区生态修复区划图

2）水土保持生态修复

黄土梁峁是该板块的主要地貌类型之一，该板块土质疏松颗粒大，水土流失严重，故生态修复主要包括坡面生态修复和沟谷生态修复。坡面是水土流失的主要场所，在坡面上一般采用水平沟、鱼鳞坑、水平阶、梯田、挡土墙等措施来阻止水土流失；沟谷是防止水土流失的最后一道防线，要根据沟谷发育程度、水源情况采取从沟头到沟口，自上而下，先毛沟后支沟，最后干沟的顺序，节节治理。

3）城市综合生态功能修复

新区板块城乡空间发展主要以居住、公共设施、对外交通、绿地和市政设施用地五类用地为主，该区的生态修复主要以道路绿地、居住区绿地、城市公园绿地、学校办公绿地、生态观光农业等为主。

道路绿化功能主要是庇荫、滤尘、改善道路沿线环境质量，应采取以乔木为主，乔木、灌木、地被植物相结合的方式；居住区绿地由于土质条件较差，加之人口密集，易被践踏和破坏，在树、花、草种类上应选择抗性较强、病害较少、较粗放管理的植物；公园绿地应充分考虑社会效益和美学价值，坚持乔、灌、草并行种植，也可考虑在温室种植并可过冬的树种，以适应游人需要；生态观光农业一方面缓解和降低城市热岛效应，另一方面为城市提供清洁安全的农产品，同时还在缓解洪水、大风、沙尘暴等自然灾害方面发挥一定作用。

4）城市生态景观廊道区

该区主要包括位于公路沿线地带的村庄等人类活动明显的区域，由于该区属于南北两山绿化工程重叠地带，其生态修复应结合南北两山绿化统一部署，通过建设保护村庄的防护林，对村庄造成的环境污染物有一定缓冲作用。

5）生产防护林

农田生产防护林是将一定宽度、结构、走向、间距的林带栽植在农田田块四周，主要布置于兰州新区北部农用地开发区，通过林带对气流、温度、水分、土壤等环境因子的影响，来改善农田小气候，减轻和防御各种农业自然灾害，创造有利于农作物生长发育的环境，以保证农业生产稳产、高产。

6）城市绿化廊道

城市绿化廊道是为了满足城市绿化休憩之用，可在该区内设置公园、生态园林等，改善生活环境，增加居民区的绿化效果，改善居住环境，营造绿色、自然、舒服的人居环境，另外对城市的热岛效应也有一定改善作用。

2. 皋兰西板块生态修复内容

皋兰西板块土地利用以其他草地和裸地为主，少部分土地为农田，园林面积极少。地形属黄土丘陵沟壑区，多种黄土不整合地附着在新近系红层之上，土体破碎，水力侵蚀严重，是滑坡、泥石流多发之地。该板块是皋兰产业发展的主要空间，将发展特色农产品加工、装备制造、新材料加工及商业服务业。该板块的土壤条件较差，不适合进行大规模绿化工程，应引入能在不良环境中率先成活和生长的先锋植物，对土壤条件进行改良。生态修复主要包括水土保持生态修复、城市综合生态功能修复、生产防护林建设（图6-2）。

3. 树屏板块

树屏板块位于黄河五级阶地以上，主要为侵蚀构造低中山地貌，冲沟和冲积扇分布明显。土地利用以其他草地为主，有少量农田、成林地零星分布在三条川、王家治沟两个川地内。该板块开发后将主要发展第二产业，依托兰州主城区的发展，承接其产业转移发展新型建材园区、仓储物流园区和食品加工园区。该板块生态修复内容主要包括水土保持生态修复、城市综合生态修复（图6-3）。

4. 城北板块

城北板块的主要地貌类型是堆积黄土丘陵，出露地层较为简单，大面积为古近系—新近系红层、第四系黄土覆盖。该板块开发后主要发展先进制造、商贸物流、影视文化、行政服务及商务、设计研发和综合服务产业等，因而应坚持生态建设先行原则，构筑兰州主城区北部生态屏障区，有效地改善兰州主城区的用地格局、提升城市品位。该板块生态修复主要包括水土保持生态修复、城市综合生态修复、保留山体生态修复、城市生态景观廊道建设（图6-4）。

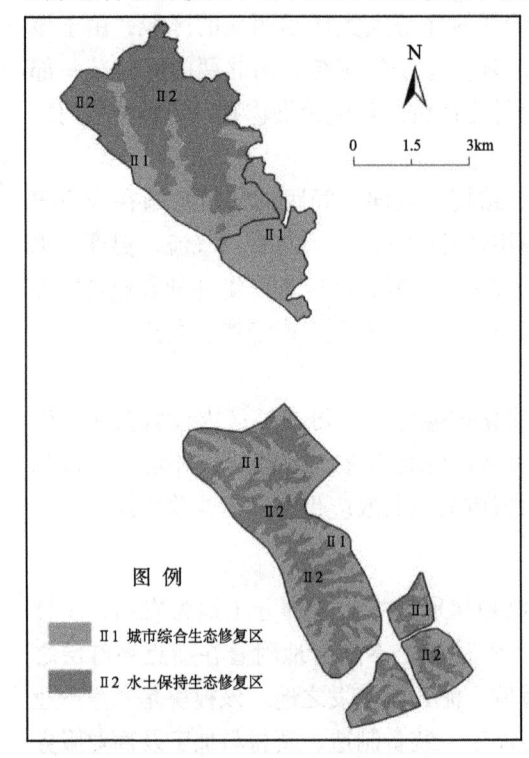

图6-2　皋兰西板块生态修复区划图

图6-3　树屏板块生态修复区划图

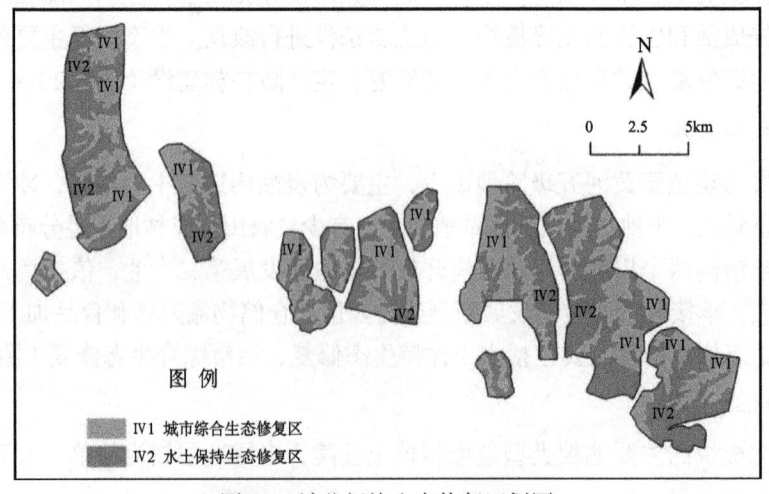

图6-4　城北板块生态修复区划图

(三)生态修复时序

根据未利用地开发工程特点和实际情况，兰州市低丘缓坡未利用地开发区的生态修复分两个阶段进行。

第一阶段为未利用地开发施工过程中和施工后的一段时期。该阶段土地整理已完成，但因工程建设使土壤松动，为防止地质灾害的发生，低丘缓坡未利用地开发区还不能进行大规模经济建设。生态恢复的主要任务是保护地表，防止扬尘、风沙等灾害；促使土壤固化，地基稳定，为低丘缓坡未利用地开发区的经济建设做准备；保护和移植本土生物，保持本土生物的多样性；在未利用地开发区北部地带迅速建立防护林带，防止兰州市区受到北部风沙的侵袭。

第二阶段为低丘缓坡未利用地开发区的土壤固化、地基稳定以后。该阶段未利用地开发区已具备经济建设条件，削山造地整理出的平地主要用于城市建设用地，并开始进行大规模的经济建设。生态修复的主要任务是对未利用地开发区进行城市绿化，提高植被覆盖率，提高生态效益，美化环境，增加景观多样性，发展生态观光农业。

1. 第一阶段

依据兰州市低丘缓坡未利用地开发总体规划，在未利用地开发区内进行道路、水利、电力等基础设施建设，使所有土地都具备植物侵入、定居、生长的基本环境基础。

在保留山头、沟谷和斜坡的沟头、坡尾修建工程防护设施，减缓和控制水土流失，防止滑坡、泥石流等地质灾害的发生。对整理出的平地进行灌溉、机械压实等土壤固化技术，促使地基沉降、压实、稳固。

在新整理好的土地上，依据土壤条件、立地条件逐渐引入草本植物、灌木和乔木；对不具备绿化条件的区域采用微生物结皮技术，保护地表，同时采用相应的物理和化学技术改良土壤。在保留山体、沟谷和斜坡上，重点恢复本土植被，促进本土生物群落的恢复，同时结合水平沟、鱼鳞坑、水平阶等工程措施，人工植草造林，增加绿化面积，加固地表，控制水土流失。在整理出的平地上，种植草本植物、当地灌木和先锋植物，保护地表，防止扬尘、风沙等灾害的发生，同时结合工程措施，改良土壤。

在未利用地开发区的北部地带人工造林，初步建立起人工防护林体系，防止北部大风的侵袭，避免风蚀和风沙。

2. 第二阶段

对已经引入植物措施的保留山头、沟谷和斜坡地带进行保育，促进生长，提高植被的质量，诱导植被结构优化，增强生物多样性，促进植被生态效益的提高。

对于整理出的平地，根据地基沉降稳定情况和前期草本植物对土壤的改良效果，并结合新的土地利用规划，逐步引入乔木，采取林灌花草相结合的方式，增加绿地面积，美化环境，将未利用地开发区建成环境优美的城市社区。

对于土壤条件、立地条件较好的区域，合理搭配树种，适当引入经济林，发展生态农业，使研究区的生态效益和经济效益都得以提高。

进一步完善北部地带的人工防护林建设，使其建设成为兰州市区防御北部大风和沙尘暴的安全屏障。

二、低丘缓坡开发区生态修复效益评价

（一）评价指标的选取原则

为了增加兰州市的建设用地，扩展城市空间，兰州市启动了低丘缓坡未利用地开发利用项目，但是此项工程的实施将对低丘缓坡未利用地开发区的地表植被造成破坏，导致地表裸露，并对土壤造成扰动。生态修复不仅可增加未利用地开发区的生物多样性和景观多样性，美化环境，更可促进未利用地开发区人口、资源、环境、社会、经济的协调发展。鉴于此，急需对未利用地开发区生态修复效益进行预评价，以便为生态修复提供指导。

根据未利用地开发区的具体情况、区域生态系统结构与功能，建立生态修复效益评价指标体系。

1. 可操作性和科学性原则

评价指标体系应充分考虑数据的可获得性和指标量化的难易程度、技术经济上的可行性与实用性，定量与定性相结合；其次，评估指标体系应能准确反映评估对象的内涵。

2. 系统性和完整性原则

生态服务价值评估指标体系是一个多属性、多层次的指标体系。因此，评估标准和指标体系要有系统性；完整性是指能够全面地把握生态修复效益的主要方面及本质特征。

3. 可比性原则

指标应便于比较不同区域、同类生态系统，以及同一区域不同年份的生态服务价值。

4. 独立性与稳定性原则

评估指标之间应尽可能独立，且保持相对稳定性。

（二）评价指标体系

本书从生态效益、经济效益和社会效益等方面评价未利用地生态修复效益（表6-8）。

1. 生态效益评价指标

生态效益评价主要包括水源涵养价值、水土保持价值、空气净化价值、区域气候调节价值、生物多样性保持价值评价。

2. 经济效益评价指标

经济效益评价主要包括景观游憩效益、果林效益及间接经济效益评价。

3. 社会效益评价指标

社会效益评价包括增加就业价值、环境美化价值、疗养保健价值、社会文明进步价值评价。

表6-8 生态修复综合效益评价指标

目标层	准则层	指标层
生态修复综合效益	生态效益	水源涵养价值
		水土保持价值
		空气净化价值
		区域气候调节价值
		生物多样性保护价值
	经济效益	景观游憩效益
		果林效益
		间接经济效益
	社会效益	增加就业价值
		环境美化价值
		疗养保健价值
		社会文明进步价值

（三）生态效益评价

目前，兰州市已确定的低丘缓坡未利用地开发区绿化较差，植被覆盖率低，林木缺乏，绿地比例小，尤其未利用地开发区内荒山荒沟地面裸露，覆盖度不到5%。因此，对未利用地开发区的生态环境进行全面分析及评价，制定科学合理的生态修复方案，将为后期土地开发提供有效的后续保障。

生态修复首先应对未利用地开发区的土地进行平整，然后采取分阶段开展生态修复，运用土壤固化处理技术、土壤改良技术、引入先锋植物等技术对土壤进行治理，在整理好的土地上，按照不同生态功能进行生态修复工作，提高植被覆盖率。

通过生态修复方案的实施，预计未利用地开发区将新增绿化面积8700hm^2，其中，林地面积5600hm^2，草地面积3100hm^2。

1. 水源涵养功能价值评价

生态修复后新增林地、草地等植被的重要生态功能之一就是涵养水源。涵养水源功能主要表现为林地拦蓄降水、涵蓄土壤水分、补充地下水、调节河川径流及净化水质等。

1）林地水源涵养价值评价

水源涵养功能主要指通过林地拦蓄功能，将雨水拦蓄下来，从而改善当地的生态环境。根据车克钧等（1994）、王金叶等（1996）对祁连山北坡森林涵养水源机理的研究成果，祁连山不同类型植被降水储存量见表6-9。

表6-9 祁连山不同植被类型降水量储存率

植被类型	林木	灌木	草原
降水储存率/%	82	47	42

用不同类型植被降水储存量测量值来测评未利用地开发区生态修复后植被涵养水源的价值。

降水储存量＝年降水量 × 植被面积 × 降水储存率 × 水容量　　（6-2）

借用上述评价方法，兰州市年降水量按300mm计，生态修复区形成后植被的平均降水储存率按60%计，则1亩林地每年可蓄水：

$$60\% \times 666.6 \times 300/1000=120m^3 \quad (6-3)$$

未利用地开发区进行生态修复后增加的林地面积为5600hm^2，因此，生态修复后新增林地的蓄水量可达$10.08 \times 10^6 m^3$。根据影子工程法，目前兰州市每立方米水蓄水成本按0.70元计，则未利用地开发区森林涵养水源的经济价值约为706万元。

由于森林涵养水源，增加了江河径流量，延长了丰水期，缩短了枯水期，从而提高了农田灌溉及工业供水能力。由此产生的效益即为森林增加水资源效益。根据影子工程法，查询甘肃省用水价格及收费标准，参考甘肃省水利工程水价查询，其中提供农业用水的价格为 0.1～0.2488 元/m³，取其平均值 0.15 元/m³，提供工业用水的价格为 0.6 元/m³，则提供工业用水与灌溉用水的用水比例为 1:4。生态修复后新增林地面积为 5600hm²（8.4 万亩），森林增加水资源效益为

$$8.4 \text{万亩} \times 120 \text{m}^3 \times (0.2 \times 0.15 + 0.8 \times 0.6) = 514 \text{万元} \tag{6-4}$$

总体来看，林地涵养水源效益值为蓄水资源与增加水资源之和，即 1220 万元。

2）草地水源涵养价值评价

根据赵同谦等关于《中国草地生态系统服务功能间接价值评价》的研究，用草地蓄水效应来计算其水源涵养价值，具体计算公式如下：

$$Q = A \times J \times R \tag{6-5}$$
$$J = J_0 \times K \tag{6-6}$$

式中，Q 为与裸地相比较，草地截留降水、涵养水分增加量；A 为计算区草地面积，此处取 3100hm²；J 为计算区多年均产流降雨量；J_0 为计算区多年均降雨总量，此处为 300mm；K 为计算区所产生地表径流降雨量占降雨总量的比例，根据有关资料，此处取 0.15；R 为与裸地比较，草地生态系统截留降水和减少地表径流的效益系数，此处取为 0.25。

则 $Q=0.35\times10^6\text{m}^3$，根据影子工程法，兰州市每立方米水蓄水成本按 0.70 元计，则未利用地开发区草地涵养水源的经济价值约为 25 万元。

2. 水土保持功能评价

兰州市水土流失比较严重，是黄土高原地区 40 个建制市中水土流失较严重的城市之一。已确定的低丘缓坡未利用地开发区基本全部处于水土流失区，其中，强度侵蚀面积约占总面积的 18.36%，中度侵蚀约占总面积的 40.99%，轻度侵蚀约占总面积的 28.99%，年均土壤侵蚀达 500～5000t/km²。

未利用地开发建设项目势必会对开发区原有的生态功能造成极大破坏，使未利用地开发区的水土流失更加严重，由此产生一系列严重后果。例如，造成大范围的地表裸露，形成沙源，使大气污染问题更为严峻；造成大量土地因肥力下降而出现荒漠化；土地养分流失，肥力严重下降，使原本就贫瘠的土壤更加贫瘠，进而降低土地产出。

未利用地开发区生态修复完成后，林地、草地面积将增加，势必改善开发区内的水土流失状况。

1）林地水土保持价值评价

据研究，林地年平均土壤侵蚀量在 100～5000t/km²，每亩林地比坡耕地

（即完全无覆盖之地）少流失泥沙 3.1t，即生态修复后每年减少流失泥沙量为 84 000×3.1 = 26.041 万 t。其效益可从以下两方面计算。

森林的保土功能，既可使农田、水库免于淹埋和淤塞，也可使公路、桥梁、河道免于冲垮。因此，可用修筑拦泥工程费用来评价森林的保土效益，若以建造与维护类似工程最低耗用 0.7 元 /t 计，则价值生态修复后的林地防止泥沙流失效益约为 26.041×0.7 = 18.228 万元。

森林的防止泥沙流失功能，可减少农田和土壤中有机质 P、N、K 等养分元素的流失。已有研究显示，兰州市森林防止自然土壤养分流失量分别如下：有机质为 215.60t/km²，N 为 11.97t/km²，P 为 5.53t/km²，K 为 133.00t/km²。森林的固土保肥效益按相应的肥料价格（有机质为 500 元 /t，N 为 1500 元 /t，P 为 300 元 /t，K 为 800 元 /t 计）计算，则生态修复后的林地固土保肥效益为 [（215.6×500 + 11.97×1500 + 5.53×300 + 133.0×800）÷100]×5600 = 1309.4 万元。

总体来看，未利用地开发区的林地防止水土流失的经济效益约为 1327.6 万元。

2）草地水土保持价值评价

根据赵同谦等（2004）关于中国草地生态系统服务功能间接价值评价的研究，采用机会成本法，估算草地生态系统因控制土壤侵蚀而减少土地废弃所产生的生态经济效益：

$$E_s = A_t \times B / (H \times 10\ 000 \times Q) \tag{6-7}$$

式中，E_s 为减少土地废弃产生的生态经济价值；A_t 为土壤保持量，取 93 449.54×10⁴t/a；B 为单位农田年均收益，取 10 671.99 元 /hm²；H 为表土平均厚度，取 0.5m；Q 为土壤容重，取 1.35g/cm³。

则未利用地开发区草地防止水土流失的经济效益 E_s 为 14.7 万元。

3. 空气净化价值评价

未利用地开发区生态修复后，绿地面积将大大提高，由于林木花草地具有吸收有害气体、释放氧气和改善生态环境的作用，可有效缓解兰州市区的空气污染状况，改善空气质量。

1）固碳释氧价值评价

生态系统通过植物光合作用和呼吸作用与大气进行 CO_2 和 O_2 交换，固定大气中的 CO_2，同时释放 O_2，维持地球大气中的 CO_2 和 O_2 的动态平衡，减缓温室效应。

（1）林地固碳释氧价值评价。据测算，叶片要形成 1g 葡萄糖，需要消耗

2500L 空气中所含的 CO_2，而形成 1kg 的葡萄糖，需吸收 250 万 L 空气所含的 CO_2。据研究，每公顷阔叶林每天可吸收 CO_2 达 1.0t，释放 O_2 达 0.73t，一个成年人每天呼吸需要消耗 O_2 为 0.75kg，排出 CO_2 为 0.9kg；150m^2 的叶面积，才能满足一个人一年对 O_2 的需要，消耗掉因呼吸排出的 CO_2；10m^2 的林地大概有 150m^2 的树叶面积，据此推算，仅按每公顷林地每天 O_2 释放量为 0.15t 计，未利用地开发区 5600hm^2 林地每年可释放 O_2 达 30.66 万 t，可满足 112 万余人年呼吸所需。每吨 O_2 按市场价的 1%（市场价最低价为 4000 元/t），即 40 元计，则释放 O_2 的价值为 1226 万元。

（2）草地固碳释氧价值评价。根据光合作用和呼吸作用的反应方程式推算，每形成 1kg 干物质需要 1.62kg CO_2，可利用造林成本法来估算固定 CO_2 的间接经济价值，目前中国平均造林成本为 0.2609 元/kg。生态修复后，草地总生物量为 5 676 045.96kg，其固定 CO_2 的价值为 23.99 万元；根据光合作用和呼吸作用的反应方程式推算，每形成 1kg 干物质释放 1.2kg O_2，可利用工业制氧影子价格法来估算释放 O_2 的经济价值。工业制氧成本以 0.40 元/kg 计，草地制氧的价值为 27.3 万元。这两项的总价值为 51.29 万元。

2）吸收大气污染物价值评价

植物对于一定浓度范围内的大气污染物，不仅具有一定程度的抵抗力，而且也具有一定的吸收有害气体的能力。植物体需要通过叶片上的气孔与外界环境进行气体交换，在空气受污染情况下，有害气体就在交换过程中经气孔进入叶片，扩散到叶肉组织，然后通过输导组织运输到植物体的其他部位，从而影响植物的正常生长发育和生理生态特征。在污染环境下许多植物经过长期的适应性，形成了对污染气体的忍耐、抵抗和吸收净化的能力。

（1）吸附和阻滞烟灰粉尘价值。据统计，城市中每公顷土地平均年物理降尘费为 80 元左右，据此计算，未利用地开发区生态修复后林地与草地的年降尘效益分别约为 45 万元、25 万元。

（2）吸收 SO_2 价值。据统计，城市森林每年可吸收 SO_2 达 30～60kg/hm^2，未利用地开发区按 30 kg/hm^2 计，则该区生态修复后新增林地面积 5600hm^2 可吸收 SO_2 达 168 000 kg，根据《中国生物多样性国情研究报告》，我国 SO_2 的治理费用为 0.6 元/kg，据此计算生态修复后林地每年吸收二氧化硫的生态效益约为 10 万元。

据统计，每公顷草地吸收 SO_2 约 100kg，3100hm^2 草地可吸收 310 000kg 的 SO_2，则生态修复后新增草地每年吸收 SO_2 的生态效益约为 18.6 万元。

3）吸收氮氧化物价值

据韩国科学技术院测定，当氮氧化物的发生量为 1 067 000t 时，每公顷林木的吸收量为 6.0kg，可能的吸收率为 3.5%。吸收氮氧化物的价格，可采用中国大气污染物排污收费标准中筹资型标准的平均值 1.34 元/kg，则林地吸收氮氧化物的价值为 6.0×1.34× 林地面积 =4.5 万元。

4. 气候调节功能评价

1）调节气温价值评价

在炎夏季节，林地树荫的气温较无绿地区低 3～5℃，较建筑物地区可低 10℃左右。茂盛的树冠能挡住 50%～90% 的辐射热。经辐射温度计测定，夏季树荫下与阳光直射的辐射温度可相差 30～40℃之多。大面积的森林覆盖对气温的调节更明显。

草地对其上方空气的温度有重要调节作用。据测定，与裸地相比，夏季草地可降低地表温度 8℃。

2）调节湿度价值评价

在夏季的白天，每小时可由叶面蒸腾 25kg 水到空气中，昼夜蒸腾量达 0.5t。树木呈丛状大面积种植时，其改善小环境湿度的效果更显著。一般森林中的空气湿度要比空旷地高 7%～14%。森林不仅影响林内湿度，还对周围地区湿度产生较大影响。试验证明，在林外 10 倍于树高的距离内，空气湿度有一定提高，而蒸发量有所降低。

5. 防风固沙功能评价

根据对观测风速校正后的土壤风蚀量预测结果可知，在兰州市区常年盛行东北风和整地不采取任何防治风蚀措施的情况下，年均约有 2.83 万 t 的粉黏土通过大气搬运至兰州河谷盆地上空。树木有巨大的防风沙作用，高植被覆盖度的森林可通过多途径、多渠道对风沙所经地区的地表土壤起到保护作用。

未利用地开发区生态修复所形成的森林植被，可对沙尘暴起到明显阻滞作用，大大降低北部大风和沙尘等恶劣天气对兰州市区的影响，同时净化空气，尤其减轻春季大风所带来的黄沙，以及空气中的悬浮微粒和扬尘污染，改善大气环境质量。

未利用地开发区在保存部分绿化带的基础上，又新增了绿化面积，并形成一个新的生态系统，既绿化了未利用地开发区，又保护了母亲河，可为兰州市建立新的生态屏障。

6. 生物多样性保护功能评价

未利用地开发区生态修复过程中，应尽可能使用当地物种，尽量维护和保持原有的生态系统，使修复后的土壤系统与原有生态系统重建的养分自循环系统相融合，保证生态修复的效果和新建生态系统的可持续性，使过去遭到破坏的、分散的生态系统重新恢复成连片、整体的生态系统，随着林地、草地面积的增加，势必伴随着生物多样性水平和景观多样性的增加，使得生态系统稳定性增强。

（四）经济效益评价

未利用地开发区生态修复不仅带来生态效益，还因生态环境改善而产生了景观游憩效益、果林效益等直接经济效益和由此产生的间接经济效益。

1. 景观游憩效益

随着经济发展和市民生活水平的稳步提高，人民群众日益追求绿色环保健康的生活方式，旅游休闲成为市民的基本消费需求。尤其随着交通便利度的提高、市民闲暇时间的增加，生态旅游已经成为时尚，生态系统景观游憩价值将得到充分发挥。

考虑到生态系统景观游憩效益和旅游关联性较大，采用收益资本化法对未利用地开发区生态修复后建成的城市森林公园进行保守的游憩价值核算。根据《甘肃发展年鉴2011》统计，兰州市户籍总人口为324万人，按人均3次参加游憩计算，则年最大容许游憩人次数为 $324 \times 3 = 972$ 万人次；考虑到兰州市经济和旅游发展情况，仅按平均每人次收益为20元/次，年游憩的人数为250万人来计算，未利用地开发区生态修复后的景观游憩价值为5000万元。

2. 果林效益

若未利用地开发区生态修复方案中新增林地中一部分为果林，约占林地总面积的5%，果林以每亩1500元计算，则生态修复后产生的果林效益约为630万元。

3. 间接经济效益

未利用地开发区生态修复完成后，绿地比例提高，景观多样性增加，生态环境改善，这些都有利于改善投资环境，进而促进兰州市经济发展，带动黄河上游和西北地区可持续发展。

（五）社会效益评价

社会效益指未利用地开发区生态修复给人类生存和社会进步带来的各种效益。未利用地开发区生态修复的顺利实施，将有效遏制该区生态环境恶化，促进兰州市可持续发展。

1. 增加就业价值评价

未利用地开发区生态修复工程不仅会吸收大量劳动力、扩大就业途径；而且随着对森林等资源的单纯开发向保护与综合开发转变，就业机会也会逐渐增加，产生更明显的社会效益。

2. 环境美化价值评价

环境美化意味着生活质量的提高和社会福利的增加，以森林、草地为主的生态系统为当地及其周边地区提供了优美的环境、清新的空气，是兰州市重要的绿色屏障，具有重要的社会效益。

3. 疗养保健功能评价

生态服务功能所提供的疗养保健效益主要表现在吸收 CO_2、释放 O_2 等方面。相关研究结果表明，大气中 NO_x、SO_2、CO、TSP、PM10 五种污染物浓度与呼吸系统疾病死亡率呈显著相关关系，五种污染物浓度每增加 $100\mu g/m^3$，呼吸系统疾病死亡率分别增加 4.27%、3.56%、0.20%、2.74%、4.08%；另外，污染物浓度与心脑血管疾病、冠心病、慢性阻塞性肺病，以及消化系统肿瘤等疾病死亡率也有显著的相关关系；同时，森林内负氧离子可促进新陈代谢，增强人体免疫力；宁静、清新的环境有助于消除疲劳、镇静安神。可见，未利用地开发区生态修复过程通过减少污染物，将有助于减少呼吸系统等疾病的发生，降低上述疾病的死亡率，提高兰州市居民健康水平。

4. 社会文明进步功能评价

未利用地开发区生态修复工程有助于完善该区公路、水、电、暖等基础设施，相关配套设施也将得到相应发展，这将极大促进未利用地开发区物质文明和文化进步，给未利用地开发区的社会进步带来显著效益。

三、低丘缓坡开发区生态修复策略

（一）完善低丘缓坡生态修复的配套设施

由于自然环境恶劣，天然降水难以满足低丘缓坡开发区内的植被生长，需要铺设灌溉管网。然而，目前已有的给排水管网覆盖面较小，无法满足生态修复需要，为使低丘缓坡开发区的生态修复达到预期效果，急需进一步完善基础设施。只有建成完善的上水、集水、保水、注水、泵站及配电等配套工程，才能确保生态恢复顺利进行；同时，需要加强对修复后林地、草地的管理、维护、灌溉和保养，并构建合理的绿化交通网络。

（二）加强低丘缓坡开发区生态修复的组织领导和协调

低丘缓坡开发区生态修复涉及国土、林业、建设、农业、水利等多个部门，是一项复杂的系统工程，要提高全社会对低丘缓坡综合开发利用重要性和必要性的认识。首先，应构建常态化的协调体系，通过召开国土、林业、建设、农业、水利、环保等部门的协调会，充分进行沟通，做好低丘缓坡开发区生态修复中所涉及的审批等问题的协调工作，同时通过明确责任和强化监督机制，提高低丘缓坡开发区的生态修复效益。其次，应建立利益协调分配体系，根据黄土丘陵区低丘缓坡的实际情况，积极争取中央政府对低丘缓坡开发区生态修复的政策支持，同时根据相关法律法规建立灵活的利益调配机制，合理协调当地农户、地方政府及开发利用方的利益，调动多方积极性。

（三）加强低丘缓坡生态修复的相关制度建设

应加强和完善政府的能力建设，尤其应不断完善和加强政府对低丘缓坡开发区生态修复管理和保护决策的执行能力和处理能力，不断提高生态环境管理水平；同时，应加大对生态修复工作的监管力度，增强公众环境意识。

应建立和完善低丘缓坡开发区生态修复管理信息系统，提高生态环境管理的效率和水平。不断完善生物多样性资源、植被状况、土地利用状况、环境监测等数据库建设，逐步建立面向不同管理对象的决策支持系统。

应在严格执行建设项目环境影响评价制度的基础上，逐渐试行战略环境影响评价和规划环境影响评价，建立和完善战略环境影响评价和规划环境影响评价制度。

（四）加大低丘缓坡生态修复技术研发力度

从大尺度看，生态修复与重建是在人为条件下，促进一个区域植被生态系统质量和功能的整体提高；从小尺度看，是某一人工植被类型或天然退化植被群落在人为促进条件下的修复和重建，其关键在于构建顺应群落演替规律的自我修复与重建模式，另外通过封育、抚育、人工补植或播种乡土植物种苗，有效提高人工植被的持续恢复速度。小尺度上的生境差异将使不同修复技术、补种植物种类产生不同的生态修复效果，因此需在客观判断构建植被物种的适应性及其相互关系的基础上确定生态修复方案。

当前，低丘缓坡开发区生态修复主要采取人为方式促进植被修复和重建，因此需要进行时机选择、补植物种及配置模式选择、植被类型适宜生境选择、群落持续发育进程判断等。针对兰州市低丘缓坡开发区的气候、植被及土壤条件，应本着水土保持优先、主动修复和被动适应相协调的原则进行生态修复。具体而言：①植被建植的物种选择及搭配，应依据实地适树原则，优先考虑其适应性；②植被建植布局，应以黄土丘陵区地形地貌特征、自然资源条件，以及生态防护功能、土地资源利用需要为依据，开展农田防护林、水土保持林、经济林和景观生态林等总体规划；③植被建植技术，应以水土保持、集水整地和抗旱造林为主要技术，最大化提高水分利用效率及生态防护功能；④植被自然恢复，应通过封禁和定期的人工抚育手段，促进群落的演替进程。

与此同时，应加强与有关科研单位及院校的合作，大力开展生态修复机理、关键技术等研究。抓紧制定生态修复标准和技术规范，明确水土保持生态修复的原则、要求、标准等，规范对生态修复的管理。

（五）加大低丘缓坡未利用地开发区生态修复宣传力度

应充分利用广播电视、报纸、网络、宣传标语等各种媒介，加强对低丘缓坡未利用地开发区生态修复的宣传，使广大公众能够深刻认识到低丘缓坡未利用地生态修复的价值，增强公众的环保意识。积极引入国内外公众教育和公众参与的成功经验，建立和完善公众参与生态环境管理的机制，畅通公众参与的渠道，积极鼓励、引导公众参与低丘缓坡未利用地项目决策，明确各科研机构、学术团体和非政府组织在生态环境管理中的作用，形成一个政府主导、社会和公众积极参与的决策机制与运行机制。

实践篇

第七章
黄土丘陵区市域土地整治规划

市级土地整治规划是土地整治规划体系中承上启下的重要规划，既是对市级土地利用总体规划和省级土地整治规划目标任务的落实，又是编制县（区）级土地整治规划的依据，对完善土地整治规划体系、指导县（区）科学推进土地整治工作具有重要作用。在经济发展新常态下，市级土地整治也面临着新机遇、新挑战与新形势，急需将土地整治规划的新理念、新导向落实到市级土地整治规划中。鉴于此，以地处黄土丘陵区的兰州市为例，开展市域土地整治规划实践研究，为黄土丘陵区市域尺度上规范有序地开展各类土地整治活动、统筹安排土地整治资金提供借鉴与参考。

第一节 土地整治分区

一、土地整治分区原则

（一）自然条件相对一致性

区域地理位置及自然条件决定着土地资源的地域分异特征、开发利用方式。兰州市地形、地貌、水资源分布等自然条件复杂，使得土地利用方式和景观格局存在较大差异。若不考虑区内地貌类型、水资源分布、气候特征等自然条件的一致性，则难以阐明土地资源开发利用的真实条件、结构特征、存在问题等，也无法确定不同区域内的土地资源整治策略。因此，土地整治功能分区必须坚持自然条件一致性原则。

（二）土地利用特征相对一致性

确定与划分土地整治功能分区时，应以土地利用现状为基础，充分考虑土地资源现状及利用特征等，做到因地制宜。例如，在耕地及其他农用地大面积集中分布区域，分区整治功能应定位为农用地整治，并按照"田成方、树成行、路相通、渠相连、旱能灌、涝能排"的标准，有效引导耕地、园地等农用地集中连片；而在未利用地面积占优势且自然条件相对较好的区域，分区整治功能则定位为未利用地开发，对宜耕未利用地等进行适度开发，强化补充耕地的质量建设与管理。

（三）社会经济发展水平相对一致性

社会经济发展水平在一定程度上决定着区域土地整治重点方向、主要内容和投资规模，从而影响土地整治潜力的大小。土地整治功能分区时，必须综合考虑社会经济发展水平的相对一致性和区际统筹协调，确保土地整治投资强度与投资水平相匹配、土地利用与产业发展相匹配。

（四）行政界线的相对完整性

土地整治功能分区既应保持一定尺度自然地理单元（高原、盆地、平原、山地等）的完整性，也应维持一定级别行政区划单元（乡镇）的完整性。在进行土地整治功能分区时，应以一定的自然地理单元或流域单元为单位，考虑乡镇行政区划的完整性，以便土地整治项目选取与实施管理，提高规划可操作性。

二、土地整治分区

根据以上分区原则，可将兰州市土地整治功能区划分为山地保护区、农用地整治主导区、土地复垦主导区等4个一级区和西部山地保护区、西北部中低山农用地整治主导区、西部低山、丘陵矿区复垦主导区等16个二级区（图7-1）。

（一）山地保护区（Ⅰ）

1. 西部山地保护区（Ⅰ1）

本区面积为50 751.81hm^2，占该一级区面积的56.20%，包括永登县的河桥镇及连城镇的山区。地貌为中山、亚高山，海拔在2800m以上，年均降水量为400～500mm。年均气温为1～4℃。≥10℃的积温在1000～1300℃，气候冷凉，热量不足。除沟谷洼地滩地外，不适宜发展种植业生产。本区土壤类型以淋溶灰褐土和亚高山灌丛草甸土为主。存在的主要问题为毁林、毁草、开荒扩种，破坏了天然林草资源，加剧了土壤侵蚀；乱放乱牧，超载过牧，引起草场退化；沟谷、滩地处的耕地，重用轻养，土壤有机质含量虽高，但矿质养分不足，作物营养失调，产量低而不稳；陡坡地水土流失严重，土壤贫瘠，产量很低。

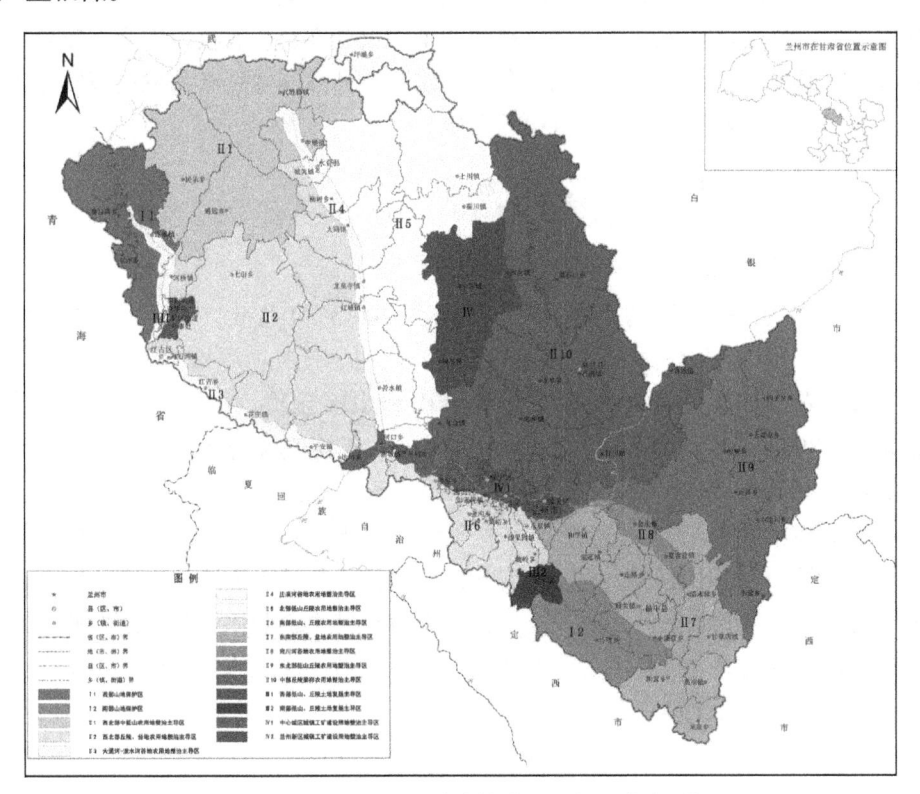

图7-1 兰州市土地整治功能分区（文后附彩图）

土地整治重点方向：扩大森林面积，提高森林覆盖率。探索建立生态产品补偿机制，落实重点生态功能区转移支付政策。重点加大对山区地形起伏度较大、滑坡泥石流等地质灾害易发区的生态保护力度，有序开展退耕还林、生态搬迁等生态恢复工程建设，积极防治滑坡泥石流等地质灾害。

2. 南部山地保护区（Ⅰ2）

本区地处兰州市南部马衔山山地和东南部的兴隆山山地，面积为 39 550.70hm²，占一级区面积的 43.80%，包括榆中县城关镇、定远镇、和平镇、连搭乡、龙泉乡、马坡乡和小康营乡 7 个乡镇的山地区域。本区山势高峻，山坡陡峭（海拔为 2800～3670m，相对高差为 700～1000m），气候冷凉，多雨潮湿，热量不足，无霜期短，林草茂密、覆盖度大，土壤类型以亚高山灌丛草甸土、淋溶灰褐土和高山草甸土为主，土壤肥沃，结构良好，土层较薄，适宜林牧，不宜种植。

土地整治重点方向：保护天然林，改造次生林，增加人工林，扩大森林面积，提高森林覆盖率，增强水源涵养能力，减少水土流失；合理利用林间草场，正确解决林牧矛盾，建立合理的草场放牧制度，改放牧为主为放牧舍饲并举，以保护天然草场资源；充分利用农作物秸秆和其他副产品发展畜牧业生产，增加优质农家肥，促进种植业的发展。

（二）农用地整治主导区（Ⅱ）

1. 西北部中低山农用地整治主导区（Ⅱ1）

本区位于永登县的西北部，面积为 141 377.91hm²，占一级区面积的 12.49%。包括永登县武胜驿镇、通远乡、民乐乡、坪城乡和中堡镇除河谷以外的大部分区域。地貌类型为低山和山前丘陵，山势平缓。海拔为 2500～2800m，年均降水量为 350～400mm，年均气温为 4～7℃，≥10℃ 的积温在 1000～1500℃。土壤类型为栗钙土各亚类。

土地整治重点方向：完善农田基础设施配套，合理配置"田、水、路、林"，切实加大农用地整治力度，加强农田改造。农用地整治过程中，应针对区域气候干燥无灌溉条件，以及耕作方式不合理的土地利用现状，采取修整水平梯田，增强土壤"拦蓄水分"的能力，减轻或防止水土流失，保护土壤肥力和土地资源，提高土地生产能力。

2. 西北部丘陵、台地农用地整治主导区（Ⅱ2）

本区包括永登县七山乡、龙泉寺镇、柳树乡、苦水镇、红城镇、河桥镇、大同镇和城关镇等乡镇的庄浪河谷以西区域，红古区平安镇、花庄镇、红古乡、海石湾镇等乡镇河谷以北区域和西固区达川乡、河口乡河谷以北区域，面积为 182 992.31hm²，占该一级区面积的 16.16%。土壤类型主要为灰钙土、淡灰钙土、大白土，红黏土零星分布在大通河两岸的高阶地、沟坝地上，面积很小。丘陵重叠，沟壑纵横，干旱少雨，植被稀疏，水土流失严重，土壤肥力低下。

土地整治重点方向：大力推进农用地整治，提高农业综合生产能力。完善农田水利设施和灌区沟渠配套等。结合危旧房改造，加大农村建设用地整治力度。加大环境污染防治力度，推进生态重建与生态功能恢复。

3. 大通河、湟水河河谷农用地整治主导区（Ⅱ3）

本区位于大通河、湟水两岸的冲积平原地带。包括红古区7个乡镇（街道办事处）的川区和永登县连城镇、河桥镇的川区，面积为23 234.55hm²，占一级区面积的2.05%。土壤类型主要为灌淤土，潮灌淤土面积很小，只在窑街附近出现。地貌以冲积平原为主，还有少量坪台。海拔在1700m左右，年均降水量为300~350mm，年均气温为7.5~8℃，≥10℃的积温在2800~3200℃，无霜期为170天，适于种植小麦玉米等粮食作物和多种蔬菜、果类。

土地整治重点方向：切实加大高标准农田建设力度，加强中低产田改造，以大中小沟清淤疏浚、涵闸桥配套等为重点，着力抓好排灌配套和适度发展灌溉，提高农田排涝抗旱标准，大规模建设旱涝保收高标准农田。大力推进旧村改造，统筹城乡建设用地，规范实施城乡建设用地增减挂钩。加强大通河、湟水河防护林建设，促进生态重建和环境保护。

4. 庄浪河河谷农用地整治主导区（Ⅱ4）

本区包括庄浪河两岸永登县大同镇、中堡镇、龙泉寺镇、柳树乡、城关镇、红城镇和苦水镇7个乡镇的川区和西固区河口乡位于庄浪河谷的小部分区域，面积为19 711.97hm²，占一级区面积的1.74%。由庄浪河1~5级阶地组成，海拔为1600~1767m。平均降水量为275~325mm，年均气温为5~8.7℃，≥10℃的积温在2000~3200℃，属"一季有余，两季不足"的地区，灌溉条件较好，产量高而稳定。作物以粮食作物为主，蔬菜、果类、玫瑰也有一定数量的种植。土壤类型主要为灌淤土、潮化灌淤土、盐化灌淤土及大白土。

土地整治重点方向：大力推进高标准农田建设，提高农业综合生产能力。加快推进庄浪河流域综合治理，重点实施沟河塘清淤及更新改造，提高防洪除涝能力，完善农田水利设施和灌区沟渠配套等。改进灌水方法，控制灌水定额，灌排结合，控制地下水位的升高，以免土壤积盐，采取综合技术措施，治理盐化土壤。结合危旧房改造，加大农村建设用地整治力度。加强黄河行蓄滞洪生态区治理，加大环境污染防治，推进生态重建与生态功能恢复。

5. 北部低山丘陵农用地整治主导区（Ⅱ5）

本区主要包括永登县城关镇、大同镇、红城镇、苦水镇、柳树乡、龙泉寺镇的庄浪河以东区域、秦川镇和树屏镇大部分区域，面积为162 962.25hm²，占一级区面积的14.39%。土壤类型主要为灰钙土、淡灰钙土、大白土，红黏土零星分布，面积很小。丘陵重叠，沟壑纵横，干旱少雨，植被稀疏，水土流失严重，土壤肥力低下。

  土地整治重点方向：加强农业基础设施建设，促进农业结构调整优化。大力推进城乡一体化，优化城乡建设用地结构布局，加强旧城改造和闲置建设用地清理，盘活建设用地存量，健全园区集约用地考核评价指标体系。合理挖掘农村集体建设用地潜力，科学归并农村居民点，促进人口向中心村（镇）集中。加快水土流失和环境治理，加强实施生态防护林生态网建设。

6. 南部低山、丘陵农用地整治主导区（Ⅱ6）

  本区由黄河冲积形成的5～8级阶地及部分山前丘陵组成，面积为42 956.05hm²，占一级区面积的3.79%。包括七里河区魏岭乡、西果园镇、黄峪乡、龚家湾街道、彭家坪镇、秀川街道、晏家坪街道和彭家坪镇黄河以南区域；西固区新城镇、四季青街道、柳泉乡、临洮街街道、金沟乡、东川乡和陈坪街道等乡镇黄河以南区域，土壤类型主要是黄绵土。地貌为低山、低丘和坪台，海拔为1700～2800m，高出黄河水面100m以上，年均气温为7.0～8.0℃，年均降水量为350～450mm，≥10℃的活动积温比河谷平原稍低，坪台上的耕地多为水浇地，是兰州市粮食作物、经济作物及菜果的主要产区之一。

  土地整治重点方向：完善农田基础设配套，合理配置"田、水、路、林"，切实加大农用地整治力度，加强农田改造，修整水平梯田，增强土壤"拦蓄水分"的能力，组织"城粪下乡"，增施有机肥，提高土壤肥力，减轻或防止水土流失，保护土壤肥力和土地资源，提高土地生产能力。

7. 东南部丘陵、盆地农用地整治主导区（Ⅱ7）

  该区位于兰州市东部的榆中盆地，包括榆中县清水驿乡、高崖镇、甘草店镇、夏管营镇、连搭乡、新营乡、金崖镇、和平镇、定远镇、城关镇、小康营乡等乡镇的大部分区域，面积为117 433.65hm²，占一级区面积的10.37%，由兴隆山和东部低山的山前洪积平原组成，有零星低丘遍布其中，具有盆地特征。海拔为1800～2400m，相对高差为500m左右，年均气温为6～8℃，年均降水量为300～400mm，≥10℃的积温在2020～3000℃，无霜期为160天左右。土地资源丰富，土壤肥力不高，气候干燥，降水少而不均，多分布在7～9月，地形呈波状起伏，植被稀疏，地面裸露。

  土地整治重点方向：大力推进高标准农田建设，兴修水平梯田、反坡梯田、隔坡梯田，防止水土流失，提高土壤保土、保水、保肥能力，提高农业综合生产能力。完善农田水利设施和灌区沟渠配套等。对坡度大于25°的耕地还林还牧，植树护坡，种草养畜。结合危旧房改造，加大农村建设用地整治力度。

8. 宛川河谷地农用地整治主导区（Ⅱ8）

该区位于宛川河两岸主要包括榆中县的金崖镇、夏管营镇和清水驿乡的部分地区，面积为13 413.92hm²，占一级区面积的1.18%。土壤类型主要为灌淤土、潮灌淤土、盐化灌淤土。海拔为1450～1700 m，年均气温为8～9℃，年均降水量为300～400mm，≥10℃的积温达3000℃以上，地势平坦，灌溉条件优越，土壤比较肥沃，耕作精细，肥源充足，作物产量高而稳定。

土地整治重点方向：大力推进高标准农田建设，提高农业综合生产能力。加快推进宛川河流域综合治理，重点实施圩堤和涵闸除险加固、沟河塘清淤及更新改造，提高防洪除涝能力，完善农田水利设施和灌区沟渠配套等。改进灌水方法，控制灌水定额，灌排结合，控制地下水位的升高，以免土壤积盐，采取综合技术措施，治理盐化土壤。

9. 东北部低山丘陵农用地整治主导区（Ⅱ9）

本区位于榆中县东部，包括榆中县韦营乡、中连川乡、园子岔乡、哈岘乡、贡井乡、上花岔乡和金崖镇黄河以北区域，面积为148 425.79hm²，占该一级区面积的13.11%。地貌为低山、丘陵，海拔在2200m左右。主要土壤类型为黑麻垆土、灰钙土。该区植被稀疏，水土流失严重，沟壑纵横，梁峁起伏，土地破碎，年均气温为5～6℃，年均降水量为360～400mm，多分布在7～9月，≥10℃的积温在2000～3000℃，无霜期为100～150天，基本可满足作物一年一熟的要求。

土地整治重点方向：切实加大农用地整治力度，兴修水平梯田，提高土壤蓄水保墒能力，保护土壤肥力；坡度＞25°的现有耕地坚决退耕还林还牧，围绕蓄水保墒进行精耕、深耕，增施肥料，提高土壤肥力；加强中低产田改造，提高农田抗旱标准，大规模建设旱涝保收高标准基本农田；种草种树，保护植被，增加植被覆盖度，防止水土流失；大力推进旧村改造，统筹城乡建设用地，规范实施城乡建设用地增减挂钩。

10. 中部丘陵梁峁农用地整治主导区（Ⅱ10）

本区总面积为259 448.8 hm²，占全市总面积的19.67%，主要包括皋兰县忠和镇、水阜乡、石洞镇、九合镇、什川镇、黑石川乡和西岔镇大部分区域，此外还有榆中县的青城镇也在范围之内。地处典型的黄土丘陵沟壑区，海拔为1700～2500m。该区丘陵重叠，沟壑纵横，坡陡流急，水土流失严重，土壤肥力减退，农业生产低落。年均降水量为250～350mm，多分布在7～9月，春旱更为频繁，年均气温为5～8℃，≥10℃的积温达1500～2500℃。

土地整治重点方向：加大农用地整治力度，充分利用现有水源。加强农业基础设施建设，促进农业结构调整优化。加强水土流失和环境治理，加强实施生态防护林生态网建设。

（三）土地复垦主导区（Ⅲ）

1. 西部低山、丘陵矿区复垦主导区（Ⅲ1）

本区位于红古区西北端，祁连山支脉哈拉古山东北麓，包括红古区矿区街道办事处、窑街街道办事处两个街道办事处大通河以东区域，总面积为4424.19hm²。海拔为1800～2400m，属黄土山塬区，地貌为低山、丘陵，年均气温为5～8℃，年均降水量为250～350mm，≥10℃的积温在2000～3000℃。生物资源种类较多，仅松、柏、柳、榆等就有200多种，有百合、枸杞、甘草、远志等17余种药材。野生动物有旱獭等数十种陆生动物，以及雉鸡、老鹰等20多种飞禽。境内矿产资源丰富，有储量丰富的煤、石灰岩、页岩、祁连玉、大理石、稀土、建筑用砂等矿产资源。

土地整治重点方向：加大农村居民点的整理和迁并力度，逐步提高建设用地节约集约利用水平，积极防治泥石流等地质灾害，加大自然灾害损毁土地复垦力度，开展工矿废弃地复垦利用，加大塌陷区治理力度，提高矿山地质环境恢复治理率，因地制宜地布局生态保护用地。

2. 南部低山、丘陵矿区复垦主导区（Ⅲ2）

本区位于七里河区的阿干镇和魏岭乡，总面积为8117.77hm²。地势南高北低，属中温带半干旱型气候，四季分明，冬无严寒，夏无酷暑。海拔为1800～3124m，平均温度为6～8℃，降雨量为300～420mm，全年无霜期为160多天，农作物一年一熟，土壤类型主要以山地褐色土和灰钙土为主。矿区煤炭储藏丰富，采煤历史悠久。20世纪50年代以来，开始进行大规模的机械化采掘，经过几十年的开采，形成了大面积的采空区，滑坡等地质灾害时有发生，对矿区生态环境和地质环境造成了严重破坏。矿区水土流失严重，道路等基础设施毁坏严重；住房地基下沉，墙体开裂；耕地塌陷，无法耕种；水窖损毁，生存环境日益恶劣。

土地整治重点方向：在地质环境安全前提下，全面、有序地开展土地整治，以土地复垦为中心，以拟搬迁区农村居民点用地整治、采煤塌陷地复垦为主线，结合矿区煤炭资源开发、地质灾害防治、土地利用总体规划、村镇搬迁与小城镇建设、农业结构调整，以及矿区生态重建，因地制宜地应用生态工程和生物技术等措施对矿区内土地进行田、水、路、林、村、房综合整治。

（四）城镇工矿建设用地整治主导区（Ⅳ）

1. 中心城区城镇工矿建设用地整治主导区（Ⅳ1）

本区位于兰州市中心地带，包括西固区、安宁区、城关区、七里河区 4 区位于黄河冲积平原的乡镇（街道办事处），面积为 29 105.06hm^2，占全市总面积的 2.21%。地形从西向东倾斜，海拔为 1450～1700m，年均气温为 8～9℃，年均降水量为 300～400mm，≥10℃的积温达 3000℃以上。建设用地分布集中，区域发展不均衡，土地集约利用差异较大。

土地整治重点方向：控制新增建设用地规模，加强建设用地内涵挖潜和优化调整，大力推进旧城镇、旧工矿、城中村等棚户区改造，扩大建设用地节约集约建设。积极防治泥石流等地质灾害，加大自然灾害损毁土地复垦力度，开展废弃地复垦利用，加强黄河水环境综合治理、两山水土保持和水源涵养功能恢复。

2. 兰州新区城镇工矿建设用地整治主导区（Ⅳ2）

本区地处兰州市北部的秦王川盆地。包括中川镇、树屏镇区和皋兰县西岔镇盆地部分地区，面积为 55 170.37hm^2，占全市总面积的 4.18%。年均气温为 5～8℃，年均降水量为 250～300mm，≥10℃的积温在 2000～2500℃。土壤类型主要有盐化灰钙土、淡灰钙土。该区建设用地扩张较快，占用大量耕地；城市功能不能正常发挥，土地利用效益低下。

土地整治重点方向：坚持在保护中开发，以土地整治为平台，合理确定兰州新区城镇工矿和农村居民点用地规模，优化城乡建设用地布局，提高土地集约节约利用程度，大力推进兰州新区建设和城乡一体化发展。

第二节　土地整治目标与任务

一、指导思想和基本原则

（一）指导思想

深入贯彻党的十八大和十八届三中、四中、五中全会，以及习近平总书记系列重要讲话精神，以"创新、协调、绿色、开放、共享"五大发展理念为指导，以保障粮食安全为首要目标，以推进新农村建设和统筹城乡发展为根本要求，统筹规划，合理布局，加快土地综合整治。着力加大高标准基本农田建设和农用地整治，夯实农业现代化基础；规范推进农村建设用地和城镇建设用地整治，改善城乡生产生活条件；加快推进损毁土地复垦，适度开发宜耕其他草地；科学进行未利用地开发，以资源可持续利用促进经济社会可持续发展。

（二）土地整治原则

1. 坚持耕地数量、质量和环境改善相统一

土地整治不仅要注重耕地数量的增加，保持全市耕地总量动态平衡和耕地占补平衡，更重要的是要通过土地整治提高耕地质量，努力搞好基本农田保护和生态环境建设，为土地资源的可持续利用和建立生态环境屏障奠定基础，促进全市经济社会持续健康发展。

2. 坚持从实际出发，因地制宜，循序渐进

坚持"在保护中开发，在开发中保护"的原则，从实际出发，因地制宜，在积极争取国家政策、资金支持的同时，积极引导整合涉农资金及社会资金，合理确定土地整治规划建设内容、规模、实施时序和保障措施，统筹配置资源、资金和土地整治工程要素，量力而行，循序渐进，保证规划目标能够顺利实现。

3. 坚持突出重点、兼顾一般，促进区域协调发展

实施差别化的土地整治政策，科学划定土地整理区域、复垦区域和适度开发区域，合理分解下达各县区土地整治任务。按照转变经济发展方式的要求，将土地整治从单一农用地整治转变为农用地和建设用地整治相结合；优先安排重点区域的土地整治，同时兼顾非重点地区的农田整治，促进区域协调发展。

4. 坚持以促进"三农"发展为目标，推进城乡统筹发展

坚持以人为本理念，将土地整治工作与促进农民增收、农业增效、农村发展相结合，将维护农民的合法权益和利益放在土地整治工作的首位，保障土地整治区农户在规划编制和实施中的知情权、参与权与监督权。以土地整治与城乡建设用地增减挂钩为平台，整合资源，聚合资金，统筹推进田、水、路、林、村综合整治，发挥土地综合整治效益，促进土地集约、节约利用和城乡一体化发展。

二、土地整治目标

按照全面建成小康社会的战略部署和总体要求，全面落实《甘肃省土地整治规划（2016—2020年）》和《兰州市土地利用总体规划（2006—2020年）》确定的土地整治目标和任务（表7-1）。

加快推进高标准基本农田建设。落实藏粮于地战略，按照"高标准建设、高标准管护、高标准利用"要求，"十三五"时期与农业、水利等相关部门力争建成53 333hm^2，确保建成20 000hm^{2}高标准基本农田。经整治的基本农田质量平均提高1个等级，粮食亩产增加50kg以上，粮食保障能力明显增强。

全面提升耕地数量质量保护。落实最严格的耕地保护制度，努力补充优质耕地，全面加强耕地质量建设。到2020年，全市通过土地整治新增耕地5140hm^2。其中：高标准基本农田整理新增耕地1067hm^2；宜耕土地开发新增耕地4073hm^2。通过土地整理改造中低等耕地4000hm^2，开展农田基础设施建设，建设灌溉渠道1080km，种植农田防护林4000株，建成田间道路900km。

有序开展城乡建设用地整治。落实最严格的节约用地制度，稳妥规范推进城乡建设用地整理。规范开展城乡建设用地增减挂钩，整理农村建设用地4141hm^2，结合村容村貌整治和新农村建设，农村建设用地格局得到优化，基础设施得到改善，土地利用效率不断提高；积极推进城镇建设用地整理，整治城镇工矿低效建设用地2667hm^2。重点加大旧城镇、旧工矿、"城中村"改造力度，促进单位地区生产总值建设用地占用量，降低经济增长对土地资源的过度消耗，土地节约集约利用水平显著提高。

加大实施损毁土地复垦。落实生态文明建设要求，切实加强土地修复和土地生态建设。生产建设活动新损毁土地全面复垦，自然灾害损毁土地及时复垦，历史遗留损毁土地复垦率达到50%以上。到2020年，完成损毁土地复垦

面积为 521hm²。

表 7-1 2016～2020 年土地整治规划控制指标

指标		规模 hm²	规模 亩	指标属性
总量指标	土地整治总规模	65 143	977 145	预期性
	高标准基本农田建设规模	53 333	799 995	约束性
	损毁土地复垦规模	521	7 815	预期性
	宜耕未利用地开发规模	4 481	67 215	预期性
	城镇工矿建设用地整治规模	2 667	40 005	预期性
	农村建设用地整治规模	4 141	62 115	预期性
效益指标	全市补充耕地总量	5 140	77 100	约束性
	高标准基本农田建设补充耕地	1 067	16 005	预期性
	宜耕未利用地开发补充耕地	4 073	61 095	预期性
	经整治后耕地等级提高程度	1等		预期性

三、土地整治任务

（一）优布局、转方式，为经济发展拓空间

加大土地综合整治力度，深入开展农用地整治、积极探索城镇工矿用地整治、加大土地复垦、适度进行宜耕和宜建未利用地开发。通过统筹开展各类整治活动，推动耕地向适度规模经营集中、工业向园区集中、人口向中心村和城镇集中，促进高产稳产农田比例提高、基本农田集中连片与农村人口集聚、村庄合理布点相协调，推动优化农田生态环境与美化村容村貌、提升城镇宜居环境相结合。构建土地生态安全格局，促进不同类型土地利用结构优化，实现土地整治的综合效益，充分发挥土地整治在经济社会发展大局中的地位和作用。

（二）补数量、提质量，确保实现占优补优

在补足耕地数量的前提下，通过对现有耕地提质改造、以补充耕地与改造耕地相结合方式实现耕地占补平衡。提质改造就是针对现有劣质、等级低的耕地，通过改善土壤、排灌等农业生产条件，提高耕地质量，或者通过改造农田水利等设施，将旱地改为水田的土地整治行为。补改结合就是在新开垦了耕地、落实了补充耕地数量基础上，补充耕地质量和水田没有达到规定要求的，

通过对现有耕地提质改造的途径，即补充一块、改造一块结合起来，总体实现耕地占一补一、占优补优、占水田补水田。

（三）增效益、提等级，建设高标准基本农田

按照适应现代农业发展的要求，采取水利、农业、林业和科技等综合配套措施，进行田、水、路、林、村综合治理，促进农田集中连片，加强耕地质量建设，强化耕地生产功能，夯实农业生产基础条件。整治后，丘陵山区坡地基本实现梯田化，全面提升区域内农田的基础设施条件和土地集约利用水平；河谷（台地）地区达到田成方、林成网、渠相通、路相连、旱能灌、涝能排、渍能降，基本实现标准化。优化基本农田多功能布局，城市近郊区强化城市菜篮子工程建设，塑造都市近郊生态景观与休闲农业；生态脆弱区以提升耕地生态功能为主要目标，建成集水土保持、生态涵养、特色农产品生产于一体的生态型基本农田。

（四）改旧城、建新村，改善城乡居住环境

积极开展低效城镇工矿建设用地整治，有序引导旧工矿改造，提高工业用地经济密度，盘活土地资产，实现从粗放型向集约型转变。引导分散企业向工业园区和生产基地集中，加快推进主城区老企业出城入园，向兰州新区和高新技术区、经济开发区增容扩区区域集中，拓展城镇发展空间。合理开展中心城区老工业用地用途调整，推进旧城区转型更新，积极推行节地型更新改造，控制生产用地，保障生活用地，增加生态用地。完善市政公用设施和基础设施的配套，加强绿化和市容卫生建设，提升旧城区居民的整体生活质量，创造舒适宜人居的城镇环境。缓解建设占用耕地压力，保障城镇化健康发展。

积极稳妥推进村庄土地整治，优化居民点布局，采取模式各异、试点先行、稳步推进的方式，结合当地经济社会发展状况和农民群众实际需求，因地制宜采取整村推进型、城中村改造型、生态环境整治型、空心村整治型、并村自建型等多种整治模式，分期分批实施农村建设用地整治，形成等级职能结构协调有序、空间布局合理的农村居民点体系。合理安排增减挂钩试点，充分尊重农民意愿，保障农民权益，统筹建新和拆旧复垦活动。完善农村基础设施，改善农村生产生活条件，提升农村公共服务水平，促进城乡一体化发展。

（五）提功能、串网络，促进生态文明建设

在兰州新区北部、榆中盆地、庄浪河、大通河、宛川河谷地加大高标准

农田建设力度，加强田、水、路、村周围的林网建设，营造防风固沙林；着力推进黄土丘陵沟壑区和南北两山综合治理，建设生态防护林；加快恢复阿干矿区、窑街矿区等废弃土地的生态功能，提高退化土地生态系统的自我修复能力；加强兴隆山和连城水源涵养功能，防治水土流失。通过土地整治完善水系、农田、道路、防护林等生态安全网络，促进区域生态环境建设。改进农用地整治方式，降低土地利用结构调整、土地平整对地貌形态和天然植被的破坏程度，减少对土壤环境、水文环境、局部小气候和生物多样性的不利影响。充分考虑土地资源的适宜性和对生态环境的影响，禁止盲目开垦、毁林造地等破坏土地生态系统结构和功能的行为。对荒草地、滩涂等未利用地的开发，必须在保护和改善生态环境的前提下，严格依据国家有关法规和规划统筹安排、科学论证、有序推进。

第三节 土地整治重点区域

一、农用地整理重点区域

（一）永登县西北部二阴地区农用地整治重点区域

该区域位于永登县西北部，包括武胜驿镇、民乐乡、通远乡3个乡镇，总面积为119 415.33hm^2（图7-2）。气候类型为温寒半湿润气候，地貌为黄土丘陵山地，平均海拔为2200～3150m，平均温度为4.5℃，年均降水量为350mm左右，全年无霜期为80～109天。农作物一年一熟，土壤以灰钙土、栗钙土为主。

土地整治的主要方向和任务：加强中低产田改造，整修水平梯田，合理布局田间道路和防护林体系，提高农业基础设施水平，提高农业综合生产能力，同时改善生态环境。该重点区域共有重点项目6个。

（二）永登县东北部农用地整治重点区域

该区域位于永登县东北部的坪城乡，总面积为13 615.77hm^2（图7-2）。属于温凉半干旱山区，地貌为山前冲积洪积平原，海拔为2400～2500m。年降水量为400mm，年平均气温为1.8℃，全年无霜期为77天。区内大部分为旱地，农作物一年一熟，土壤类型以栗钙土为主。气候干旱、土壤肥力水平低、耕作粗放。

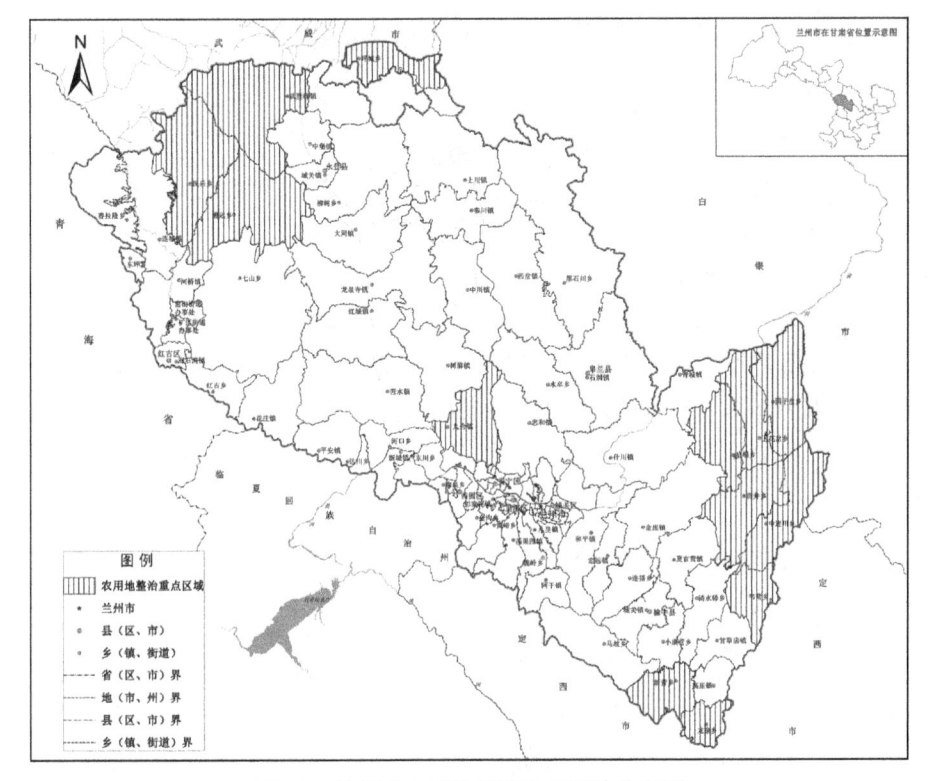

图7-2　兰州市农用地整治重点区域分布图

土地整治的主要方向和任务：修建水平梯田，筑埂打坝，拦蓄山洪；种植绿肥培肥土壤，增加土壤水分和养分；植树造林，加大林网建设力度，防止水土流失，保护农田。该重点区域共有重点项目2个。

（三）皋兰县西南部农用地整治重点区域

该区域位于皋兰县九合镇，总面积为19 669.28hm^2（图7-2）。地貌为黄土丘陵山地，海拔为1700～2280m，气候类型为温和干旱气候，年平均气温为24℃，年降水量为283mm，≥10℃积温为2798℃，日照时数为2768h，全年无霜期为142天，农作物一年一熟。土壤主要以灰钙土、红黏土为主。

土地整治的主要方向和任务：整修水平梯田，充分拦蓄利用天然降雨，供作物生长所需；改良土壤肥力结构，提高粮食单产，提高农业基础设施配套和农业用地的集约化水平；有效控制和减少水土流失，改善生态环境和农业生产条件。该重点区域共有重点项目1个。

（四）榆中北部干旱山区农用地整治重点区域

该区域位于榆中县北部，包括哈岘乡、园子岔乡、上花岔乡、贡井乡、中连川乡 5 个乡镇，总面积为 123 711.41hm² （图 7-2）。地貌类型主要为黄土梁峁，平均海拔为 1700～2500m，气候类型为温和干旱气候，年平均气温为 5℃，年均降水为 280mm 左右，全年无霜期为 110～120 天，区内农作物一年一熟，土壤类型主要是灰钙土。

土地整治的主要方向和任务：加强中低产田改造，提高农田抗旱标准；大力开展梯田建设，提高土壤蓄水保墒能力；精耕、深耕、增施肥料，提高土壤肥力；坡度＞25°的现有耕地实施退耕还林还牧，种草种树，增加植被覆盖度，防止水土流失；改善生态环境和农业生产条件。该重点区域共有重点项目 7 个。

（五）榆中南部低山丘陵区农用地整治重点区域

该区域位于榆中县南部，包括新营乡和龙泉乡，总面积为 22 367.68hm²（图 7-2）。地貌类型为石质山地和黄土丘陵沟壑，地势西北高东南低，海拔为 2001～2678m。气候类型为温寒半湿润气候，平均气温为 2.7～5.5℃，年降水量为 300～500mm，全年无霜期为 103～153 天，农作物一年一熟，土壤主要以灰钙土、黄绵土为主。

土地整治的主要方向和任务：整修水平梯田，充分拦蓄利用天然降雨供作物生长所需，提高粮食单产；改良土壤肥力结构，加强农业基础设施配套建设和提高农业用地的集约化水平；有效控制和减少水土流失，改善生态环境和农业生产条件。该重点区域共有重点项目 4 个。

二、高标准农田建设重点区域

（一）大通河谷地高标准农田建设重点区域

该区域位于永登县大通河谷地，包括连城镇和河桥镇两个乡镇的河谷川区，总面积为 8185.99hm²（图 7-3）。属于温凉半干旱气候，地貌为河谷川台盆地，平均海拔为 1805～2043m，年平均气温为 7.2～7.5℃，≥10℃积温在 2700～2800℃，年降水量为 300～500mm，农作物一年一熟，耕地类型为水浇地，土壤主要以灌淤土为主。河岸低阶、有效土层薄，为底砾土壤剖面，漏水不保肥，并且低阶地下水位高，土性冷，土壤肥力低，影响农作物正常发育。

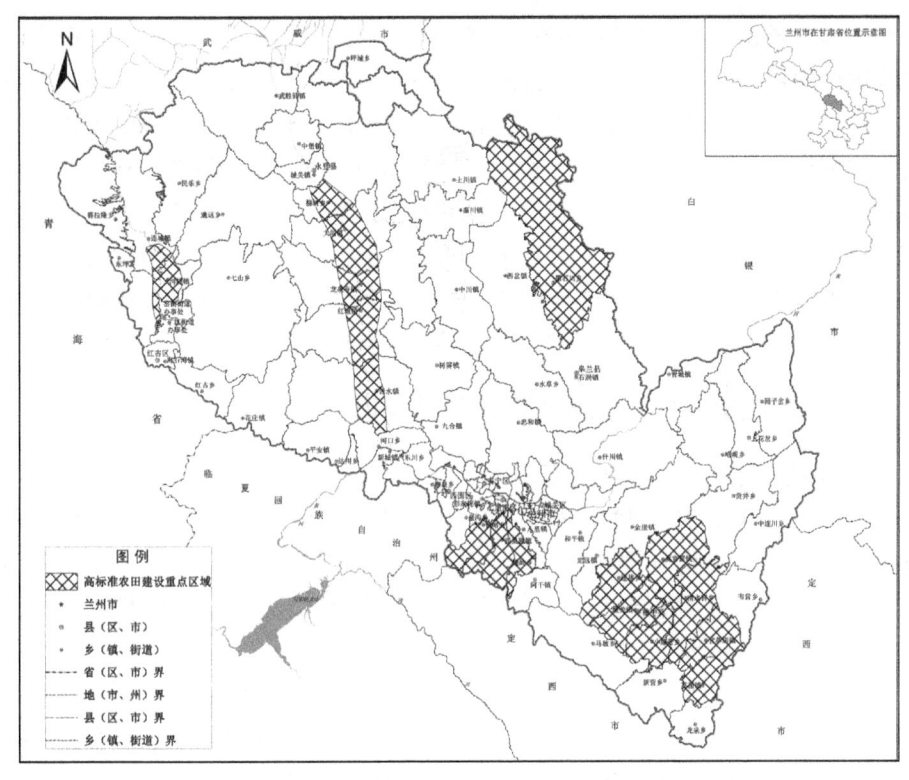

图7-3 兰州市高标准基本农田建设重点区域分布图

土地整治的主要方向和任务：平整川区条田，合理配置"田、水、路、林"，提高农业基础设施配套和农业用地的集约化水平，建设高标准基本农田；低阶地下挖排水沟，降低地下水位，改善土壤肥力结构，提高土壤熟化程度；对薄土层耕地，增加有效土层厚度，提高粮食单产；控制和减少水土流失，改善生态环境和农业生产条件。该重点区域共有重点项目2个。

（二）庄浪河谷地高标准农田建设重点区域

该区域位于永登县庄浪河谷地，涉及柳树乡、大同镇、龙泉寺镇、红城镇、苦水镇5个乡镇，总面积为42 891.59hm^2（图7-3）。属于温和干旱气候，地势总体上北高南低，南北呈阶梯状，地貌类型主要是河谷川地。海拔为1600～2080m，年平均气温为5.1～8.6℃，≥10℃的平均积温在2180～2190℃，全年无霜期为120～130天，日照时间为2655h。土壤类型主要是灌淤土、潮化灌淤土、盐化灌淤土及大白土。属"一季有余、两季不足"的地区，灌溉条件较好，产量高而稳定。作物以粮食作物为主，蔬菜、果类、玫瑰也有一定数量的种植。

土地整治的主要方向和任务：平整川区条田，提高农业基础设施配套和农业用地的集约化水平，建设高标准基本农田，提高粮食单产，改良土壤肥力结构，提高耕作层厚度和熟化程度，有效控制和减少水土流失。加快推进庄浪河流域综合治理，重点实施圩堤和涵闸除险加固、沟河塘清淤及更新改造，提高防洪除涝能力，完善农田水利设施和灌区沟渠配套等。改进灌水方法，控制灌水定额，灌排结合，控制地下水位的升高，以免土壤积盐，采取综合技术措施，治理盐化土壤，改善生态环境和农业生产条件，结合地区产业优势发展农经作物，促进农业产业化经营。该重点区域共有重点项目3个。

（三）皋兰县北部高标准农田建设重点区域

该区域位于皋兰县的黑石川乡，总面积为63 460.51hm²（图7-3）。属于温和干旱气候，处于陇西黄土高原西北部，地势北高南低，平均海拔在1800m左右，年平均气温为7.5℃，年平均降雨量为262.1mm，年蒸发量为1671.3mm，年日照时数约2612.4h，全年无霜期为159天，区内农作物一年一熟，土壤主要以灰钙土为主。

土地整治的主要方向和任务：修建梯田，充分拦蓄利用天然降雨，提高农业基础设施配套和农业用地的集约化水平，提高粮食单产，采取综合技术措施，治理盐化土壤，改良土壤肥力结构，有效控制和减少水土流失，改善生态环境和农业生产条件，加强建设旱涝保收高标准农田。该重点区域共有重点项目2个。

（四）七里河区七道梁高标准农田建设重点区域

该区域位于七里河区，包括黄峪乡、西果园镇、魏岭乡3个乡镇（图7-3），总面积为21 940.05hm²。属于温凉半干旱气候，地貌为黄土丘陵沟壑，海拔为1800～2100m，年平均气温为7.8℃，年降水量为334～594mm，日照时间为2476h，全年无霜期为154天。农作物一年一熟，主要耕地类型为旱地，土壤主要以栗钙土、黄绵土为主，干旱为该区农业生产的主要限制因素。

土地整治的主要方向和任务：整修水平梯田，完善农田基础设配套，合理配置"田、路、林"工程措施，切实加大农用地整治力度，加强农田改造，增强土壤"拦蓄水分"的能力，推进旱作农业，组织"城粪下乡"，增施有机肥，提高土壤肥力，减轻或防止水土流失，保护土壤肥力和土地资源，提高土地生产能力。该重点区域共有重点项目4个。

（五）宛川河谷地高标准农田建设重点区域

该区域位于榆中县夏官营镇、清水驿乡、甘草店镇、高崖镇4个乡镇的河谷川区（图7-3），总面积为53 101.70hm²。地势平坦，以河谷川地和倾斜冲积平原为主，平均海拔为1500～2000m，气候类型为温和干旱气候，年平均气温为5.8～7.4℃，年平均降雨量为400mm，全年无霜期为100～120天，区内农作物一年一熟，土壤类型主要是灰钙土和黄绵土。

土地整治的主要方向和任务：平整川区条田，优化布局水利灌溉、田间道路和防护林体系，合理配置"田、水、路、林"；完善农田水利设施和灌区沟渠配套大力推进高标准农田建设提高农业基础设施水平，提高农业综合生产能力，同时改善生态环境，提高水资源的节约利用。该重点区域共有重点项目4个。

（六）榆中盆地高标准农田建设重点区域

该区域位于榆中县的小康营乡城关镇和连塔乡（图7-3），总面积为34 675.66hm²。地势平坦，地貌为冲积、洪积平原，平均海拔为1749～2213m，位于温和干旱和温凉半干旱两种气候区，年平均气温为6.6℃，年均降水为400mm左右，全年无霜期为159天，区内农作物一年一熟。土壤以灰褐土、灰钙土为主，土体质地均匀，属轻壤，通透性良好，pH为8.5左右，适宜耕作。

土地整治的主要方向和任务：对田、水、路、林综合整治，提高农业用地的集约化水平，建设高标准基本农田，提高粮食单产，改良土壤肥力结构，有效控制和减少水土流失，改善生态环境和农业生产条件，促进农业产业化经营。该重点区域共有重点项目3个。

三、土地复垦重点区域

（一）七里河阿干矿区土地复垦重点区域

该区域位于七里河区的阿干镇，总面积为8117.77hm²（图7-4）。地貌类型为黄土高原梁峁沟壑，地势南高北低，属于温寒半湿润气候，四季分明，海拔为1800～3124m，平均温度为8℃，降雨量为380～420mm，全年无霜期为160天。土壤以山地褐色土和灰钙土为主。阿干矿区经过几十年大规模的机械化采掘，矿区已形成大面积的采空区，滑坡等地质灾害易发，道路基础设施损毁、住房地基下沉、耕地塌陷等问题出现，严重破坏了矿区的生态环境和地质环境，生存环境十分恶劣。

图7-4　兰州市土地复垦重点区域分布图

土地整治的主要方向和任务：复垦工矿废弃地，加大塌陷区治理力度，提高矿山地质环境恢复治理率，因地制宜进行矿山复绿，恢复生态环境。

（二）红古窑街矿区土地复垦重点区域

该区域位于窑街矿区街道，总面积为2523.4hm^2（图7-4）。处于祁连山支脉哈拉古山东北麓，地势东高西低，海拔为1800～2400m，东部为黄土山塬区，西部为大通河谷地，属温和干旱气候，平均降水量为349.6mm，年平均气温为7.6℃，全年无霜期在146天以上。土壤以灰钙土为主。该区由于长期开采，导致矿区内地表塌陷区面积逐渐扩大，植被立地条件与生长环境不断恶化，塌陷范围内耕地荒芜，自然植被破坏严重、山体裸露，水土流失严重，农业生产无法有序进行。

土地整治的主要方向和任务：加强塌陷区治理力度，复垦矿区废弃及压占土地，提高矿山地质环境恢复治理率，因地制宜地布局生态保护用地，加强生态环境建设。

四、未利用地开发重点区域

1. 宛川河流域宜耕土地开发重点区域

该区域位于榆中县中部清水驿乡，总面积为650.2hm^2（图7-5）。地貌类型为宛川河谷地和榆中北山黄土山梁，平均海拔为1778～2082m，气候类型为温和干旱大陆性气候，年平均气温为7.4℃，年均降水量为390mm，全年无霜期为150天，区内农作物一年一熟，土壤以灰钙土、黄绵土为主。

未利用地开发的主要方向和任务：按照保护优先、突出重点、科学利用、持续发展的原则，采用工程和生物措施，选择立地条件较好的未利用地进行开发，增加耕地面积，强化土壤培肥，提高耕地质量。该重点区域共有重点项目1个。

2. 榆中盆地宜耕土地开发重点区域

该区域涉及榆中县高崖镇和夏官营镇，总面积为1998.29hm^2（图7-5）。地貌类型为宛川河谷地和兴隆山七道梁北路黄土梁川，平均海拔为1675～2036m，气候类型为温和干旱大陆性气候，年平均气温为6.57℃，年平均降雨量为400mm，全年无霜期为159天，区内农作物一年一熟。土壤以灰钙土和川台黄绵土为主。

未利用地开发的主要方向和任务：开垦耕地，引水灌溉，配套农田水利灌溉，平整土地，改良土壤肥力结构，提高农业基础设施配套和农业用地的集约化水平，提高粮食单产，改善生态环境和农业生产条件。该重点区域共有重点项目2个。

3. 永登北部宜耕土地开发重点区域

该区域位于永登县北部坪城乡，总面积为7668.48hm^2（图7-5）。地貌类型以石质山地为主，平均海拔为2548～2763m，气候类型为属温良半干旱气候，平均气温为1.8℃，年降水量为300mm，全年无霜期为77天，农作物一年一熟。土壤主要以灰褐土、栗钙土为主。

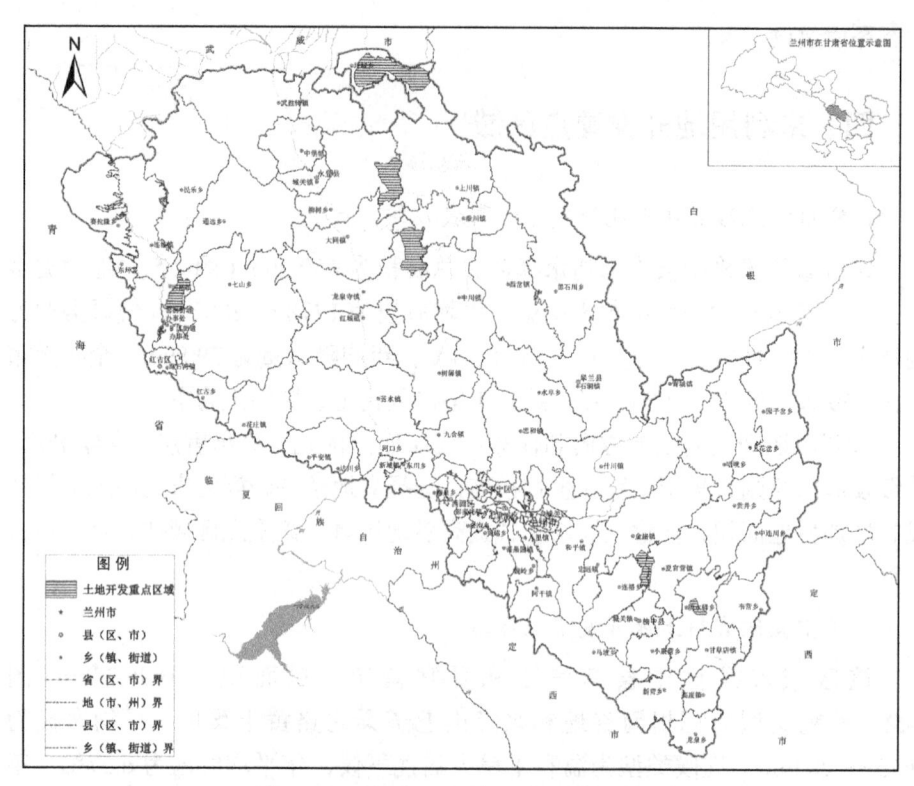

图7-5　兰州市土地开发重点区域分布图

土地开发的主要方向和任务：开垦耕地，引水灌溉，合理布局田间道路和防护林体系，提高农业基础设施配套和农业用地的集约化水平，改良土壤肥力结构，改善生态环境和农业生产条件。该重点区域共有重点项目2个。

4. 秦王川西北部宜耕土地开发重点区域

该区域位于永登县中部柳树乡，总面积为4086.2hm^2（图7-5）。地貌类型为黄河以北黄土梁峁丘陵，地势西北高东南低，海拔为2085～2344m。气候类型为温凉半干旱大陆性气候，平均气温为6℃，年均降水量为300mm，全年无霜期为143天，农作物一年一熟，土壤主要以灰钙土为主。

未利用地开发的主要方向和任务：开垦耕地，配套农田水利设施，改良土壤肥力结构，改善生态环境和农业生产条件。该重点区域共有重点项目1个。

5. 秦王川西部宜耕土地开发重点区域

该区域位于永登县东部龙泉寺镇，总面积为4463.68hm^2（图7-5）。地貌类型为黄河以北黄土梁峁丘陵，海拔为1908～2171m。气候类型为温和干旱大陆性气候，平均气温为7℃，年降水量为293mm，全年无霜期为143天，农作物一年一熟，土壤主要以灰钙土为主。

未利用地开发的主要方向和任务：根据土地资源的适宜性，增加耕地面积，配套农田水利灌溉，改良土壤肥力结构，改善生态环境和农业生产条件。该重点区域共有重点项目2个。

6. 大通河流域宜耕土地开发重点区域

该区域位于永登县西南部河桥镇，总面积为2327.69hm^2（图7-5）。地貌类型为大通河西岸黄土山梁和庄浪河西部黄土山梁，海拔为1838～2102m。气候类型为温凉半干旱大陆性气候，平均气温为7℃，年降水量为380mm，全年无霜期为143天，农作物一年一熟，土壤主要以灰钙土、黄绵土为主。

未利用地开发的主要方向和任务：增加耕地面积，配套农田水利灌溉，改良土壤肥力结构，改善生态环境和农业生产条件。该重点区域共有重点项目1个。

五、农村建设用地整治重点区域

兰州农村建设用地整治重点区域主要位于兰州市七里河区和红古区（图7-6），重点区域内农村居民点分布零散且受地质灾害影响严重，可有选择性的把需要搬迁避让及生态建设的农村建设用地进行集中整治。

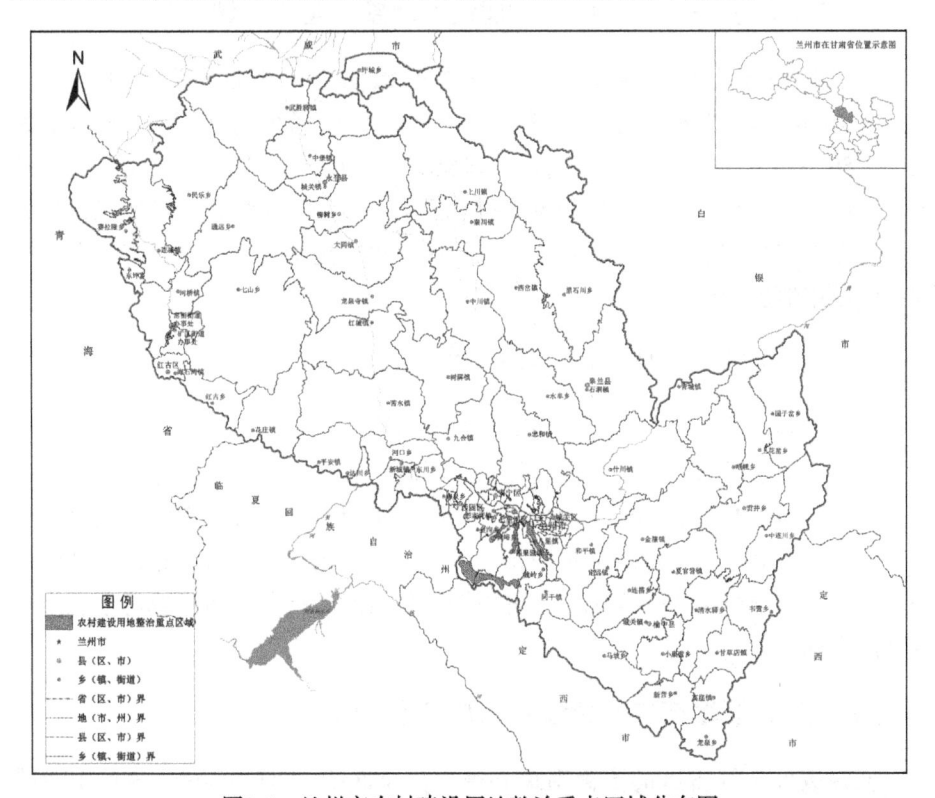

图7-6　兰州市农村建设用地整治重点区域分布图

（一）黄峪乡农村建设用地整治重点区域

该区域涉及七里河区的黄峪乡和彭家坪镇两个乡镇，总面积为354.9hm²，为中部石质山地的沟谷区，土层较薄。地势南高北低，属于温暖干旱型气候，四季分明，平均温度为7.6℃，降雨量为350~400mm，全年无霜期为153天。土壤主要以黄绵土为主。该区域农村居民点分布较为集中，地势相对平坦，但由于山前地质灾害影响较大，农村建设用地整治潜力较大。

（二）西果园镇农村建设用地整治重点区域

该区域位于七里河区的西果园镇，总面积为693.44hm²，为中部石质山地的沟谷区，土层较薄，地势南高北低，属温和干旱型气候，四季分明，平均温度为7.6℃，降雨量为350~400mm，全年无霜期为153天。土壤主要以黄绵土为主。该区农村居民点在交通线两侧相对集中，但有部分农村居民点分布在周边山区，不稳定斜坡分布较多，居民的生产、生活及生命安全受到威胁，可根据实际情况进行异地搬迁或者生态修复等整治措施。

（三）黄峪乡—西果园镇农村建设用地整治重点区域

该区域位于七里河区黄峪乡和西果园镇南部，总面积为2590.35hm²，为石质山地，地势南高北低，属二阴山区，平均温度为7.6℃，降雨量为400~500mm，全年无霜期为153天。土壤以灰褐土为主。该区地形起伏较大，距离市中心较远，农村居民点多分于山梁上，布局零散且各种服务设施欠缺，可考虑将零散的居民点进行集中归并，并进行配套设施建设，将已搬迁的农村建设用地进行整治。

（四）八里镇农村建设用地整治重点区域

该区域位于七里河区的八里镇，总面积为93.99hm²，为中部石质山地的沟谷台地，土层较薄，地势南高北低，属温暖干旱型气候，四季分明，平均温度为7.6℃，降雨量为350~400mm，全年无霜期为153天。土壤以灰褐土和黄绵土为主。该区属于地质灾害中易发区，且不稳定斜坡多有分布，对其周边的农民的生命安全构成一定威胁，可根据实际情况进行异地搬迁或者生态修复等整治措施。

（五）红古区窑街农村建设用地整治重点区域

该区域位于红古区的窑街街道办事处，总面积为81.79hm²，为黄土山梁区，地势东高西低，属温和干旱大陆性气候，温差大，气候干燥，平均温度为7.6℃，降雨量为450～500mm，全年无霜期为160～173天，土壤以灰钙土为主。该域由于长期煤矿开采，煤灰污染严重，地下存在大面积的采空区，导致地面塌陷，房屋破裂风险较大，可考虑将塌陷区的农村居民点进行搬迁，并进行土地整治。

六、城镇工矿建设用地整治重点区域

（一）城关区城镇工矿用地整治重点区域

该区整治面积为603.08hm²，主要集中在草场街街道、靖远路街道、东岗街道、伏龙坪街道、火车站街道等（图7-7）。该区以旧城改造为主，整治面积为555.36hm²，占该区整治总面积的92.09%，城中村整治面积较小。旧城镇区多为低层建筑，多层建筑较少，主要分布于山前地区，土地利用效率低下，布局结构混乱，多为20世纪80年代，甚至是更早的危旧建筑物，违法用地、违章建筑较多，基础设施不完善，公共服务设施不完备，人口密集，交通、消防安全、生态环境等严重落后。

土地整治的主要方向和任务：合理推进旧城区转型更新，积极推行节地型更新改造，控制生产用地，保障生活用地，增加生态用地。鼓励开发地上地下空间，提高城镇综合承载能力，促进节约集约用地。科学划定城镇改造单元，明确城镇职能、用地布局、主导产业和开发时序。完善市政公用设施和基础设施的配套，加强绿化和市容卫生建设，提升旧城区居民的整体生活质量，创造舒适宜人居的城镇环境。

（二）七里河区城镇工矿用地整治重点区域

该区域整治面积为372.28hm²，主要集中在西园街道、敦煌路街道、秀川街道、土门墩街道等。该区以旧城镇和国有工矿棚户区改造为主，旧城镇改造面积为357.28hm²，占该区整治总面积的95.98%，国有工矿棚户区整治面积较小为15hm²，主要分布在阿干镇。阿干镇的国有工矿棚户区多为20世纪建设的临时建筑、单层简易结构旧厂房、家属楼等，属于被国家淘汰的产业所占用的旧厂房，容积率低，基础设施不完善，公共服务设施不完备，交通、消防安全、生态环境等问题突出，居民生活质量较低。

土地整治的主要方向和任务：采用改造、搬迁、修复等手段对旧城镇进行土地整理，完善基础设施建设，提升建筑容积率。在国有棚户区通过整体搬迁，统一安置，统一建设，提高土地集约利用水平。

（三）安宁区城镇工矿用地整治重点区域

该区域位于安宁区，整治面积为 71.9hm²，整治总面积较小，主要集中在十里店街道、安宁堡街道等。该区以旧城镇改造和城中村整治为主，旧城改造面积为 40.7hm²，城中村整治面积为 31.2hm²。除旧城镇外，城中村大部分是 20 世纪 80 年代，甚至是更早的砖土结构的建筑物，多为独门独户的旧村屋，不在国家规定，或者地方技术等各项指标范围内。随着外来务工人员的不断积聚，各类违法用地、违章建筑不断增加，基础设施和公共服务设施不完备，交通、消防安全、治安等问题严重。

土地整治的主要方向和任务：采用改造、再开发、修复等手段对旧城镇进行土地整理，完善基础设施建设，增加绿地面积，提升建筑容积率，提高土地利用集约度，使其融入到现代城市的整体中来。

（四）西固区城镇工矿用地整治重点区域

该区域位于西固区，整治面积为 284.64hm²，主要整治类型为旧城镇改造，主要集中在陈坪街道、新城镇、达川乡等。该区多为低层建筑，多层建筑较少，且多为建设代较早的危旧住房，用地粗放，土地利用效率低下，布局结构混乱，违法用地、违章建筑较多，基础设施不完善，公共服务设施不完备，人口密集，交通、消防安全、生态环境等问题严重。

土地整治的主要方向和任务：积极推行节地型更新改造，增加生态用地，完善市政公用设施和基础设施的配套，加强绿化和市容卫生建设，提升旧城区居民的整体生活质量，创造舒适宜居的城镇环境；提高工业用地经济密度，盘活土地资产，实现从粗放型向集约型转变。

第四节　资金供需分析与效益评价

一、投资估算与资金筹措

（一）投资规模

根据国家制定的土地开发整理工程预算标准、兰州市土地开发整理工程建设标准，以及兰州市土地开发整理项目投资亩均控制标准，分析测算近年来全市土地开发整理项目投资的实际情况,全市农村建设用地整理亩均投资为6000元/亩,高标准基本农田整治亩均投资为1500元/亩,宜耕未利用地开发亩均投资为6000元/亩,损毁土地复垦亩均投资为5000元/亩。按照本轮土地整治规划目标,规划期内全市土地整治需投入资金23.19亿元。

(二)资金筹措

土地整治资金的主要来源为新增建设用地有偿使用费、耕地开垦费、国家规定可用于农业土地开发的土地出让收入。除此之外,还有相关部门涉农资金、个人和社会资金,国家为实施西部大开发战略而支持的土地整治专项经费,生产建设项目的土地复垦费等。根据测算,在规划期内,全市可使用新增建设用地土地有偿使用费为17.86亿元,耕地开垦费为9.34亿元,可筹措资金总额为27.2亿元。

(三)资金供需平衡

根据测算,在规划期(2016～2020年)内,全市可筹措资金总额为27.2亿元,而整治需投入资金23.19亿元,可筹措资金可以完成本轮需完成的整治任务。同时,在规划期间依然需要充分调动企业及个人的积极性,按照"谁投资、谁受益"的原则,吸引社会各方广泛参与土地整治,同时积极衔接整合水利、农业、环保等各部门资金,以保障土地整治项目的顺利实施和规划目标任务的完成。

二、土地整治效益评价

(一)社会效益

土地整治的实施,不但可以增加耕地数量,实现耕地占补平衡,而且可以提高耕地质量,强化耕地生产功能,夯实农业生产基础条件。"十三五"期间,通过土地整治增加的耕地可供养约21 416人(按现状0.24hm^2/人测算),劳动力就业增加率为16%,农村劳动力就业效果显著。农民年均纯收入增加1600元,与目前的兰州市农村人均年纯收入相比,增幅达17%。经过整治,土地利用水平得到有效提高,规划区域内平均土地利用水平提高23%,促进了土地资源的合理利用,为社会稳定做出重要贡献。对位于集中连片特殊困难地区的村社实施土地整治,安置贫困移民,加快贫困人口脱贫致富的步伐,促进全市农村全面脱贫和小康目标的实现。通过城乡建设用地增减挂钩获得的土地增值收益返还农村，配套建设农村基础设施和公共服务设施，将显著改善农村生产生活条件，有力促进社会主义新农村建设。规划期间，通过整治农村集体建设用地，在留足农村发展用地前提下，节余建设用地指标用于城镇可在一定程度上缓解城镇建设用地压力，促进城乡统筹发展。

（二）经济效益

规划期间新增有效耕地 5140hm²，平均新增耕地率为 7.89%，增加粮食产能约 6991 万 kg。仅农用地整治年新增净产值就达到 12 141 万元，静态投资收益率为 5.67%。通过安排农民参与项目建设，鼓励农民进行农业结构调整、适度规模化经营，可增加农民工资性收入、农业经营性收入和财产性收入，拓宽农民增收渠道。通过盘活存量土地，保障发展用地需求，可促进当地经济发展。通过土地整治可盘活城乡建设用地约 6808hm²，增加当地财政收入和土地出让收益，带动地区经济增长。项目实施后，土地整治收益将在提高农民生活水平的同时继续投入农业生产，促进农用地的可持续利用和农业的持续发展。

通过规划的实施，进一步促进区域土地利用结构优化，部分新增耕地指标可作为建设用地指标，有效缓解建设用地指标紧张的局面，这些挂钩指标及低效存量用地可转为工业用地，也将增加经济产出，产生巨大的经济效益。围绕主城区空间拓展、兰州新区、主城区与兰州新区连接带、兰白经济区节点城镇等开展低丘缓坡未利用地综合开发，不仅能拓展城市发展空间，解决城市建设用地紧缺问题，而且将产生巨大的经济效益。

通过规划的实施，加强对各种废弃土地，以及自然灾毁土地的复垦复绿和生态防治，减少各种可防控灾毁的发生，进而减少由此造成的经济损失，并提高整体区域的生态环境附加经济价值。

（三）生态效益

规划期间，通过建设农田防护林网、农田水利设施等，将形成良好的防护林体系，提高林网覆盖率，改善农田小气候，优化农田渠系配套，增强洪涝灾害防御能力，改善项目区内水土保持、水源涵养和抗旱耐涝条件，形成良性循环的生态系统。规划期间，通过土地整治可治理水土流失面积达 63 543hm²。规划实施后，全市绿色植被覆盖率将由整治前的 77.9% 提高到 82.03%，农田防护林网密度将由整治前的 2.1% 提高到 4.3%。通过土地复垦，将有效改善塌陷地、废弃地生态条件。通过土壤改良和其他生物工程措施改善区域土壤生化环境等，将有效控制土地退化，促进生态农业发展。经整治的基本农田大面积集中连片分布，空间格局更加合理，农田生态景观功能得以提高，有利于创建景观优美、人与自然和谐的宜居环境。

第五节 规划实施保障措施

一、强化绿色，凸显"生态化"整治

加强土地整治生态文明建设制度构建，提出土地整治生态建设方面的指导模式，补充完善融合生态化整治和景观设计技术的土地整治规划设计和验收等标准规范，形成土地整治生态建设方面的实施—监测—评价管理制度，逐步建立体现土地整治生态文明要求的目标体系、考核办法、奖惩机制，形成保障公众参与土地整治生态文明建设的有效制度等。强化市域北部、西部土地退化地区、生态脆弱地区绿色基础设施建设，强化山体、水体、湿地等生态修复，改善区域土地生态环境，提高土地生态系统服务能力，推动生态文明建设；加快阿干煤矿、窑街煤矿等工矿区土地复垦，修复损毁土地的生态环境。

二、明确重点，结合"精准扶贫"整治

以改善贫困地区农业生产条件为重点，大力推进农用地整治。加快推进贫困地区高标准基本农田示范建设，大规模建设旱涝保收高标准基本农田，着力提高贫困地区农业综合生产能力，夯实农业现代化基础，大幅增加农民收入。在基本农田整治项目和资金安排上，进一步加大向扶贫开发重点区域倾斜的力度。更加注重土地整治促进全面建设小康社会的重要作用，着力改善榆中北山、永登西北部贫困地区农业生产条件和生态环境，增强农户的自我发展能力，促进美丽乡村建设和城乡统筹发展。

三、拓宽渠道，实现"合力化"整治

"十三五"期间，依据《国务院办公厅关于支持贫困县开展统筹整合使用财政涉农资金试点的意见》（国办发[2016]22号），改革涉农转移支付制度，下放审批权限，有效整合榆中、皋兰、永登等连片特困贫困县财政农业农村投入，切实加强涉农资金监管。支持和鼓励县（区）从实际出发，因地制宜，自主创新，努力探索"源头不变、资金整合、统筹安排、形成合力"的整合模

式。结合行政体制改革进程，实现"源头整合、县为主体、省市监督"的目标，切实做到高标准农田建设整体推进、效益提高，建立科学、合理、高效的整合资金建设新机制。

四、强化监管，实现"信息化"整治

以信息化建设为依托，全面强化土地整治实施监管。利用国土资源综合信息监管平台，以土地利用现状与影像为基础，对各类项目进行叠加、对比、计算与汇总分析。形成更加精准、快速、动态的土地整治实施监管体系，实现对各类土地整治活动"全面全程、集中统一"有效监管，确保土地整治规范有序推进。从完善制度设计、健全标准体系、整合监管平台、创新技术手段、加强检查督导、推进绩效考评、规范行业管理等方面入手，着力构建"天、地、网"一体化的实施监管和考核评估体系，实现对各类土地整治活动"全面全程、集中统一"有效监管，确保土地整治规范有序推进。

五、创新机制，实现"法制化"整治

深入贯彻中央简政放权、创新管理的总要求，加大转变职能和"放""管"结合改革力度，细化完善土地整治管理办法，建立健全管理制度体系，进一步巩固"市级负责监管、县（区）组织实施"的土地整治管理格局。按照中央要求进一步优化、简化土地整治项目管理程序，加快项目实施和预算执行，提高土地整治资金使用效率。着力推进土地整治实施模式创新，进一步明确"以补代投、以补促建"实施细则，积极调动乡(镇)、村两级基层组织积极性，激发公众参与土地整治的热情，让农村集体经济组织和农民更多受益。充分发挥农户主动性和参与度，对于投资少、操作易、技术含量低的工程项目，在严格规范自建项目技术路径和审批程序、确保项目建设质量和效益前提下，可采用"四自两会三公开"建管模式，减少管理环节，降低建设成本，提高资金使用效率。

第八章
黄土丘陵区县域土地整治规划

县级土地整治规划是实施和深化市级土地整治规划和县级土地利用总体规划的重要手段，是指导县级行政区土地整治活动的实施性文件，是土地整治项目立项及审批的基本依据，是安排各类土地整治资金的重要依据。在经济发展新常态下，县级土地整治规划也应深入贯彻土地整治规划的新理念、新导向，以确保县级土地整治工作有序规范推进。为此，以地处黄土丘陵区的兰州市榆中县为例，开展新常态下县域土地整治规划实践研究，旨在为黄土丘陵区县域土地整治规划实践提供借鉴。

第一节　土地整治分区

基于区内自然条件特征、土地利用特征、经济发展水平的相对一致性和行政界线的相对完整性原则，将榆中县土地整治功能区划分为山地保护区、农用地整治主导区、城镇工矿用地整治主导区3个一级区和12个二级区（图8-1）。

一、山地保护区（Ⅰ）

榆中县的山地保护区主要指南部山地保护区（Ⅰ1）。本区地处榆中县南部马衔山山地和东南部的兴隆山山地，面积为30 707.9hm^2，包括城关镇、定远镇、和平镇、连搭乡、龙泉乡、马坡乡和小康营乡7个乡镇的山地区域。本区山势高峻，山坡陡峭（海拔为2800～3670m，相对高差为700～1000m），气候冷凉，多雨潮湿，热量不足，无霜期短，林草茂密、覆盖度大，土壤以亚高山灌丛草甸土、淋溶灰褐土和高山草甸土为主，土壤肥沃，结构良好，土层较薄，适宜林牧，不宜种植。

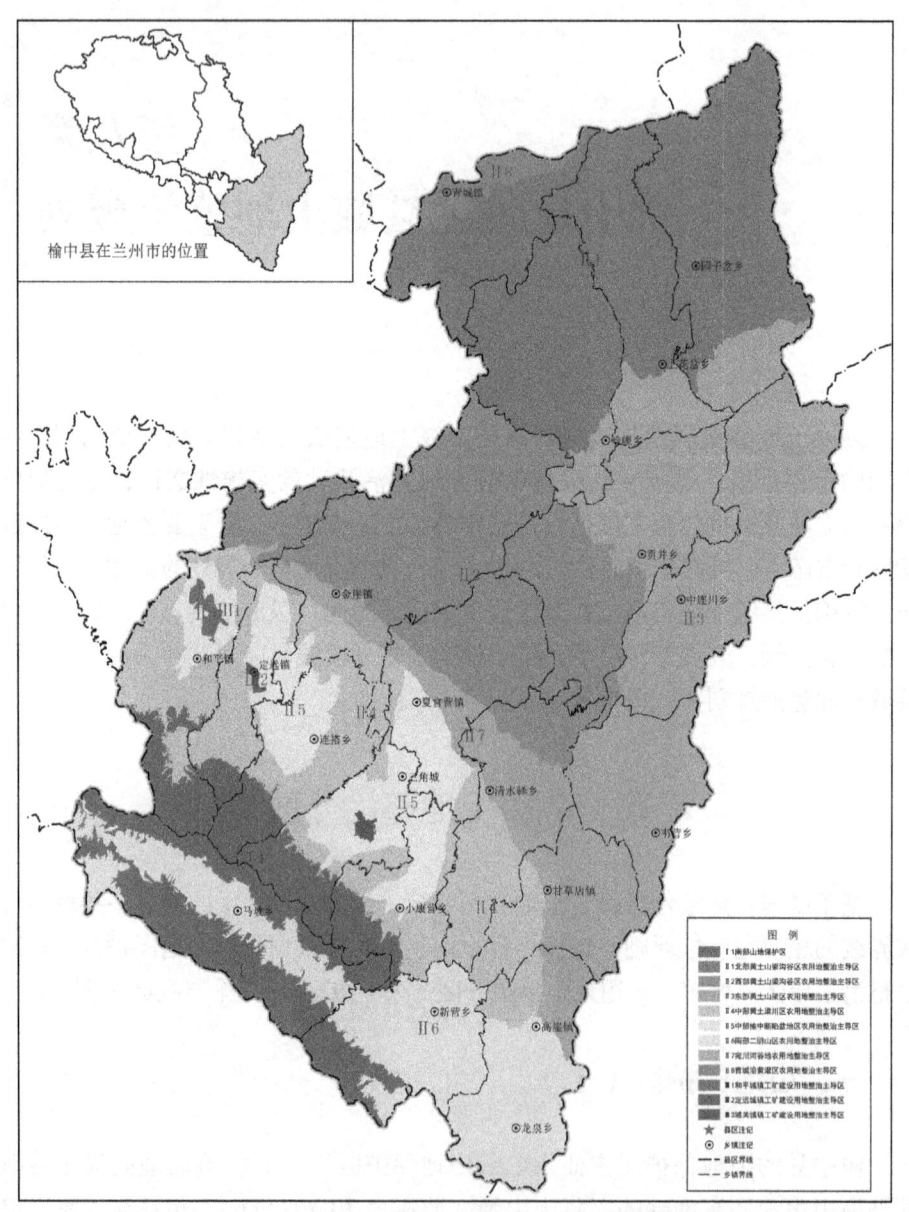

图8-1　榆中县土地整治功能分区（文后附彩图）

土地整治重点方向：保护天然林，改造次生林，增加人工林，扩大森林面积，提高森林覆盖率，增强水源涵养能力，减少水土流失；合理利用林间草场，正确解决林牧矛盾，建立合理的草场放牧，管护制度，改放牧为主为放牧舍饲并举,以保护天然草场资源;充分利用农作物秸秆和其他副产品发展畜牧业生产,增加优质农家肥,促进种植业的发展。

二、农用地整治主导区（Ⅱ）

（一）北部黄土山梁沟谷区农用地整治主导区（Ⅱ1）

本区位于榆中县北部,包括榆中县园子岔乡、哈岘乡、上花岔乡和青城镇的南部区域,面积为 63 779.6hm^2,占该一级区面积的 21.43%。地貌为低山、丘陵,海拔为 2200～2400m。特点是植被稀疏,水土流失严重,沟壑纵横,梁峁起伏,土地破碎,土壤主要为灰钙土。年均气温为 4.4～5.1℃,年均降水量为 200～300mm,≥10℃的平均积温在 1400～1800℃,全年无霜期为 90～100 天,基本可满足作物一年一熟的要求。

土地整治重点方向：切实加大农用地整治力度,兴修水平梯田,提高土壤蓄水保墒能力,保护土壤肥力；坡度＞25°的现有耕地坚决退耕还林还草,围绕蓄水保墒进行精耕、深耕,增施肥料,提高土壤肥力；加强中低产田改造,提高农田抗旱标准,大规模建设旱涝保收高标准基本农田；种草种树,保护植被,增加植被覆盖度,防止水土流失。

（二）西部黄土山梁沟谷区农用地整治主导区（Ⅱ2）

本区位于榆中县的西部,包括榆中县金崖镇、夏官营镇北部、贡井乡南部和清水驿乡的部分区域,面积为 53 141.5hm^2,占该一级区面积的 17.86%。地貌类型主要为低山、丘陵,海拔为 2200～2400m。特点是植被稀疏,水土流失严重,沟壑纵横,梁峁起伏,土地破碎。土壤主要为灰钙土。年均气温为 4.5℃,年均降水量为 300～350mm,≥10℃的平均积温在 2600～3300℃,全年无霜期为 100～150 天,农作物一年一熟。

土地整治重点方向：切实加大农用地整治力度,兴修水平梯田,提高土壤蓄水保墒能力,保护土壤肥力；坡度＞25°的现有耕地坚决退耕还林还草,围绕蓄水保墒进行精耕、深耕,增施肥料,提高土壤肥力；加强中低产田改造,提高农田抗旱标准；种草种树,保护植被,增加植被覆盖度,防止水土流失。

（三）东部黄土山梁区农用地整治主导区（Ⅱ3）

本区位于榆中县的东部,包括榆中县中连川乡、韦营乡和甘草镇、高崖镇的东部,以及清水驿乡、上花岔乡、园子岔乡哈岘乡的部分区域,面积为

70 518.9hm²，占该一级区面积的 23.69%。地貌类型主要为低山、丘陵，海拔为 2200～2400m。植被稀疏，水土流失严重，沟壑纵横，梁峁起伏，土地破碎。土壤主要为灰钙土、黑垆土。年均气温为 4.5℃，年均降水量为 350～400mm，≥10℃的平均积温为 1507℃，全年无霜期为 90～100 天，农作物一年一熟。

土地整治重点方向：切实加大农用地整治力度，兴修水平梯田，提高土壤蓄水保墒能力，保护土壤肥力；坡度＞25°的现有耕地退耕还林还草，围绕蓄水保墒进行精耕、深耕，增施肥料，提高土壤肥力；种草种树，保护植被，增加植被覆盖度，防止水土流失。

（四）中部黄土梁川区农用地整治主导区（Ⅱ4）

本区位于榆中县的中部，涉及和平镇、定远镇、连塔乡、清水驿乡、甘草镇的部分区域，面积为 43 116.7hm²，占该一级区面积的 14.49%。该区梁峁起伏，沟谷纵横，山峰叠嶂，梁川交错分布。海拔为 1800～2000m。土壤主要为黑麻垆土、黄绵土、灰钙土。年均气温为 5.8～7.4℃，年均降水量为 350～400mm，≥10℃的平均积温在 2200～3300℃，全年无霜期为 120～140 天，农作物一年一熟。

土地整治重点方向：黄土梁川区山坡坡度较平缓，可以兴修梯田，大力推进高标准基本农田建设，并防止水土流失，提高土壤保土、保水、保肥能力，提高农业综合生产能力。完善农田水利设施和沟渠配套等。对坡度大于 25°的耕地还林还草，保护生态环境。大力推进旧村改造，统筹城乡建设用地，规范实施城乡建设用地增减挂钩。

（五）中部榆中断陷盆地农用地整治主导区（Ⅱ5）

本区位于榆中县的中部榆中盆地，涉及和平镇、定远镇、连塔乡、夏官营镇、城关区和小康营乡的部分区域，面积为 22 515.3hm²，占该一级区面积的 7.56%。地貌类型为断陷盆地，海拔为 1800～2000m。土壤主要为黑垆土、黄绵土。年均气温为 5.8～7.4℃，年均降水量为 350～400mm，≥10℃的平均积温在 2200～2600℃，全年无霜期为 120～140 天，农作物一年一熟。

土地整治重点方向：大力推进高标准基本农田建设，提高土壤保土、保水、保肥能力，提高农业综合生产能力。完善农田水利设施和灌区沟渠配套等。大力推进旧村改造，统筹城乡建设用地，规范实施城乡建设用地增减挂钩。

（六）南部二阴山区农用地整治主导区（Ⅱ6）

本区位于榆中县的南部，包括马坡乡、新营乡，以及高崖镇的部分区域，面积为 31 078.1hm²，占该一级区面积的 10.44%。地貌类型为石质山地，海拔为 2200～3000m。土壤主要为黑垆土、灰褐土。年均气温为 2.7～5.5℃，年均降水量为 400～500mm，≥10℃的平均积温在 300～1800℃，全年无霜期为 50～120 天，基本可满足作物一年一熟的要求。

土地整治重点方向：兴修水平梯田，反坡梯田，隔坡梯田，防止水土流失，提高土壤保土、保水、保肥能力，提高农业综合生产能力。对坡度大于 25°的耕地还林还草，植树护坡，保护生态环境。

（七）宛川河谷地农用地整治主导区（Ⅱ7）

该区位于宛川河两岸，主要包括榆中县的金崖镇、夏管营镇和清水驿乡的部分地区，面积为 10 288.9hm²，占该一级区面积的 3.46%。土壤主要为灌淤土、潮灌淤土、盐化灌淤土。海拔为 1450～1700m，年均气温为 8～9℃，年均降水量为 300～400mm，≥10℃的积温达 3000℃以上，地势平坦，灌溉条件优越，土壤比较肥沃，耕作精细，肥源充足，作物产量高而稳定。

土地整治重点方向：大力推进高标准基本农田建设，提高农业综合生产能力。加快推进宛川河流域综合治理，重点实施圩堤和涵闸除险加固、沟河塘清淤及更新改造，提高防洪除涝能力，完善农田水利设施和灌区沟渠配套等。改进灌水方法，控制灌水定额，灌排结合，控制地下水位的升高，以免土壤积盐，采取综合技术措施，治理盐化土壤。

（八）青城沿黄灌区农用地整治主导区（Ⅱ8）

该区位于青城镇的沿黄灌区，面积为 3188.52hm²，占该一级区面积的 1.1%。土壤主要为灌淤土、潮灌淤土、盐化灌淤土。海拔为 1450～1800m，年平均气温为 7.4～9.2℃，年均降水量为 200～250mm，≥10℃的平均积温在 2600～3300℃，地势平坦，灌溉条件优越，土壤比较肥沃，耕作精细，肥源充足，作物产量高而稳定。

土地整治重点方向：大力推进高标准基本农田建设，提高农业综合生产能力。实施圩堤和涵闸除险加固、沟河塘清淤及更新改造，提高防洪除涝能力，完善农田水利设施和灌区沟渠配套等。改进灌水方法，控制灌水定额，灌排结合，控制地下水位的升高，以免土壤积盐，采取综合技术措施，治理盐化土壤。

三、城镇工矿用地整治主导区（Ⅲ）

（一）和平城镇工矿用地整治主导区（Ⅲ1）

本区位于榆中县西部的榆中盆地，主要包括和平镇，面积为703.34hm²。海拔为1450～1800m，年均气温为7.4～9.2℃，年均降水量为350～400mm，≥10℃的积温达3000℃以上。占用耕地、建设用地扩张较快，土地利用效益低下。

土地整治重点方向：加强建设用地优化调整，扩大建设用地节约集约建设，优化城乡建设用地布局，提高土地集约节约利用程度。

（二）定远城镇工矿用地整治主导区（Ⅲ2）

本区地处榆中中部断陷盆地，主要包括定远镇，面积为178.66hm²，年均气温为7.4～9.2℃，年均降水量为350～400mm，≥10℃的平均积温在2600～3000℃。占用耕地、建设用地扩张较快，土地利用效益低下。

土地整治重点方向：坚持在保护中开发，以土地整治为平台，合理确定建设用地规模，优化城乡建设用地布局，提高土地集约节约利用程度。积极防治泥石流等地质灾害，加大自然灾害损毁土地复垦力度，开展废弃地复垦利用。

（三）城关镇工矿用地整治主导区（Ⅲ3）

本区位于榆中县东部的断陷盆地。主要包括城关区，面积为293.45hm²。海拔为1800～2000m，年均气温为5.8～7.4℃，年均降水量为350～400mm，≥10℃的平均积温达2600℃以上。建设用地分布集中，区域发展不均衡，土地集约利用差异较大。

土地整治重点方向：加强建设用地内涵挖潜和优化调整，大力推进旧城镇、旧工矿、城中村等棚户区改造，扩大建设用地节约集约建设。

第二节　土地整治目标与任务

一、指导思想和基本原则

（一）指导思想

全面贯彻党的十八大和十八届三中、四中、五中全会精神，深入学习贯彻习近平总书记系列重要讲话精神，牢固树立和贯彻落实"创新、协调、绿色、开放、共享"的发展理念，按照党中央、国务院的部署，深入推进榆中县土地整治工作。扎实推进高标准基本农田建设，合理优化农村建设用地布局，积极开展城镇工矿低效建设用地整治，科学开发宜耕未利用土地，以资源可持续利用促进经济社会可持续发展。

（二）基本原则

1. 坚持以人为本

始终坚持把维护农民利益、确保农民与农村集体经济组织的主体地位放在首位，充分发挥农村集体的组织、协调作用，依法保障农民的知情权、参与权和受益权，以人为本、规范实施、强化监管，切实做到土地整治前农民自愿、土地整治中农民参与、土地整治后农民满意。

2. 坚持服务"三农"

紧紧围绕农民群众期待和需求，瞄准农业农村经济发展的薄弱环节和突出制约，把土地整治工程贯穿于农业现代化建设的全过程，充分发挥土地整治活动在繁荣农村经济和助推脱贫攻坚中的作用，加快缩小城乡差距，促进农民收入持续增长。

3. 坚持因地制宜

选择从区域实际出发确定整治模式，遵循客观规律，体现区域差异性。农用地整治以高标准基本农田建设为重点，有效提高耕地质量和生产能力；农村建设用地整治以新农村建设为重点，切实改善生产生活条件；城镇工矿用地整治以有效挖掘存量建设用地潜力为重点，盘活存量用地，降低单位国内生产总值建设用地规模。

4. 坚持统筹推进

立足促进城乡经济社会一体化发展，稳妥推进农村建设用地整治，积极开展城镇建设用地整治，规范有序开展城乡建设用地增减挂钩试点，优化城乡建设用地格局，促进城镇化健康发展，加强农村基础设施建设和公共服务设施配套，推进城乡基本公共服务均等化。

5. 坚持共建共享

以共享促共建，联合水利、农业、林业等部门，推动高标准农田建设互联互通、业务工作协作协同、资源开放共享的格局。增强共建共享思维，坚持政府主导、市场主体、农民参与，充分调动社会各界共同参与的积极性，推动建立多方共赢的可持续运行机制。

二、土地整治目标

按照全面建成小康社会的战略部署和总体要求，全面落实《兰州市土地整治规划（2016-2020年）》和《榆中县土地利用总体规划（2009-2020年）》确定的土地整治目标和任务（表8-1）。

高标准基本农田建设规模不断增加。"十三五"时期与农业、水利等相关部门力争建成25 099hm^2，确保建成10 970hm^{2}高标准基本农田。经整治的基本农田质量平均提高1个等级，粮食亩产增加50kg以上，粮食保障能力明显增强。

耕地数量质量保护逐步提升。到2020年，全县通过土地整治新增耕地1835hm^2。其中：高标准基本农田整理新增耕地1389hm^2；宜耕土地开发新增耕地446hm^2。通过土地整理改造中低等耕地22 589hm^2，开展农田基础设施建设，建设灌溉渠道580km，种植农田防护林1600株，建成田间道路400km。

城乡建设用地节约利用水平大幅提高。规范开展城乡建设用地增减挂钩，整理农村建设用地1369hm^2，结合村容村貌整治和新农村建设，农村建设用地格局得到优化，基础设施得到改善，土地利用效率不断提高；积极推进城镇建设用地整理，整治城镇工矿低效建设用地200hm^2。重点加大旧城镇、旧工矿、"城中村"改造力度，促进单位地区生产总值建设用地占用量，降低经济增长对土地资源的过度消耗，土地节约集约利用水平显著提高。

表8-1　2016～2020年土地整治规划控制指标

	指标	规模 hm^2	规模 亩	指标属性
总量指标	土地整治总规模	27 226（408 390）		预期性
	高标准基本农田建设规模	25 099（376 485）		约束性
	宜耕未利用地开发规模	558（8 370）		预期性
	城镇工矿建设用地整治规模	200（3 000）		预期性
	农村建设用地整治规模	1 369（20 535）		预期性
效益指标	全市补充耕地总量	1 835（27 525）		约束性
	高标准基本农田建设补充耕地	1 389（20 835）		预期性
	宜耕未利用地开发补充耕地	446（6 690）		预期性
	经整治后耕地等级提高程度	1等		预期性

三、土地整治任务

（一）分类施策，探索高标准农田建设新路径

在严格保护生态环境的前提下，大力推进高标准农田建设，增加有效耕地面积，提高耕地质量，优化耕地布局，提高其他农用地利用效率，改善农业生产条件，夯实农业现代化发展基础。确定不同区位条件下高标准农田适宜功能，明确建设方向，发挥耕地最优效益。生产条件较好的传统农区要促进优质农田的集中连片，强化耕地生产功能，使之成为高产稳产、高效优质农产品生产基地。和平、定远等城市近郊区要增强基本农田的隔离功能，强化城市菜篮子工程建设，严格控制"三废"污染，提高农田综合质量，塑造都市近郊生态景观与生态农业。南部生态脆弱区要以提升耕地生态功能为主，建成集水土保持、生态涵养、特色农产品生产于一体的生态型基本农田。

河谷坪台区以基础设施更新为重点，结合农村土地综合整治、农田水利建设、农村道路建设和农村环境整治，大力推进土地平整工程，实施老化失修、泵站、机井、渠道、防渗管道、滴灌、喷灌水利设施维修和新建，整修田间道路，优化路网布局，实施农田防护林网建设，全面提高农用地基础设施水平，实现土地平整、灌排通畅有保证，道路通达，机械作业效率高，防护成网、抵御自然灾害能力强，达到耕地质量提高，粮食增产增收。

南北两山区以梯田建设为重点，以保土、蓄水、节水为主要措施，科学规划，合理布局。加强与小型农田水利建设和农艺、农机措施的结合，搞好坡面水系、水利水保工程和田间道路工程的综合配套，构建有效的水土流失综合防治体系，并充分利用天然降雨，发展集雨节灌。以南部山区25°以下坡地综合治理为重点，按照先易后难、循序渐进、治理水土流失与促进群众脱贫致富相结合的原则，优先选择坡度较缓、近村、近路、近水的地块实施坡改梯工程，改善当地的生产生活条件和生态环境，促进农业持续发展。

（二）城乡联动，拓展要素配置新通道

依据《榆中县城市总体规划(2014—2030年)》，围绕榆中县城镇体系空间发展战略，结合全县经济社会发展水平和农业产业发展状况，积极推进城镇低效建设用地再开发，稳步开展农村建设用地整治，优化城乡建设用地格局，提高节约集约用地水平。

积极开展城镇工矿建设用地整治，全面推进旧城镇、旧工矿及"城中村"改造，拓展城镇发展空间，促进土地集约节约利用，提升土地价值，改善人居

环境，在保护和改善生态环境的前提下，充分利用低丘缓坡等未利用地进行城镇和工业建设，缓解建设占用耕地压力，保障城镇化健康发展。按照"以城带乡、城乡联动、协调发展"的原则，大力推进在旧城旧村改造的同时，重点抓好定远镇、青城镇等乡镇的城乡一体化建设，促进沿线人口向城镇集中，生产向第二、第三产业集中，土地向规模化经营集中，建设休闲服务型、旅游服务型、商贸服务型、生态服务型特色城镇。

按照新农村建设的要求，以充分尊重农民意愿为前提，以改善农民生产生活条件为目标，以集约用地、改善环境为原则，调整优化农村居民点用地布局，逐步推行分散农村居民点的适度集中归并，重点发展中心村，稳妥撤并自然村，适时拆除空心村，形成等级职能结构协调有序、空间布局合理的农村居民点体系。在和平、定远等城镇发展区域内，鼓励农民腾退宅基地，对一些中心村，按照有利生产、方便生活的原则，积极进行调整，推动中心村建设，加快城乡一体化进程；适当搬迁南部生态敏感区内的村庄，鼓励和引导村庄迁移到中心村。通过土地整治，优化村庄布局，完善农村基础设施，改善农村生产生活条件，提升农村公共服务水平。

结合新农村建设，适时开展农村居民点用地减少与城镇建设用地增加相挂钩，带动农村建设用地整治，优化城乡建设用地布局，促进节约土地与集约建设。拆旧区优先选择土地利用总体规划等确定的北部和南部山区等土地整治重点区域，同时应符合生态环境保护、防洪泄洪等要求。建新区应按照"相对集中、连片发展"的选址要求，在土地利用总体规划确定的允许建设区范围内选址。规划期内，城乡建设用地增减挂钩重点拆旧区主要集中在马坡乡、新营乡等乡镇。可结合南部山区地质灾害高发区的搬迁避让及生态建设实施完成。建新区主要分布在高崖、甘草各乡镇镇政府和中心村周边条件较好区域。

（三）绿色引领，创新未利用地开发新模式

按照"因地制宜"的原则，系统调查后备资源的分布特征和类型，避开生态敏感区、生态退耕区和水土流失区等，适时开展宜耕未利用地开发，做好开发利用潜力评估、潜在生态风险评估、环境影响评价、水土流失评价等工作，围绕生态榆中建设，积极探索生态型未利用地开发利用技术和方式。

降低土地利用结构调整、土地平整对地貌形态和天然植被的破坏程度，减少对土壤环境、水文状况、局部小气候和生物多样性的不利影响。在保护和改善生态环境的前提下，严格依据国家有关法规和规划统筹安排、科学论证、有序推进，充分考虑土地资源的适宜性和对生态环境的影响，禁止破坏土地生

态系统结构和功能的行为。

注重农业生产作为生态景观的生态效益，扩大生态空间规模，提升生态服务功能，构筑山区生态保育区、南山生态屏障带。注重生态绿地的基础配套和生态景观的配置，采用适应当地气候条件、易于管护的植物，做到乔灌草合理搭配，利用地形条件，因地制宜加强公共绿地建设，切实美化和提升农村居住环境。

（四）创新机制，激发土地整治新活力

把全域整治作为落实新型城镇化战略部署和推进供给侧结构性改革的重要抓手，坚持用改革的思路、创新的举措发挥统筹协调作用，整合各方面力量，加强分类指导，结合地方实际研究出台配套政策，努力打造一批基础设施配套、生态环境优美、工程质量优秀的土地整治项目典范。

依据《国务院办公厅关于支持贫困县开展统筹整合使用财政涉农资金试点的意见》（国办发[2016]22号），有效整合全县财政农业农村投入，统筹整合和管理好各项涉农资金，提高涉农资金整体使用效率。创新土地整治实施管理模式，开展由项目区所在地乡政府作为项目承担单位负责实施，国土部门负责立项、评审、实施监管职能，有机结合精准扶贫、农业综合开发等部门，整合资源，形成合力，开展土地整治项目建设。

创新土地整治项目实施投融资机制，建立政府主导、多元投入、有效整合的土地整治资金筹集、管理制度，大力推进政府和社会资本合作，鼓励利用财政资金撬动社会资金，从而科学有效推进城乡增减挂钩项目，实施城乡低效建设用地整治，提高存量土地利用程度。

第三节　土地整治重点项目

一、农用地整理重点项目

本轮规划中，榆中县确定农用地整理重点项目11个，土地整治面积共计22 171.96hm^2，预计新增耕地面积597.31hm^2（图8-2）。

（一）园子岔乡青碾、万羊等3个村农用地整治重点项目

项目位于榆中北部低山丘陵农用地整治重点区域内，项目区涉及青碾村、万羊村、小岔村3个村，地理坐标为104°24'16.23"E～104°29'55.04"E，

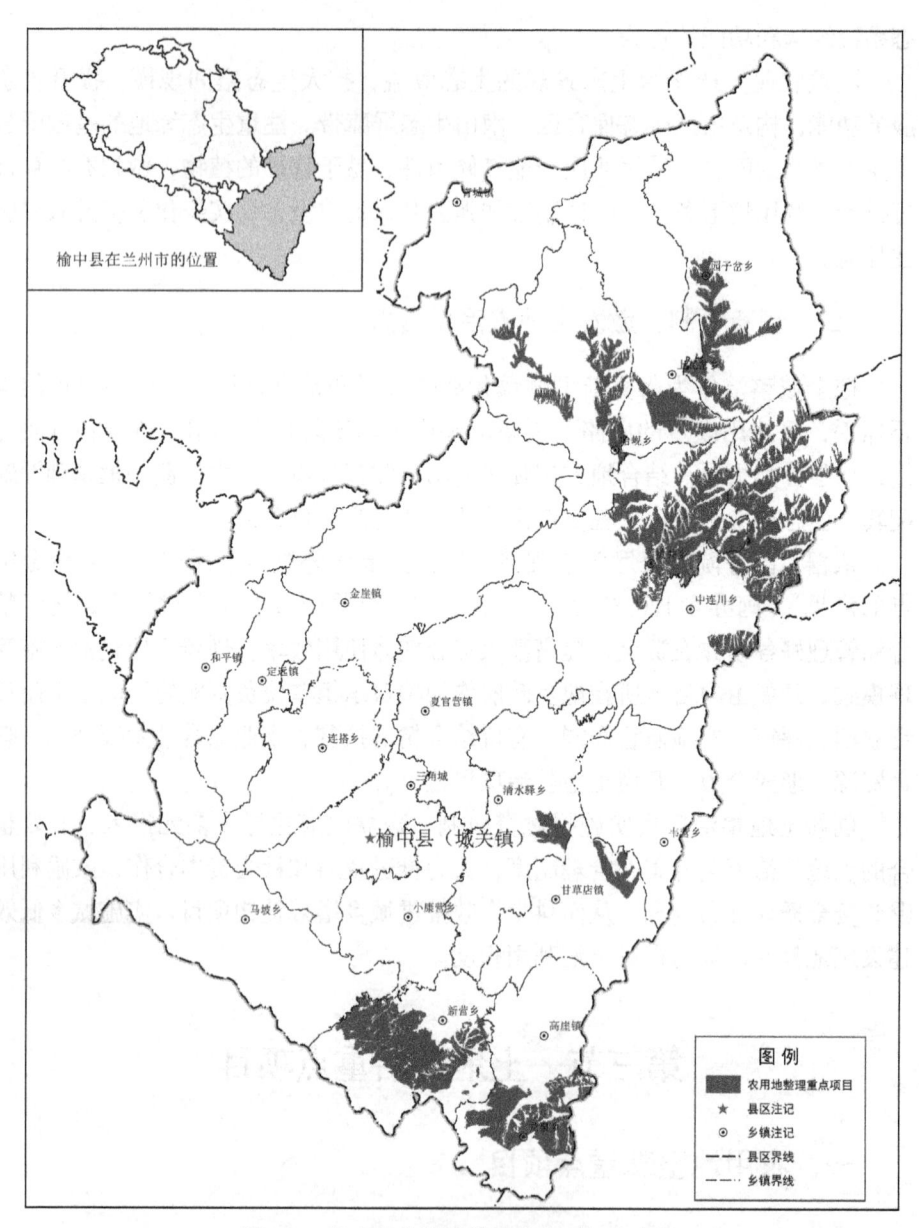

图8-2 榆中县农用地整治重点项目分布图

36°10′56.56″N～36°15′56.12″N，地貌单元为榆中北山黄土山梁。海拔为2073～2409m，起伏度为53°，整体呈北高南低，以坡耕地为主，地块长40～110m，宽20～35m。该项目区面积为1687.63hm²，农用地面积为1551.13hm²，占总面积的91.9%，其中，耕地1521.74hm²，林地29.27hm²，其他农用地0.12hm²；建设用地92.37hm²，占总面积的5.5%，其中，城乡建设用地

91.09hm²，其他建设用地1.28hm²；其他土地44.13hm²，占总面积的2.6%。项目可实施面积为1410hm²，预计新增耕地面积为57.81hm²。项目估算总投资为5287.5万元，单位面积投资为3.75万元/hm²（2500元/亩）。

（二）哈岘乡纪尔村、柳树等4个村农用地整理项目

项目位于榆中北部低山丘陵农用地整治重点区域内，项目区涉及纪尔村、柳树村、仁和村、张湾村4个村，地理坐标为104°15'13.38"E～104°21'12.44"E，36°9'29.23"N～36°13'55.46"N，地貌单元为榆中北山黄土山梁，海拔为2155～2417m，起伏度为56°，以坡耕地为主，地块长160～300m，宽12～35m。该项目区面积为2328.38hm²，农用地面积为1872.13hm²，占总面积的80.4%，其中，耕地1810.71hm²，林地60.33hm²，其他农用地1.09hm²；建设用地94.25hm²，占总面积的4.0%，其中，城乡建设用地93.69hm²，交通水利用地0.34hm²，其他建设用地0.22hm²；其他土地362.0hm²，占总面积的15.5%。项目可实施面积为1554.02hm²，预计新增耕地面积为46.62hm²。项目估算总投资为5827.58万元，单位面积投资为3.75万元/hm²（2500元/亩）。

（三）上花岔乡黑虎子、百碌村农用地整理项目

项目位于榆中北部低山丘陵农用地整治重点区域内，项目区涉及黑虎子村、百碌村2个村，地理坐标为104°21'21.77"E～104°24'43.35"E，36°9'22.71"N～36°12'2.43"N，地貌单元为榆中北山黄土山梁，海拔为2170～2428m，起伏度为56°。项目区以坡耕地为主，地块长70～400m，宽20～60m。该项目区面积为989.39hm²，农用地面积为895.84hm²，占总面积的90.5%，其中，耕地883.73hm²，林地11.98hm²，其他农用地0.12hm²；建设用地45.67hm²，占总面积的4.6%，其中，城乡建设用地44.74hm²，其他建设用地4.81hm²；其他土地47.88hm²，占总面积的4.8%。项目可实施面积为808.50hm²，可新增耕地面积为28.38hm²。项目估算总投资为3031.88万元，单位面积投资为3.75万元/hm²（2500元/亩）。

（四）哈岘乡哈岘、宣家岔村农用地整理项目

项目位于榆中北部低山丘陵农用地整治重点区域内，项目区涉及哈岘村和宣家岔村2个村，地理坐标为104°17'25.16"E～104°21'7.53"E，36°5'37.49"N～36°9'58.50"N，地貌单元为榆中北山黄土山梁，海拔为

2177～2425m，起伏度为59°，以坡耕地为主，地块长80～332m，宽10～15m。该项目区面积为1237.63hm²，农用地面积为872.38hm²，占总面积的70.5%，其中，耕地843.97hm²，林地869.61hm²，其他农用地0.23hm²；建设用地33.55hm²，占总面积的2.7%，其中，城乡建设用地33.31hm²，交通水利用地0.13hm²，其他建设用地0.11hm²；其他土地331.70hm²，占总面积为26.8%。项目可实施面积为753.21hm²，预计新增耕地面积为22.60hm²。项目估算总投资为2824.54万元，单位面积投资为3.75万元/hm²（2500元/亩）。

（五）贡井乡大坪洼、地湾等7个村农用地整理项目

项目位于榆中北部低山丘陵农用地整治重点区域内，项目区涉及大坪洼村、地湾村、贡马井村、古坝村、吕家岘村、石台村、崖头岭村7个村，地理坐标为104°19'54.86"E～104°28'12.65"E，36°1'17.05"N～36°8'56.97"N。项目区地貌单元为榆中北山黄土山梁，海拔为2103～2491m，起伏度为78°，地势整体呈西高东低，以坡耕地为主，地块长34～200m，宽15～30m。该项目区面积为7186.8hm²，农用地面积为5249.18hm²，占总面积的73.0%，其中耕地5001.32hm²，林地244.55hm²，其他农用地3.31hm²；建设用地286.85hm²，占总面积的4.0%，其中，城乡建设用地284.04hm²，其他建设用地2.81hm²；其他土地1650.77hm²，占总面积的23.0%。项目可实施面积为4363.16hm²，预计新增耕地面积为109.08hm²。项目估算总投资为16361.85万元，单位面积投资为3.75万元/hm²（2500元/亩）。

（六）中连川乡鞑靼窑、大湾等9个村农用地整理项目

项目位于榆中北部低山丘陵农用地整治重点区域内，项目区涉及鞑靼窑村、大湾村、高窑沟村、黄篙湾村等9个村，地理坐标为104°23'11.95"E～104°30'36.99"E，35°59'8.39"N～36°6'45.08"N，地貌单元为榆中北山黄土山梁，海拔为2035～2482m，起伏度为78°，地势整体呈西南高东北低，以坡耕地为主，地块长60～300m，宽10～25m。该项目区面积为8700.15hm²，农用地面积为6483.40hm²，占总面积的74.5%，其中耕地5880.02hm²，林地597.10hm²，其他农用地6.28hm²；建设用地281.75hm²，占总面积的3.2%，其中，城乡建设用地277.40hm²，其他建设用地4.35hm²；其他土地1935.0hm²，占总面积的22.2%。项目可实施面积为5530.34hm²，预计新增耕地面积为88.49hm²。项目估算总投资为20 738.78万元，单位面积投资为3.75万元/hm²（2500元/亩）。

（七）韦营乡郭家沟、李家坪等5个村农用地整理项目

项目位于榆中北部低山丘陵农用地整治重点区域内，项目区涉及郭家沟村、李家坪村、孙家岔村、全家岔村、韦家营村5个村，地理坐标为104°21'3.58"E～104°24'24.36"E，35°46'49.48"N～35°52'10.84"N，地貌单元为榆中北山黄土山梁，海拔为1912～2206m，起伏度为48°，地势整体从项目区中部向两侧倾斜，以坡耕地为主，地块长50～350m，宽15～26m。该项目区面积2306.17hm^2，农用地面积1776.05hm^2，占总面积的77.0%，其中，耕地1525.61hm^2，林地249.33hm^2，其他农用地1.10hm^2；建设用地76.48hm^2，占总面积的3.3%，其中，城乡建设用地76.1hm^2，其他建设用地0.39hm^2；其他土地453.64hm^2，占总面积的19.7%。项目可实施面积为1476hm^2，预计新增耕地面积为22.14hm^2。项目估算总投资为5535万元，单位面积投资为3.75万元/hm^2（2500元/亩）。

（八）龙泉镇花寨子、庙咀等7个村农用地整理项目

项目位于榆中南部农用地整治重点区域内，项目区涉及花寨子村、庙咀村、水泉湾村、杨家咀村、武家庄村、银川村、洞口村7个村，地理坐标为104°18'23.38"E～104°19'41.40"E，35°36'18.65"N～35°40'28.41"N，地貌单元为榆中南部石质山地，海拔为2001～2340m，起伏度为56°，地势整体呈西南高东北低，以坡耕地为主，地块长70～300m，宽10～35m。该项目区面积为2125.45hm^2，农用地面积为1703.16hm^2，占总面积的80.1%，其中，耕地1571.93hm^2，园地1.28hm^2，林地129.19hm^2，其他农用地0.75hm^2；建设用地128.30hm^2，占总面积的6.0%，其中，城乡建设用地118.37hm^2，交通水利用地9.65hm^2，其他建设用地0.26hm^2；其他土地293.99hm^2，占总面积的13.8%。项目可实施面积为1538.31hm^2，预计新增耕地面积为47.69hm^2。项目估算总投资为5768.66万元，单位面积投资为3.75万元/hm^2（2500元/亩）。

（九）龙泉镇水家坡村农用地整理项目

项目位于榆中南部农用地整治重点区域内，项目区位于水家坡村，地理坐标为104°13'28.79"E～104°16'1.46"E，35°38'0.88"N～35°39'43.16"N，地貌单元为榆中南部石质山地，海拔为2050～2313m，起伏度为38°，地势相对较缓，整体呈中部低四周高，以坡耕地为主，地块长70～280m，宽15～30m。该项目区面积为597.87hm^2，农用地面积为508.13hm^2，占总面积的85.0%，其中，耕地489.95hm^2，林地16.92hm^2，其他农用地1.25hm^2；建

设用地 31.28hm²，占总面积的 5.2%，其中，城乡建设用地 31.16hm²，其他建设用地 0.12hm²；其他土地 58.46hm²，占总面积的 9.8%。项目可实施面积为 490.97hm²，预计新增耕地面积为 15.22hm²。项目估算总投资为 1841.14 万元，单位面积投资为 3.75 万元 /hm²（2500 元 / 亩）。

（十）新营乡黄坪、罗景等 6 个村农用地整理项目

项目位于榆中南部农用地整治重点区域内，项目区涉及黄坪村、罗景村、祁家河村、窝子湾村、谢家营村、新营村 6 个村，以及兴隆山管理局下辖的部分地区，地理坐标为 104°6'40.97"E ～ 104°13'34.34"E，35°39'5.86"N ～ 35°42'43.60"N，地貌单元为榆中南部石质山地，海拔为 2098 ～ 2615m，起伏度为 64°，以坡耕地为主，地块长 50 ～ 330m，宽 20 ～ 50m，309 省道两侧分布耕地面积相对较大。该项目区面积为 3474.40hm²，农用地面积为 2737.34hm²，占总面积的 78.8%，其中，耕地 2529.41hm²，林地 140.86hm²，牧草地 56.41hm²，其他农用地 10.66hm²；建设用地 215.68hm²，占总面积的 6.2%，其中，城乡建设用地 210.46hm²，交通水利用地 0.21hm²，其他建设用地 5.01hm²；其他土地 521.38hm²，占总面积的 15.0%。项目可实施面积为 2435.17hm²，预计新增耕地面积为 91.32hm²。项目估算总投资为 9131.89 万元，单位面积投资为 3.75 万元 /hm²（2500 元 / 亩）。

（十一）新营乡八门寺、红土坡等 4 个村农用地整理项目

项目位于榆中南部农用地整治重点区域内，项目区涉及八门寺村、红土坡村、刘家湾村、杨家营村 4 个村，地理坐标为 104°4'40.40"E ～ 104°9'55.03"E，35°40'47.79"N ～ 35°43'33.48"N，地貌单元为榆中南部石质山地，海拔为 2234 ～ 2838m，起伏度为 56°，地势整体呈西南高东北低，以坡耕地为主，地块长 50 ～ 330m，宽 20 ～ 50m。项目区面积为 2234.91hm²，农用地面积为 2046.76hm²，占总面积的 91.6%，其中，耕地 1838.97hm²，林地 79.85hm²，牧草地 126.0hm²，其他农用地 1.94hm²；建设用地 124.34hm²，占总面积的 5.6%，其中，城乡建设用地 124.24hm²，交其他建设用地 0.09hm²；其他土地 63.81hm²，占总面积的 2.9%。项目可实施面积为 1812.28hm²，预计新增耕地面积为 67.96hm²。项目估算总投资为 6796.05 万元，单位面积投资为 3.75 万元 /hm²（2500 元 / 亩）。

二、高标准农田建设重点项目

本轮规划中，榆中县确定高标准农田建设重点项目6个，可实施面积共计12 174.1hm^2，预计新增耕地面积为224.35hm^2（图8-3）。

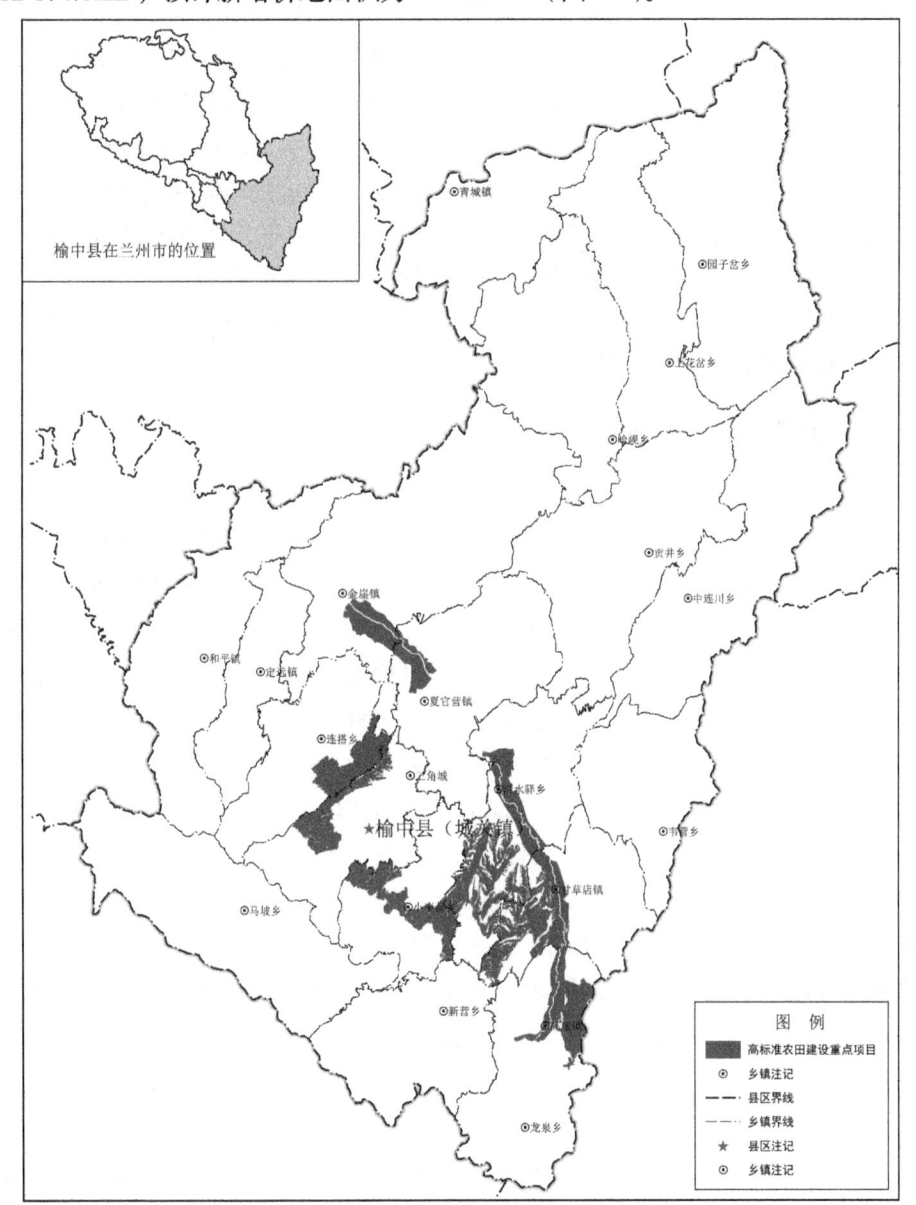

图8-3　榆中县高标准农田建设重点项目分布图

（一）宛川河流域高标准农田建设项目

项目位于宛川河谷地农用地整治重点区域内，项目区涉及金崖镇、夏官营、清水驿、甘草镇、高崖镇5个乡镇的河谷地区，地理坐标为104°5'1.67"E～104°18'1.04"E，35°41'3.81"N～36°1'8.89"N。项目区处于宛川河河流谷地，海拔为1636～1779m，起伏度为44°，耕地主要集中分布于宛川河河流谷地，地块长30～80m，宽10～25m。项目区面积为4655.81hm^2，农用地面积为3402.46hm^2，占总面积的73.07%，其中，耕地3343.84hm^2，园地24.08hm^2，林地5.92hm^2，其他农用地28.61hm^2；建设用地925.2hm^2，占总面积的19.87%，其中，城乡建设用地734.70hm^2，交通水利用地188.85hm^2；其他土地328.16hm^2，占总面积的7.04%。项目可实施面积为2891.26hm^2，预计新增耕地面积为11.56hm^2。项目估算总投资为8673.78万元，单位面积投资为3万元/hm^2（2000元/亩）。

（二）城关镇连塔乡高标准农田建设项目

项目位于榆中盆地边缘区农用地整治重点区域内，项目区涉及大营村、分豁岔、龚家洼村、李家庄村、上蒲家村、石头沟村、肖家咀村、朱家湾村8个村，地理坐标为104°2'9.19"E～104°7'59.74"E，35°49'31.54"N～35°55'56.78"N。项目区东北部微地貌单元为榆中断陷盆地，西南部为石质山地。海拔为1866～2441m，起伏度为54°，地势整体呈西南高东北低。项目区东北部榆中断陷盆地，地势相对平坦，地块长50～200m，宽22～45m；西南部以坡耕地为主。项目区面积为3308.02hm^2，农用地面积为2672.26hm^2，占总面积的80.78%，其中，耕地2548.72hm^2，园地18.65hm^2，林地63.46hm^2，牧草地15.61hm^2，其他农用地25.82hm^2；建设用地290.42hm^2，占总面积的8.78%，其中，城乡建设用地266.5hm^2，交通水利用地12.87hm^2，其他建设用地11.05hm^2；其他土地345.35hm^2，占总面积的10.44%。项目可实施面积为2516.79hm^2，预计新增耕地面积为78.02hm^2。项目估算总投资为7550.37万元，单位面积投资为3万元/hm^2（2000元/亩）。

（三）小康营乡范家山、红寺等7个村高标准农田建设项目

项目位于榆中盆地边缘区农用地整治重点区域内，项目区涉及范家山村、红寺村、南北关村、深沟子村、小康营村、徐家峡村、窑坡村7个村，地理坐标为104°5'12.85"E～104°11'41.20"E，35°44'39.37"N～35°49'19.67"N。项目区北部微地貌单元为榆中断陷盆地，南部为石质山地。海拔为1947～2554m，

起伏度为55°地势整体呈南高北低。项目区北部榆中断陷盆地，地势相对平坦，地块长60~320m，宽15~25m；南部主要以坡耕地为主。项目区面积为2287.51hm²，农用地面积为2012.87hm²，占总面积的88%，其中，耕地1877.61hm²，园地0.59hm²，林地28.32hm²，牧草地99.09hm²，其他农用地7.25hm²；建设用地179.16hm²，占总面积的4.17%，其中，城乡建设用地179.16hm²；其他土地95.47hm²，占总面积的4.17%。项目可实施面积为1809.25hm²，预计新增耕地面积为28.59hm²。项目估算总投资为5427.75万元，单位面积投资为3万元/hm²（2000元/亩）。

（四）清水驿乡赵家岔、苏家堡等8个村高标准农田建设项目

项目位于宛川河谷地农用地整治重点区域内，项目区涉及方家沟村、红坪村、建营村、柳树湾村、苏家堡村、王家湾村、杨家河村、赵家岔村8个村，地理坐标为104°10′50.05″E~104°15′50.61″E，35°45′43.15″N~35°51′4.48″N。项目区东北部微地貌单元为宛川河河流谷地，西南部为兴隆山七道梁北路黄土川梁区。海拔为1791~2151m，起伏度为85°以坡耕地为主，地块长70~200m，宽15~30m。项目区面积为4083.86hm²，农用地面积为2893.15hm²，占总面积的70.84%，其中，耕地2577.36hm²，园地1.07hm²，林地304.53hm²，其他农用地10.18hm²；建设用地188.89hm²，占总面积的4.63%，其中，城乡建设用地188.71hm²，其他建设用地0.18hm²；其他土地1001.83hm²，占总面积的24.53%。项目可实施面积2407.29hm²，预计新增耕地面积45.74hm²。项目估算总投资为7221.87万元，单位面积投资为3万元/hm²（2000元/亩）。

（五）甘草镇郭家湾、果园村等6个村高标准农田建设项目

项目位于宛川河谷地农用地整治重点区域内，项目区涉及郭家湾村、果园村、好地岔村、钱家坪村、西村、项家堡村6个村，地理坐标为104°12′47.19″E~104°17′33.72″E，35°43′32.55″N~35°48′58.08″N。项目区东北部微地貌单元为宛川河河流谷地，东南、西南部为兴隆山七道梁北路黄土川梁区。海拔为1821~2367m，起伏度为68°，以坡耕地为主，地块长45~260m，宽15~35m。项目区面积为2773.04hm²，农用地面积为2085.48hm²，占总面积的75.21%，其中，耕地1910.43hm²，园地0.65hm²，林地152.88hm²，牧草地19.68hm²，其他农用地1.85hm²；建设用地216.60hm²，占总面积的7.81%，其中，城乡建设用地184.22hm²，交通水利用地31.50hm²，

其他建设用地 0.88hm²；其他土地 470.96hm²，占总面积的 16.98%。项目可实施面积为 1773.08hm²，预计新增耕地面积为 34.04hm²。项目估算总投资为 5319.24 万元，单位面积投资为 3 万元 /hm²（2000 元 / 亩）。

（六）高崖镇高崖村、小营子村等 3 个村高标准农田建设项目

项目位于宛川河谷地农用地整治重点区域内，项目区涉及高崖村、小营子村、新窑沟村 3 个村，地理坐标为 104°17'11.64"E ～ 104°19'54.10"E，35°39'57.30"N ～ 35°43'57.51"N。项目区西部微地貌单元为宛川河河流谷地，东部为兴隆山七道梁北路黄土川梁区。海拔为 1904 ～ 2258m，起伏度为 62°。项目区西部为河流谷地，地势相对平坦，地块长 50 ～ 200m，宽 25 ～ 60m；东部为黄土川梁，沟壑纵横，主要以坡耕地为主。项目区面积为 1297.59hm²，农用地面积为 881.49hm²，占总面积的 67.93%，其中，耕地 815.18hm²，园地 0.25hm²，林地 63.69hm²，其他农用地为 2.37hm²；建设用地 55.01hm²，占总面积 4.23%，其中，城乡建设用地 51.46hm²，交通水利用地 3.31hm²，其他建设用地 0.23hm²；其他土地 361.08hm²，占总面积的 27.82%。项目可实施面积为 776.43hm²，预计新增耕地面积为 26.4hm²。项目估算总投资为 2329.29 万元，单位面积投资为 3 万元 /hm²（2000 元 / 亩）。

三、未利用地开发重点项目

本轮规划中，榆中县确定宜耕未利用地开发重点项目 3 个，项目可实施面积共计 1222.65hm²，预计新增耕地面积为 733.11hm²（图 8-4）。

（一）清水驿乡稠泥河、清水等 4 个村土地开发项目

项目位于榆中县中部宛川河流域宜耕土地开发重点区域内，项目区涉及稠泥河村、清水村、天池峡村、杨家山村 4 个村，地理坐标为 104°14'34.80"E ～ 14°16'55.20"E，35°51'48.24"N ～ 35°53'22.92"N。项目区位于宛川河河流谷地中部，区域内河流谷地宽 800m，东部为榆中北山黄土山梁区，沟壑纵横，海拔为 1778 ～ 2062m，地势整体呈东北高西南低。项目区面积为 281.31hm²，其中：农用地面积为 64.18hm²（耕地 62.43hm²，林地 1.75hm²），占总面积的 22.81%；建设用地 2.77hm²（城乡建设用地 0.29hm²，交通水利用地 2.41hm²，其他建设用地 0.07hm²），占总面积的 0.98%；其他

土地 214.36hm², 占总面积的 76.2%, 全部为自然保留地。项目可实施面积为 207.46hm², 预计新增耕地面积为 124hm²。项目估算总投资为 1711.55 万元, 单位面积投资为 8.25 万元 /hm²（5500 元 / 亩）。

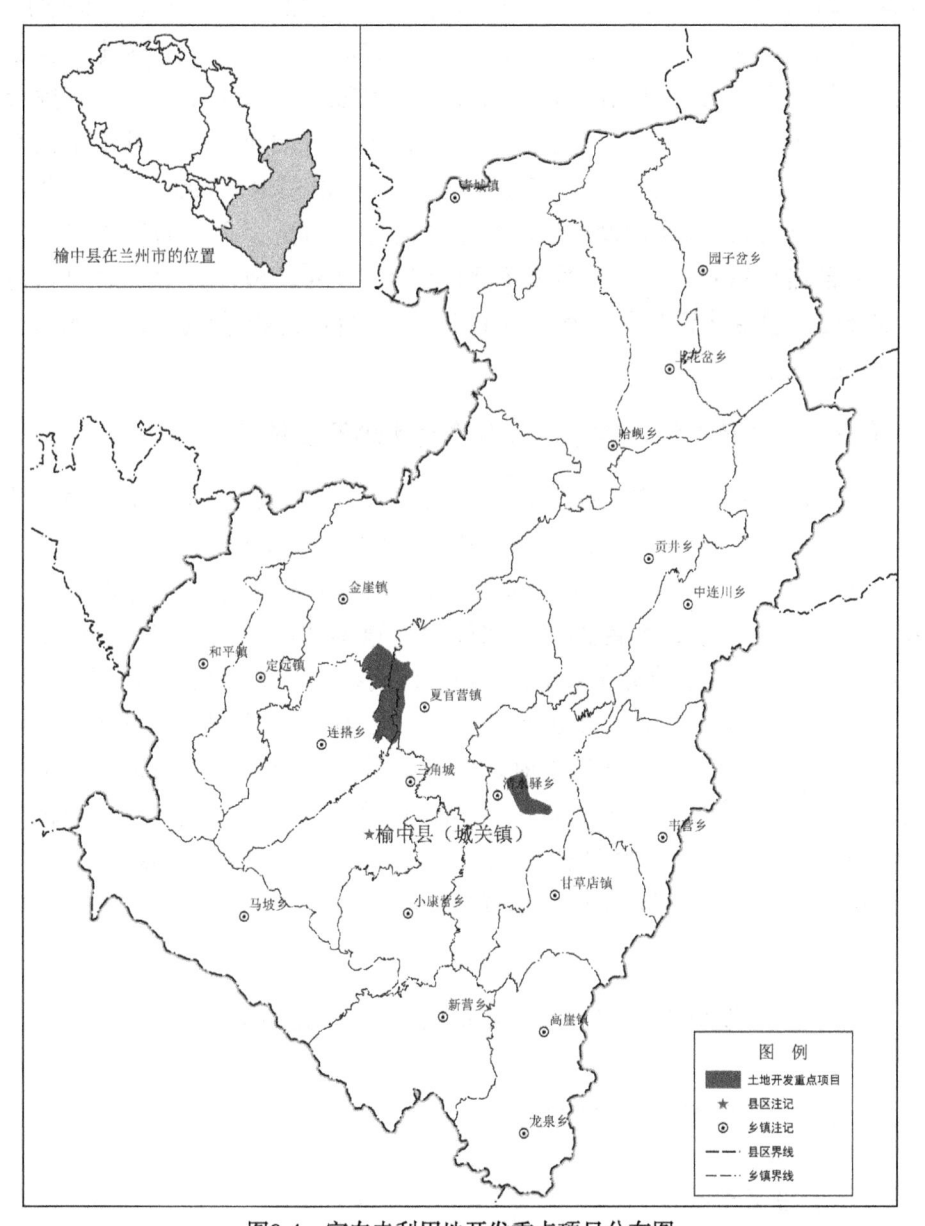

图8-4　宜农未利用地开发重点项目分布图

（二）夏官营镇高家崖、过店子村土地开发项目

项目位于榆中县中部榆中盆地宜耕土地开发重点区域内，项目区涉及高家崖村、过店子村2个村，地理坐标为104°7'33.60"E～104°8'56.40"E，35°57'18.00"N～35°58'36.48"N。项目区东北部为宛川河河流谷地，区域内河流谷地宽600m，西南部处于兴隆山七道梁北路黄土梁川区，海拔为1680～1894m，地势相对较缓。项目区面积为253.31hm²，农用地面积为19.42hm²，占总面积的7.66%，全部为耕地；建设用地0.59hm²，占总面积的0.23%，全部为其他建设用地；其他土地233.39hm²，占总面积的92.1%，全部为自然保留地。项目可实施面积为225.72hm²，预计新增耕地面积为135.43hm²。项目估算总投资为1862.19万元，单位面积投资为8.25万元/hm²（5500元/亩）。

（三）金崖镇古城、梁家湾等3个村土地开发项目

项目位于榆中县中部榆中盆地宜耕土地开发重点区域内，项目区涉及古城村、梁家湾村、齐家坪村3个村，地理坐标为104°6'03.60"E～104°8'13.20"E，35°54'57.60"N～35°59'12.84"N。项目区东北部为宛川河河流谷地，区域内河流谷地宽900m，西南部处于兴隆山七道梁北路黄土梁川区，海拔为2417～2971m，盆地地势相对平缓。项目区面积为1103.38hm²，农用地面积为276.26hm²，占总面积的25.04%，全部为耕地；建设用地12.51hm²，占总面积的1.13%，其中城乡建设用地6.38hm²，其他建设用地6.13hm²；其他土地814.61hm²，占总面积的73.83%，全部为自然保留地。项目可实施面积为789.47hm²，预计新增耕地面积为473.68hm²。项目估算总投资为6513.13万元，单位面积投资为8.25万元/hm²（5500元/亩）。

第四节　资金供需分析与效益评价

一、投资估算与资金筹措

（一）投资规模

按照榆中县土地整治规划目标，2016～2020年全县建设高标准基本农田25 099hm²；农村建设用地整治1369hm²；城镇工矿用地整治200hm²；宜耕未利

用地开发558hm²。经测算，榆中县高标准基本农田整治亩均投资为1500元/亩，村镇建设用地整治亩均投资为6000元/亩（只包括旧址土地平整费用）；宜耕未利用地开发亩均投资为6000元/亩。按照本轮土地整治规划目标，规划期内全区土地整治需投入资金7.38亿元，其中高标准农田建设需投入资金5.65亿元，宜耕未利用土地开发投入资金0.5亿元，农村建设用地整理投入资金1.23亿元。

（二）资金筹措

由于榆中县土地整治以高标准农田建设为主，农村建设用地整治和城镇低效建设用地开发为辅，土地整治资金来源主要是新增建设用地有偿使用费、耕地开垦费、土地出让金、土地复垦费，以及农业综合开发资金，通过市级统筹、财政资金投入的方式实现。根据《兰州市土地整治规划（2016—2020年）》中对全市本轮规划期间可筹措资金测算，可筹措资金大于计划投资规模，可以保障市域各类土地整治项目的实施。同时，在规划期间也需积极衔接整合水利、农业、环保等各部门资金，以推动高标准农田建设互联互通、业务工作协作协同、资源开放共享的格局的形成。农村建设用地整治和城镇低效建设用地开发项目的实施，须加强土地市场政策的引导，鼓励企业单位与个人参与项目的实施，尤其是对于大中型国有企业，可以通过相关制度开展试点实施，制定工业用地补偿机制，促进土地生态环境的恢复及工业化发展双赢。

二、土地整治效益评价

（一）社会效益

规划的实施，对增加人均耕地面积、提高农村劳动力就业程度、增加农民收入水平，以及提升土地利用水平等发挥着重要作用。根据测算，新增耕地可供养人数可达到7600人，项目的实施，不但可增加提高农村剩余劳动力就业率，同时，耕地产能的提升可增加农民收入。土地整治使土地利用结构得到调整，田块布局更加合理，道路、水利、电力等基础设施得到完善，规划区域内平均土地利用水平可提高23%。通过开展农村土地整治和增减挂钩试点工作，为城乡统筹发展搭建平台，可提高农村基础设施保障能力，合理布局乡镇企业和农村居民点，促进农村土地集约利用。

（二）经济效益

通过土地整治，可增加有效耕地面积，提升耕地质量，提高粮食产能，规划期间新增有效耕地1824hm²，单位面积产量提高143%以上。通过安排农民参与项目建设，鼓励农民进行农业结构调整、适度规模化经营，可增加农民工资性收入、农业经营性收入和财产性收入，拓宽农民增收渠道。通过盘活存量土地，保障发展用地需求，可促进项目区经济发展。通过土地整治可盘活城乡建设用地约1569hm²，增加项目区财政收入和土地出让收益，带动地区经济增长。项目实施后，土地整治收益将在提高农民生活水平的同时，继续投入农业生产，促进农用地的可持续利用和农业的持续发展。通过规划的实施，加强对各种废弃土地，以及自然灾毁土地的复垦复绿和生态防治，减少各种可防控灾毁的发生，进而减少由此造成的经济损失，并提高整体区域的生态环境附加经济价值。

（三）生态效益

规划期间，通过农田整治特别是农田防护林、农田水利设施、农村生产道路，以及护坡工程等农业基础设施的建设，可改善农田小气候，增强农田洪涝灾害抵御能力；通过土地整治和生态系统建设，积极探索农田生态景观建设，将提高农田生态系统的生物多样性保护和景观功能，形成具有较高生态景观功能的农田景观功能区；通过矿区废弃地复垦将改善矿区生态环境，缓解水土流失，降低土地退化风险，提升土地生态安全程度和生态效益；通过林地系统构建，加强生态廊道和生态保护区建设，提升绿化质量；通过城乡景观风貌提升工程及自然人文景观保护，构建城乡一体化绿色空间，为发展旅游提供条件。通过土地整治规划的实施，加强全区生态文明建设，对构建天蓝、地绿、水清、气新、景观优美、人与自然和谐的美丽榆中具有重要意义和作用。

第五节 规划实施保障措施

一、加强组织领导

各乡镇切实担负起实施责任，制定工作方案，细化落实措施，明确路线图、时间表，统筹协调相关部门，形成工作合力，切实保障各项政策措施和工程项目顺利实施。国土、农业、水利、林业等单位要各司其职，协调配合，狠抓落实，确保项目年度实施目标、任务按期完成。在推进过程中，要把规划实施与助力农业供给侧结构性改革、促进农民持续增收、打赢脱贫攻坚战等决策部署紧密结合，切实发挥土地整治的引领和驱动作用，推动形成互联互通、协作协同、开放共享的土地整治新格局。

二、开展试点示范

大力推进"四自"模式试点，按照"自定设计、自筹资金、自主施工、自我管护"实施模式和"先建后补、以补促建"安排试点示范工作。优先在城关镇、金崖镇、甘草镇等现代农业示范区组织实施一批基础好、成效高，带动性、推广性强的示范项目。创新建立"典型示范、辐射引导、熟化推广、全面发展"的土地整治重大工程示范推广模式，加大在项目选址、项目立项、项目设计、项目实施、项目监管等方面的试点示范力度，以点带面、点面结合，不断推进土地整治工作创新发展。

三、强化评价考核

建立土地整治监测监管制度，完善土地整治评价监管指标体系，加强试点测试，增强评价的科学性和有效性。坚持以目标为导向，强化"天、地、网"等信息过程监管技术应用。严格绩效评估和督促检查，采用规划实施空间布局一致、社会认知评估、行为绩效评估、实施结果绩效评估等指标，构建土地整治实施绩效管理指标体系，并纳入政府绩效考核，推动全县把土地整治实施绩效纳入年终工作评价范围。

参考文献

安美玲，张勃，孙力炜，等.2013.黑河上游土地利用动态变化及影响因素的定量分析.冰川冻土，35(2):355-363.

鲍海君，徐保根.2009.生态导向的土地整治区空间优化与规划设计模式——以嘉兴市七星镇为例.经济地理，29(11):1903-1906.

边振兴，杨子娇，钱凤魁，等.2016.基于LESA体系的高标准基本农田建设时序研究.自然资源学报，(3):436-446.

蔡洁，李世平.2014.基于熵权可拓模型的高标准基本农田建设项目社会效应评价.中国土地科学，(10):40-47.

蔡玉梅，郑伟元，张晓玲，等.2003.土地利用规划环境影响评价.地理科学进展，22(6):567-575.

蔡朕，刁承泰，王锐，等.2014.基于集对分析的高标准基本农田建设项目选址合理性评价——以重庆市梁平县为例.中国生态农业学报，22(07):828-836.

藏波，吕萍，杨庆媛.2015.基于现代农业发展的丘陵山区农用地整治分区与发展策略——以重庆市云阳县为例.资源科学，37(2):272-279.

曹玉香.2011.深度阅读低丘缓坡挑起工业用地大梁——浅析浙江省低丘缓坡开发利用情况.中国土地，(8):24-25.

陈百明，张凤荣.2011.我国土地利用研究的发展态势与重点领域.地理研究，30(1):1-9.

陈百明，谷晓冲，张正峰，等.2011.土地生态化整治与景观设计.中国土地科学，25(6):10-14.

陈超，曹磊.2013.中部五省低丘缓坡区耕地后备资源开发利用对策分析.中国农业资源与区划，34(2):37-42.

陈朝，吕昌河，范兰，等.2011.土地利用变化对土壤有机碳的影响研究进展.生态学报，

31(18):5358-5371.

陈会广, 李浩华, 张耀宇, 等.2013.土地整治中农民居住方式变化的生态环境行为效应分析.资源科学, 35(10):2067-2074.

陈天才, 廖和平, 李涛, 等. 2015.高标准基本农田建设空间布局和时序安排研究——以重庆市渝北区统景镇为例.中国农学通报, (1):191-196.

陈秧分, 刘彦随, 杨忍. 2012.基于生计转型的中国农村居民点用地整治适宜区域.地理学报, 67(3):420-427.

程龙, 董捷.2012.基于生态位适宜度模型的城乡建设用地增减挂钩规划方法研究.中国人口资源与环境, 22(10):94-101.

车克钧, 王金叶, 党显荣, 等. 1994.祁连山北坡森林火险等级指标的研究.森林防火, (1):8-10.

戴声佩, 张勃. 2013.基于CLUE-S模型的黑河中游土地利用情景模拟研究——以张掖市甘州区为例.自然资源学报, 28(2):336-348.

邓强, 陈建军, 田志强, 等.2014.基于一致性和绩效性分析的南宁市土地规划实施中期评估技术方法研究.中国土地科学, 28(9):39-46.

丁向华, 姜照勇, 罗良伟, 等. 2011.基于生态环境保护视角的土地整理生态效益评价——以成都市三河镇土地整理项目为例.资源科学, 33(11):2055-2062.

董家华, 包存宽, 黄鹤, 等. 2006.土地生态适宜性分析在城市规划环境影响评价中的应用.长江流域资源与环境, 15(6):698-702.

董祚继.2015."坡地村镇":开创低丘缓坡地综合利用新阶段——关于浙江省未利用地开发利用试点的调查与思考.中国土地, (11):6-11.

顿耀龙, 王军, 郭义强, 等.2014.基于AHP-FCE模型的大安市土地整理可持续性评价.中国土地科学,(8):57-64.

范辉, 刘卫东, 吴泽斌. 2014.城市土地集约利用内部协调性的时空演变——以武汉市中心城区为例.地理科学, 34(6):696-704.

方斌, 杨叶, 雷广海, 等.2010.基于幕景分析法的土地开发整理规划环境影响评价——以江苏省涟水县为例.地理研究, 29(10):1853-1862.

方创琳, 马海涛. 2013.新型城镇化背景下中国的新区建设与土地集约利用.中国土地科学, (7):4-9.

冯仕超, 高小红, 顾娟, 等. 2013.基于CLUE-S模型的湟水流域土地利用空间分布模拟.生态学报, 33(3):985-997.

冯昇星, 罗格平, 周德成, 等. 2010.近50a土地利用变化对干旱区典型流域景观格局的影响——以新疆玛纳斯河流域为例.生态学报, 30(16):4295-4305.

冯应斌，杨庆媛．2014．转型期中国农村土地综合整治重点领域与基本方向．农业工程学报，30(1):175-182．

付凯，杨朝现，侯俊国，等．2013．西南丘陵区农村居民点整治潜力测算及优先度评价．中国农学通报，29 (23):76-81．

傅伯杰，张立伟．2014．土地利用变化与生态系统服务：概念、方法与进展．地理科学进展，33(4):441-446．

傅伯杰，陈利顶，马克明，等．2011．景观生态学原理及应用．北京：科学出版社．

高阳，张凤荣，郝晋珉，等．2016．基于整治潜力与迫切度的村级农村居民点整治时序研究．资源科学，38(2):185-195．

龚建周，刘彦随，张灵．2010．广州市土地利用结构优化配置及其潜力．地理学报，65(11):1391-1400．

谷晓坤．2012．北省不同类型土地整治生态效应评价．应用生态学报，23(8):2263-2269．

谷晓坤，陈百明．2008．土地整理景观生态评价方法及应用——以江汉平原土地整理项目为例．中国土地科学，2(12):58-62．

谷晓坤，刘娟．2013．都市观光农业型土地整治项目的社会效应评价——以上海市合庆镇项目为例．资源科学，35(8):1549-1554．

谷晓坤，刘静，张正峰，等．2014．大都市郊区景观生态型土地整治模式设计．农业工程学报，30(6):205-211．

谷晓坤，庞林芳，张正峰．2014．基于上海市青村镇公共设施可达性的镇域农村居民点整治适宜性研究．中国土地科学，28(7):71-75．

顾汉龙，冯淑怡，张志林，等．2015．我国城乡建设用地增减挂钩政策与美国土地发展权转移政策的比较研究．经济地理，35(6):143-148．

关小克，张凤荣，李乐，等．2011．北京市农业发展态势及土地整治策略研究．资源科学，33(4):712-719．

关小克，张凤荣，刘春兵，等．2013．平谷区农村居民点用地的时空特征及优化布局研究．资源科学，35(3):536-544．

郭贝贝，金晓斌，杨绪红，等．2014．基于农业自然风险综合评价的高标准基本农田建设区划定方法研究．自然资源学报，29(3):377-386．

郭贝贝，金晓斌，林忆南，等．2015．基于生态流方法的土地整治项目对农田生态系统的影响研究．生态学报，(23):7669-7681．

郭洪峰，许月卿，吴艳芳．2013．基于地形梯度的土地利用格局与时空变化分析——以北京市平谷区为例．经济地理，33(1):160-166．

郭军庭，张志强，王盛萍，等．2014．应用 SWAT 模型研究潮河流域土地利用和气候变化对径流的影响. 生态学报, 34(6):1559-1567.

郭旭东, 谢俊奇, 李双成, 等. 2015. 土地生态学发展历程及中国土地生态学发展建议. 中国土地科学, 29(9):4-10.

郭延凤, 于秀波, 姜鲁光, 等. 2012. 基于CLUE模型的2030年江西省土地利用变化情景分析. 地理研究, 31(6):1016-1028.

国土资源部土地整治中心. 2014. 中国土地整治发展研究报告（NO.1）. 北京：社会科学文献出版社.

国土资源部土地整治中心. 2015. 中国土地整治发展研究报告（NO.2）. 北京：社会科学文献出版社.

国土资源部土地整治中心. 2016. 中国土地整治发展研究报告（NO.3）. 北京：社会科学文献出版社.

韩春兰, 刘庆川, 么欣欣, 等. 2013. 辽宁省清原县高标准基本农田建设类型分区研究. 土壤通报, (5):1041-1046.

贺秋华, 张丹, 陈朝猛, 等. 2007.GIS支持下的黔中地区生态环境敏感性评估. 生态学杂志, 26(3):413-417.

洪开荣, 刘欢, 王辉, 等. 2015. 直觉语言多准则决策方法在土地整理项目社会效益评价中的应用. 经济地理, 35(7):163-167.

胡和兵, 刘红玉, 郝敬锋, 等. 2013. 城市化流域生态系统服务价值时空分异特征及其对土地利用程度的响应. 生态学报, 33(8):2565-2576.

黄静, 崔胜辉, 李方一, 等. 2011. 厦门市土地利用变化下的生态敏感性. 生态学报, 31(24):7441-7449.

黄奎贤, 覃柳妹, 罗剑清. 2011. 河池市生态环境保护与建设的对策措施. 广西科学院学报, 27（2）：145-148.

黄明, 张学霞, 张建军, 等. 2012. 基于CLUE-S模型的罗玉沟流域多尺度土地利用变化模拟. 资源科学, 34(4):769-776.

江玮. 2013. 基于生态环境敏感性评价的生态功能分区研究——以崇义县为例. 赣州：江西理工大学硕士学位论文.

姜仙春, 尹君. 2014. 土地整治中的田块优化与景观生态规划设计. 中国水土保持, 5(6):38-40.

焦欢, 周启刚, 李辉, 等. 2015. 西南典型低山丘陵区农村居民点适宜性评价与整治规划分区研究. 水土保持研究, 22(5):204-209.

金晓斌, 周寅康, 李学瑞, 等. 2011. 中部土地整理区土地整理投入产出效率评价. 地理研究, 30(7):1198-1206.

黎孔清, 陈银蓉, 余雪振. 2013. 湖北省随县农村居民点整治现实潜力测算及整治策略——基于农户意愿的调查分析. 自然资源学报, 28(3):459-469.

李晨, 刘新峰, 彭哲. 2012. 基于规划视角下的省级土地整治与生态环境保护研究——以安徽省为例. 安徽农业科学, 40(28):14042-14044.

李翠珍, 徐建春, 孔祥斌. 2012. 大都市郊区农户生计多样化及对土地利用的影响——以北京市大兴区为例. 地理研究, 31(6):1039-1049.

李冬梅, 王冬艳, 张树文, 等. 2015. 以土地整治视角的联合都市区农村居民点空间格局分析. 地球信息科学学报, 17(8):945-953.

李红, 魏晓, 刘传明. 2014. 传统土地整理规划与景观生态型土地综合整治规划之比较. 国土资源导刊, 10：9-13.

李红举, 林坚, 阎红梅. 2009. 基于农田景观安全格局的土地整理项目规划. 农业工程学报, 25(5)：217-222.

李勉, 王秀兰, 程龙. 2014. 武汉城市圈城乡建设用地增减挂钩潜力空间自相关分析. 水土保持研究, 21(2):223-227.

李佩恩, 杨庆媛, 范垚, 等. 2016. 基于 SEM 的农村居民点整治中农户意愿影响因素——潼南县中渡村实证. 经济地理, 36(3):162-169.

李谦, 戴靓, 朱青, 等. 2014. 基于最小阻力模型的土地整治中生态连通性变化及其优化研究. 地理科学, (6):733-739.

李小建. 2009. 农户地理论. 北京：科学出版社.

李屹峰, 罗跃初, 刘纲, 等. 2013. 土地利用变化对生态系统服务功能的影响——以密云水库流域为例. 生态学报, 33(3):726-736.

李永乐, 舒帮荣, 吴群. 2014. 中国城市土地利用效率：时空特征、地区差距与影响因素. 经济地理, 34(2):133-139.

李玉芳, 杜潇, 何宏, 等. 2013. 土地整理项目后效益的综合评价. 中国人口·资源与环境, (11):384-387.

李正, 王军, 白中科, 等. 2010. 基于物元评判模型的土地整理综合效益评价方法研究. 水土保持通报, 30(6):190-194.

李正, 王军, 白中科, 等. 2012. 贵州省土地利用及其生态系统服务价值与灰色预测. 地理科学进展, 31(5):577-583.

李志, 周生路, 吴绍华, 等. 2013. 基于生态位适宜度的城市边缘区农居点用地城镇化整治研究——以连云港市为例. 地理科学, 33（8）：972-978.

莉娜, 郑新奇, 赵璐, 等. 2011. 基于生态位适宜度模型的土地利用功能分区. 农业工程学报, 27(3):282-287.

刘春芳,石培基,焦贝贝,等.2014.基于乡村转型的黄土丘陵区农村居民点整治模式.经济地理,34(11):128-133.

刘春雨,董晓峰,刘英英,等.2013.县域土地利用规划环境影响评价——以民乐县为例.干旱区资源与环境,27(11):135-141.

刘桂林,张落成,张倩.2014.长三角地区土地利用时空变化对生态系统服务价值的影响.生态学报,34(12):3311-3319.

刘红芳,邹自力,邹历,等.2015.基于鄱阳湖生态建设视角的土地整治生态效益评价——以九江市星子县土地整治项目为例.东华理工大学学报:社会科学版,34(2):114-117.

刘纪远,匡文慧,张增祥,等.2014.20世纪80年代末以来中国土地利用变化的基本特征与空间格局.地理学报,69(1):3-14.

刘纪远,张增祥,徐新良,等.2009.21世纪初中国土地利用变化的空间格局与驱动力分析.地理学报,64(12):1411-1420.

刘莉,吴家惠,伍文,等.2014.村民对村组织在农村土地综合整治工作中满意度的影响因素研究.中国土地科学,28(6):79-83.

刘梅,许新宜,王红瑞,等.2012.基于情景分析的河北省虚拟水战略环境影响评价.资源科学,34(12):2282-2288.

刘明香,关欣,徐邹华,等.2013.土地综合整治背景下的农村居民点整理潜力分析与评价——以花垣县为例.中国农学通报,(29):103-106.

刘巧芹,张敬波,阮松涛,等.2014.我国农用地整治潜力评价的研究进展及展望.干旱区资源与环境,21(2):327-332.

刘瑞卿,李新旺,张路路,等.2012.基于格序结构的土地整治综合效益评价研究.土壤通报,(6):1305-1310.

刘世梁,安南南,王军.2014.土地整理对生态系统服务影响的评价研究进展.中国生态农业学报,(9):1010-1019.

刘世梁,杨珏婕,安晨,等.2012.基于景观连接度的土地整理生态效应评价.生态学杂志,31(3):689-695.

刘伟,杜培军,李永峰.2014.基于GIS的山西省矿产资源规划环境影响评价.生态学报,34(10):2775-2786.

刘文平,宇振荣,郧文聚,等.2012.土地整治过程中农田防护林的生态景观设计.农业工程学报,28(18):233-240.

刘小玲,张伟.2014.县级土地整治规划中土地整治潜力测算方法研究——以神木县农用地整治潜力测算为例.干旱区资源与环境,28(06):33-38.

刘晓娜,封志明,姜鲁光,等.2014.西双版纳土地利用/土地覆被变化时空格局分析.资源科学, 36(2):233-244.

刘彦随, 朱琳, 李玉恒. 2012. 转型期农村土地整治的基础理论与模式探析. 地理科学进展, 31(6):777-782.

刘彦随, 刘玉, 翟荣新. 2009. 中国农村空心化的地理学研究与整治实践. 地理学报, 64(10):1194-1202.

刘洋, 谭文兵, 陈传波, 等. 2005. 土地整理模糊数学评价模型及其应用. 农业工程学报, 21(z1):164-166.

刘勇, 吴次芳, 岳文泽, 等. 2008. 土地整理项目区的景观格局及其生态效应. 生态学报, 28(5):2261-2269.

刘玉, 任艳敏, 潘瑜春, 等. 2015. 农村居民点用地整治潜力测算研究——以广东省五华县为例. 人文地理, (1):112-116.

刘元芳, 郑艳东, 赵娇娇, 等. 2013. 基于能值分析方法的农村土地整治效益评价. 水土保持研究, 20(2):195-199, 204.

龙花楼. 2012. 论土地利用转型与乡村转型发展. 地理科学进展, 31(2):131-138.

龙花楼. 2013. 论土地整治与乡村空间重构. 地理学报, 68(8):1019-1028.

娄和震, 杨胜天, 周秋文, 等. 2014. 延河流域2000-2010年土地利用/覆盖变化及驱动力分析. 干旱区资源与环境, 28(4).

鲁春阳, 文枫, 杨庆媛, 等. 2011. 基于改进TOPSIS法的城市土地利用绩效评价及障碍因子诊断——以重庆市为例. 资源科学, 33(3):535-541.

鲁莎莎, 刘彦随. 2013. 106国道沿线样带区农村空心化土地整治潜力研究. 自然资源学报, (4):537-549.

罗明, 王军. 2001. 中国土地整理的区域差异及对策. 地理科学进展, 20(2):97-103.

罗明, 郭义强, 曹湘潭. 2015. 低碳土地整治: 打造生态文明建设新平台——以湖南省长沙县低碳土地整治示范项目为例. 中国土地, 4(3):6-9.

罗文斌, 吴次芳, 倪尧, 等. 2013. 基于农户满意度的土地整理项目绩效评价及区域差异研究. 中国人口资源与环境, 23(8):68-74.

罗文斌, 吴次芳, 吴一洲. 2011. 基于物元模型的土地整理项目绩效评价方法与案例研究. 长江流域资源与环境, 20(11):1321-1326.

罗娅, 杨胜天, 刘晓燕, 等. 2014. 黄河河口镇—潼关区间1998-2010年土地利用变化特征. 地理学报, 69(1):42-53.

吕建树, 吴泉源, 张祖陆, 等. 2012. 基于RS和GIS的济宁市土地利用变化及生态安全研究. 地理科学, 32(8):928-935.

吕杰, 袁希平, 甘淑. 2013. 低丘缓坡土地资源开发利用战略分析研究. 中国农学通报, 29

(35):225-229.

吕立刚, 周生路, 周兵兵, 等. 2013. 区域发展过程中土地利用转型及其生态环境响应研究——以江苏省为例. 地理科学, 33(12):1442-1449.

马彩虹, 任志远, 李小燕. 2013. 黄土台塬区土地利用转移流及空间集聚特征分析. 地理学报, 2:257-267.

马晴, 李丁, 廖杰, 等. 2014. 疏勒河中下游绿洲土地利用变化及其驱动力分析. 经济地理, 34(1):148-155.

马世帅, 刘元芳, 张长春, 等. 2013. 基于土地整治的项目区耕地资源社会价值评定及变化分析. 中国生态农业学报, 21(10).

毛鑫, 廖和平, 杨伟. 2014. 重庆市璧山县农村居民点整治潜力测算. 中国农学通报, 14:173-178.

蒙吉军, 燕群, 向芸芸. 2014. 鄂尔多斯土地利用生态安全格局优化及方案评价. 中国沙漠, 34(2):590-596.

蒙吉军, 朱利凯, 杨倩, 等. 2012. 鄂尔多斯市土地利用生态安全格局构建. 生态学报, (21):6755-6766.

孟展, 刘斌, 夏敏, 等. 2014. 农村土地整治项目监管绩效形成机理与评价. 中国土地科学, 28(9):53-59.

潘竟虎, 苏有才, 黄永生, 等. 2012. 近30年玉门市土地利用与景观格局变化及其驱动力. 地理研究, 31(9):1631-1639.

彭保发, 陈端吕, 李文军, 等. 2013. 土地利用景观格局的稳定性研究——以常德市为例. 地理科学, (12):1484-1488.

彭建, 谢盼, 刘焱序, 等. 2015. 低丘缓坡建设开发综合生态风险评价及发展权衡—以大理白族自治州为例. 地理学报, 70(11):1747-1761.

钱凤魁, 张琳琳, 边振兴, 等. 2015. 高标准基本农田建设中的耕地质量与立地条件评价研究. 土壤通报, (5):1049-1055.

乔伟峰, 盛业华, 方斌, 等. 2013. 基于转移矩阵的高度城市化区域土地利用演变信息挖掘——以江苏省苏州市为例. 地理研究, 32(8):1497-1507.

曲衍波, 姜广辉, 张凤荣. 2014. 农村居民点整治模式: 系统概念、形成机理与识别方法. 中国软科学, (2):46-57.

曲衍波, 张凤荣, 姜广辉, 等. 2011. 农村居民点用地整理潜力与"挂钩"分区研究. 资源科学, 33(1):134-142.

曲衍波, 张凤荣, 宋伟, 等. 2012. 农村居民点整理潜力综合修正与测算——以北京市平谷区为例. 人文地理, 67(4):490-503.

任平，周介铭．2013．城乡建设用地"增减挂钩"制度评价与研究展望．中国农学通报，29(5):97-102.

尚伟涛．2014．基于 GIS 和 RS 的金坛市土地生态环境敏感性评价研究．兰州：兰州交通大学硕士学位论文．

邵新娟，张永福，陈文倩，等．2016．基于最小累计阻力的农村居民点整治优化研究．水土保持研究，23(3):309-313.

邵旭升，李正，郑学忠，等．2013．准噶尔盆地油气项目土地复垦绩效评价研究．中国土地科学，(12):66-72.

史进，黄志基，贺灿飞，等．2013．中国城市群土地利用效益综合评价研究．经济地理，33(2):76-81.

苏亚艺，朱道林，曲衍波，等．2014．基于堆龙德庆县的生态脆弱区宜耕未利用土地开发适宜性综合评价．中国土地科学，28(7):76-81.

孙彬淳，丁兆连，王大庆，等．2011．基于 ARCGIS 方法的双鸭山市土地利用生态功能分区．东北农业大学学报，42(5):109-112.

孙艳军，陈新庚，莫创荣，等．2005．规划环境影响评价的发展机遇与挑战．环境保护，(8):42-45.

唐华俊，吴文斌，杨鹏，等．2009．土地利用/土地覆被变化(LUCC)模型研究进展．地理学报，64(4):456-468.

唐丽静，王冬艳，王霖琳．2014．基于耕作半径合理布局居民点研究——以山东省沂源县城乡建设用地增减挂钩项目区为例．中国人口资源与环境，24(6):59-64.

唐秀美，潘瑜春，程晋南，等．2015．高标准基本农田建设对耕地生态系统服务价值的影响．生态学报，35(24):8009-8015.

唐秀美，潘瑜春，刘玉．2014．基于耕地系数和预评价法的耕地整治潜力测算方法．农业工程学报，30(1):211-218.

屠爽爽，龙花楼，刘永强，等．2015．农村居民点整治潜力测算方法研究进展与展望．自然资源学报，(11):1956-1968.

汪文雄，王文玲，朱欣，等．2013．农地整理项目实施阶段农户参与程度的影响因素研究．中国土地科学，(7):62-68.

王晨，汪景宽，李红丹，等．2014．高标准基本农田区域分布与建设潜力研究．中国人口资源与环境，(s2):226-229.

王海涛，娄成武，崔伟．2013．辽宁城市化进程中土地利用结构效率测评分析．经济地理，33(4):132-138.

王红瑞，张文新，董艳艳，等．2008．区域土地利用规划环境影响评价（Ⅰ）——理论篇．水土保持研究，(6):203-209.

王吉华，刘永，郭怀成，等．2004．基于不确定性多目标的规划环境影响评价研究．环境科学学报，24(5):922-929．

王静，李钢，陈瑜琪，等．2012．基于农户意愿的睢宁县农村土地综合整治研究．中国土地科学，26(3):68-72．

王军．2011．土地整治呼唤景观生态建设．中国土地科学，25(6):15-19．

王军．2012．土地整治：推进生态文明建设美丽中国的平台——学习贯彻党的十八大精神心得体会．中国土地，(12):10-11．

王军，李正，白中科，等．2011．喀斯特地区土地整理景观生态规划与设计——以贵州荔波土地整理项目为例．地理科学进展，30(7):906-911．

王军，邱扬，杨磊，等．2007．基于 GIS 的土地整理景观效应分析．地理研究，26(2):258-264．

王军，严慎纯，余莉，等．2014．土地整理的生态系统服务价值评估与生态设计策略——以吉林省大安市土地整理项目为例．应用生态学报，25(4):1093-1099．

王敏，董金玮，郑新奇．2008．土地规划环境影响评价指标体系的构建．水土保持研究，15(1):285-287．

王婉晶，揣小伟，黄贤金，等．2013．基于空间吻合性的土地利用总体规划实施评价方法及应用．农业工程学报，(4):1-14．

王欣蕊，李双异，苏里，等．2015．东北黑土区漫岗台地高标准农田质量建设标准研究．中国人口资源与环境，(s1):562-565．

王旭熙，彭立，苏春江，等．2016．基于景观生态安全格局的低丘缓坡土地资源开发利用——以四川省泸县为例．生态学报，36(12)．

王阳，王占岐，陈媛．2015．基于 Topsis 和矩阵法的山区农村居民点整治时序分区研究．水土保持研究，22(6):324-330．

王玉东，郝晋珉，杨立，等．2012．平原区农村居民点用地空间整治分类研究——以河北省曲周县为例．中国人口资源与环境，22(3):13-18．

王渊刚，罗格平，冯异星，等．2013．近 50a 玛纳斯河流域土地利用/覆被变化对碳储量的影响．自然资源学报，(6):994-1006．

王振波，方创琳，王婧．2012．城乡建设用地增减挂钩政策观察与思考．中国人口资源与环境，22(1):96-102．

王金叶，车克钧，阎文德．1996．祁连山（北坡）生物多样性分析．甘肃林业科技，(2):22-27．

韦俊敏，胡宝清．2013．基于改进 TOPSIS 法的土地整治合理度评价——以广西农垦国有金光等 4 个农场为例．资源科学，35(7):1407-1414．

韦仕川，刘勇，栾乔林，等．2013．基于生态安全的黄河三角洲未利用地开垦潜力评价．农业工程学报，29(22):244-251．

未红红,张慧,张毅功. 2015. 高标准基本农田建设时序与分区研究. 土壤通报, (3):526-532.

魏海,秦博,彭建,等. 2014. 基于GRNN模型与邻域计算的低丘缓坡综合开发适宜性评价——以乌蒙山集中连片特殊困难片区为例. 地理研究, 33(5):831-841.

魏伟,石培基,周俊菊,等. 2015. 基于区统计方法的石羊河流域土地生态敏感性评价. 水土保持研究, 22(6):240-244.

魏秀菊,胡振琪,何蔓. 2005. 土地整理可能引发的生态环境问题及宏观管理对策. 农业工程学报, 21(2): 127-130.

文博,刘友兆,夏敏. 2014. 基于景观安全格局的农村居民点用地布局优化. 农业工程学报, 30(8): 181-191.

吴次芳,费罗成,叶艳妹. 2011. 土地整治发展的理论视野、理性范式和战略路径. 经济地理, 31(10):1718-1722.

吴得文,毛汉英,张小雷,等. 2011. 中国城市土地利用效率评价. 地理学报, 66(8):1111-1121.

吴金华,李纪伟,朱鸿儒. 2011. 基于Arc GIS区统计的延安市土地生态敏感性评价. 自然资源学报, 26(7):1180-1188.

吴金华,刘小玲,张伟. 2013. 基于星座图的神木县工矿废弃地复垦潜力研究. 自然资源学报, 35(12):2412-2417.

吴金华,张伟,刘小玲,等. 2014. 基于RRM模型的神木县土地整治规划生态风险评价. 中国土地科学, 2014,28(3):76-82.

吴琳娜,杨胜天,刘晓燕,等. 2014.1976年以来北洛河流域土地利用变化对人类活动程度的响应. 地理学报, 69(1):54-63.

吴诗嫚,杨钢桥,汪文雄,等. 2013. 农户参与农地整理项目规划设计意愿的影响因素研究. 中国土地科学, (6):66-72.

席建超,王新歌,孔钦钦,等. 2014. 旅游地乡村聚落演变与土地利用模式——野三坡旅游区三个旅游村落案例. Journal of Geographical Sciences, 69(4):531-540.

项晓敏,金晓斌,陈原,等. 2015. 土地整治重大项目社会稳定风险评估初探. 中国农学通报, 31(5):250-255.

项晓敏,金晓斌,杜心栋,等. 2016. 基于"强度—潜力—难度"综合测度的中国农用地整治实施协调性分析. 地理研究, 35(2):285-298.

谢淑秋. 2014. 环渤海地区土地利用效益综合测度及空间分异. 北京农业, (27):649-656.

徐慧,林涛,张云鹏. 2009. 我国土地利用规划环境影响评价研究进展及展望. 水土保持研究, 6:147-152.

徐康,金晓斌,吴定国. 2015. 基于农用地分等修正的土地整治项目耕地质量评价. 农业工程学报,31(7):247-255.

徐丽华,王欢欢,张结存,等.2014.近15年来杭州市土地利用结构的时空演变.经济地理,34(7):135-142.

徐伟.2013.公众参与制度在环境影响评价中的影响.生态经济,(1):147-150.

许伟,施玉麒,鲁凤,等.2011.上海市土地生态环境敏感性评价.环境科学与技术,34(9):178-182.

严金明,夏方舟,李强.2012.中国土地综合整治战略顶层设计.农业工程学报,28(14):1-9.

杨红,陈百明,高永,等.2005.城市土地整理理论与实践探析.地理科学进展,24(3):50-57.

杨俊,单灵芝,席建超,等.2014.南四湖湿地土地利用格局演变与生态效应.资源科学,36(4):856-864.

杨俊,王占岐,柴季,等.2015.中国山区城乡建设用地增减挂钩项目合理性辨析.经济地理,35(2):149-154.

杨俊,王占岐,金贵,等.2013.基于AHP与模糊综合评价的土地整治项目实施后效益评价.长江流域资源与环境,22(8):1036-1042.

杨美玲,米文宝,李同昇,等.2014.宁夏限制开发生态区生态敏感性综合评价与保护对策.水土保持研究,21(3):103-108.

杨清可,段学军,叶磊,等.2014.基于SBM-Undesirable模型的城市土地利用效率评价——以长三角地区16城市为例.资源科学,4(4):712-721.

杨庆媛,田永中,王朝科,等.2004.西南丘陵山地区农村居民点土地整理模式——以重庆渝北区为例地理研究,23(4):469-478.

杨庆媛.2003.西南丘陵山地区土地整理与区域生态安全研究.地理研究,22(6):698-708.

杨庆缘,张明举,涂建军,等.2001.喀斯特地貌区土地整治与生态环境建设途径研究——以四川省珙县为例.西南师范大学学报,26(2):217-221.

杨胜天,周旭,刘晓燕,等.2014.黄河中游多沙粗沙区(渭河段)土地利用对植被盖度的影响.地理学报,69(1):31-41.

杨伟,谢德体,廖和平,等.2013.基于高标准基本农田建设模式的农用地整治潜力分析.农业工程学报,(7):219-229.

杨绪红,金晓斌,管栩,等.2013.2006-2012年中国土地整治项目空间特征分析.资源科学,35(8):1535-1541.

杨依天,郑度,张雪芹,等.2013.1980-2010年和田绿洲土地利用变化空间耦合及其环境效应.地理学报,68(6):813-824.

杨园园,王冬艳,栗振岗,等.2011.城乡建设用地增减挂钩中土地权属调整的研究.中国农学通报,27(32):133-137.

杨月圆, 王金亮, 杨丙丰. 2008. 云南省土地生态敏感性评价. 生态学报, 28(5):2253-2260.

杨忍, 刘彦随, 龙花楼, 等. 2015. 中国乡村转型重构研究进展与展望——逻辑主线与内容框架. 地理科学进展, 34(8):1019-1030.

叶艳妹, 吴次芳, 俞婧. 2011. 农地整理中灌排沟渠生态化设计. 农业工程学报, 27(10):148-153.

易小燕, 陈印军, 肖碧林, 等. 2011. 城乡建设用地增减挂钩运行中出现的主要问题与建议. 中国农业资源与区划, 32(1):10-13.

游和远, 吴次芳. 2010. 土地利用的碳排放效率及其低碳优化——基于能源消耗的视角. 自然资源学报, (11):1875-1886.

余名星, 吴郁玲, 周勇, 等. 2014. 山区城乡建设用地增减挂钩布局研究——以湖北省通山县为例. 经济地理, 34(9):137-141.

余豫新, 姜荣泽. 2011. 崇明东滩生态道路设计研究. 筑路机械与施工机械化, (8):36-40.

鱼红霞, 刘振起. 2004. 项目环境影响评价与战略环境影响评价比较. 环境科学与技术, 27(4):46-48.

宇德良, 汪景宽, 李双异, 等. 2011. 城乡建设用地增减挂钩中拆旧地块选址适宜性评价研究——以辽宁省桓仁县华莱镇为例. 中国人口资源与环境, (s1):168-171.

袁金龙. 2014. 通山县土地利用生态功能分区研究. 武汉: 华中师范大学硕士学位论文.

袁磊, 张洪, 包广静, 等. 2015. 统筹云南省低丘缓坡土地综合开发利用类型区研究. 生态经济, 31(2):121-124.

郧文聚, 宇振荣. 2011. 中国农村土地整治生态景观建设策略. 农业工程学报, 27(4):1-6.

翟晓庆, 苏里, 裴久渤, 等. 2015. 辽宁省耕地分区利用及其高标准农田建设分区研究. 土壤通报, (5):1056-1062.

张蚌蚌, 王数. 2013. 群众自主式土地整治模式及其效应研究——以新疆玛纳斯县三岔坪村为例. 经济地理, 33(5):131-136.

张凤荣, 郭力娜, 关小克. 2009. 生态安全观下耕地后备资源评价指标体系探讨. 中国土地科学, 23(9):4-9.

张鸿辉, 曾永年, 谭荣, 等. 2011. 多智能体区域土地利用优化配置模型及其应用. 地理学报, 66(7):972-984.

张景华, 封志明, 姜鲁光. 2011. 土地利用/土地覆被分类系统研究进展. 资源科学, 33(6):1195-1203.

张丽, 杨国范, 刘吉平. 2014. 1986~2012年抚顺市土地利用动态变化及热点分析. 地理科学, (2):185-191.

张梅, 赖力, 黄贤金, 等. 2013. 中国区域土地利用类型转变的碳排放强度研究. 资源科学, 35(4):792-799.

张明斗,莫冬燕.2014.城市土地利用效益与城市化的耦合协调性分析——以东北三省34个地级市为例.资源科学,36(1):8-16.

张荣天,焦华富.2014.转型期省际城镇土地利用绩效格局演变与机理.地理研究,33(12):2251-2262.

张荣天,张小林,李传武.2012.镇江市土地利用景观格局分析.经济地理,32(9):132-137.

张瑞娟,姜广辉,周丁扬,等.2013.耕地整治质量潜力测算方法.农业工程学报,29(14):238-244.

张仕超,魏朝富,李萍.2010.区域土地开发整理新增耕地潜力及其贡献分析.农业工程学报,26(2):312-318.

张庶,金晓斌,魏东岳,等.2014.土地整治项目绩效评价指标设置和测度方法研究综述.中国土地科学,28(7):90-96.

张晓平,邹自力,刘红芳.2012.基于城乡建设用地增减挂钩的农村居民点整理现实潜力研究.中国农学通报,28(2):125-128.

张勇,汪应宏,陈发奎.2013.农村土地综合整治中的基础理论和生态工程.农业现代化研究,34(6):65-69.

张勇.2013.农村土地整治的环境影响及保护对策.国土资源情报,(1):46-51.

张贞,高金权,杨威,等.2010.土地整理工程影响下农业生态系统服务价值的变化.应用生态学报,(3):723-733.

张正峰,陈百明.2002.土地整理潜力分析.自然资源学报,17(6):50-55.

张正峰,赵伟.2007.土地整理的生态环境效应分析.农业工程学报,23(8):282-285.

张正峰,陈百明,董锦.2002.土地整理潜力内涵与评价方法研究初探.资源科学,24(4):43-48.

张忠,雷国平,张慧,等.2014.黑龙江省八五三农场高标准基本农田建设时序分析.经济地理,34(6):155-161.

张舟,吴次芳,谭荣.2013.生态系统服务价值在土地利用变化研究中的应用:瓶颈和展望.应用生态学报,24(2):556-562.

赵丹,李锋,王如松.2013.城市土地利用变化对生态系统服务的影响——以淮北市为例.生态学报,33(8):2343-2349.

赵桂慎,贾文涛,柳晓蕾.2007.土地整理过程中农田景观生态工程建设.农业工程学报,23(11):114-119.

赵京,杨钢桥,汪文雄.2011.农地整理对农户土地利用效率的影响研究.资源科学,33(12):2271-2276.

赵乾坤.2014.山西省水土保持功能分区及脆弱性评价.泰安:山东农业大学博士学位论文.

赵锐锋,姜朋辉,陈亚宁,等.2012.塔里木河干流区土地利用/覆被变化及其生态环境效应.地理科学, 2012(2):244-250.

赵微, 闵敏, 李俊鹏. 2013. 土地整理区域生态系统服务价值损益规律研究. 资源科学, 35(7):1415-1422.

赵小汎. 2013. 区位熵模型在土地利用变化分析中的新运用. 经济地理, 33(2):162-167.

赵岩洁, 李阳兵, 邵景安. 2013. 基于土地利用变化的三峡库区小流域生态风险评价——以草堂溪为例自然资源学报, 28(6):944-956.

赵同谦, 欧阳志云, 贾良清. 2004. 中国草地生态系统服务功能间接价值评价. 生态学报, 24(6):1101-1110.

郑楚亮. 2012. 低丘缓坡开发利用问题及建议——以江西省共青城市为例. 中国土地, (3):28-29.

郑世杰, 陈英, 白志远, 等. 2014. 高标准基本农田建设精细评估——以临夏县北塬地区为例. 中国农学通报, 30(9):207-212.

周小平, 黄蕾, 谷晓坤, 等. 2010. 城乡建设用地增减挂钩规划方法及实证. 中国人口：资源与环境, 20(10):79-85.

周智, 贾丽, 黄英, 等. 2015. 农村居民点整治工程选址适宜性评价与决策. 水土保持通报, 35(1):323-126,343.

周子英, 段建南, 梁春凤. 2012. 长沙市土地利用结构信息熵时空变化研究. 经济地理, 32(4):126-131.

朱凤凯, 张凤荣, 朱泰峰, 等. 2013. 都市山区建设用地增减挂钩可行性研究——基于土地覆被与耕地利用的视角. 资源科学, 35(7):1398-1406.

朱会义, 孙明慧. 2014. 土地利用集约化研究的回顾与未来工作重点. 地理学报, 69(9): 1346-1357.

朱山华. 2011. 新的土地补充源值得研究——对浙江省丽水市低丘缓坡综合开发利用的思考. 中国土地, (8):15-17.

朱坦, 吴婧. 2005. 当前规划环境影响评价遇到的问题和几点建议. 环境保护, (4):50-54.

朱晓华, 陈秧分, 刘彦随, 等. 2010. 空心村土地整治潜力调查与评价技术方法——以山东省禹城市为例地理学报, 65(6):736-744.

朱珠, 张琳, 叶晓雯, 等. 2012. 基于TOPSIS方法的土地利用综合效益评价. 经济地理, 32(10):139-144.

邹亚锋, 仇阳东. 2015. 省级农村居民点整治潜力测算研究——以广西为例. 资源科学, 37(1):28-36.

邹亚锋, 吕昌河, 周玉, 杨瑞. 2016. 规划调控下的农村居民点整治潜力测算研究. 资源科学, (7):1266-1274.

Abubakari Z, van der Molen P, Bennett R M, et al. 2016. Land consolidation, customary lands, and Ghana's Northern Savannah Ecological Zone: An evaluation of the possibilities and pitfalls. Land Use Policy,54:386-398.

Agrawal P. 1999.Urban land consolidation: A review of policy and procedures in Indonesia and other Asian countries. GeoJournal, 49(3):311-322.

Ahmadi A, Amini A M. 2008.Factors affecting requests for land consolidation projects in the opinions of experts in kermanshah and lenjanat region in isfahan. Journal of Science and Technology of Agriculture and Natural Resources,11(42):283.

Amini A M, Ahmadi A, Papzan A.2007. Investigation and comparison of reasons for farmers disagree-ment with land consolidation projects in kermanshah and lenjanat region inisfahan. Journal of Science and Technology of Agriculture and Natural Resources,11(41):417.

Amirnejad H, Rafiee H. 2009.Determination of effective factors in land consolidation adoption by rice producers in elected villages of Mazandaran Province. Journal of Science and Technology of Agriculture and Natural Resources,13(48):329.

Anifowose B, Lawler D, van der Horst D, et al. 2016. A systematic quality assessment of Environmental Impact Statements in the oil & gas industry. Science of the Total Environment,572(1):570-585.

Anonymous. 2016.Trial delayed in controversial land transaction. Daily Commercial News, 89(47):1.

Aslan S T, Gundogdu K S, Arici I.2007. Some metric indices for the assessment of land consolidation projects. Pakistan Journal of Biological Sciences,10(9):1390-1397.

Ayranci Y. 2007.Re-Allocation aspects in land consolidation: A new model and its application. Journal of Agronomy,6(2):270-277.

Bereketli I, Genevois M E. 2012.Environmental impact assessment in sustainable manufacturing: A case study. IFAC Proceedings Volumes,45(6):746-751.

Bloomfield J, Pearson H L. 2000.Land use, land-use change, forestry, and agricultural activities in the clean development mechanism: estimates of greenhouse gas offset potential. Mitigation and Adaptation Strategies for Global Change,5(1):9-24.

Boban T. 2012.Significance of application of the land consolidation in past and present with evaluation of several specific locations in the Požega-Slavonia county. Radovi Zavoda za znanstveni i umjetnički rad u Požegi,1:273-291.

Bradley M, Swaddling A. 2016.Addressing environmental impact assessment challenges in Pacific island countries for effective management of deep sea minerals activities. Marine Policy:1-6.

Cardenas I C, Halman J I M.2016.Coping with uncertainty in environmental impact assessments: open techniques. Environmental Impact Assessment Review,60:24-39.

Cho S, Lee G, Kim D. 2016.A framework for identifying spatiotemporal hot spots of speculative land transactions using prospective monitoring procedures: The case of South Korea. Cartography and Geographic Information Science,43(3):1-10.

Ćurković D.2011. Development of agricultural land owned by the republic of croatia at the territory of bjelovarsko-bilogorska county. Geodetski list,65(3):261-272.

Dagiliūtė R, Juozapaitienė G.2015. Socio-economic assessment in environmental impact assessment: Experience and challenges in lithuania. Journal of Environmental Engineering and Landscape Management,23(3):211-220.

Demetriou D.2016. The assessment of land valuation in land consolidation: The need for a new land valuation framework. Land Use Policy, 54:487-498.

Dimyati M, Mizuno K, Kobayashi S, et al. 2010. Development of a method for agricultural land use adjustment: A case study in Yogyakarta, Indonesia. Rural and Environment Engineering,1996(31):49-62.

Ding M T, Cheng Z L, Wang Q. 2014.Coupling mechanism of rural settlements and mountain disasters in the upper reaches of Min River. Journal of Mountain Science,11(1):66-72.

Ding Z K, Wang Y F, Zou P X W. 2016.An agent based environmental impact assessment of building demolition waste management: conventional versus green management. Journal of Cleaner Production,133:1136-1153.

Fang Y G,Shi K J, Niu C F. 2016.A comparison of the means and ends of rural construction land consolidation: Case studies of villagers' attitudes and behaviours in Changchun City, Jilin province, China. Journal of Rural Studies,10:459-473.

Firmansyah A Y. 2016.Architecture metabolism approach which integrates the concept magersari in supporting balanced development with green agricultural land in suburbs. Procedia - Social and Behavioral Sciences, 227(14):609-616.

Fournet F,Traore S,Prost A,et al. 2000. Impact of the development of agricultural land on the transmission of sleeping sickness in Daloa, Côte d'Ivoire. Annals of tropical medicine and parasitology,94(2):113-121.

Fretzer S. 2016.Using the Ecopath approach for environmental impact assessment—a case study analysis. Ecological Modelling, 331:160-172.

Gałaś S, Gałaś A. 2016.The qualification process of mining projects in environmental impact assessment: criteria and thresholds. Resources Policy ,49:204-212.

Gao Y J, Chen G J, Shen M Y.2007. Scattered rural settlements and development of Mountainous Regions in Western Sichuan, China. Wuhan University Journal of Natural Sciences,12(4):737-742.

Georgina Numbasa, Gina Koczberski. 2012.Migration, informal urban settlements and non-market land transactions: A case study of Wewak, East Sepik Province, Papua New Guinea. Australian Geographer,43(2):143-161.

Grammatikopoulou I, Myyrä S, Pouta E. 2013.The proximity of a field plot and landuse choice: implications for land consolidation. Journal of Land Use Science,8(4):384-402.

Greaves D, Conley D, Magagna D, et al. 2016.Environmental impact assessment: Gathering experiences from wave energy test centres in Europe. International Journal of Marine Energy, 14:68-79.

Gu X K.2012. Ecological effect of different types land consolidation in Hubei Province of China. Yingyong Shengtai Xuebao, 23(8):2263-2269.

Gun S. 2003. Legal state of land consolidation in turkey and problems in implementation. Pakistan Journal of Biological Sciences,6(15).

Hai T T N, Tran V T,Bui Q T, et al. 2016. Socio-economic effects of agricultural land conversion for urban development: Case study of Hanoi, Vietnam. Land Use Policy ,54:583-592.

He Q C. 2015.Quality-adjusted agricultural land abundance curse in economic development: evidence from postreform Chinese panel data. Emerging Markets Finance and Trade,51(4):23-39.

Hong W Y, Li F X, Li M C, et al. 2014. Toward a sustainable utilization of land resources in China: problems, policies, and practices. Ambio,43(6):825-835.

Huang C, Deng L J, Gao X S, et al. 2013.Rural housing land consoli-dation and transformation of rural villages under the "coordinating urban and rural construc-tion land" policy: A case of Chengdu City, China. Low Carbon Economy, 4(3):95-103.

Idris A,Chua G K, Othman M R.2016.Incorporating potential environmental impact from water for inject-tion in environmental assessment of monoclonal antibody production.Chemical engineering Research and Design,109:430-442.

I-Shin, Chang, Wu J. 2013.Integration of climate change considerations into environmental impact assessment — implementation, problems and recommendations for China. Frontiers of Environmental Science & Engineering,7(4):598-607.

Jarasiunas G.2016. Assessment of the agricultural land under steep slope in Lithuania. Journal of Central European Agriculture,17(1):176-187.

Jiang X J, Lee L H, Chew E P, et al. 2012.A container yard storage strategy for improving land utilization and operation efficiency in a transshipment hub port. European Journal of Operational Research,221(1):64-73.

Jin X B, Xu X X, Xiang X M.2016.System-dynamic analysis on socioeconomic impacts of land consolidation in China. Habitat International,56:166-175.

Joc T. 2008.Komasacije zemljišč ob gradnji infrastrukturnih objektov v prekmurju: Land consolidation in connection with the construction of infrastructural objects in Prekmurje. Geodetski vestnik,52(4):795.

Jürgenson E.2016. Land reform, land fragmentation and perspectives for future land consolidation in Estonia. Land Use Policy,57(30):34-43.

Kakwagh V V, AderonmuJ A, Ikwuba A. 2011.Land fragmentation and agricultural development in Tivland of Benue State, Nigeria. Current Research Journal of Social Science,3(2):54-58.

Kamp J, Urazaliev R, Balmford A, et al. 2015. Agricultural development and the conservation of avian biodiversity on the Eurasian steppes: A comparison of land-sparing and land-sharing approaches. Journal of Applied Ecology,52(6):1578-1587.

Kong X S, Liu Y L, Liu X J, et al. 2014.Thematic maps for land consolidation planning in Hubei Province, China. Journal of Maps,10(1):26-34.

Koter M, Kulesza M.2006. Forms of rural settlements in Poland and their transformation in the course of history. Dela,25(4):43-59.

Kranjčević J, Prosen A.2009. Land consolidation: A gate towards sustainable rural development in the Middle and East Europe in the new millenium. Sociology and Space,41(1):119-130.

Kund M, Vares A, Sims A, et al. 2010. Early growth and development of silver birch (Betula pendula Roth.) plantations on abandoned agricultural land. European Journal of Forest Research,129(4):679-688.

Kunitsa M N.2012.Typology of rural settlements in Central Russia: Demoecological aspect. Regional Research of Russia,2(4):307-312.

Kuznetsova S N, Yakovleva S I. 2012.Estimation of the impact of transport conditions on the demographic development and structure of the rural settlement pattern in Tver oblast. Regional Research of Russia,2(2):234-240.

Long D. 2009.The diversification of land transactions in the Qing Dynasty. Frontiers of History in China ,4(2):183-220.

Long H L.2014. Land consolidation: An indispensable way of spatial restructuring in rural China. Journal of Geographical Sciences,24(2):211-225.

Ma D Q, Fang Q H, Guan S. 2016.Current legal regime for environmental impact assessment in areas beyond national jurisdiction and its future approaches. Environmental Impact Assessment Review, 56:23-30.

Ma X D, Qiu F D, Li Q L.2013. Spatial pattern and regional types of rural settlements in Xuzhou City, Jiangsu Province, China. Chinese Geographical Science,23(4):482-491.

Maarbjerg. J P 2001. The peasant, his land and money: Land transactions in late sixteenth-century East Bothnia. Scandinavian Journal of History, 26(1):53-68.

Monge J J, Bryant H L, Anderson D P.2014. Development of regional social accounting matrices with detailed agricultural land rent data and improved value-added components for the USA. Economic Systems Research,26(4):486-510.

Murooka M, Haruyama S, Masuda Y.2007. Land cover change detected by satellite data in the agricultural development area of the Sanjiang Plain, China. Journal of Rural Planning Association,26(12):197-202.

Peng J, Wang Y L, Ye M T, et al. 2007. Environmental impact assessment of industrial structure change in a rural region of China. Environmental Monitoring and Assessment,132(1-3):419-428.

Peng Y, Shen Q P, Shen L Y, et al. 2014. A generic decision model for developing concentrated rural settlement in post-disaster reconstruction: A China study. Natural Hazards,71(1):611-637.

Peng Z. 2012. Land transaction price index forecasting based on SVM and quantum PSO hybrid algorithm. EN,7(10):330-337.

Pubule J, Blumberga D, Romagnoli F, et al. 2012. Analysis of the environmental impact assessment of power energy projects in Latvia. Management of Environmental Quality: An International Journal,23(2):190-203.

Šantić Danica. 2004.The influence of migration component on demographic potentials in some Serbian rural settlements. Glasnik Srpskog Geografskog Društva ,84(2):207-212.

Schaubroeck T, Deckmyn G, Giot O.2016. Environmental impact assessment and monetary ecosystem service valuation of an ecosystem under different future environmental change and management scenarios; a case study of a Scots pine forest. Journal of Environmental Management,173:79-94.

Song W, Chen B M, Zhang Y. 2014.Land-use change and socio-economic driving forces of rural settlement in China from 1996 to 2005. Chinese Geographical Science,23(5):1-14.

Suwanteep K, Murayama T, Nishikizawa S. 2016.Environmental impact assessment system in Thailand and its comparison with those in China and Japan. Environmental Impact Assessment Review,58:12-24.

Takahashi Y, Nijkamp P.2010.Multifunctional agricultural land use in a sustainable world. Research Memorandum, 1(3):606-607.

Tian Y, Kong X S, Liu Y L, et al. 2016. Restructuring rural settlements based on an analysis of inter-village social connections: A case in Hubei Province, Central China. Habitat International,57:121-131.

Torp E. Ravna, Øyvind. 2010.Clarifying legal relations and prescribing rules of use in reindeer husbandry areas. A study regarding use of land consolidation procedures. Rangifer,29(1:)1-2.

Tsikata D, Yaro J A. 2014.When a good business model is not enough: land transac tions and gendered livelihood prospects in rural Ghana. Feminist Economics,20(1):202-206.

Uyan M.2016. Determination of agricultural soil index using geostatistical analysis and GIS on land consolidation projects: A case study in Konya/Turkey. Computers and Electronics in Agriculture,123(C):402-409.

Vincek D, Ernoić M. 2009.Land consolidation model in the county of varaždin. Agriculturae Conspectus Scientificus (ACS), 74(1):1.

Vladan D, Stevan M.2008. New model of land consolidation and rural development in Serbia. Spatium,17-18.

Vrhovski, Zoran , Kurtanjek, et al. 2013.Development of the system for agricultural land measuring using the android operating system. Technical Journal,7(4):435-441.

Wang C,Huang B,Deng C.2016. Rural settlement restructuring based on analysis of the peasant household symbiotic system at village level: Fengsi village in Chongqing, China as a case study. Journal of Rural Studies ,47:485-495.

Woestenburg A, van der Krabben E, Spit T.2014. Institutions in rural land transactions:Evid-ence from The Netherlands. Journal of European Real Estate Research,7(2):216-238.

Xiao R F, Zhang Y, Yuan Z W. 2016.Environmental impacts of reclamation and recycling processes of refrigerators using life cycle assessment (LCA) methods. Journal of Cleaner Production, 131:52-59.

Yang R, Xu Q, Long H L. 2016.Spatial distribution characteristics and optimized reconstruction analysis of China's rural settlements during the process of rapid urbanization. Journal of Rural Studies,47:413-424.

Yang Z S, Yang L F, Zhang B S. 2010.Soil erosion and its basic characteristics at karst rocky-desertified land consolidation area: A case study at Muzhe Village of Xichou County in Southeast Yunnan, China. Journal of Mountain Science,7(1):55-72.

Yao X C, Zhu D H, Ye S J, et al. 2016.A field survey system for land consolidation based on 3S and speech recognition technology. Computers and Electronics in Agriculture,127:659-668.

Yaslioglu E, Akkaya Aslan S T, Kirmikil M.et al. 2009. Changes in farm management and agricultural activities and their effect on farmers' satisfaction from land consolidation: The case of Bursa-Karacabey, Turkey. European Planning Studies,17(2):327-340.

YILMAZ B, ATİK G. 2006.Effects of natural landscape features on the rural settlements: The case study of bartin. Bartin Orman Fakultesi Dergisi,(10):1.

Ying J Y, Zhang L M, Wei W X, et al. 2013. Effects of land utilization patterns on soil microbial communities in an acid red soil based on DNA and PLFA analyses. Journal of Soils and Sediments,13(7):1223-1231.

Yokoyama S, Moazami M. 2007.Role of social capital in collective action and public work participation: A case of land consolidation in Iran. Journal of Rural Planning Association,26(2):69-75.

Zhao Q. 2012.On the rural land consolidation procedure legislation's perfection in China. Canadian Social Science,8(1):114-120.

Zhou G H, He Y H, Tang C L, et al. 2013.Dynamic mechanism and present situation of rural settlement evolution in China.Journal of Geographical Sciences,23(3):513-524.

Zvi Lerman, Dragos Cimpoies.2006. Land consolidation as a factor for rural development in Moldova. Europe-Asia Studies ,58(3):439-455.

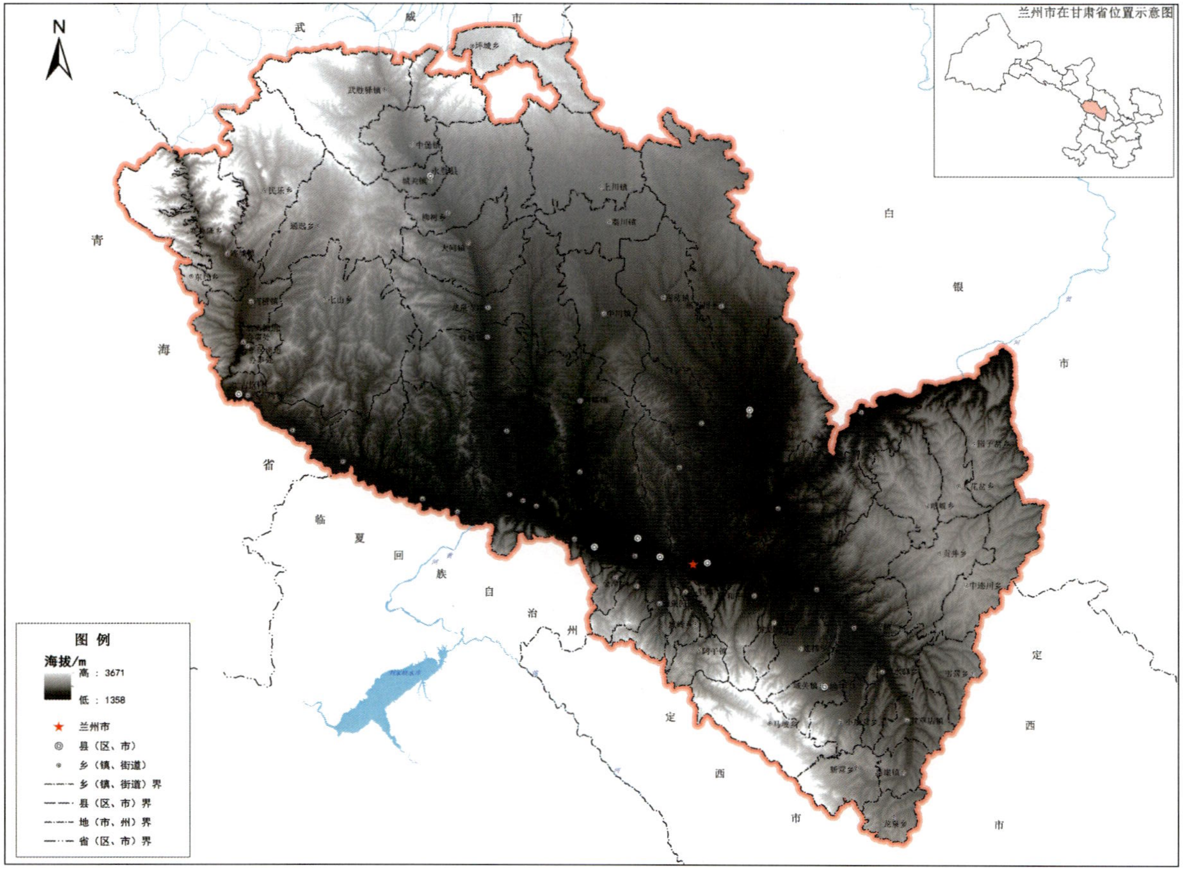
兰州市在甘肃省位置示意图
武
威
市
青
海
省
白
银
市
临
夏
回
族
自
治
州
定
西
市
定
西
市
N
图 例
海拔/m
高：3671
低：1358
兰州市
县（区、市）
乡（镇、街道）
乡（镇、街道）界
县（区、市）界
地（市、州）界
省（区、市）界

图1-1　兰州市地形图

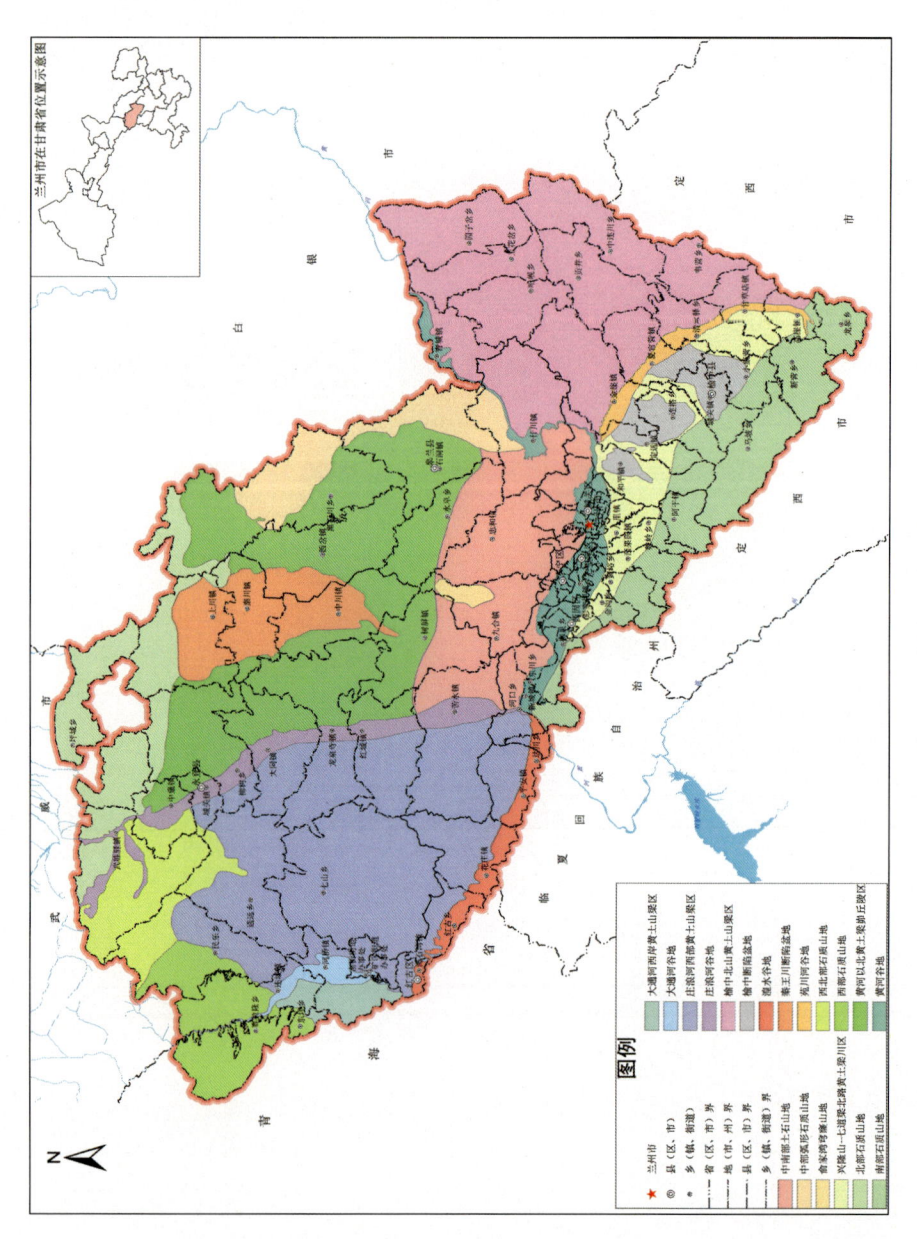

图1-2 兰州市地貌类型图

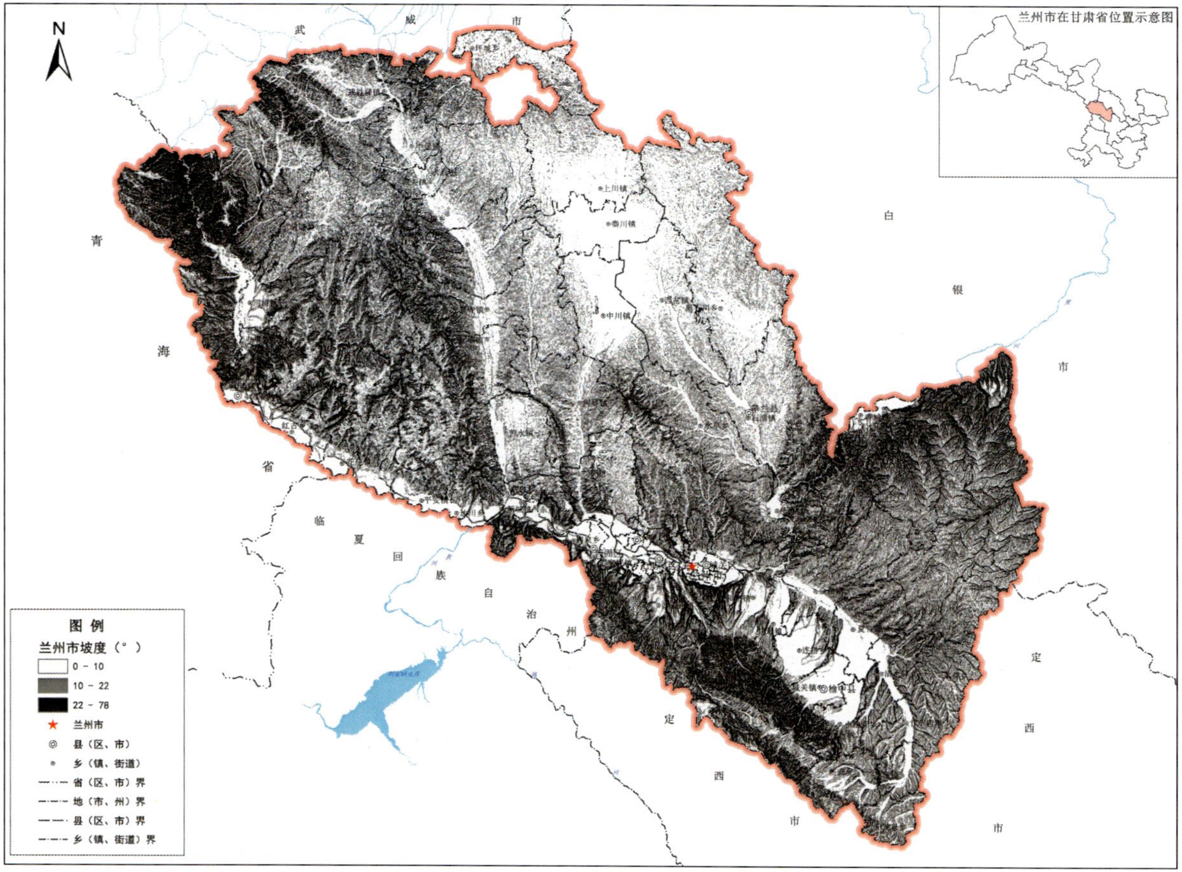
兰州市在甘肃省位置示意图
N
武
威
市
青
海
省
白
银
市
临
夏
回
族
自
治
州
定
西
市
定
西
市
上川镇
秦川镇
中川镇
图例
兰州市坡度（°）
0 - 10
10 - 22
22 - 78
兰州市
县（区、市）
乡（镇、街道）
省（区、市）界
地（市、州）界
县（区、市）界
乡（镇、街道）界

图1-3 兰州市坡度图

图1-4 兰州市降水量分布图

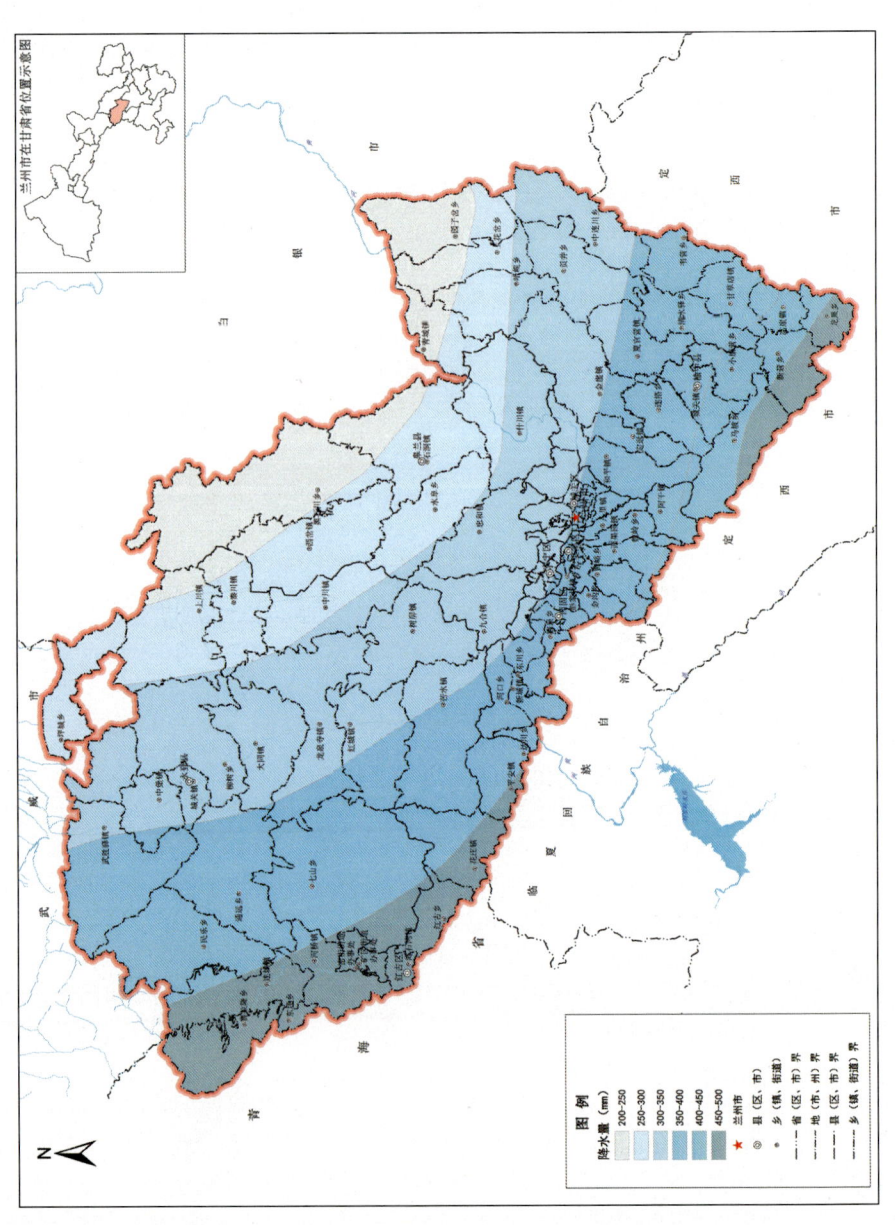

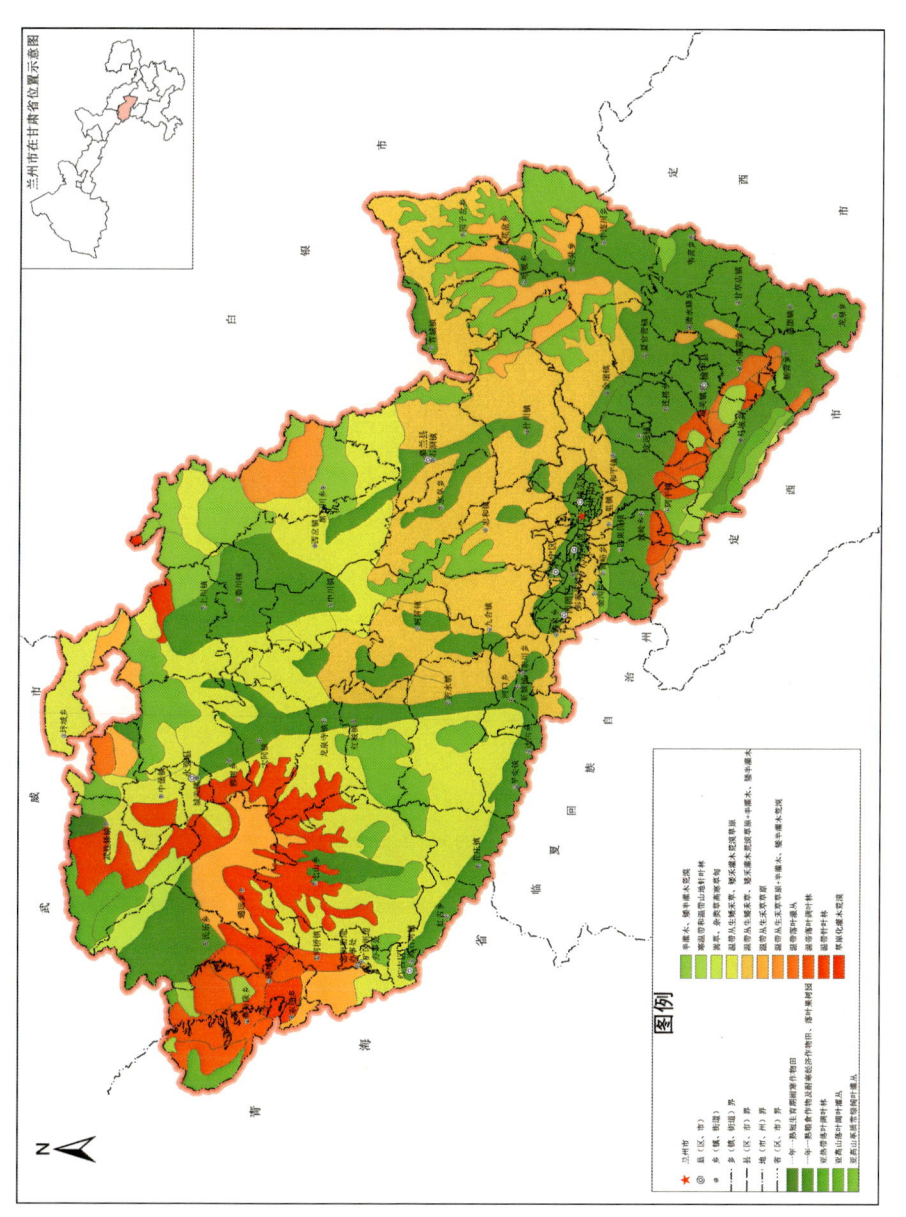

图1-5 兰州市植被类型图

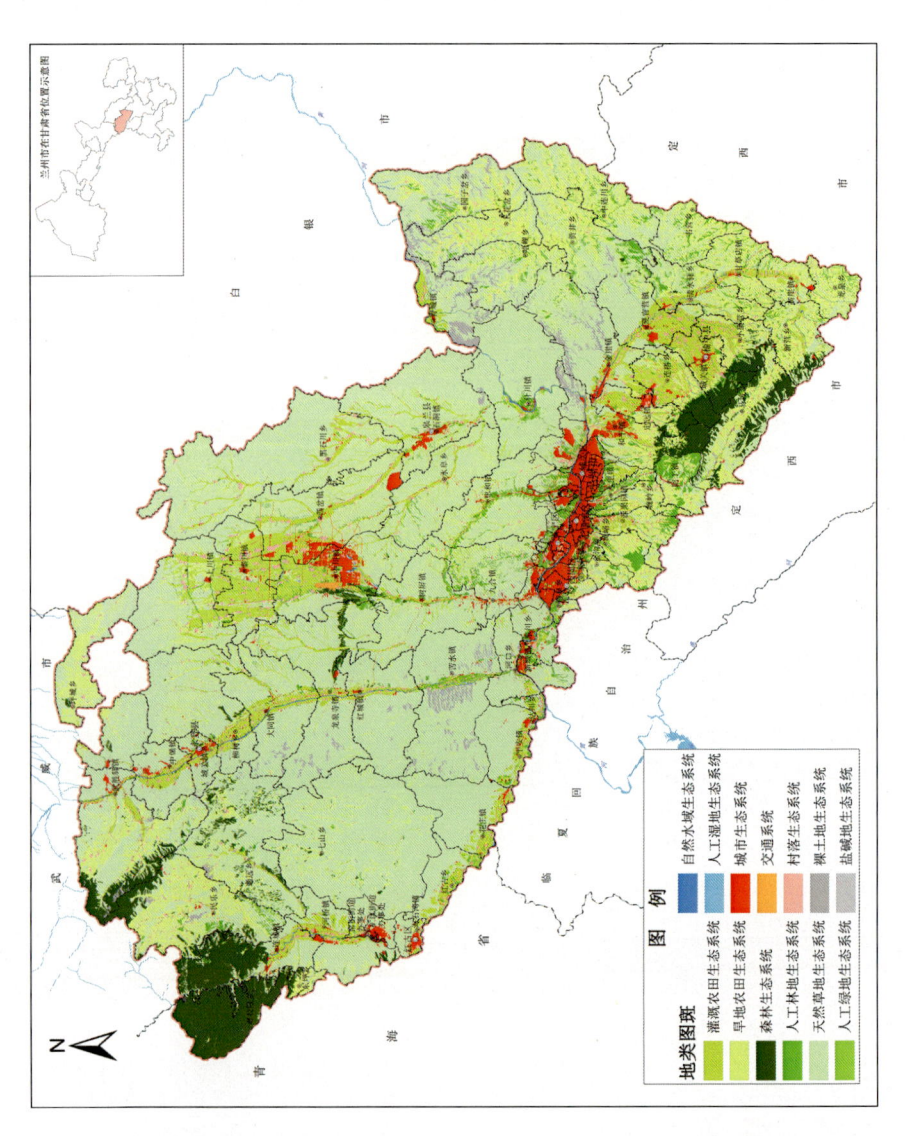

图1-6 兰州市生态系统分布图

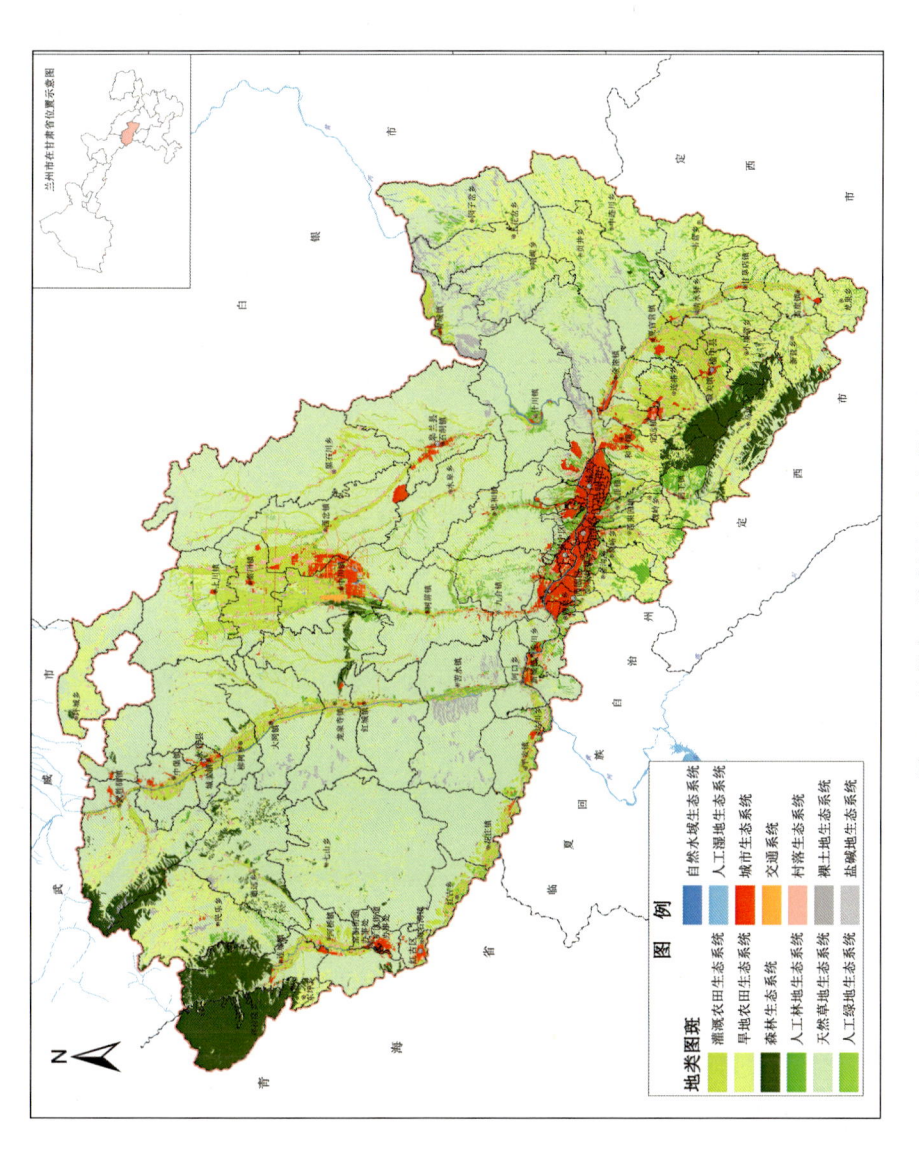

图1-9 兰州市土壤侵蚀危险度等级图

图1-15 兰州市土壤分布图

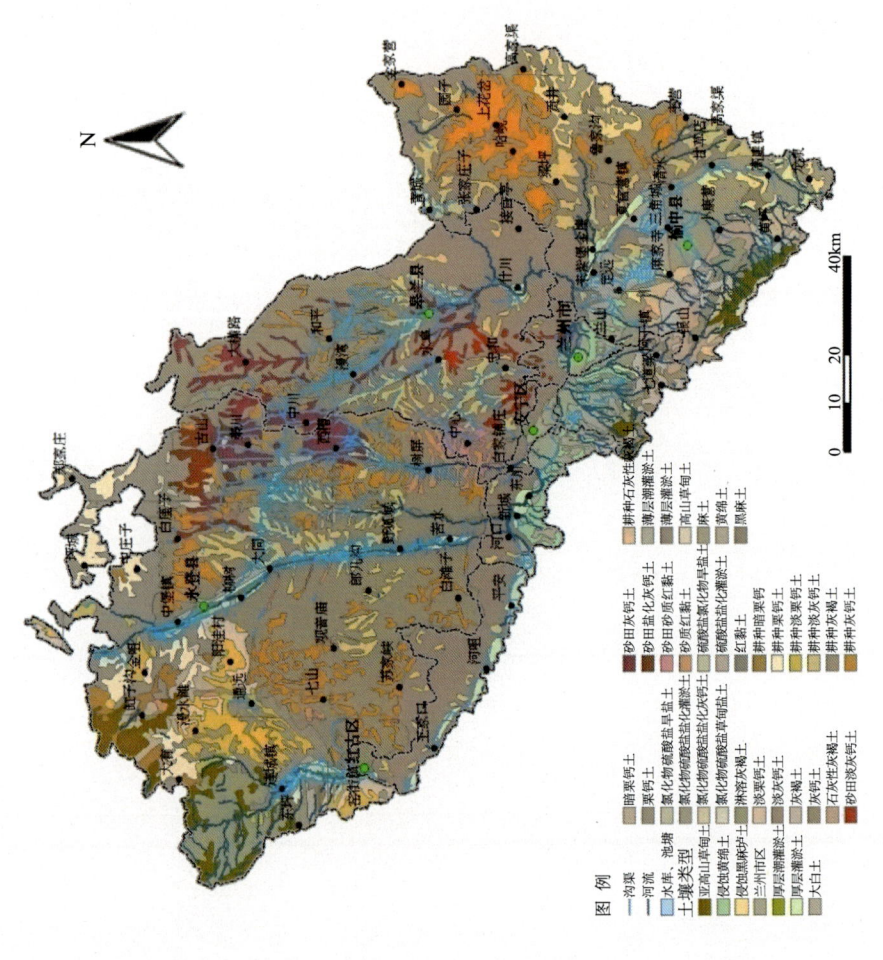

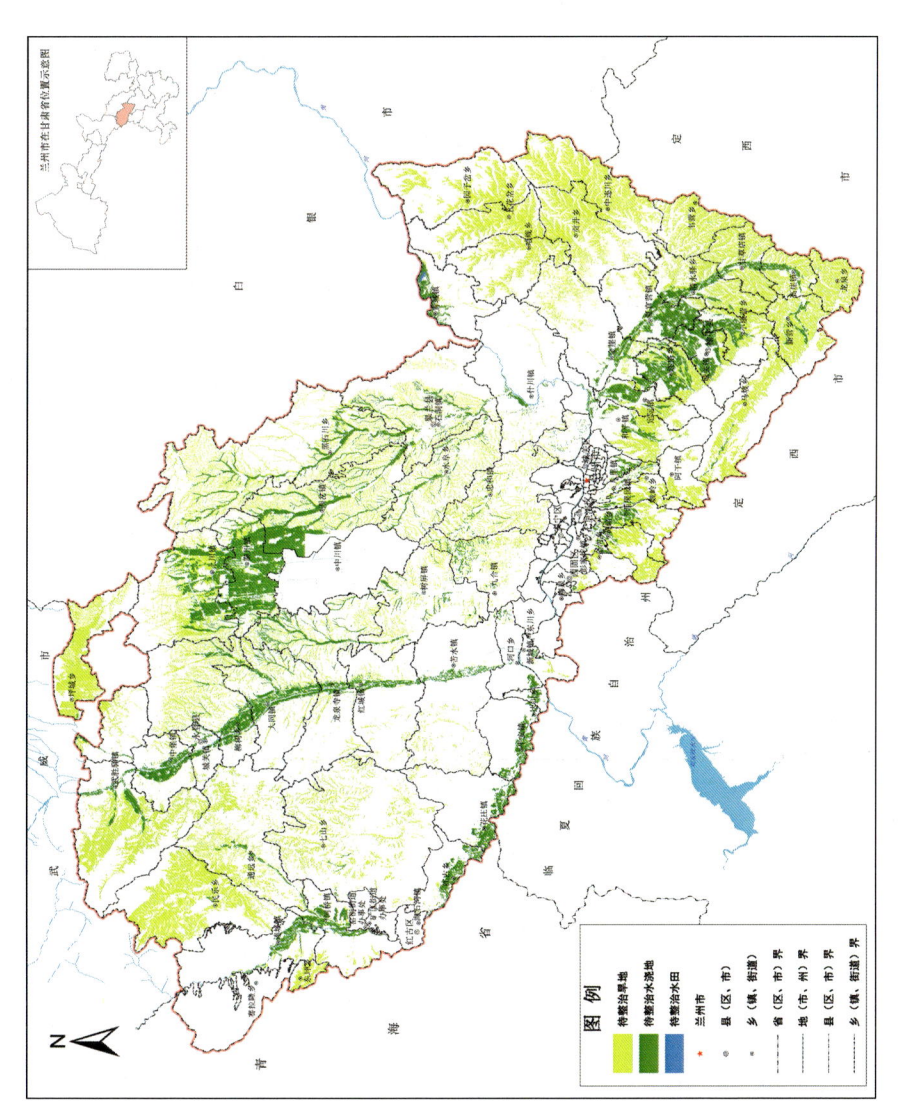

图 4-3 兰州市待整治农用地分布图

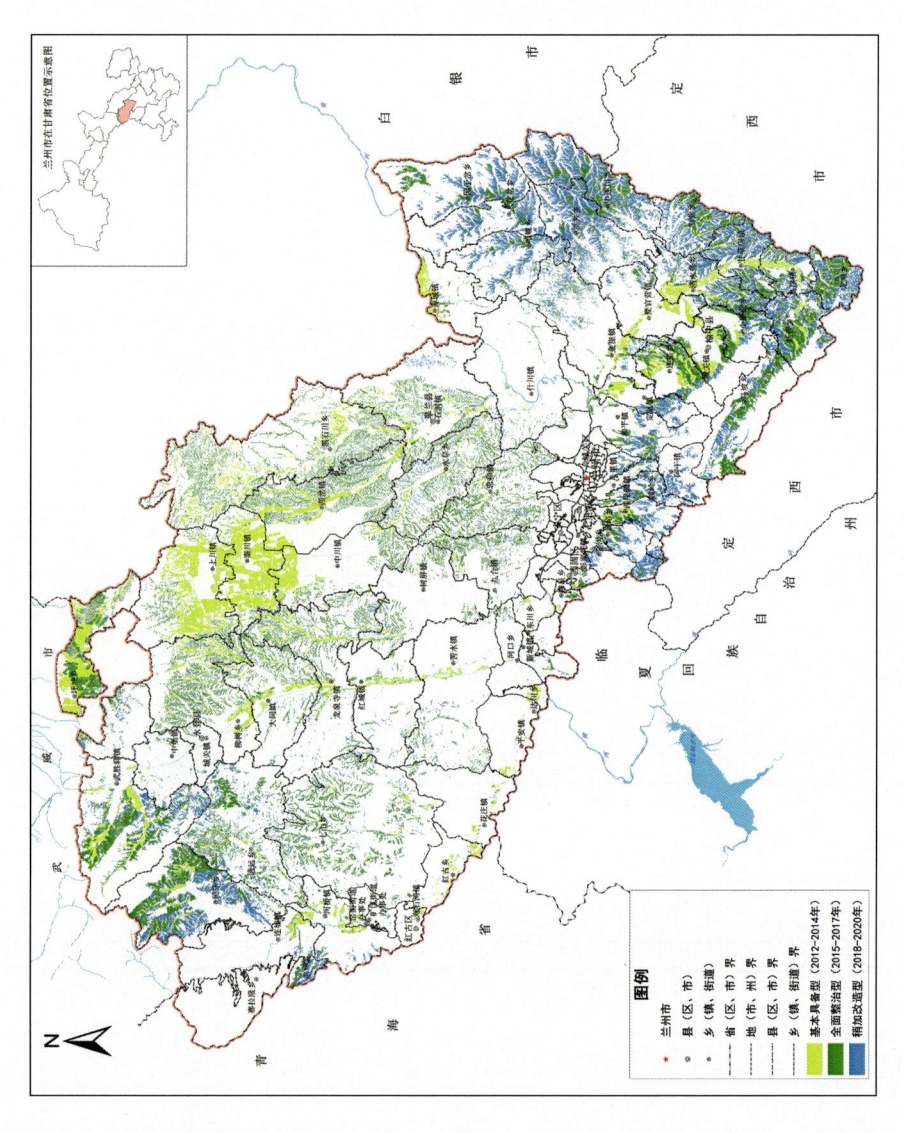

图 4-5 兰州市高标准农田建设分区与时序安排

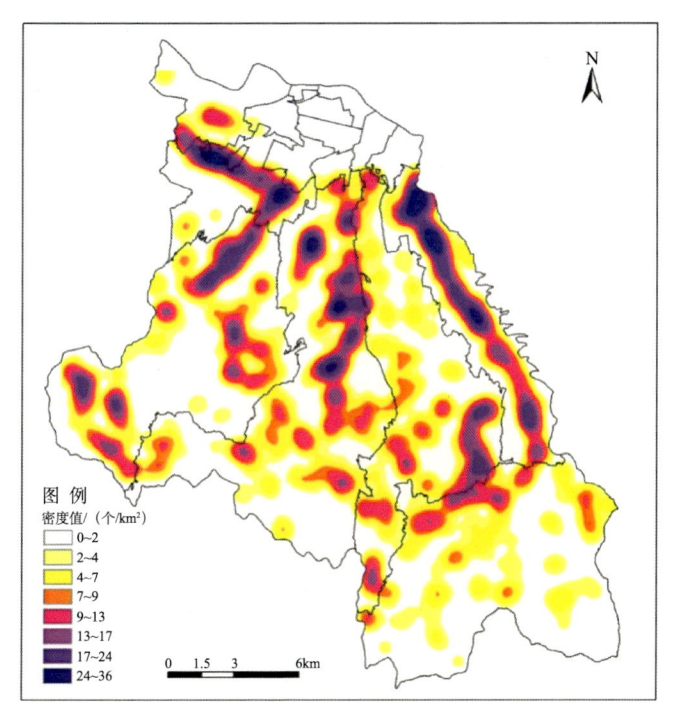

图5-2 兰州市七里河区农村居民点核密度分析图

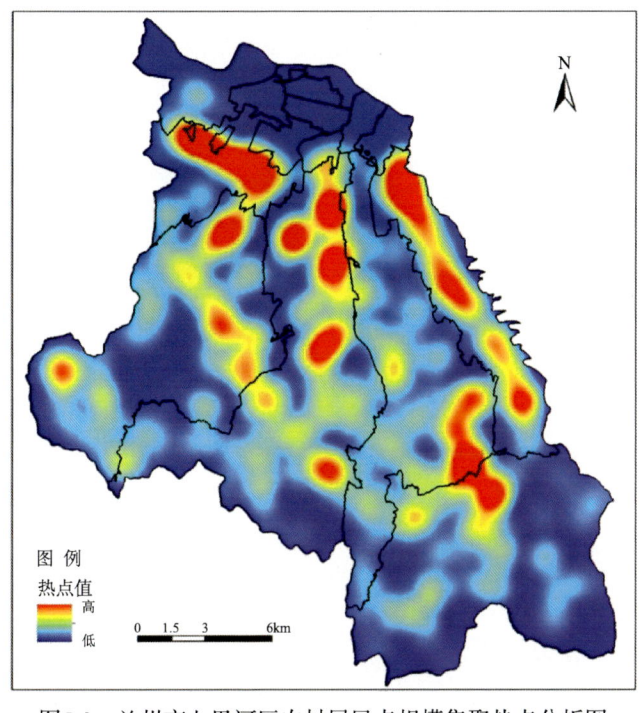

图5-3 兰州市七里河区农村居民点规模集聚热点分析图

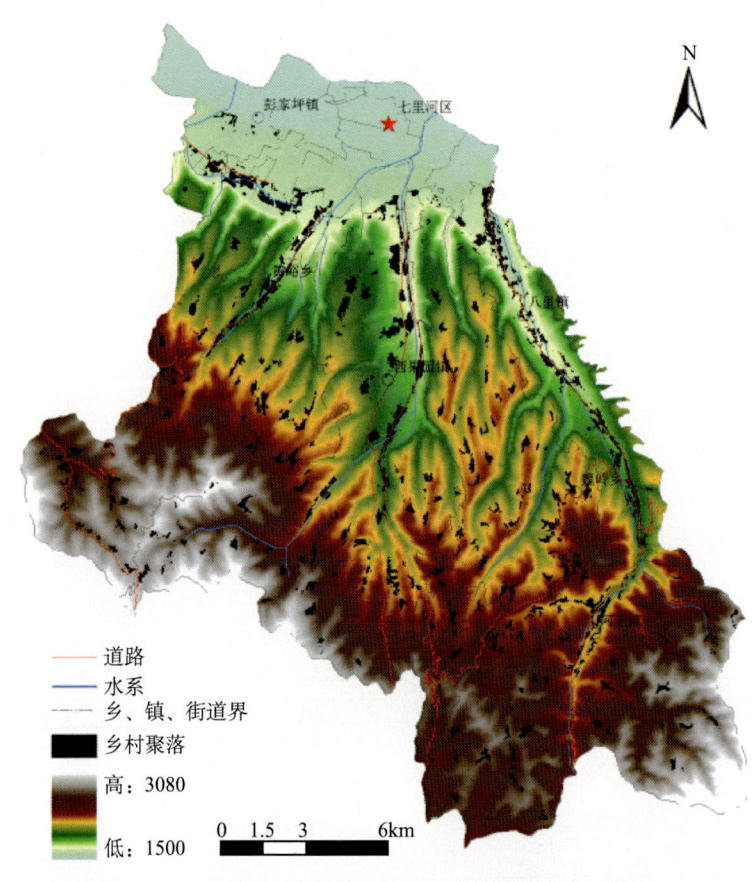

图5-6 兰州市七里河区农村居民点分布密度变化图

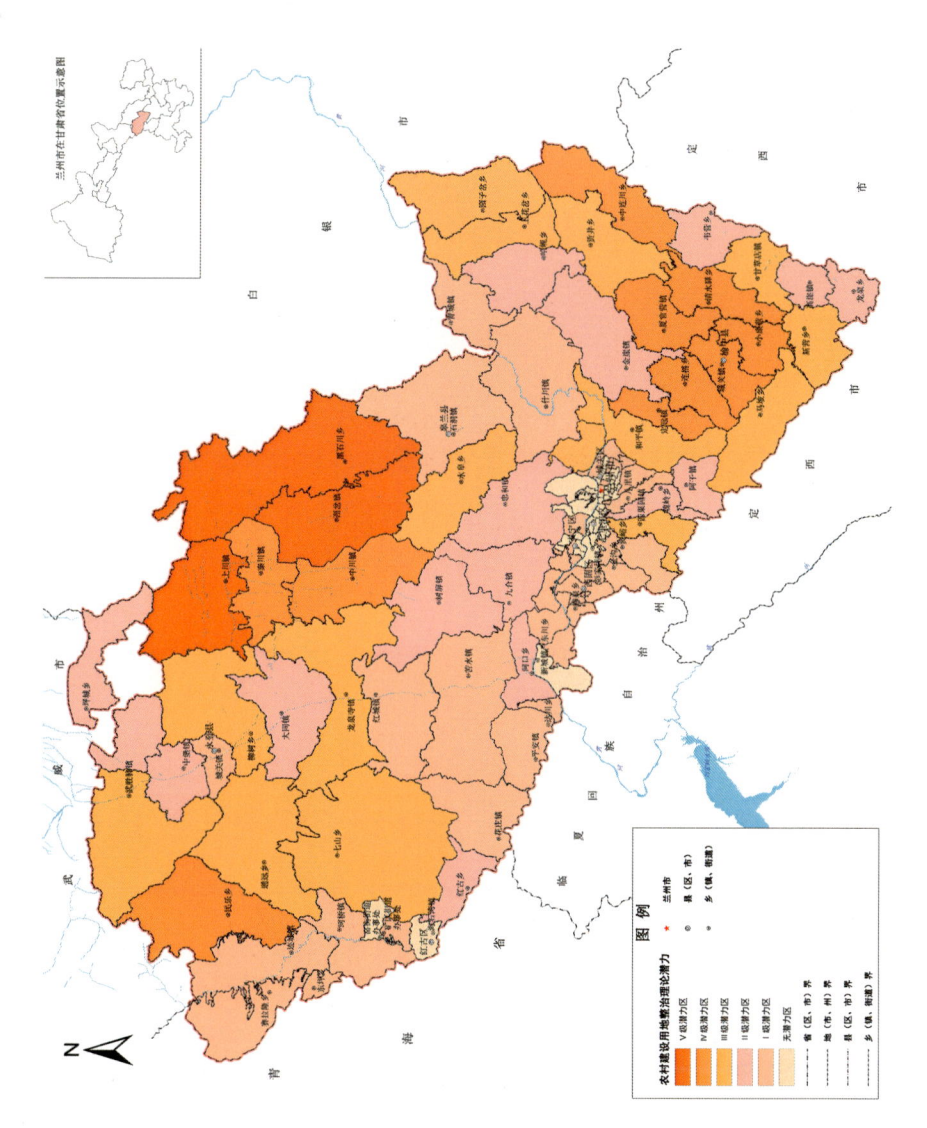

图5-11 兰州市农村居民点用地整治理论潜力分级

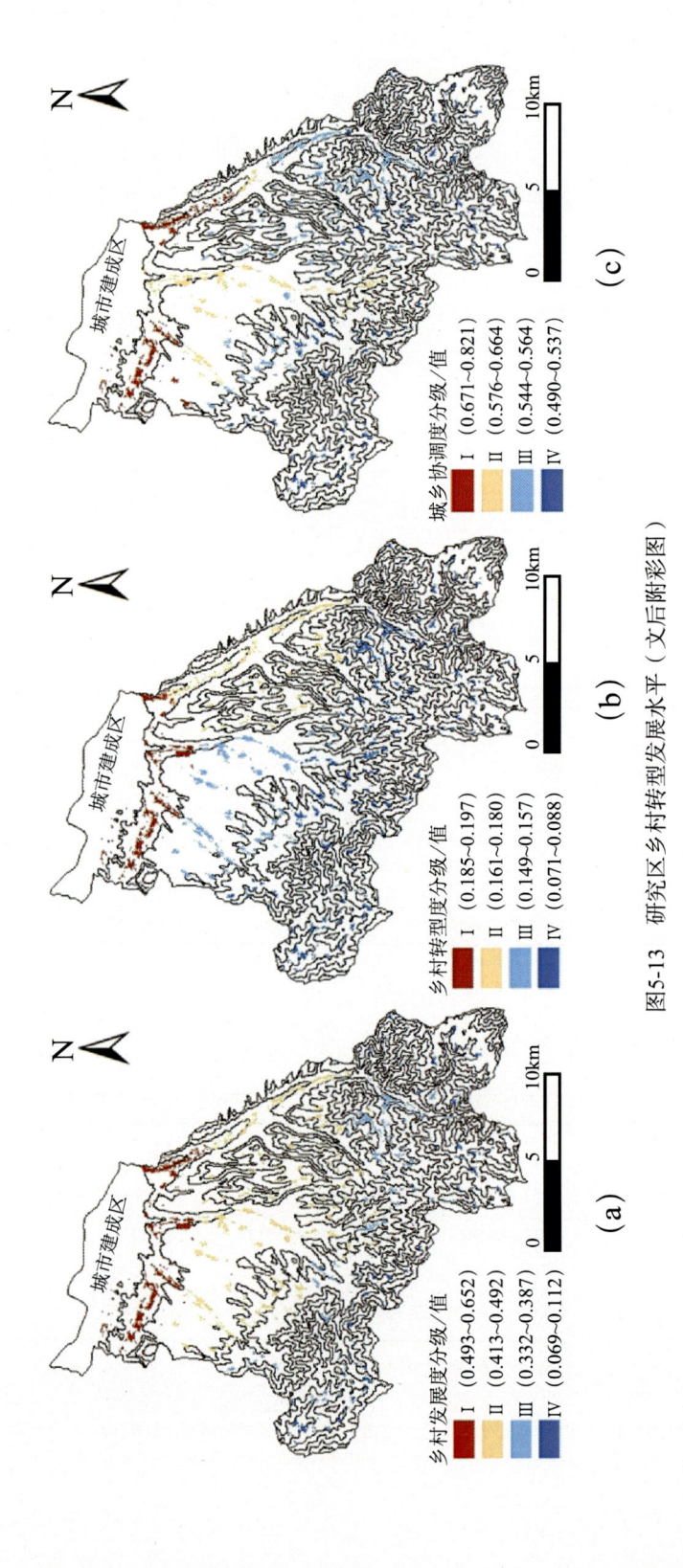

图5-13 研究区乡村转型发展水平（文后附彩图）

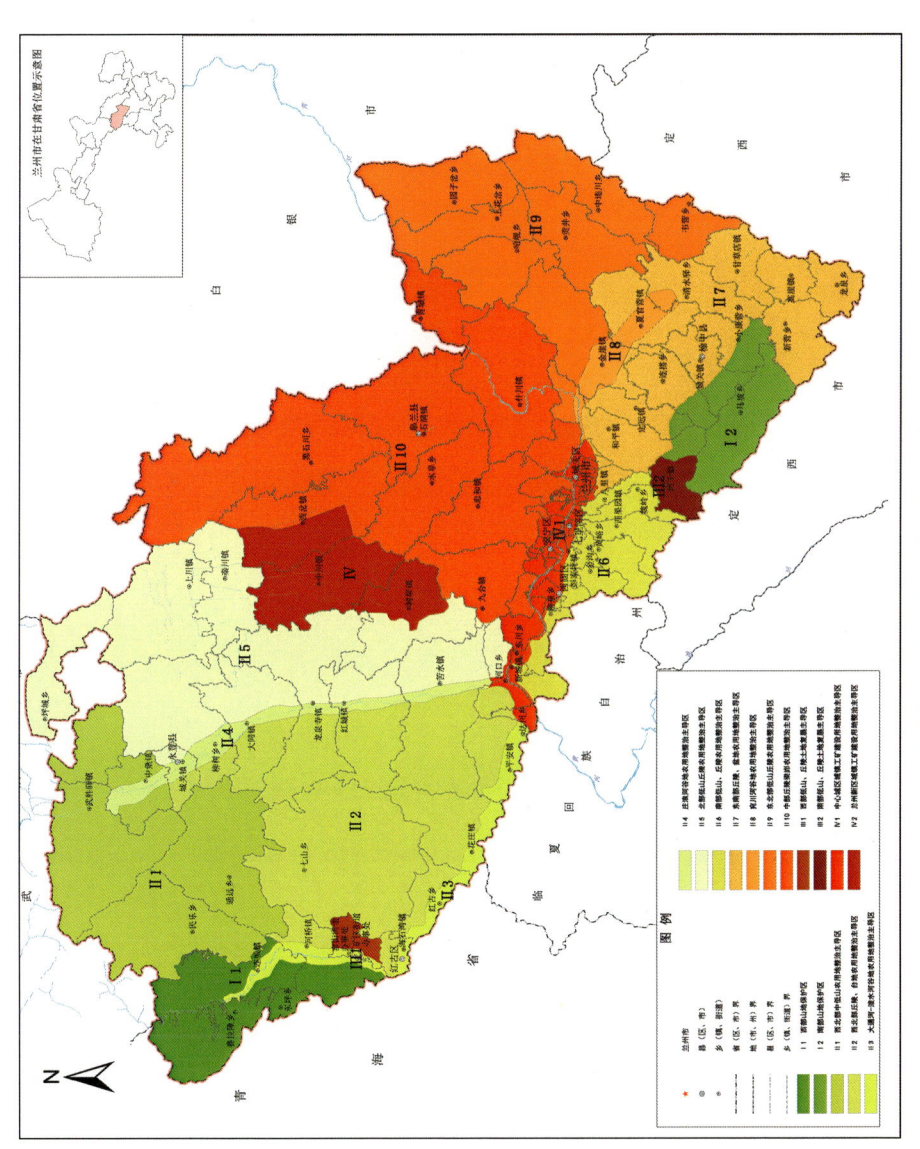

图7-1 兰州市土地整治功能分区

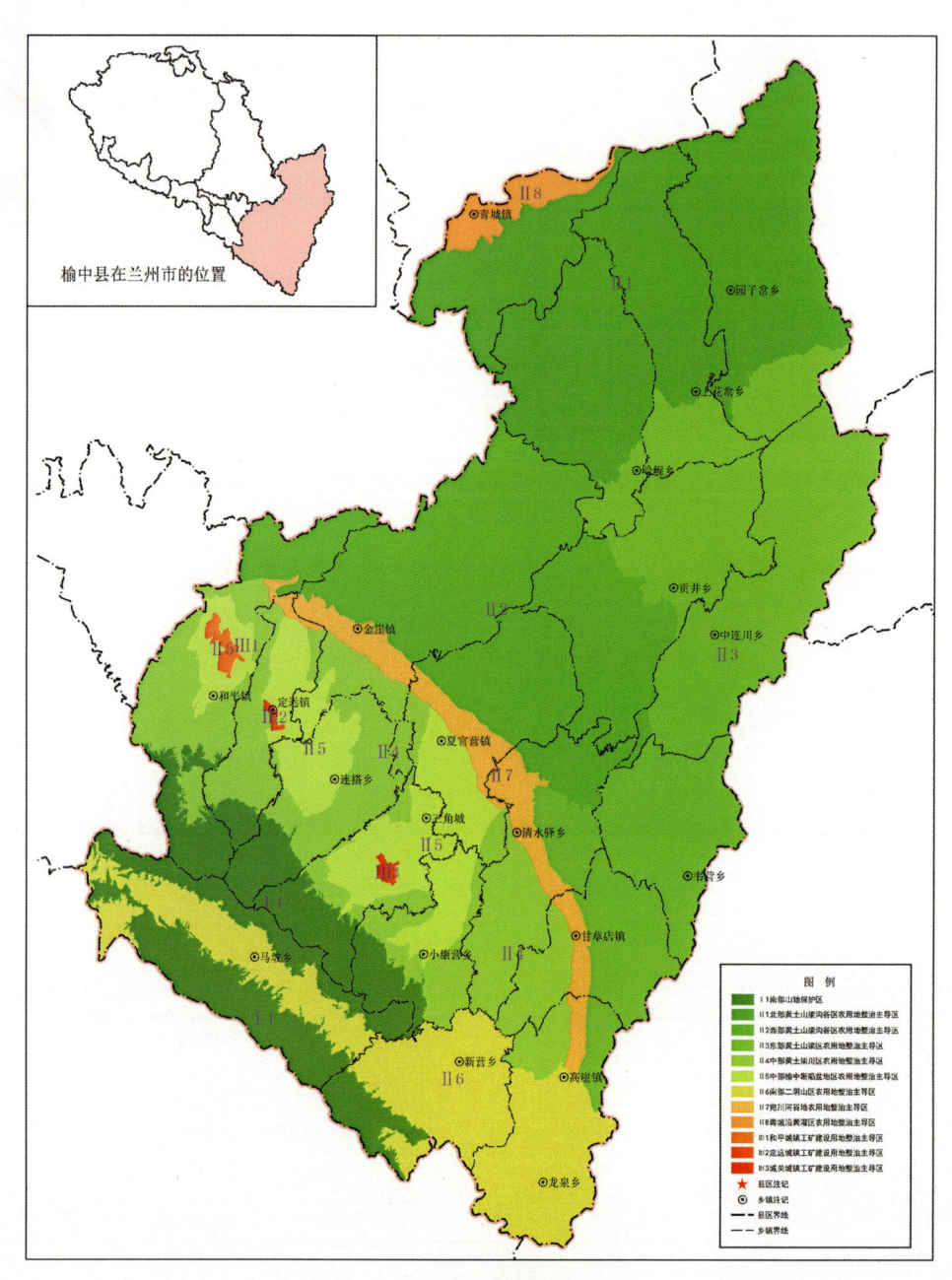

图8-1 榆中县土地整治功能分区